Fenómeno incontornável da história, a guerra é uma actividade plena de paradoxos. Criadora e destruidora de grandes civilizações, promotora de encontros e choques entre culturas e religiões, viveiro de grandes líderes e fonte inegável de progresso científico, origem dos piores e dos melhores momentos da humanidade. Por tudo isto, pelos ensinamentos e perspectivas que pode proporcionar, a história militar constitui um importante tema de estudo e reflexão. Importa conhecer a Arte da Guerra.

ARTE DA GUERRA DO MAR
ESTRATÉGIA E GUERRA NAVAL NO TEMPO DOS DESCOBRIMENTOS

Título original: *Arte da Guerra do Mar*

Estudo introdutório: © António Silva Ribeiro e Edições 70, Lda.

Capa: FBA
Crédito imagem: BRIDGEMAN ART LIBRARY – AIC

©: Bry, Theodore de
Service Historique de la Marine, Vincennes, França

Depósito Legal n.º 285448/08

Biblioteca Nacional de Portugal – Catalogação na Publicação

OLIVEIRA, Fernando

A arte da guerra do mar. – (Arte da guerra)
ISBN 978-972-44-1561-1

CDU 355

Paginação, impressão e acabamento:
GRÁFICA DE COIMBRA
para
EDIÇÕES 70, LDA.
Novembro de 2008

ISBN: 978-972-44-1561-1

EDIÇÕES 70, Lda.
Rua Luciano Cordeiro, 123 – 1.º Esq.º – 1069-157 Lisboa / Portugal
Telefs.: 213190240 – Fax: 213190249
e-mail: geral@edicoes70.pt

www.edicoes70.pt

ARTE DA GUERRA DO MAR
ESTRATÉGIA E GUERRA NAVAL NO TEMPO DOS DESCOBRIMENTOS

P.^{e} FERNANDO OLIVEIRA

Com um estudo introdutório de António Silva Ribeiro

70

Estudo Introdutório

Vida e Obra

O Padre Fernando Oliveira

Breve Apontamento Biográfico

Fernando Oliveira nasce em Santa Comba, no ano de 1507, e é baptizado na igreja do Couto do Mosteiro, pertencente ao bispado de Coimbra [1]. Desconhece-se com rigor a sua paternidade, havendo quem o considere filho de um Juiz dos Órfãos de Pedrógão, de nome Heitor de Oliveira. Com nove ou dez anos de idade, inicia os estudos com os dominicanos, e aos treze encontra-se já no convento da Ordem de S. Domingos, em Évora, onde recebe lições de mestre André de Resende, um dos maiores eruditos portugueses de então [2]. Assim, depreende-se que tenham sido os padres dominicanos que lhe ensinaram as primeiras letras, a gramática e o latim. Fernando Oliveira permanece até aos vinte e cinco anos no convento dominicano de Évora, e pensa-se que terá entrado para a Ordem cerca de 1522. No entanto, em 1531 ou 1532, abandona o convento – terá eventualmente fugido – e refugia-se em Castela [3].

Em 1536, e segundo declarações suas não confirmadas, Fernando Oliveira consegue a sua secularização por Carta Apostólica de Paulo III. Regressa a Portugal e publica, em Lisboa, a *Gramática da Linguagem Portuguesa* [4]. Nesta altura, é mestre dos «filhos e filhas de alguns senhores principais desta terra» [5], entre os quais se contam os de João de Barros, de D. Fernando de Almada e do barão do Alvito. O seu relacionamento com nobres e homens importantes e influentes na corte parece ter contribuído para merecer o perdão pela sua deserção da Ordem de S. Domingos. Oliveira prossegue a actividade docente até cerca de 1541, ano em que parte para Espanha, onde embarca, em Barcelona, com destino a Génova. Contudo, o navio em que segue é aprisionado por galés francesas,

---

(1) Quirino da Fonseca in comentário preliminar à *Arte da Guerra do Mar*, 1937, p. XII.

(2) *Ibid., ibidem.*

(3) *Navegadores, Viajantes e Aventureiros Portugueses séc. XV e XVI*, Vol. 2, Lisboa, Círculo de Leitores, 1987, p. 128.

(4) Impressa em Lisboa por Germão Galharte.

(5) Quirino da Fonseca, *op. cit.*, p. XII.

numa das quais Fernando Oliveira passa a servir como piloto [6]! Onde terá Oliveira adquirido prática de navegação para poder desempenhar um cargo técnico tão especializado e exigente? É pergunta que só pode ter uma resposta: a bordo dos navios portugueses e espanhóis onde terá certamente embarcado para fugir a perseguições relacionadas com a sua fuga do convento.

Fernando Oliveira regressa a Lisboa em 1543, acompanhando o Núncio Apostólico, D. Luís Lippomano [7]. Desconhece-se a razão da sua estada em Itália, mas Lopes de Mendonça [8] alvitra que Oliveira estaria seguramente envolvido nas «complicadas negociações que a Corte portuguesa agitava na Cúria Romana» [9]. Oliveira leva então uma vida apagada [10] até que, em 1545, entra no Tejo uma armada francesa de 25 galés, comandada pelo barão de La Garde. Esta força naval saíra de Marselha e dirigia-se ao Havre, a fim de se juntar «à armada de navios de vela do almirante Anebault, composta de 150 naus grossas e 60 de menor vulto. Esta poderosa força naval destinava-se a atacar a Inglaterra, através de um desembarque anfíbio na sua costa meridional» [11]. Depois de alguns contactos com os Franceses, Fernando Oliveira refugia-se na galé do barão de Saint-Blancard. Inscreve-se a bordo com o nome de Martinho, e passa a servir como piloto [12]. É curioso notar que, nesta altura, as armadas portuguesas eram compostas essencialmente por naus, galeões e caravelas. As galés tinham caído em desuso há cerca de um século, pois não serviam para as navegações atlânticas. Continuavam, no entanto, a ser usadas pelos povos mediterrânicos e pelos Portugueses nas águas calmas e estuários da Índia.

Entre 1545 e 1546, Fernando Oliveira participa em operações navais contra a Inglaterra, embarcado na galé do barão de Saint-Blancard. Os seus conhecimentos náuticos e a sua notável sagacidade contribuem para que seja conceituado

---

(6) *Navegadores, Viajantes e Aventureiros Portugueses séc. xv e xvi*, Vol. 2, Lisboa, Círculo de Leitores, 1987, p. 130.

(7) Quirino da Fonseca, *op. cit.*, p. XIII.

(8) Ibid., ibidem.

(9) *Enciclopédia Portuguesa e Brasileira*, Vol. XIX, p. 364. É provável que o padre Fernando Oliveira tivesse sido usado por D. João III em missões secretas na questão dos cristãos-novos e da Inquisição, com o objectivo de conseguir do papa a permissão do impedimento das medidas repressivas que o rei de Portugal tanto desejava.

(10) Sem leccionar as aulas de Humanidades, sem o apoio dos dominicanos, que abandonara, e criticado por aqueles que eram vítimas do seu génio independente, passa dois anos de grandes dificuldades.

(11) Quirino da Fonseca, *op. cit.*, p. XIII.

(12) *Ibid.*, p. XIV.

junto do barão de La Garde, que aceita as suas opiniões técnicas em questões relacionadas com a construção naval e a divisão das presas.

Em Janeiro de 1546, depois de um combate de dois dias contra dez navios ingleses que haviam largado de Dover, a galé do barão de Saint-Blancard fica isolada e é aprisionada no Canal da Mancha. O padre Oliveira é levado para Inglaterra. Neste país, mantém activa correspondência ([13]) com o conde de Castanheira sobre assuntos que interessam a Portugal, e pede que lhe seja permitido regressar à pátria. Em Janeiro de 1547, o rei Eduardo VI ter-lhe-á dado uma carta destinada a D. João III, cujo conteúdo é desconhecido ([14]) mas que poderá ter facilitado o seu regresso a Portugal, no Outono desse ano.

Refere Quirino da Fonseca ([15]) que o padre Oliveira acamaradava com pilotos e marítimos de Lisboa, e que estava hospedado no bairro dos mareantes, Cata-que-Farás ([16]). No dia 18 de Novembro de 1547, na livraria de João Fernandes, na rua Nova, da qual é assíduo frequentador, Fernando Oliveira, instigado por João de Borgonha, faz várias considerações sobre questões religiosas na presença de pessoas ligadas à Inquisição. Denunciado ao Santo Ofício, é sujeito a um minucioso processo. O primeiro interrogatório tem lugar a 21 de Novembro de 1547, e a primeira admoestação a 18 de Março de 1548. Ouviu o libelo ao fim de oito dias e foi julgado ao fim de nove meses a partir do primeiro interrogatório.

Na sua defesa perante os inquisidores, o padre Oliveira «revela-se um cultor exímio do português do seu tempo, um conhecedor profundo e subtil das letras sagradas e profanas, homem de inteligência viva e construtiva, palavra fácil e vibrátil» ([17]). Porém, a 4 de Agosto de 1548, é «condenado por heréticas, temerárias e escandalosas doutrinas por ele defendidas, ordenando-se que delas fizesse abjuração formal e com a penitência de ser conservado preso por tempo indeterminado ao arbítrio dos inquisidores» ([18]).

A 9 de Setembro de 1548, quando se encontrava bastante doente, no hospital, Fernando Oliveira faz a sua abjuração formal. Apesar disso, continua preso por mais dois anos. O castigo é-lhe comutado em 3 de Setembro de 1550, na

---

([13]) *Ibid.*, p. XV.

([14]) Supõe-se que este documento poderá ter sido produzido pelo duque de Somerset, mas desconhece-se se era uma simples recomendação ou se tratava das questões de corso que afligiam o comércio português.

([15]) *Op. cit.*, p. XVI.

([16]) Na zona do Cais do Sodré.

([17]) *Enciclopédia Portuguesa Brasileira*, Vol. XIX, p. 364.

([18]) Quirino da Fonseca, *op. cit.*, p. XVI.

condição de retomar hábito e tonsura sacerdotal e ingressar no Mosteiro de Belém ([19]). Um despacho do cardeal-infante D. Henrique, datado de 22 de Agosto de 1551, concede-lhe a liberdade, proibindo-o de se ausentar de Portugal sem licença e ordenando-lhe que se entregue a exercícios virtuosos.

Em Agosto de 1552, Fernando Oliveira embarca como capelão numa caravela que integra uma pequena frota de cinco navios, destinada a transportar e restaurar nos seus antigos domínios Mulei Buharan, o destronado rei de Velez, em Marrocos. A expedição não é bem sucedida e os navios são aprisionados por uma esquadra argelina de 25 galés. O resgate dos Portugueses é negociado por Fernando Oliveira, mas procedimentos pouco adequados terão conduzido à sua substituição nas negociações.

Julga-se que o padre Oliveira permaneceu em Lisboa entre 1552 e 1554, escrevendo a *Arte da Guerra do Mar*, dedicada a D. Nuno da Cunha, filho de D. António da Cunha, senhor das terras de Senhorim, Santos e Sabugosa. A 18 de Dezembro de 1554, D. João III nomeia-o revisor da Imprensa da Universidade de Coimbra, cidade onde é concluída, no dia 4 de Julho de 1555, a impressão daquela obra. O *Livro das Fábricas das Naus* terá sido escrito cerca de 1560, embora só tenha sido publicado em 1898, com um magnífico estudo de Henrique Lopes de Mendonça. Fernando Oliveira também escreveu, em latim, uma *Arte de Navegação*, cuja existência apenas se conhece por alusão sua.

Embora no alvará que o nomeia para o cargo de revisor e no começo do primeiro capítulo do *Livro da Fábrica das Naus* Fernando Oliveira se apresente como licenciado, há a certeza de que não frequentou a Universidade. A licenciatura poderá ter-lhe sido conferida pelos estudos feitos na Ordem de S. Domingos, em Évora ([20]). Refere Quirino da Fonseca que Oliveira terá regido Humanidades na Universidade de Coimbra, com notável competência ([21]), mas que algumas teorias mais arrojadas contidas na *Arte da Guerra do Mar* ou expressas verbalmente deram origem a novas perseguições. Consequentemente, a 26 de Outubro de 1555, cerca de 4 meses depois de publicar aquele tratado, Fernando Oliveira é novamente detido pela Inquisição, ficando no cárcere durante dois anos.

A partir de 1557, o padre Oliveira cai no esquecimento e os dados sobre a sua vida são praticamente inexistentes.

([19]) *Ibid.*, p. XVIII.

([20]) *Ibid.*, p. XX.

([21]) *Ibid.*, *ibidem*. Depreendido de uma carta do humanista Jerónimo Cardoso, contida no seu *Epistolarum*, publicado em 1555.

Em 22 de Julho de 1564, o rei D. Sebastião concede-lhe uma tença de 20 000 réis, na qualidade de «Clérigo de Missa que lera casos de consciência no Convento de Palmela». Todavia, em 1566, os serviços de Fernando Oliveira como piloto são solicitados por Espanhóis e Franceses. No entanto, não se sabe se chegou a sair do país (22), até porque numa *História de Portugal* de sua autoria, da qual restam apenas fragmentos, ele se intitula «Capelão dos Reis de Portugal». Lopes de Mendonça (23) admite a hipótese de Fernando Oliveira ter desempenhado um papel nas lutas pela sucessão que se travavam então em Portugal. Por seu lado, Quirino da Fonseca refere que o bibliófilo Inocêncio supunha que Fernando Oliveira ainda era vivo em 1581, mas que se desconhece o fundamento desta suposição (24).

---

(22) F. Contente Domingues e R.A. Barker, *O Autor e a sua Obra, Fernando Oliveira, Livro da Fábrica das Naus*, Academia da Marinha, Lisboa, 1991, p. 13.

(23) *Op. cit.*, p. XXI.

(24) Apesar de todas estas dúvidas, é um facto que várias obras autografadas do seu espólio foram parar à Biblioteca do cardeal Mazarino, e em 1668 foram incorporadas nas colecções da Biblioteca Real de Paris, actualmente Biblioteca Nacional, onde ainda se encontram.

A Obra

Estudo Introdutório à Arte da Guerra do Mar

1. **Introdução**

A *Arte da Guerra do Mar*, publicada no ano de 1555, revela-nos com clareza o pioneirismo do padre Fernando Oliveira no tratamento dos assuntos navais, segundo uma abordagem focalizada no campo da estratégia. Apesar de escrito há mais de quatro séculos, este tratado continua extremamente proveitoso para a compreensão das principais questões náuticas dos Descobrimentos e, sobretudo, para o estudo da estratégia naval portuguesa, nas suas vertentes genética, estrutural e operacional.

Apresentam-se, no presente trabalho, os resultados de uma análise diacrónica dos vários capítulos do tratado, de forma a facilitar a compreensão dos aspectos de natureza política, económica e militar que determinaram a preparação e o emprego das forças navais portuguesas no século XVI. Salientam-se, sempre que possível e apropriado, os conceitos estratégicos apresentados, notando a diferença entre o modo de dizer de então e a sua formulação actual.

Esta forma de abordagem pareceu a melhor para, sem descurar o rigor histórico, evidenciar os princípios, as orientações e as medidas que caracterizaram a doutrina naval portuguesa de Quinhentos, e algumas das razões fundamentais que parecem justificar a supremacia e a subsequente decadência nacional nos mares.

2. **Constituição da obra**

A *Arte da Guerra do Mar* é composta por um prólogo e duas partes que tratam da intenção e apercebimento da guerra do mar e das armadas, batalhas marítimas e seus ardis. Cada parte possui os capítulos a seguir descriminados.

Primeira Parte

Segunda parte

3. **Análise da obra**

O tratado começa com um prólogo no qual, depois de justificar a razão que o levou a escrever, o padre Oliveira defende a importância do seu conteúdo pelo muito lucro, grandeza e poder que os Portugueses têm tirado do mar: «*É matéria esta proveitosa e necessária, em especial para os homens desta terra que agora mais tratam pelo mar que outros, donde adquirem muito proveito e honra, e também correm ventura de perderem tudo isso, se o não conservarem com esta guerra, com que seus contrários lho podem tirar. Dando-se a esta guerra têm ganho os nossos portugueses muitas riquezas e prosperidade, e senhorio de terras e reinos, e têm ganho honra em poucos tempos quanta não ganhou outra nação em muitos*» ([25]).

Logo de seguida, o padre Oliveira atribui ao seu trabalho a primazia de tratar da guerra naval, dizendo: «*Da qual nenhum autor, que eu saiba, escreveu antes de agora arte nem documentos, ou se alguém dela escreveu confesso que não veio a minha notícia sua escritura, somente de Vegécio coisa pouca*» ([26]).

Refere que, para maior clareza, organizou a obra em duas partes. Na primeira, trata «*de como é necessário fazer guerra e apercebimento dela*», ou seja, da intenção e compreensão da guerra do mar. Esta parte contém um conjunto de matérias que são actualmente tratadas no âmbito da ciência política, da estratégica, da organização e da logística. Na segunda parte, trata «*de como se porá em execução essa guerra, da esquipação* [preparação] *das frotas armadas, de quando navegarão, e se combaterão com avisos certos e vivos ardis*». Esta parte contém um conjunto de matérias que são actualmente tratadas no âmbito da ciência náutica e da táctica.

Mais adiante, Fernando Oliveira justifica a sua condição de sacerdote a escrever sobre a guerra no mar, dizendo: «*E por ser eu sacerdote não pareça a matéria incompetente à minha pessoa, porque aos sacerdotes convêm ir à guerra quanto mais falar dela.*» ([27]). Depois de várias considerações sobre as tarefas do sacerdote na guerra ([28]), o autor refere-se à bondade da guerra e à oportunidade de sobre ela se escrever, da seguinte forma: «... *a guerra dos cristãos que temem a*

([25]) *Ibid.*, pp. 5 e 6.

([26]) *Ibid, ibidem.* É a sua primeira referência comprovativa de que conhecia a obra de Vegécio, intitulada *Epitoma rei militares, sive institutiorum rei militaris libre quinque*, cuja fama era grande na época de Fernando Oliveira.

([27]) *Ibid.*, pp. 6 e 7.

([28]) *Ibid.*, p. 7. Considera o padre Oliveira que deveriam ser o apoio moral, religioso e disciplinar às tropas.

Deus não é má, antes é virtuosa, cá se faz com desejo de paz sem cobiça nem crueldade, por castigo dos maus e desopressão dos bons. Pois escreverem de tal matéria, e ensinar meios por onde os bons saibam resistir aos maus, não mo estranharam os que entendem quanto isto releva nesta vida, e como não é disforme da dos céus, onde os bem-aventurados têm, diz o salmista, espadas para castigar as nações das gentes pecadoras, em cujo sangue lavaram suas mãos» (29).

No primeiro capítulo da primeira parte, «Que é necessário fazer guerra», é demonstrada a necessidade de organizar a defesa nacional.

Começa por dizer que Platão relembra as leis de Creta que *«mandavam governar os homens e estar apercebidos como se estivessem em contínua guerra»* (30), e que a razão para tal apercebimento residia no facto de *«todas as cidades e nações das gentes naturalmente têm entre si guerra e diferenças, posto que as não declarem sempre por alguns respeitos que lhes convém»* (31). Desta forma clara e simples, Oliveira chama a atenção para a necessidade de se estar atento às estratégias indirectas das outras nações, e afirma que o conflito de interesses entre Estados pode levar à guerra.

Para vencer os inimigos, o padre Fernando Oliveira considera necessário estar-se atento e preparado *«para nos defendermos de quem quiser ofender, porque a presteza»* (32), segundo Vegécio, *«aproveita às vezes mais que a força nas coisas da guerra. E também diz ele, os inimigos de má mente acometem aquele reino ou cidade, que sabem estar prestes para se defender»* (33). Neste parágrafo, cita Vegécio e refere-se à necessidade de treino militar para se ter forças prontas, obter bons desempenhos e conseguir a dissuasão dos inimigos.

Oliveira acrescenta que poderia apontar muitos exemplos para mostrar claramente como *«a presteza dá vitória aos diligentes, e a negligência desbarata os descuidados»* (34). E afirma ainda que: *«Além de ser perigoso o descuido nesta parte, é também ofensa de Deus e tanto que diz São Tomás, que é tentar a Deus não acudir as necessidades da guerra, que para isso nos deu potências para usarmos das virtudes, e não usando delas ofendemos sua ordenança»* (35).

---

(29) *Ibid.*, p. 7. Refere claramente que o objectivo da guerra é atingir a paz e restaurar a segurança dos bons.

(30) *Ibid.*, p. 8.

(31) *Ibid., ibidem.*

(32) Prontidão.

(33) *Ibid.*, p. 11.

(34) *Ibid.*, p. 12.

(35) *Ibid., ibidem.*

Com estes comentários, no prosseguimento das ideias de Vegécio anteriormente transcritas, o padre Oliveira enfatiza a necessidade de conceber e cuidar a defesa nacional, desenvolvendo e utilizando os factores do potencial estratégico nacional para ganhar a guerra e garantir uma paz firme e duradoura.

«Para adquirir paz se faz a guerra, diz Santo Agostinho (...) A boa guerra faz boa paz. E assim a paz que agora logramos guerra passada a ganhou, mas a paz descuidada porventura deixará guerra a seus sucessores. Não descansem os amigos da paz na que agora gozam se a querem perpetuar, porque os contrários dela se a virem mansa levá-la-ão nas unhas.» (36) Ainda no desenvolvimento das ideias de Vegécio, o padre Oliveira refere neste parágrafo que a boa paz, ou seja, a segurança, se logra com a guerra, mas que mesmo com paz é necessário cuidar da defesa, para que não se gerem desequilíbrios que estimulem os opositores a desferir ataques.

Sobre os armamentos, considera que garantem a paz e não favorecem a guerra. Neste contexto, afirma: *«E para isso favoreçam as armas, as quais não são tão contrárias da paz como parecem, antes elas defendem na paz como os cães defendem as ovelhas, posto que pareçam contrarias delas.* (37) [...] *para a paz ser segura, cumpre defendê-la com guerra. Porque os reinos, com as artes com que se ganham, com essas se sustentam, segundo diz Salústio.»* (38).

Este capítulo termina apresentando a ideia de que a defesa nacional é um imperativo contra as ameaças das outras potências, referindo que: *«Não se podem escusar armas defensivas enquanto houver insultos de contrários»* (39).

No segundo capítulo da primeira parte, «De quem pode fazer a guerra», é definido e justificado quem tem autoridade para declarar e conduzir superiormente a guerra.

Fernando Oliveira começa por dizer que: *«A guerra posto que justa, não se pode fazer senão por mandato de Rei ou Príncipe, ou pessoa encarregada da governação e defesa de algum povo sem ter outro superior, porque a estes é*

---

(36) *Ibid.*, p. 12.

(37) Esta figura retórica das «armas defenderem a paz como os cães defendiam as ovelhas, apesar de parecerem inimigos delas» ilustra de forma notável o conceito que ao longo da História tem levado à corrida aos armamentos, como forma de manter o equilíbrio necessário à paz.

(38) *Ibid.*, p. 12. Gaio Salústio Crispo (86-34 a. C.), historiador romano. Teve inicialmente uma vida atribulada, em que foi questor, tribuno e pretor. Enriqueceu quando era governador da Numídia, tendo sido acusado de actos ilícitos e opressão do povo. Retirou-se da vida pública e dedicou-se à escrita das suas obras de história.

(39) *Ibid.*, p. 12.

cometida a defesa desse povo, e a guerra por defesa dele, ou conservação de sua justiça e da fé se deve fazer» (40). Neste parágrafo, apresenta como razões para esse poder estar concentrado no rei, príncipe ou governo, os factos de eles não terem superiores hierárquicos (41), de serem os protectores da comunidade, e de só eles poderem recrutar o povo e lançar os impostos necessários ao sustento da guerra.

Relativamente ao uso da força, apresenta um conceito interessante para a época, que é um dos valores fundamentais das sociedades democráticas actuais, quando refere que *«... a força deve ser justificada, porque doutra feição será tirânica»* (42). Quanto à guerra, o padre Oliveira considera que deve ser *«contra outros seus semelhantes* (43) *que também não têm superiores, ou contra quem não obedece a superior»* (44). Conclui dizendo que, apesar dos reis terem a obrigação de defender o povo, *«não podem acudir a todas as partes nem podem acompanhar as suas armadas* [...] *porque é impossível»* (45).

No terceiro capítulo da primeira parte, «Que é necessária guerra no mar», é demonstrada a necessidade de se defenderem os interesses nacionais no mar e de se dispor de uma estratégia naval.

Oliveira refere que o comércio marítimo é uma actividade fundamental à vitalidade da economia das nações, que sempre necessitou de ser protegida, *«porque o mar é muito devasso, e os homens não podem escusar de negociar por eles suas fazendas, uns mercadeando, outros pescando, e outros como lhe vem bem, e dali trazem mantimento e proveito para a terra, portanto cumpre que nele se ponha muito recado, porque com medo ou com severo castigo, seja retraída a ousadia dos corsários que por ele soltamente roubam, e cometem crimes grandes»* (46). Neste parágrafo, estão expressas duas missões fundamentais do poder naval: a protecção das rotas marítimas e a dissuasão oceânica.

Um pouco mais adiante, refere-se Fernando Oliveira à importância e necessidade de protecção das zonas litorais, porque: *«Não somente assaltam no mar os corsários, mas se os deixam ir avante, atrevem-se a sair em terra e*

---

(40) *Ibid.*, p. 15.

(41) É um firme conceito de soberania do Estado.

(42) *Ibid.*, p. 15.

(43) Príncipes, reis ou quem governa.

(44) Não obedecem a superiores os chamados perturbadores singulares da ordem pública, os corsários e os bandidos.

(45) *Ibid.*, p. 18.

(46) *Ibid.*, p. 19.

inquieta-la» ([47]). Para que tal não aconteça, o padre Oliveira considera necessário que as forças navais tenham bons níveis de desempenho nas suas missões, o que se atinge com *«armadas no mar que guardem as nossas costas e paragens e nos assegurem dos sobressaltos que podem vir pelo mar, que são mais súbitos que os da terra»* ([48]).

Em seguida, Fernando Oliveira reconhece que as armadas têm que estar sempre prontas para o combate ([49]), visto que *«por mar, de muito longe donde não cuidamos, subitamente sem sabermos donde desamarrou* ([50])*, nem que rota leva, aparece na costa sobre nossos portos numa terrífica frota, e se não estivermos apercebidos, primeiro que se façam navios prestes fará dano e volta a seu salvo, o que não fará onde houver outra frota que a estorve e embarace»* ([51]).

Para obviar todas estas ameaças que põem em perigo a segurança nacional, considera o padre Oliveira que: *«Portanto estejamos providos de navios armados porque quando aventarem nas nossas paragens sejam fustigados, e não desejem tornar a elas»* ([52]). Sobre a necessidade de dispor de armadas prontas, apoia-se em Vegécio quando diz que os Romanos, depois de acabadas as suas guerras e de pacificado o mar, mantinham duas frotas em lugares convenientes para que nada passasse despercebido, e para socorrer onde fosse necessário, nos territórios do império ou dos seus aliados. É notável como o padre Oliveira desenvolve a ideia original daquele tratadista romano e apresenta como missões do poder naval o apoio à política externa e às alianças, a recolha de informações estratégicas e o controlo do mar a partir de pontos fixos estrategicamente localizados, de onde, com a mobilidade que lhe é característica, os navios podem acorrer a qualquer ponto.

Em seguida, efectua algumas considerações sobre a lotação das galés, com base na vasta experiência adquirida como piloto a bordo de navios franceses.

Porque os problemas de falta de segurança no mar eram grandes, refere que *«Sua alteza* [o rei de Portugal] *para aumentar a fé cristã e defender suas terras traz armadas pelo mar, e não são tão poucos os navios que não passem de cento, com os da Índia senão quanto alguns deles são muito grandes, e de mais força e despesa que as galés, porque são galeões de alto bordo de quinhentos e de*

([47]) *Ibid., ibidem.*
([48]) *Ibid., ibidem.*
([49]) Ao contrário do que acontece nos exércitos, que podem mobilizar.
([50]) Partiu.
([51]) *Ibid.*, p. 19.
([52]) *Ibid.*, p. 20.

seiscentos tonéis de porte e, mais vale um que muitas galés» ([53]). Parte destes navios encontrava-se na Índia, outros estavam nas costas do reino e nas ilhas adjacentes, na costa do Algarve e no estreito de Gibraltar, lutando contra corsários, Mouros e Turcos, defendendo no mar os interesses nacionais. Contudo, apesar deste notável esforço para uma nação de tão magros recursos materiais e humanos, não se cansavam os *«murmuradores de praguejar do Rei e de seus capitães, dizendo que os não defendem»* ([54]).

No quarto capítulo da primeira parte, «Qual é guerra justa», Fernando Oliveira demonstra quando é justo fazer a guerra.

Em virtude da sua formação religiosa, o autor preocupa-se com os assuntos morais e com os princípios éticos e legais da guerra, fazendo neste capítulo uma primeira abordagem àquilo a que hoje se chama o Direito da Guerra. Os conceitos são apresentados tendo em consideração os princípios e a doutrina da Cristandade, pregada por importantes apóstolos e bispos da Igreja, como foram São João, São Paulo e Santo Agostinho.

Para fazer guerra, considera Fernando Oliveira que é necessário haver uma causa justa e seguirem-se determinados comportamentos, caso contrário: *«Deus permitirá que pela guerra que injustamente fazemos a outros, nos sucedam a nação guerras donde não cuidamos»* ([55]). Oliveira invoca Santo Agostinho quando considera que guerra justa *«é aquela que castiga as sem justiças que alguma gente fez e não quer emendar. Ou a que defende o bando dos que injustamente o querem ofender...* [ou a] *que castiga as ofensas de Deus contra aqueles que dele blasfemam, ou deixam sua fé* [...] *ou impede*[m] *a pregação dela, e perseguem as pessoas...»* ([56])

Do exposto podem-se identificar, como razões para iniciar uma guerra justa: a reparação de injustiças; a garantia da segurança do grupo; a reposição da fé. Destas razões decorre indirectamente que o interesse nacional de Portugal e das restantes nações cristãs do século XVI se centrava nos valores fundamentais da justiça, da segurança e da defesa da fé. Neste contexto, o padre Oliveira considera que não se pode fazer guerra contra os infiéis que nunca foram cristãos ([57]), porque querem ter paz, não tomaram terras nem prejudicaram a cristandade. Defende que, para os converter, nada melhor do que exemplos de paz e justiça.

([53]) *Ibid.*, p. 20.
([54]) *Ibid.*, p. 21.
([55]) *Ibid.*, p. 23.
([56]) *Ibid.*, Ibidem.
([57]) Sendo judeus, mouros e gentios.

Em seguida, efectua várias considerações sobre a escravatura, condenando-a e rebatendo os argumentos usados por aqueles que a defendem, apoiados na deturpação das ideias e na adulteração dos comportamentos defendidos pelo apóstolo São Paulo: *«Dizemos que os fazemos cristãos e trazemos a estado de salvação, e as almas valem mais que o serviço e liberdade corporal, e pois lhes ministramos espiritualidades não é muito receber deles temporalidades»* (58). Contudo, o padre Oliveira evidencia que quando São Paulo faz estas afirmações, *«pretendia mais salvação dos homens que próprio interesse. Item nos tomamos a estes as liberdades e vidas por força e engano, e São Paulo pedia aqueles esmola e subsídio voluntário de suas fazendas, o que eles quisessem.»* (59). Oliveira conclui este capítulo com outro conjunto de afirmações e justificações relativas à injustiça e imoralidade da escravidão.

No quinto capítulo da primeira parte, «Da tenção e modo de guerra», o padre Fernando Oliveira apresenta os princípios a seguir na guerra justa.

O padre Oliveira continua a apoiar-se na doutrina da Igreja Católica para tecer interessantes considerações sobre os procedimentos éticos e legais a ter na condução da guerra. Começa por dizer que não basta que a guerra seja justa. Afirma que tem de ser lícita e que, para que tal aconteça, os procedimentos devem ser justos e os objectivos a atingir correctos e bons. Fernando Oliveira refere com toda a clareza que a guerra só deve ser feita com o objectivo de conseguir repor a justiça, conservar a paz e defender os bons castigando os maus. E salienta que há *«interesses, que nem por nós mesmos nem por outrem podemos fazer guerra com tal intenção»* (60).

Em seguida, Fernando Oliveira afirma que antes de se iniciar a guerra se deve negociar, de forma a lograr a paz por meios pacíficos. Uma vez iniciado o combate não se devem matar *«mulheres, nem moços, nem alimárias, nem cortarás árvores de fruto, nem queimarás messes, nem estragarás as coisas de que se os homens as costumam manter»* (61). Estas condicionantes às modalidades de acção militar são de inspiração cristã e têm como objectivo a preservação dos vencidos, visto que: *«O nobre e de grandes ânimos, não quer mais que vitória»* (62).

Continua o padre Oliveira efectuando várias considerações sobre a nobreza da actividade dos soldados, para a qual define um conjunto de comportamentos apropriados.

---

(58) *Ibid.*, p. 24.
(59) *Ibid., ibidem.*
(60) *Ibid.*, p. 28.
(61) *Ibid., ibidem.*
(62) *Ibid., ibidem.*

Declara que o soldado só deve receber soldo de quem pode fazer guerra justa. Quando subsistem dúvidas sobre se a guerra é justa, apesar de lícita (63), o soldado não incorre em «*pecado*» se lutar sem crueldade e sem cobiça (64). Considera o autor que *«o exercício dos defensores da terra não é mau, antes meritório...»* (65), visto que tem como objectivo *«emendar o mal e conservar o bem»* (66). Relativamente ao saque, invoca Moisés, dizendo que o valor deve ser dividido por todo o exército.

No sexto capítulo da primeira parte, «Do ofício de Almirante», Fernando Oliveira apresenta um conjunto de conceitos relativos à organização e direcção superior da Marinha. Para isso, o padre Oliveira apoia-se na experiência que adquiriu nas armadas francesa e inglesa, e na sua opinião sobre os principais problemas da nossa Marinha.

Define os almirantes (67) como *«homens prudentes, e diligentes, que tinham cuidado de prover as taracenas, e armazéns e navios, de feição que quando cumprir estejam prestes e não façam demora em acudir onde for necessário»* (68). Para desempenharem estas funções, os almirantes dispunham de poder e *«jurisdição, para mandar e julgar nas coisas do mar e homens que por ele tratem»* (69).

Fernando Oliveira afirma que em França, na Flandres, em Inglaterra e noutras partes o almirante superintende *«inteiramente nas coisas do mar como príncipe deles.»* (70). Porém, em Portugal, a situação era diferente desde o tempo em que Álvaro Vaz de Almada exercera, durante algum tempo, o cargo de capitão-mor do mar, no reinado de D. Afonso V. Desde então, as funções foram repartidas pelo armador-mor, provedor dos armazéns e vedor da fazenda (71), uma

(63) Será lícita desde que praticada entre pares (reis, príncipes ou governos) e com objectivos correctos.

(64) *Ibid.*, p. 28. Conceito defendido por Santo Agostinho.

(65) *Ibid.*, p. 28.

(66) *Ibid., ibidem.*

(67) Relativamente à origem da palavra «almirante», refere o padre Oliveira que os Gregos chamavam-lhe *Architalasso* e que na opinião de António de Nebrissa a palavra «almirante» teve origem no vocabulário árabe *Amiralle.*

(68) *Ibid.*, p. 30.

(69) *Ibid., ibidem.*

(70) *Ibid., ibidem.*

(71) Ao armador-mor competia construir e armar os navios; ao provedor dos armazéns incumbia aprestar e abastecer o navio; ao vedor da fazenda competia disponibilizar os recursos financeiros necessários à viagem. É curioso como no século XVI os Portugueses tinham já bem identificada a cadeia logística necessária ao funcionamento de uma marinha de guerra. Certamente que as dificuldades inerentes às grandes navegações oceânicas permitiram elaborar esses conceitos ainda no século XV.

situação que, na opinião do padre Oliveira, só trouxe perturbação, em virtude de nada se fazer melhor e a despesa ser maior. O autor também mostra ser um fervoroso adversário do princípio da descentralização na direcção superior das empresas marítimas quando refere que, pelo facto de não haver *«um só entendimento unido»* (72), se verificam atrasos e confusões muito perigosas na guerra e no mar, que não esperam nem respeitam ninguém.

O sétimo capítulo da primeira parte, «Das taracenas e seus provimentos», trata dos aspectos da logística e do material necessário às armadas e à construção dos navios.

Depois de afirmar que: *«Proverá o Almirante, ou quem seu carrego tiver, que nas taracenas haja navios feitos e prestes, que em breve possam acudir aos sobressaltos súbitos, conformes ao mar e guerra...»* (73), Fernando Oliveira refere que devem existir nas bases navais *«madeira, e todos achegos»* (74) para fazer mais se for necessário. Sobre os «achegos» (75), faz várias considerações de natureza técnica, apoiadas na obra de Vegécio. Sobre os pregos para madeira, diz que o cobre *«entre as águas e humidade, conserva mais sua substancia sem se corromper, nem criar ferrugem, é tão forte ou mais que o ferro»* (76). Sobre a cera refere que, conforme Vegécio ensinou, convém *«que lhe mudemos a cor para não ser vistos dos inimigos nas ciladas, o que também se pode fazer no sebo...»* (77) Continua referindo-se às qualidades de mais alguns materiais para, de seguida, salientar a necessidade de garantir o abastecimento dos navios com os produtos armazenados, referindo: *«E todas essas outras coisas se gastam e suprem cada dia nas armadas, portanto é necessário havê-las de antemão e não esperar para tempo que façam mingua»* (78).

O padre Oliveira termina o capítulo dizendo que nas bases devem existir *«todas as coisas necessárias para a fábrica dos navios»* (79), revelando um entendimento dos problemas logísticos das armadas e do papel das bases navais surpreendentemente avançado para a época.

---

(72) *Ibid.*, p. 30.

(73) *Ibid.*, p. 31.

(74) *Ibid., ibidem.*

(75) Outros materiais usados nos navios, como pregos, breu, estopa, sebo, betume, chumbo, etc.

(76) *Ibid.*, p. 31.

(77) *Ibid., ibidem.*

(78) *Ibid.*, p. 32.

(79) *Ibid., ibidem.*

No capítulo oitavo da primeira parte, «Da Madeira para as naus», Fernando Oliveira trata da qualidade da madeira a usar na construção dos navios.

O autor resume todos os conceitos apresentados dando o seguinte conselho: *«Por esta razão e pelo que acima fica apontado convém saber, que não há as mesmas espécies de árvores em todas as terras, nem se pode dar regra geral, que sirva em todas as partes, no escolher da madeira para os navios, mas cumpre que quando necessário fazê-los, nos informemos dos homens e uso dessa terra onde nos acharmos, e com eles nos conformemos, e façamos nossa fábrica com as matérias que eles e sua terra nos derem, porque os de cá ainda que as lá achemos por ventura não serão tão boas ou se o forem esperemos a ver a experiência primeiro que nos confiemos do nosso costume que lá por ventura é descostume»* ([80]). Em seguida, aponta as qualidades que as madeiras devem ter, consoante a parte do navio a que se destinam. Apresenta as vantagens e desvantagens de diferentes espécies, apoiando-se em Plínio ([81]) e Vitrúvio ([82]) para consubstanciar opiniões próprias relativas às qualidades das madeiras.

No capítulo nono da primeira parte, «De quando se cortará a madeira», Fernando Oliveira indica os períodos mais apropriados ao corte das árvores, para que a sua duração seja a maior possível.

Começa por estabelecer a comparação entre o vigor das árvores e as estações do ano, dizendo: *«Assim que todas as coisas têm sazão* ([83]) *de tempo, em que são melhores e tomam virtude da natureza, e fora daquele tempo não são tão boas e assim a tem a madeira das árvores a qual cortada em sua sazão é melhor para toda as coisas que dela quiserem fazer assim no mar como na terra, dura mais, lava-se melhor, assegura na obra sem apertar nem torcer e até na cor e parecer tem perfeição.»* ([84]).

Seguidamente, chama a atenção para a necessidade de efectuar os cortes da madeira tendo em consideração estas regras. Deste modo, embora o custo da actividade específica do corte fosse mais elevado, o navio durava mais tempo e os riscos de perda de vidas e de bens eram menores. Oliveira explica que não se deve usar: madeira verde porque *«converte o sumo em podridão»* ([85]); madeira cortada

---

([80]) *Ibid.*, p. 34.

([81]) Gaio Plínio Segundo (23-79 d. C.), mais conhecido por Plínio, o Velho, escritor, naturalista e comandante naval e militar romano, autor da *Naturalis Historia.*

([82]) Marco Vitrúvio Polião (80/70?-? a. C.), arquitecto e engenheiro romano, autor de *De architectura.*

([83]) Ocasião favorável à colheita.

([84]) *Ibid.*, p. 37.

([85]) *Ibid.*, p. 38.

no Verão porque *«são as árvores como as fêmeas prenhas»* (86); madeira cortada no Outono porque *«são as árvores como paridas»* (87). O padre Oliveira considera que a melhor estação para cortar as árvores é o Inverno, porque *«a natureza nelas esta serrada e os humores como dormindo, então estão elas com a sua força inteira e assentada, e nesse tempo se forem cortadas, a madeira será sã e durável»* (88). Consoante o clima da região e o tipo de folha (89), assim se deve escolher o mês para proceder ao corte. Se bem que por Inverno se considerem os meses de Dezembro, Janeiro e Fevereiro, em Portugal e para as árvores de folha caduca, a partir do solstício de Dezembro, já a natureza e o Sol começam a *«provocar os humores em algumas delas»* (90). Nas terras mais quentes (91), se as árvores dão fruto, devem-se cortar logo após o amadurecimento, antes de voltarem a florir, sejam elas de folha caduca ou perene. Ainda nestas regiões, as árvores que não dão fruto mas têm folha caduca devem ser cortadas quando as folhas caem. As árvores que não têm fruto ou semente e não perdem a folha podem ser cortadas em qualquer altura.

Outro parâmetro a ter em consideração no abate das árvores são as fases da Lua. Em Lua Nova, *«não é tempo de cortar madeira mas é no meio do mês quando ela é melada e cheia»* (92). De madrugada, com vento sul ou sudoeste, também não é aconselhável cortar as árvores devido à humidade. O autor cita Vitrúvio quando afirma que a árvore só deve ser cortada até meio do cerne, ficando alguns dias na vertical para expelir humidades que ainda possa ter: *«Desta maneira cortada a madeira durará sem corrosão muito tempo»* (93).

Em seguida, o padre Fernando Oliveira faz algumas considerações interessantes sobre a necessidade de se protegerem determinadas espécies florestais com interesse para a construção naval, e de se concederem *«favores aos homens»* (94) que desejassem plantar pinhais. Estas medidas preconizadas pelo padre Oliveira integram-se claramente no âmbito de uma estratégia genética conducente à obtenção da matéria-prima necessária à construção dos meios navais.

---

(86) *Ibid., ibidem.*
(87) *Ibid., ibidem.*
(88) *Ibid., ibidem.*
(89) Caduca ou perene.
(90) *Ibid.*, p. 39.
(91) Refere-se às zonas equatoriais.
(92) *Ibid.*, p. 39.
(93) *Ibid., ibidem.*
(94) Incentivos.

No capítulo décimo da primeira parte, «Dos armazéns e seu provimento», Fernando Oliveira inicia a abordagem à organização logística das armadas, tratando do tipo de armamento necessário aos navios.

O padre Oliveira refere que alguns autores atribuem a descoberta da artilharia aos Alemães, cerca de 1380. Considera, no entanto, que deve ser mais antiga, porque já os Fenícios se tinham defendido de Alexandre Magno com tiros de fogo. Argumenta, também, que apesar de a artilharia ser uma arma prejudicial para a humanidade, tem que ser usada *«porque é necessário rebater nossos inimigos da feição que nos eles combatem e não lhes dar armas de vantagem nem diferentes se for possível...»* ([95]). Ainda sobre a necessidade de usar armas adequadas, diz o seguinte: *«Assim, segundo com quem pelejamos havemos de usar as armas, e ser destros nelas com eles, porque por nenhum modo nos furtem a porrada»* ([96]). Este conceito de adequar as armas ao tipo de conflito e ao inimigo é de uma clareza e actualidade extraordinárias, reforçadas com uma chamada de atenção para as ditas *«armas defensivas»*, usadas na protecção dos soldados durante os combates corpo a corpo.

O capítulo décimo primeiro da primeira parte, «Das victualhas», trata do abastecimento dos navios, dando a maior ênfase aos mantimentos. Somente na parte final, e servindo-se de ensinamentos de Vegécio, refere o padre Oliveira as ferramentas, os engenhos e as máquinas necessárias a bordo.

O autor começa por tecer várias considerações sobre as vantagens de se embarcarem géneros alimentares de boa qualidade. Sobre os alimentos e condimentos embarcados – biscoito, vinho, carne, peixe, sal, queijo, leite, legumes, feijão, ervilhas e azeite –, explana as características que devem ter para a sua duração ser a maior possível. O padre Oliveira considera o biscoito como o principal alimento a bordo dos navios portugueses. Era normalmente feito de farinha de trigo, centeio ou cevada, mas podia ser usada farinha de arroz, como acontecia na Índia, ou farinhas de milho ou mandioca, como ocorria no Brasil. Sobre a sua confecção, acrescenta o padre: *«Seja o biscoito bem cozido, e enxuto de todo humor, assim no amassar como no cozer, e seja duas vezes cozido, que por isso se chama biscoito...»* ([97]). Refere-se ainda às qualidades nutricionais de cada farinha, dizendo que a de trigo é a melhor. Neste contexto, cita várias vezes a opinião de Plínio, de onde parece poder concluir-se que o padre Fernando Oliveira se apoiou também em conhecimentos divulgados por este naturalista na sua

---

([95]) *Ibid.*, p. 41.

([96]) *Ibid., ibidem.*

([97]) *Ibid.*, p. 44. Do latim *biscoctu*, cozido duas vezes.

História Natural (98). Oliveira conclui o capítulo dizendo que, conforme ensina Vegécio, tal como para um exército, também *«são muitas as miudezas necessárias para as armadas as quais é necessário que se achem todas nos armazéns prestes ao tempo do mester...»* (99)

No capítulo décimo segundo da primeira parte, «Dos homens do mar», o padre Fernando Oliveira trata do recrutamento e instrução do pessoal da marinha. Começa por estabelecer a diferença entre o soldado e o marinheiro, apoiando-se na *«demais arte e .... muito uso»* (100) que devem ter os marinheiros nos assuntos de bordo. Diz o padre Oliveira que os soldados se fazem depressa, mas que os marinheiros, por necessitarem de perícia, agilidade e desembaraço, têm que ser *«criados de meninos entre as cordas e aparelhos»* (101), de forma que sejam *«velhos no saber...; mancebos nas forças, e moços na ligeireza»* (102).

Sobre os requisitos técnico-profissionais que um marinheiro deve ter para poder ser alistado num navio, Fernando Oliveira refere que cabe aos pilotos *«em cuja companhia hão-de servir»* (103) terem em atenção os seguintes parâmetros de selecção: conhecimento da tecnologia náutica de todo o navio, incluindo o aparelho vélico; conhecimento dos procedimentos a tomar em função das ordens; desembaraço; sentido da responsabilidade; obediência; vigor físico.

Sobre os mestres, patrões e pilotos, diz Oliveira que além de bons marinheiros (104), devem ser conhecedores das *«coisas da guerra»* (105), de meteorologia e das zonas da costa. Importa notar que é a partir deste conceito, enunciado sumariamente pelo padre Oliveira em 1555 e desenvolvido, em 1559, por Pedro Nunes no *Regimento do Cosmógrafo-Mor*, que começam a definir-se os conhecimentos técnico-profissionais necessários aos oficiais da Armada portuguesa.

Entre os remadores, Fernando Oliveira distingue os forçados dos livres, apresenta os padrões típicos do comportamento de ambos e considera que devem

---

(98) Esta obra oferece informações sobre astronomia, meteorologia, geografia, mineralogia, zoologia, botânica, etc., e está dividida em 37 livros. O seu mérito científico não é grande, não é inovadora nem muito clara, e revela pouco cuidado em separar o verdadeiro do falso, o que se deve provavelmente aos poucos conhecimentos do autor nas matérias tratadas.

(99) *Ibid.*, p. 45.

(100) *Ibid.*, p. 47.

(101) *Ibid., ibidem.*

(102) *Ibid., ibidem.*

(103) *Ibid., ibidem.*

(104) Na literatura náutica coeva, conhecimento de marinheiros significa conhecimento de náutica, ou seja, da arte e ciência de levar os navios dum porto a outro.

(105) *Ibid.*, p. 48.

possuir conhecimentos práticos de marinharia e de manobras de aparelhos, bem como das ordens por apitos.

Na escola dos oficiais, marinheiros e demais pessoal de bordo, tem de se considerar *«a espécie do navio»* [106] e que tenham prática no *«estilo de seu marinhar»* [107], visto que se assim não for *«não se entenderá no outro se o não usou»* [108]. Neste contexto, é o padre Fernando Oliveira quem pela primeira vez apresenta na literatura náutica portuguesa o conceito de especialidade técnica associado às funções de bordo. Assim, depois de estabelecer o paralelo entre a necessidade de especialidades a bordo e as de outros ofícios, Oliveira conclui salientando a importância de se dispor de técnicos competentes embarcados, para que os navios não se percam e tenham eficácia no combate.

No capítulo décimo terceiro da primeira parte, «Dos capitães do mar e do seu poder», o padre Fernando Oliveira aborda, com grande lucidez, as questões relacionadas com o exercício do comando, nos aspectos relativos à autoridade, competência e função coordenadora.

O padre Oliveira refere que *«têm os corpos místicos muitos membros, e alguns muito desvairados dos outros, e se não houver uma cabeça a que respeitem haverá entre eles discórdia, e desbaratar-se-ão eles* [109] *a si mesmos... O exército dos Gregos enquanto teve uma só cabeça e rei conquistou e venceu o mundo, mas tanto que o dito rei faleceu e sucederam divisões, tudo logo se começou a desbaratar, indo de mal a pior até se acabarem uns a outros destruir* [110]. *Muitas vezes fazem mais os poucos concordantes que os muitos diferentes* [111], *e para serem concordes é necessário que tenham à cabeça gente da guerra* [112], *como fica dito e uma que mande sobre todos sem embargo que também haverá alguns outros inferiores que por partes governarão reduzidos porém todos ao arbítrio único do principal...»* [113].

---

(106) *Ibid., ibidem.* Tio de navio.

(107) *Ibid., ibidem.* Nas fainas de bordo.

(108) *Ibid., ibidem.*

(109) Refere-se até aqui à autoridade do chefe.

(110) O autor refere-se ao princípio da unidade de comando, dando como exemplo Alexandre Magno.

(111) Refere-se agora ao princípio da unidade de acção.

(112) Sejam comandados por militares.

(113) *Ibid.*, pp. 49 e 50. Trata-se do princípio da hierarquia. Este conceito apoia-se na obra de Justino, historiador romano do século II, que escreveu a *Historiae Philippicae* em 44 livros que contêm a crónica do Império da Macedónia desde a sua origem. Narra com elegância e vivacidade as campanhas de Alexandre Magno, e constituiu um dos clássicos da Antiguidade.

Sobre as qualidades humanas e militares necessárias ao exercício da autoridade conferida ao comandante – o capitão ([114]) –, refere o padre Oliveira que *«... convém que seja entre os outros como a cabeça entre os membros, e assim como em dignidade os precede a todos também os deve preceder em prudência, esforço e muitas qualidades. ... Deve ser esperto no entender, acautelado no fazer, magnânime em sofrer, animoso para acometer, destro e constante no combater. Deve ser bem instruído e habituado ao exercício das armas, e avisado nos ardis e manhas da guerra»* ([115]).

Sobre a instrução dos capitães, o autor afirma que, em primeiro lugar, devem aprender letras e bons costumes. Em seguida, *«com muito exercício e sofrimento de fome e sede, calma e frio, vigiar, andar a pé, e outros exercícios»* ([116]), devem habilitar os seus corpos para as armas.

Depois de várias considerações negativas, o padre Oliveira critica aqueles que ascendem a postos de comando apenas devido à sua condição de nobres, interrogando-se como poderão ser bons defensores da terra. Apoiando-se claramente em Vegécio, retoma o tema da preparação das tropas e afirma que, como os soldados, por descuido ou por necessidade de economizar, não são criados de pequenos nos costumes militares, deverão os capitães fazê-los exercitarem-se, de forma a tirar-se a ociosidade e vícios que neles houver.

O capitão-mor era o chefe máximo da hierarquia de uma armada, ao qual obedeciam todos os militares, marinheiros e nobres embarcados. Sendo o representante do rei, tinha poderes para *«mandar, e julgar e castigar, até pena capital»* ([117]). Porém, esta pena só podia ser aplicada no mar. No reino, nas possessões, ou quando se tratasse de nobres, cabia ao rei decidir a sua aplicação. O padre Fernando Oliveira recorre ao apóstolo São Tiago ao dizer que os capitães, apesar de possuírem todo esse poder, não devem ser precipitados nem cruéis. Devem, antes, ser misericordiosos e moderados na aplicação da justiça.

O autor compara os capitães-mores de armadas ou exércitos aos capitães e presidentes das legiões, baseando-se em Vegécio quando afirma que o presidente da legião *«é o próprio juiz dela, e participa da divindade do principal estado, e na ausência do príncipe ou seu legado tem ele suas vezes e sumo poder»* ([118]). Sobre a idade do capitão, Oliveira define que este deve ser maduro e prudente, qualidades que nem sempre estão associadas à idade. Conclui o capítulo salien-

---

([114]) Termo derivado da palavra latina *capite*, que significa cabeça.

([115]) *Ibid.*, p. 50.

([116]) *Ibid., ibidem.*

([117]) *Ibid.*, p. 51.

([118]) *Ibid., ibidem.*

tando que o capitão deve ter qualidades humanas para que trate bem dos seus homens, aprecie o seu trabalho e estime as suas vidas.

Da análise ao texto deste capítulo, verifica-se que o padre Fernando Oliveira enumerou a maioria dos parâmetros que actualmente se usam nas avaliações de mérito dos oficiais das Forças Armadas portuguesas. Por isso, parece poder-se concluir que, apesar dos 450 anos que nos separam e das profundas mudanças sociais e tecnológicas verificadas no percurso da Humanidade, os chefes militares continuam a dever possuir um conjunto de qualidades físicas, psicológicas, culturais, técnicas e humanas imutáveis nos seus princípios fundamentais.

O capítulo décimo quarto da primeira parte, «De como devem ser escolhidos e assentados os soldados», aborda de forma extensa os aspectos relativos ao recrutamento, selecção e treino dos soldados. Para tal, o autor apoia-se em conceitos apresentados por Vegécio.

Oliveira começa por salientar a importância de ser o capitão a recrutar os seus próprios soldados, *«pois ele e não o armador há de pelejar entre eles»* ([119]). Em seguida, adianta que a escolha dos soldados tem que ser judiciosa porque, conforme considera Vegécio: *«Nunca aproveitou exército no tempo da guerra, se no escolher e assentar da gente houve falta ou culpa do oficial que os assentou...»* ([120]). Oliveira critica e chama a atenção daqueles *que «zombam das armas, e as entregam a homens que não são para elas»* ([121]) porque, desta forma, *«encomendam e entregam suas vidas, e fazendas»* ([122]) a homens inaptos, sem saber nem sentido da guerra ([123]).

Para defender a condição de soldado, o padre Fernando Oliveira cita Cícero ([124]), dizendo que procede incorrectamente quem critica uma arte apoiando-se em actos isolados de quem a usa mal, e cita Plínio ao declarar que, apesar de os soldados matarem, é com eles que se defende a liberdade, se conserva a paz e se castigam os maus. Oliveira associa aqui claramente a necessidade de se manter exércitos para defender a liberdade, garantir a segurança e permitir o exercício da justiça, valores fundamentais já anteriormente enunciados pelo autor como inspiradores dos objectivos e da grande estratégia nacional.

([119]) *Ibid.*, p. 53.

([120]) *Ibid., ibidem.*

([121]) *Ibid., ibidem.*

([122]) *Ibid., ibidem.*

([123]) *Ibid., ibidem.*

([124]) Marco Túlio Cícero (106-43 a. C.), estadista, advogado, filósofo, teórico político e constitucionalista romano.

Continuando a socorrer-se de Vegécio, o padre Fernando Oliveira destaca a necessidade do treino militar contínuo, porque *«se lhe tirardes o exercício»*, diz ele, *«nenhuma diferença haverá entre soldado e rústico aldeão. O contínuo exercício nas armas, aproveita mais que as forças»* ([125]).

Sobre a nobreza da profissão de soldado, que alguns criticavam e discutiam, diz Fernando Oliveira: *«Saibam esses contrários dos soldados, que se eles têm honra e fazenda soldados lhas ganharam. ... Foi sempre e é honesto, proveitoso e necessário no mundo o estado dos soldados, pelas dissensões que nele há, e foi sempre estimado dos príncipes, porque eles são alicerce e fortaleza do ceptro e justiça»* ([126]). Desta forma, evidencia que as forças militares são um dos factores do poder nacional (alicerce e fortaleza do ceptro e justiça), necessário para resolver as polémicas (dissensões) entre os Estados.

Fernando Oliveira define soldado como aquele que *«recebe soldo do rei, ou príncipe, ou seu capitão por servir feito de armas»* ([127]), e considera haver dois tipos de soldados: os peões, que lutam a pé, e os ginetes, que combatem a cavalo. Ambos têm a função de *«defender a terra e conservar a paz»* ([128]). Sobre a selecção dos soldados, Oliveira refere como condição primacial serem de *«boa geração honrada»* ([129]), porque para Estado honrado só devem ser admitidos homens honrados; como de soldados se fazem fidalgos e nobres com poderes sobre outros homens e bens, parece-lhe justo e honesto que se dê esses poderes aos filhos dos que já os tiveram ou mereceram; os filhos seguem facilmente os exemplos dos pais. Para justificar estas condições, Oliveira cita novamente Vegécio, dizendo: *«Não cuideis que é este ofício tal, que se deva entregar a quaisquer pessoas, mas devem ser excelentes, se for possível, em geração e costumes, os homens de que se há de fiar a defesa da terra, porque a limpeza do seu sangue os faz idóneos, e a vergonha que com os bons costumes aprenderam os faz alcançar vitória. Verdade é que a natureza não está obrigada a dar-me o ânimo e forças de meu pai, mas estou eu obrigado a sustentar a sua honra, e a vergonha me constrange a seguir sua virtude»* ([130]).

No caso de não serem suficientes os filhos de homens honrados, devem escolher-se os de *«mais alto posto que fosse de baixa raça, porque muitas vezes*

([125]) *Ibid.*, p. 54.
([126]) *Ibid.*, p. 55.
([127]) *Ibid.*, *ibidem.*
([128]) *Ibid.*, *ibidem.*
([129]) *Ibid.*, p. 56.
([130]) *Ibid.*, pág. 56 e 57.

desses nascem singulares homens» ([131]). O padre Oliveira cita Catão ([132]) quando refere que *«de lavradores nascem barões fortíssimos, e soldados muito destros»* ([133]). Se ainda assim não forem suficientes os soldados, recorrer-se-á então aos que *«perderam a vergonha e desejos de honra virtuosa»* ([134]). Sobre estes soldados, Fernando Oliveira, citando Vegécio, declara que antes de se lhes confiar seja o que for, há que os acostumar ao trabalho das armas e afastar da ociosidade. Relativamente às regiões onde se devem efectuar os recrutamentos, Oliveira diz que do campo e das aldeias se obtêm melhores soldados, porque estão mais acostumados à vida difícil, ao trabalho e a suportar o sofrimento ([135]).

Em seguida e continuando a apoiar-se em Vegécio, trata dos ofícios que produzem os melhores soldados ([136]), das qualidades físicas ([137]) e da idade de recrutamento ([138]). Como se refere aos marinheiros, acrescenta que devem ter o *«estômago assentado e cérebro seguro para o mar, porque mal pelejará o enjoado e mais mal se for o de natura»* ([139]).

No capítulo décimo quinto da primeira parte, «Do exercício dos soldados», Fernando Oliveira ocupa-se das armas empregues e da necessidade de manter activos os soldados. Tal como no capítulo anterior, baseia-se essencialmente em Vegécio.

Depois de várias considerações sobre o tipo de exercícios que os soldados necessitam de praticar, Oliveira afirma que os capitães devem procurar ocupá-los, ajudá-los e acompanhá-los, o que manterá o moral elevado. Tudo isto porque: *«É contrária a ociosidade na guerra, e odiosa na gente dela, assim para a disposição dos corpos e destreza das armas, como para a continência dos costumes»* ([140]).

([131]) *Ibid.*, pág. 57.

([132]) Marco Pórcio Catão (234-149 a. C.), também conhecido por «o Velho» ou «o Censor», estadista e escritor romano.

([133]) *Ibid., ibidem.*

([134]) *Ibid., ibidem.* O autor refere-se à necessidade de, na mobilização geral, se terem que incorporar todos os homens, incluindo os marginalizados pela sociedade.

([135]) Sobre este assunto, Vegécio apresenta os capítulos II e III do Livro I, nos quais o padre Fernando Oliveira se baseou.

([136]) Os melhores ofícios eram os de ferreiro, carpinteiro e almocreve.

([137]) O autor é da opinião de que o soldado deve ter todos os sentidos bem desenvolvidos.

([138]) A idade para servir como soldado era entre os 18 e os 60 anos.

([139]) *Ibid.*, pág. 58.

([140]) *Ibid.*, pág. 62.

A segunda parte da *Arte da Guerra do Mar*, intitulada «Das frotas armadas, e das batalhas marítimas, e seus ardis», trata de assuntos de natureza náutica e táctica.

No capítulo primeiro da segunda parte, «Dos navios para as armadas», Fernando Oliveira aborda os aspectos relativos à organização das armadas e à classificação dos tipos de navios.

Diz o autor que compete aos capitães cuidarem da preparação da frota, composta por *«navios conformes ao mar, e guerra em espécie, quantidade, e número»* ([141]). Distingue claramente a necessidade de uma frota possuir navios com características operacionais adequadas à missão que lhes é atribuída, e tece várias considerações sobre a adequabilidade dos existentes para as diferentes missões do poder naval.

Oliveira salienta a necessidade de os capitães disporem de *«aviso das frotas dos contrários... para que não faltem ao necessário, nem excedam fazendo despesas demasiadas quando se podem escusar»* ([142]). Desta forma clara, evidencia a necessidade do país dispor de um serviço de informações estratégicas que permita adequar os meios à ameaça.

Sobre o tamanho dos navios, o padre Fernando Oliveira cita novamente Vegécio quando afirma serem *«necessários grandes e pequenos, os grandes para a força, e os pequenos para ligeireza e desenvoltura assim nas batalhas como nos serviços e indústrias que às vezes cumpre usar, como são espias e sobressaltos»* ([143]). Depois de se referir de forma genérica a navios redondos e latinos, o autor conclui o capítulo com várias considerações sobre as qualidades náuticas e militares das caravelas.

No capítulo segundo da segunda parte, «Do número da gente para os navios», Oliveira trata das lotações dos navios e apresenta as regras para constituição das guarnições, em função da arqueação e tipo de navio.

Para os navios à vela, estabelece, consoante a arqueação, as seguintes guarnições: até 10 tonéis, 2 marinheiros e 1 grumete; entre 10 e 20 tonéis, 3 marinheiros e 1 grumete; entre 20 e 30 tonéis, quatro marinheiros e 1 grumete. A partir de 30 tonéis, as regras são ([144]): por cada 4 tonéis, um marinheiro; por cada 3 marinheiros, um grumete; um mestre em cada navio; o contramestre e o guardião são escolhidos entre os marinheiros; um piloto por navio. Relativamente ao

---

([141]) *Ibid.*, p. 67.
([142]) *Ibid.*, p.68.
([143]) *Ibid.*, p. 69.
([144]) *Ibid.*, *ibidem*.

número de soldados embarcados, Oliveira considera necessário ser de 1 por cada 2 tonéis de arqueação do navio. Entre os marinheiros, há alguns que ganham mais e que estão dispensados de determinados serviços para, em conjunto com o piloto, darem apoio ao capitão ou ao patrão do navio.

Em relação aos navios a remo, Fernando Oliveira apresenta um vasto conjunto de informações resultantes da experiência que adquiriu a bordo de navios franceses e ingleses. Para as galés de 3 ([145]), considera necessários 15 marinheiros e 5 proeiros. Para as galés de 4 ([146]), tem como essenciais 30 marinheiros, 10 proeiros e 2 a 3 moços de *«esquife»* ([147]). Para as galeotas de 2, refere serem indispensáveis 10 marinheiros, 4 a 5 proeiros, 1 piloto e 1 patrão. Para as fragatas, fragatins ou bergantins, considera fundamentais 1 remador e 1 marinheiro.

Relativamente ao número de bancos das galés, diz que: na galé de 3, deverão existir vinte e dois bancos de cada bordo para 130 homens. Nos últimos bancos da proa, só se sentam 2 homens; na galé de 4, deverão existir vinte e quatro bancos de cada bordo para 190 homens. Nos últimos bancos da proa, só se sentam 2 homens. Oliveira justifica estes números em função das distâncias mínimas a manter entre remos, e esclarece que já abordou este assunto na *Arte de Navegar* e no *Livro de Fabrica das Naus.*

O padre Fernando Oliveira continua o capítulo com várias considerações sobre a melhor relação entre o comprimento e a boca dos navios, referindo-se às suas características náuticas. Depois, manifesta a necessidade de haver a bordo homens para desempenharem as funções de comitre ([148]), sotacomito ([149]), meirinho ([150]), beleguim ([151]), barbeiro/cirurgião ([152]), carpinteiro, calafate e tanoeiro.

O número de soldados embarcados variava com o tamanho da galé. Na de 3, embarcavam o capitão e 40 soldados, um em cada banco. Nas galés maiores, por vezes, havia 2 soldados por banco.

Oliveira conclui o capítulo referindo-se às trombetas, tambor e pífaro, que considera necessários para *«a ordenança...* [e para] *mostrar aparato de guerra*

([145]) Com 3 ordens de remos.

([146]) Com 4 ordens de remos.

([147]) Actualmente chamam-se moços de convés.

([148]) Oficial encarregado dos remadores.

([149]) Adjunto do comitre.

([150]) No caso de haver forçados.

([151]) *Ibid.*

([152]) Com funções de barbear os remadores, curar feridos e doentes, e manter uma botica com unguentos.

com terror dos contrários e alegria dos nossos» ([153]). Cita Vegécio, dizendo que o ruído amedronta mais quando se produz durante o combate.

No capítulo terceiro da segunda parte, «Da esquipação dos mantimentos, munições e enxárcias», podem distinguir-se três secções distintas, nas quais o padre Oliveira trata do abastecimento, do armamento e do aprestamento dos navios.

Na primeira parte, o autor salienta a importância dos abastecimentos na guerra e a necessidade de se dispor de reservas para evitar as faltas, referindo que *«proverá o capitão que se embarquem mantimentos, de todo o género, em abastança para sua viagem, conforme ao tempo que nela pode andar... . No mar não há vendas, nem boas pousadas nas terras dos inimigos, por isso cada um vá provido de sua casa, e mais se for de Lisboa, porque no mar não se vendem azevias fritas»* ([154]).

Fernando Oliveira considera que o critério de abastecimento dos navios de guerra é diferente do praticado para os navios mercantes, em virtude destes se destinarem ao transporte de mercadorias e, por isso, disporem de uma reduzida guarnição, de forma a serem rentáveis. O autor justifica esta diferença dizendo que os navios de guerra gastam dinheiro para *«ganhar e defender reinos, e para defender os dos mercadores que lhe rendem o dinheiro...»*, e que, para isso, devem *«ir providos,* [de] *gente e armas e mantimentos...»* ([155]).

Oliveira estabelece as regras para o cálculo dos mantimentos a embarcar em navios à vela e galés, partindo do princípio de que cada homem tem direito a uma ração diária de 2 arráteis (900 gr) de biscoito e 3 quartilhos (1,05 l) de vinho. O fornecimento de carne e peixe dependia do costume das terras e do armador.

Na segunda parte deste capítulo, Fernando Oliveira trata o armamento dos navios, quando entende necessário que: *«Faça o capitão prover seus navios também de armas e enxárcias.»* ([156]). Quanto às armas, o autor considera, em primeiro lugar, que devem ser em número suficiente para os homens embarcados. Depois, define pormenorizadamente a sua localização a bordo e o número, consoante o tipo de navio. Assim, as galés deverão armar: à popa, com 2 meias-esperas; nos mutilões das escadas, com falcões; por cima do leme, com esmeris (berços); a meia-nau, com 1 espera dupla; nas amuras, com 1 meia-espera,

---

([153]) *Ibid.*, p. 75.

([154]) *Ibid.*, p. 77.

([155]) *Ibid., ibidem.* Fernando Oliveira afirma claramente que as missões no poder naval são a conquista, a defesa do reino e a protecção da navegação mercante.

([156]) *Ibid.*, p. 78.

1 falcão e 1 berço. As galeotas deverão armar, a meia-nau, com 1 espera, e em cada amura com 2 falcões. Os navios à vela de 60 a 100 tonéis deverão armar com: 1 espera à proa; 2 pedreiros junto ao leme; 2 falcões por bordo; 4 berços por bordo. De 100 a 200 tonéis, para além das peças anteriormente referidas, deverão armar com mais 2 esperas por bordo e alguns berços na *«alcaçava»* ([157]). De 200 a 300 tonéis, às bocas de fogo mencionadas, deverão acrescentar 1 falcão e 2 berços por bordo. Navios com mais de 300 tonéis podem armar com 2 esperas junto ao leme e 2 pedreiros *«junto à bomba»* ([158]). Nos navios com menos de 60 tonéis, não se deveria embarcar artilharia de calibre superior à do falcão ou da meia-espera.

Sobre o pessoal para operar a artilharia, Fernando Oliveira refere que não são marinheiros nem soldados. São bombardeiros e têm como funções municiar, apontar, disparar, faxinar e reparar as peças. Os bombardeiros devem ser examinados no municiar, na composição das pólvoras, na preparação da carga de impulso e na eficácia da pontaria.

Na terceira parte do capítulo, Oliveira trata dos aprestos que devem ser embarcados em quantidade suficiente para suprir as necessidades de bordo. Neste contexto, apresenta muito incipientemente a ideia do nível mínimo das existências de bordo, quando diz que: *«de tudo vão os navios das armadas providos em dobro para quando lhe for necessário»* ([159]). Ao enumerar sistematicamente um conjunto de materiais, instrumentos e equipamentos necessários à operação do navio e à vida de bordo, o padre Fernando Oliveira dá corpo à primeira tentativa para definir a Tabela de Armamento de um navio de guerra. Este facto parece-nos muito interessante, tanto mais que, logo a seguir, associa os materiais embarcados a responsáveis (oficiais e mestres) e a paióis, para *«que quando for necessário achem tudo prestes e desembaraçado...»* ([160]). O autor apresenta, assim, um conceito de organização dos serviços técnicos de bordo semelhante ao actual.

No capítulo quarto da segunda parte, *«Do tempo de navegar as armadas, e mudança dos tempos»*, Fernando Oliveira trata da meteorologia e da segurança das navegações.

Os navios do século XVI estavam muito condicionados à meteorologia, pelo que escolhiam as estações menos tempestuosas e as épocas do ano mais favoráveis para empreenderem as suas viagens. Neste quadro, o padre Oliveira refere

---

([157]) No castelo da popa.

([158]) A bomba para esgotar água era usualmente colocada no convés superior, a meia-nau, junto ao mastro principal.

([159]) *Ibid.*, p. 80.

([160]) *Ibid., ibidem.*

que há quatro tipos de navegações, consoante a época do ano: seguras em Junho, Julho e Agosto; duvidosas em Março, Abril e Maio; incertas em Setembro, Outubro e Novembro; perigosas em Dezembro, Janeiro e Fevereiro. Sobre estas regras gerais, considera o tratadista que *«é necessário os mareantes sabê-las por experiência ou particular informação, dos tempos, e monções de ventos, e aguagens, e coisas semelhantes, que acontecem em algumas paragens mais que outras.»* ([161]). Em seguida, aborda genericamente algumas características meteorológicas das costas de Portugal, da Guiné e do Hemisfério Sul.

No capítulo quinto da segunda parte, «Dos sinais das tempestades, e variação dos temporais», Oliveira continua a tratar da meteorologia náutica.

Os marinheiros portugueses do século XVI serviam-se de toda a informação disponível e de todos os conhecimentos acumulados para tornarem mais seguras as suas navegações. As demoradas e contínuas observações do sol, da lua, das estrelas, dos animais e das nuvens permitiram estabelecer um conjunto de regras para prever as mudanças de tempo. Continuando a recorrer a Vegécio, Fernando Oliveira apresenta, com grande detalhe, as regras que eram conhecidas no século XVI.

Para o Sol, refere dia sereno quando: nasce limpo; no ocaso, está claro e bem corado; o ocaso ocorre entre nuvens rosadas e bem coradas; antes de nascer, aparecem nuvens que se deslocam para poente; nasce entre nevoeiro sem abertas. O dia será de granizo se o sol nasce amarelo. O dia será de chuva: se o sol nasce côncavo e vão; se o sol nasce por trás de nuvens ruivas e negras; se, quando o sol nasce, há réstias de luz através das nuvens. O dia será ventoso: se o sol nasce por trás de nuvens vermelhas; se o sol nasce por trás de nuvens, mas estas se espalham; se o sol, ao nascer, provoca abertas no nevoeiro; se ao pôr-do-sol a sua cercadura for negra. O vento soprará do lado de onde a cercadura rompe. O dia será tempestuoso: se no dia anterior o sol se pôs entre nuvens negras e húmidas e com chuviscos; se antes do sol nascer aparecerem nuvens grossas e húmidas; se ao pôr-do-sol aparecer uma cercadura branca, será noite de tempestade fraca; se houver névoa à volta do sol, será tempestade rija. O dia será de aguaceiros se a qualquer hora do dia as nuvens cercarem o sol dos dois lados e se formar escuridão.

Relativamente às regras da lua, o autor cita novamente Vegécio para dizer que nela se vêem os sinais do céu e do ar como num espelho. Assim, o dia será sereno se a Lua Nova é limpa e clara, ou se a Lua Cheia é limpa e clara no centro. O dia será de chuva: se a Lua Nova aparece com a ponta de cima negra ou escura,

([161]) *Ibid.*, p. 84.

choverá no Quarto Minguante; se a Lua Nova aparece com a ponta de baixo negra ou escura, choverá antes de Lua Cheia; se a Lua Nova é negra no centro, choverá na Lua Cheia; se quatro dias depois da Lua Nova aparece com a coroa limpa, só choverá depois de Lua Cheia; se a Lua Cheia é negra no centro; se apresenta cercadura verde escura. O dia será ventoso: se a Lua Nova é de cor ruiva; se a ponta norte é aguda e afiada dá vento norte; se a ponta sul é aguda e afiada dá vento Sul; se ambas as pontas são afiadas venta toda a noite; se aparece resplandecente quatro dias depois da Lua Nova; se a Lua Cheia é resplandecente; se aparece com cercadura. Onde ela mais resplandecer ou romper vem o vento. O dia será tempestuoso: se a Lua Nova tem pontas grossas; se não aparece até quatro dias depois de Lua Nova; se aparece direita quatro dias depois de Lua Nova, dá tempestade no mar; se a Lua surgir com duas ou mais cercaduras negras dá tempestade grande; se aos dezasseis dias aparecer inflamada ou afogueada dá tempestade rija, em dia de Lua Nova.

Sobre os sinais das estrelas, o padre Oliveira apresenta dois exemplos um pouco confusos ([162]), dizendo que, por estes astros serem difíceis de identificar, fornecem aos marinheiros os seguintes sinais mais comuns se, num dia calmo: houver rebentação no mar, é sinal de vento; se a rebentação persistir, é sinal de chuva; se as ondas rebentarem com ruído na costa, é sinal de tempestade; se houver espuma no mar, é sinal de tempo invernoso por alguns dias. Se os golfinhos nadarem à superfície, significa vento de onde vêm. Se os ouriços afundarem, os caramujos e as lapas se agarrarem e os caranguejos se esconderem, é sinal que a tempestade está a chegar. Se as gaivotas se juntarem no areal e murmurarem, se a garça permanecer triste no areal e as aves marinhas ficarem em terra, é sinal de tempestade no mar.

Sobre as nuvens, Oliveira também apresenta um conjunto de regras. O dia será ventoso se: estando sereno as nuvens se começarem a deslocar. Será vento norte se, estando as nuvens amontoadas nessa direcção, se afastam; amanhece com neblina que depois desaparece. O dia será chuvoso se: de leste aparecerem nuvens grossas e negras, choverá na noite seguinte; de oeste aparecerem nuvens grossas e negras, choverá no dia seguinte; se as nuvens que andam pelo ar tocarem nas serras e outeiros; se as nuvens forem brancas e semelhantes a ovelhas. O dia será tempestuoso se as nuvens forem grandes e pardas como os papos dos açores. Ocorrerá trovoada se as nuvens forem negras e inchadas, com bordas brancas

---

([162]) No primeiro exemplo, Fernando Oliveira afirma que se as estrelas cadentes apresentarem cercadura, será tempo invernoso e de chuva. No segundo exemplo, refere que se os astros de caranguejo com a sua manjedoura se esconderem no claro, significa tempestade.

resplandecentes. Cairá granizo se as nuvens forem grandes e esbranquiçadas. O dia será calmo se as nuvens que andam pelo ar não tocarem nas serras e nos outeiros, se o nevoeiro descer das serras e se desfizer nos baixios, ou quando amanhecer com neblina.

Na parte final do capítulo, o autor apresenta mais algumas regras, ainda hoje conhecidas e referidas pelo povo. Sobre o arco-íris ([163]), cita Vegécio e Séneca ([164]) dizendo que significa Inverno: se aparece a Norte, significa muita chuva; se aparece a oeste, significa pouca chuva; se aparece a leste, significa orvalho. Relativamente à trovoada e aos relâmpagos, afirma: se troveja no Verão com poucos relâmpagos, haverá vento nessa direcção; se relampeja mais do que troveja, choverá; se relampeja com o céu calmo, choverá e o tempo ficará invernoso se os relâmpagos aparecerem em todo o horizonte; a trovoada de madrugada origina vento, ao meio-dia origina chuva. Como regras gerais do tempo nas estações do ano, Oliveira indica que: se o Verão for claro, o Outono será frio; se chover no Verão, no Outono haverá vento e o ar será grosso; a serenidade no Outono faz o Inverno ventoso; as chuvas no Inverno provocam ventos no Verão.

No capítulo sexto da segunda parte, «Dos ventos e suas regiões, e nomes», o padre Fernando Oliveira apresenta as noções essenciais à compreensão, classificação e identificação dos ventos.

Começa por afirmar que esta matéria pertence à guerra do mar. Com efeito, no século XVI, os navios eram impulsionados pela força do vento, pelo que era forçoso conhecer bem as suas designações e rumos.

Depois de afirmar que o vento é utilizado para navegar, o que facilita a actividade dos comerciantes visto que as viagens por terra têm muitos impedimentos, Fernando Oliveira rejeita as explicações dos filósofos e define o vento da seguinte forma: *«vento é ar impetuoso, movido por alguma influência do céu, sem certa ordem nem limite de quando, nem quanto, nem onde»* ([165]). Em seguida explica, de forma detalhada e em relação à Terra, as direcções de onde os ventos tomaram o nome. Para isso, refere que a rosa-dos-ventos tem 32 direcções ([166]) que *«bastam para encher as regiões de toda a redondeza e para distintamente navegarmos dumas para outras»* ([167]). É curiosa esta afirmação do padre Fernando Oliveira, que parece confirmar a tese de que o intervalo mínimo entre

---

([163]) Chamam-lhe Arco de Noé.

([164]) Lúcio Aneu Séneca (4 a. C.-65 d. C.), estadista, dramaturgo e filósofo estóico romano, tutor e conselheiro do imperador Nero.

([165]) *Ibid.*, p. 91.

([166]) Marcando no círculo 32 direcções igualmente afastadas de 1 quarta (11° 1/2).

([167]) *Ibid.*, p. 93.

os diferentes rumos da agulha usados para navegar era a quarta (11° 1/2), o que contribuía para os grandes erros verificados na fase da aterragem [168]. Sobre as direcções, refere o autor que há 8 principais (norte, nordeste, leste, sueste, sudoeste, oeste e noroeste), 8 meias partidas (nor-nordeste, lés-nordeste, lés--sudeste, su-sudeste, su-sudoeste, oés-sudoeste, oés-noroeste e nor-noroeste) e 16 quartas sem nome. Oliveira termina o capítulo apresentando as designações levantinas para as principais direcções dos ventos: Transmontana (norte); Greco (nordeste); Levante (leste); Siroco (sueste); Medijorno (sul); Lebeche (sudoeste); Poente (oeste); Mestral (noroeste). Indica ainda que, a partir destas 8 direcções principais, se podem construir as designações das 8 meias partidas levantinas, da mesma forma que acima foi indicado para as portuguesas.

No capítulo sétimo da segunda parte, «Dalguns avisos necessários para navegar», apresenta regras necessárias à condução da navegação.

Em primeiro lugar, Oliveira considera ser necessário saber a posição das terras e os rumos entre elas. Define rumos como *«as linhas que na carta de marear mostram os caminhos do mar»* [169]. Rota ou derrota são *«os caminhos que pelo mar se fazem»* [170]. Para navegar, é necessário ver na carta onde ficam as terras que *«buscamos»* e se a direcção de onde sopra o vento *«nos levará ou estorvará»* [171].

Sobre as direcções dos ventos favoráveis à navegação, o padre Fernando Oliveira refere que são todas do través para ré [172]. Os navios latinos, *«que apertam mais o caro»* [173], podem usar ventos do outro meio círculo por qualquer dos quadrantes até uma quarta (11° 1/2) ou pela meia partida (23°). No entanto, neste caso entende Oliveira que é necessário efectuar bordos, mantendo uma estima precisa, baseada na velocidade do vento, na manobrabilidade do navio e nas correntes, para que a aterragem ocorra no ponto desejado.

Oliveira explica o *«modo de cartear sem altura»* [174], referindo que se pratica em mar estreito e caminho pequeno, por quem não deixa de ver terra muitos dias. É aquilo que hoje designamos por navegação em águas restritas

---

[168] Termo náutico usado para designar o ponto onde o navio, à vista de terra, passa da navegação oceânica à navegação costeira.

[169] *Ibid.*, p. 95.

[170] *Ibid.*, *ibidem.*

[171] *Ibid.*, p. 95.

[172] Da metade da roda ou círculo para trás.

[173] Podem navegar mais cingidos à linha de vento (bolina).

[174] Efectuar navegação estimada.

Em seguida, refere-se à navegação por latitudes, dizendo que é aquela que se pratica: *«No mar largo onde não há vista de terra pela qual governemos...»* (175). Apresenta o astrolábio, o quadrante e a balestilha como os instrumentos usados para ver quanto *«está o norte levantado sob o horizonte...»* (176). O autor atribui ao grau terrestre o valor de 17 léguas, e define altura como sendo *«aquele espaço do céu que se nos levanta o nosso pólo sobre o horizonte»* (177), e acrescenta que, como de dia não se podem ver as estrelas do pólo, a altura é determinada *«tomando o sol no astrolábio»* (178).

Fernando Oliveira trata do movimento aparente do sol ao longo da eclítica e considera que o valor máximo da sua declinação (23° 1/2) é atingido a Norte do Equador a 12 de Julho, e a Sul do Equador a 12 de Dezembro. O sol cruza a linha equinocial a 11 de Março e a 14 de Setembro, quando a declinação é nula. Como neste movimento a declinação não varia de maneira uniforme, o padre Oliveira indica que é necessário possuir *«particulares tabuadas desta crença e descrença a que chamam vulgarmente regimento da declinação do sol»* (179). Acrescenta que também se devem ter regimentos para as estrelas, porque estas declinam e estão afastadas dos pólos.

O capítulo oitavo da segunda parte, «Das marés, correntes e aguagens do mar», trata de explicar a natureza deste fenómeno.

Fernando Oliveira atribui as marés à acção da lua, *«do curso da qual dependem, e da influência dela o encher e vazar do mar»* (180). Depois de aludir que as marés na costa de Portugal são do tipo semidiurno, refere que quando a lua: nasce é baixa-mar; está sobre o meridiano do lugar é preia-mar; está no meridiano oposto ao do lugar é preia-mar. Justifica o encher e o vazar da maré pela atracção que a lua exerce nas águas, dizendo que *«parece que as traz para si como o azougue traz o ouro...»* (181).

Depois de referir que as marés estão seis horas a encher e seis a vazar, o padre Fernando Oliveira acrescenta que os retardos diários das marés ocorrem porque o *«curso da lua não anda certo com o do sol»* (182), e que o fundamento

---

(175) *Ibid.*, p. 96.

(176) *Ibid., ibidem.*

(177) *Ibid., ibidem.*

(178) *Ibid., ibidem.* Descreve com detalhe suficiente o modo como se processa essa operação.

(179) *Ibid.*, p. 98. São as tábuas da declinação do Sol.

(180) *Ibid.*, p. 99.

(181) *Ibid.*, p. 100.

(182) *Ibid., ibidem.*

dos cálculos das marés a partir dos rumos ([183]) assenta nessa diferença de *«curso»*. Oliveira cita Plínio quando afirma que há um atraso em tempo entre a posição da lua e o estado da maré, porque *«como ele diz, as influências do céu não obram nas coisas inferiores logo no instante quando elas se movem»* ([184]).

Em seguida, refere-se aos efeitos da geografia terrestre na propagação das marés, apresentando exemplos relativos à costa portuguesa. Depois, contrapõe a sua opinião à de Plínio ao explicar o fenómeno das correntes. Diz o padre Oliveira, muito acertadamente, que as correntes são *«como rios que sempre vão para uma parte, e não crescem nem minguam, senão por acidente de cheia ou represa, que de outra alguma coisa lhe sobrevém»* ([185]). Considera as aguagens como correntes ocasionais sem direcção certa e movidas pelo vento. Distingue marés de aguagens, dizendo que *«... a maré levanta e abaixa, e não corre senão por acidente da disposição do lugar transbordando fora de seus limites, e as aguagens correm e não levantam nem abaixam, e mais não guardam ordem nem tempos certos»* ([186]). Oliveira serve-se de exemplos apresentados por Plínio, Píteas ([187]) e Diodoro Sículo ([188]) quando refere extensamente a influência da geografia e dos ventos nas características da maré. Termina o capítulo com uma chamada de atenção para a necessidade de o capitão *«entender, estas e todas as pertencentes à navegação tão compridamente como as de guerra, porque capitão é o que há de julgar e dar remate sobre os conselhos dos outros, o que não poderá fazer não entendendo o que de consulta...»* ([189]).

Com este capítulo, conclui-se uma parte da obra – capítulos 4 a 8 – onde o padre Oliveira apresenta um conjunto de informações relacionadas com a meteorologia, a navegação e as marés, informações que, pela sua valia operacional, o autor considera deverem ser bem entendidas por quem manda porque *«em tudo há de suprir a seus tempos»* ([190]).

([183]) Método praticado pelos marinheiros e apresentado pela primeira vez na literatura náutica portuguesa por Duarte Pacheco no *Esmeraldo de Situ Orbis*.

([184]) *Ibid.*, pp. 100 e 101.

([185]) *Ibid.*, p. 101.

([186]) *Ibid.*, p. 102.

([187]) Píteas de Massília (c. 380-c. 310 a. C.), geógrafo e explorador grego. Entre 330 e 320 a. C., viajou até ao Noroeste da Europa, e terá circum-navegado a Grã-Bretanha. Foi a primeira pessoa a descrever o sol da meia-noite, a aurora e o gelo polar. Também se lhe deve a ideia da existência da mítica ilha de «Thule», alegadamente localizada no Norte.

([188]) Historiador grego do século I a. C., autor da *Bibliotheca historica*, uma história universal em 40 livros.

([189]) *Ibid.*, p. 104.

([190]) *Ibid.*, *ibidem*.

No capítulo nono da segunda parte, «De como as armadas farão velas», Fernando Oliveira apresenta um conjunto de procedimentos a usar pelas forças navais.

Em primeiro lugar, estabelece que as guarnições (mestres ou patrões e marinheiros) se devem apresentar a bordo *«desde tempo que se a frota começou a fazer prestes»* ([191]). Os soldados e os oficiais embarcam um dia antes da largada, *«com pregão público a som de trombeta ou de tambor»* ([192]). A partir da largada do porto de armamento ([193]) e até ao regresso, os navios devem manter uma prontidão de duas horas *«assinaladas com tiro de artilharia»* ([194]), porque *«devem estar a ponto de guerra, e a gente para isso prestes e presente»* ([195]).

As fugas de bordo seriam um problema grave, visto que os atractivos das terras visitadas pelos navios suscitavam a curiosidade e o interesse das guarnições. Certamente por isso, o padre Fernando Oliveira faz diversas considerações sobre os aspectos legais, morais e éticos na deserção.

Cita Vegécio ([196]), dizendo que os marinheiros, depois de matriculados, mesmo que não tenham recebido o soldo, não podem ir a parte alguma sem autorização do capitão ou armador. Para fundamentar o seu ponto de vista, Oliveira refere a *Ordem Santa* ([197]) (o *sacramentum*, uma fórmula de juramento) dos legionários romanos, que compreendia os deveres de: obedecer ao comandante; actuar com destreza; não abandonar as armas nem a luta; defender a república com a vida; não roubar; não abandonar o acampamento ou o posto.

Oliveira considera que o capitão deve escolher para si o melhor navio da frota, um que seja *«forte e veleiro, ou leve se for de remo, tal que se for necessário corra por toda a frota, alcance os que vão muito diante e os faça deter, e torne aos traseiros, e os faça juntar todos, detendo uns e apressando os outros, e amparando os fracos, porque espalhados todos vão bem perigosos e oferecidos*

([191]) *Ibid.*, p. 105. Cabia a estes elementos da guarnição realizarem as tarefas necessárias ao abastecimento do navio.

([192]) *Ibid., ibidem.*

([193]) Normalmente Lisboa.

([194]) *Ibid.*, p. 105. Era este o limite máximo de afastamento permitido em relação ao navio.

([195]) *Ibid., ibidem.* Esta condição de prontidão de duas horas ainda é praticada nos navios da Armada, especialmente nos empenhados nas missões de salvaguarda da vida humana no mar.

([196]) *Ibid.*, p. 105. Adapta uma ideia defendida por Vegécio relativamente aos soldados do exército romano. É curioso notar que o termo «matrícula» ainda integra o léxico naval para indicar a inscrição de pessoal nas capitanias e nos navios.

([197]) *Ibid.*, p. 106.

aos encontros dos contrários» ([198]). Numa época em que as comunicações eram tão difíceis, tornava-se forçoso estabelecer procedimentos rigorosos para que as armadas não se fragmentassem. Para isso, foram criados códigos de sinais usando tiros de canhão ([199]) e bandeiras ([200]). Sobre as bandeiras, o autor cita Vegécio, dizendo que serviam para que na *«revolta da guerra cada um conheça o seu bando, e guarde sua ordem tomando-se a seu esquadrão... e mais também para que onde a voz do homem nem som de instrumento não baste, com elas se possa acenar e significar o que manda o capitão...»* ([201]).

Depois de tratar de assuntos relativos ao cerimonial marítimo associado às largadas e às viagens de mar, Fernando Oliveira aborda várias questões relacionadas com a navegação nocturna. *«De noite fará a capitânia farol, para que todos os outros sigam sua derrota»* ([202]). Quando os navios estão fundeados ou navegam em zonas perigosas não devem acender qualquer luz, *«por não serem descobertos nem saberem os inimigos parte deles»* ([203]). Apesar dos sofisticados meios de detecção electrónica existentes actualmente, esta prática de ocultação de luzes continua a ser usada.

Oliveira cita de novo Vegécio quando refere que «... *nas coisas da guerra uma principal cautela e muito segura é não se saber o que se há de fazer»* ([204]). Logo de seguida, põe em evidência a necessidade de facilitar as informações apenas a quem delas necessita. Como se pode ver, a origem do conceito da necessidade de saber perde-se nos tempos e está intrinsecamente ligada às operações militares. Com efeito, a restrição da informação às pessoas que dela necessitam contribui para guardar do opositor o conhecimento das intenções próprias, para que venham a ter efeito.

([198]) *Ibid., ibidem.*

([199]) O significado dos tiros de canhão era o seguinte: a capitânia disparava um tiro de canhão, os navios acudiam; um navio disparava um tiro, acudia a capitânia; quando em socorro de um navio a capitânia necessitava de ajuda, disparava um tiro na direcção do navio que deveria vir em socorro; quando fundeada a frota, duas horas antes da partida eram disparados dois tiros.

([200]) O significado das bandeiras era o seguinte: à proa, a meia haste, ameaça encontro e batalha; à proa, a tope e de pano branco, pede paz. Sobre as insígnias, Oliveira refere que o rei, o príncipe e o capitão, se for nobre, tem direito a *«trazer as de sua nobreza»*. O capitão-mor iça a bandeira do príncipe na gávea em navio à vela. Em navio a remo, iça-a à popa, a estibordo.

([201]) *Ibid.*, p. 106.

([202]) *Ibid.*, p. 107. Nenhum dos outros navios acendia qualquer luz. Em caso de perigo, acendiam fogueiras.

([203]) *Ibid.*, p. 107.

([204]) *Ibid.*, p. 109.

A partir da necessidade de manter segredo, o padre Fernando Oliveira aborda os aspectos que considera mais importantes na personalidade do capitão: sagacidade, liderança, capacidade e ponderação. Estas características seriam fundamentais para montar os ardis e dissimular as intenções (205).

Durante as navegações efectuadas em tempo de guerra, o capitão deve *«ter aviso de onde e como navegam os contrários... que força e intenções têm. E assim para haver notícia dos inimigos como para se ocultar deles.»* (206). Oliveira reconhece, desta forma notável e exacta, que a ameaça é consubstanciada pela capacidade dos meios e pela intenção do inimigo. Salienta também a importância dos serviços de informações e das missões de reconhecimento, tanto para fins de exploração, isto é, para obter informações sobre os contrários, como para fins de cobertura, ou seja, para vedar ao inimigo informações sobre as próprias forças (207).

Sobre o modo como pôr em prática estes conceitos, o padre Fernando Oliveira considera que o capitão, *«além de ter suas espias, haverá fala de todos os navios que à sua vista vierem, e inquirirá deles donde são, donde vêm, em que tratam, para onde vão, que novas sabem, e que navios encontraram, isto se for necessário, como diligente exame apertando com eles quanto cumprir, e usando também de força contra os que resistirem, ou castigando os que recusarem como suspeitos»* (208).

Embora enfatize um tratamento algo ostensivo para obter informações de todos os navios ao seu alcance, o padre Oliveira esclarece que os navios de guerra devem defender no mar quem quer que seja dos actos de pirataria, e que devem também respeitar os neutros. Sobre a noção de neutralidade, diz o seguinte: *«Entre os que têm guerra se não intrometa, em especial se é amigo de ambos, posto que o seja mais de um que do outro, porque o mar é franco e comum a todos, e as armas lícitas, como são as dos príncipes, podem nele demandar sua*

(205) *Ibid., ibidem.* Sobre a dissimulação, Oliveira relata um episódio curto e pouco conhecido da história da expansão marítima. Quando D. João I preparava a armada para atacar Ceuta, como não o podia fazer sem que se soubesse e os Mouros tomassem conhecimento, espalhou o boato de que se preparava para atacar o rei de Inglaterra, seu sogro, por este não lhe ter pago o dote prometido. Desta forma, pôde concretizar todos os preparativos da armada e atacar Ceuta com sucesso.

(206) *Ibid.*, p. 109.

(207) É interessante notar que o padre Fernando Oliveira defende ainda que os navios envolvidos nestas missões podem lançar ataques preventivos, desde que disponham de capacidade para vencer o inimigo.

(208) *Ibid.*, pp. 109 e 110.

justiça, e executar seus reptos, portanto o amigo de ambas partes lança-se de fora, e não perca a um por outro» (209). No seguimento da necessidade de manter segredo sobre as próprias forças, Oliveira indica outro procedimento a ser usado pelos beligerantes: *«Quando vir que é necessário poderá o capitão deter por alguns dias os navios que passam posto que sejam pacíficos, para que não dêem dele novas aos contrários...»* (210).

Depois, apresenta um conjunto de princípios e regras a observar para garantir a segurança a bordo, pelo que considera ser necessário manter sempre pessoal de serviço. Cabe aos mestres entre os marinheiros, e aos sargentos entre os soldados, fazerem as escalas de serviço (211) para distribuição do pessoal pelos quartos (212). Aos oficiais cabe fazerem cumprir as determinações do capitão.

Oliveira cita S. Tomás de Aquino sobre a legalidade do emprego de ardis e ciladas na guerra. Justifica-os dizendo que são necessários para atingir os objectivos da guerra, que considera serem conservar a paz e garantir a segurança da república e a vitória, porque só esta permite conservar a justiça e a paz. Oliveira prossegue o seu raciocínio apresentando uma justificação para o que hoje se poderá chamar emprego de estratégias indirectas. Neste contexto, refere: *«Na arte do disputar todos os preceitos que ensinam arguir são lícitos, posto que pareçam ser importunos e que ensinam enganar, porque sem deles será essa arte manca e imperfeita e não saberemos desfazer os empecilhos daqueles que com ela nos querem convencer»* (213). Afirma ainda que é perigoso fazer guerras sem usar cautelas, dissimulações, astúcias, manhas e ciladas, porque podem os inimigos levar a melhor e vencer. Por isso, considera que se deve tentar defender, combater e desbaratar os inimigos por todas as maneiras, com acções e astúcia, preparando e fazendo tudo o que para isso for necessário (214). Desta forma singela, o padre Fernando Oliveira apresenta a sua definição de estratégia militar, que complementa com a adaptação à doutrina naval de vários princípios da doutrina terrestre apresentados por Vegécio. Entre eles destacam-se o significado do juramento das tropas, a necessidade e os processos de transmissão de ordens, o segredo, a surpresa e as limitações às práticas de guerra.

Oliveira conclui o capítulo com a definição de um conjunto de limitações às práticas de guerra: respeitar as tréguas e os tratados; respeitar os direitos humanos

(209) *Ibid.*, p. 110.
(210) *Ibid.*, *ibidem.*
(211) *Ibid.*, p. 111.
(212) Período de 4 horas em que prestam serviços.
(213) *Ibid.*, p. 112.
(214) *Ibid.*, *ibidem.*

e de vizinhança; não matar mulheres, desarmados, vencidos, velhos, crianças e trabalhadores rurais; resgatar os inimigos pelo preço usual; não invadir países não beligerantes; respeitar embaixadores e emissários.

No capítulo décimo da segunda parte, «Das batalhas do mar e alguns ardis necessários nelas», é apresentado um conjunto de recomendações que os capitães devem ter em atenção antes de darem início ao combate.

O autor considera os combates navais terríveis, porque aos perigos resultantes da acção do inimigo acrescem os das condições meteorológicas: *«As carnes se arrepiam, os sentidos arrefecem, o entendimento se confunde, e os espíritos do homem se afligem, vendo que não somente há-de pelejar com seus inimigos, mas também lhe cumpre resguardar o mar e o vento, elementos caducos e de pouca constância mal dignos para neles confiar»* (215).

Depois de citar Vegécio, dizendo que a matéria deste capítulo – a que ensina a pelejar – é aquela que os homens mais desejam ouvir e ler, opina que se devem evitar a todo o custo as batalhas decisivas porque, numa só acção, se joga o destino das partes. Por isso, considera que: *«Os bons capitães fazem a guerra por manha mais que por força, fazendo saltos ocultos, ou dando combates particulares nos quais afadigam, cansam, e desfazem os contrários, e lhe dão em que cuidar, e fazem que não tenham lugar para fulminar contra nós o mesmo, porque em se guardar não fazem pouco quando sabem que têm contra si adversário solícito»* (216). Este conceito é claramente inspirado em Vegécio, que também defende a realização de emboscadas (217) em vez de batalhas decisivas, tirando partido da surpresa, dividindo e desgastando as forças inimigas, tomando a ofensiva e protegendo as próprias forças. Tudo isto porque: *«Os recontros particulares se bem sucedem aproveitam muito e se mal, não trazem tanto dano»* (218).

Em seguida, o padre Fernando Oliveira faz várias considerações sobre a guerra, concluindo que se deve esperar pelo tempo e lugar oportunos para combater (219). Considera também que nem todos os objectivos se conseguem alcançar pelo uso da força, mas sim por um correcto emprego de *«ardis»* (220) que permitem alcançar a vitória. Entre os vários exemplos que apresenta, alude à

---

(215) *Ibid.*, p. 115.

(216) *Ibid.*, p. 115.

(217) Chama-lhes recontros particulares.

(218) *Ibid.*, p. 116.

(219) *Ibid.*, p. 117.

(220) Aqui são entendidos ardis como as modalidades de acção próprias da estratégia indirecta.

tomada da cidade de Safim ([221]) e à entrada na Índia pelos Portugueses, dizendo que: *«As quais coisas se por força se houveram de fazer não bastavam as de Portugal, e onde faltam as forças é necessário que supra o saber, o qual vemos fazer melhores coisas com pouca gente do que faz muita força sem eles. Por saber e astúcia senhoreiam os nossos poucos muitas terras e reinos de nações bárbaras, na Índia, Guiné, e Brasil»* ([222]). Desta forma, o padre Fernando Oliveira torna evidente que o potencial estratégico de Portugal foi traduzido pelo conjunto de forças materiais (as forças) e morais (o saber e a astúcia) que utilizou em apoio da sua estratégia de expansão. O autor explana ainda que o emprego das forças materiais disponíveis, complementadas pela vontade e por uma estratégia adequada, permitiu controlar grandes extensões territoriais e muitos povos.

Depois de afirmar que não se deve perder as boas ocasiões para combater, Oliveira inspira-se novamente em Vegécio para dizer que *«é tempo para dar batalha»* ([223]) quando há oportunidade, vantagem, mais homens, melhor armamento, melhor treino, melhores navios para o mar e tempo, e melhor posição geográfica. Considera que, para navios à vela, é necessário mar aberto e profundo, ocupar barlavento e que o vento seja fresco ([224]). Para navios a remo, não se tornam necessários grandes espaços e o vento deve ser fraco.

Ainda inspirado por Vegécio, o autor termina o capítulo com várias considerações e exemplos sobre a avaliação do moral das tropas e da vontade de combater, apresentando alguns argumentos para os melhorar.

No capítulo décimo primeiro da segunda parte, «Do lugar para pelejar», Fernando Oliveira examina as posições mais vantajosas para combater.

Para esta análise, o padre Fernando Oliveira compara e adapta à guerra naval alguns dos princípios definidos por Vegécio para a guerra terrestre. Neste contexto, observa que: *«No mar assim como na terra há lugares uns iguais outros fragosos, campos e montes, costa abaixo costa acima, assim no mar há mar chão e mar de levadio, golfões limpos e praias parceladas, barlavento e sotavento, e correntes, e maré, que dão e tiram oportunidade e favor aos navios no tempo de combater»* ([225]). Quer com navios à vela quer com os de remo, é vantajoso *«ficar de barlavento, ou da parte das águas ou maré, que é como de cima na terra, e quem tiver esse lugar poderá com vantagem investir, abalroar, e acobardar seu*

([221]) Cidade marroquina da costa atlântica situada a Sul do Cabo Cantim, ocupada pelos Portugueses entre 1508 e 1541.

([222]) *Ibid.*, p. 117.

([223]) *Ibid.*, p. 118.

([224]) Permitindo uma velocidade de entre 17 a 21 nós.

([225]) *Ibid.*, p. 121.

contrário» (226). Considera Oliveira que, na escolha de uma posição táctica vantajosa para um combate naval, se deve ter em consideração o sol, *«o qual ficando de fronte tolhe a vista e ficando de traz faz quase o mesmo, porque resplandece nas armas dos contrários, portanto melhor fica partido por uns e outros à ilharga, podendo ficar dali»* (227).

O autor encerra o capítulo com várias considerações sobre a posição do navio relativamente a terra, referindo que: *«Se o combate se há-de dar perto de terra, não fiquemos entre ela e os inimigos porque o seco* (228) *também é contrário dos navios, e peleja contra eles ou os impede. Assim os estronca* (229) *como a guerra, e mais lhe estorva poder navegar, e ficarão no tal lugar como cercados entre dois adversários com necessidade de se guardar de um e pelejar com outro. Portanto ou fiquemos da parte do mar, ou donde tenhamos saída franca que os contrários nos não possam cercar, em especial se a terra for de inimigos donde também nos possa vir dano»* (230).

No capítulo décimo segundo da segunda parte, «De como se perderão os navios que foram com o rei de Belez», o autor relata um triste episódio ocorrido com uma pequena frota de cinco navios enviada para transportar e repor nos seus antigos domínios Mulei Buharon, o rei de Velez, em Marrocos. O padre Oliveira condena o comportamento das guarnições dos navios portugueses, as quais, organizadas ao acaso e sem espírito militar, debandaram com o inimigo à vista, sem opor grande resistência.

Este capítulo, apesar de parecer desenquadrado do tema da obra, reflecte as dificuldades que havia em recrutar pessoal qualificado para as missões navais, de onde ressalta a necessidade de os marinheiros, para além da prática náutica, possuírem formação adequada, treino militar, disciplina, coesão e espírito de corpo.

No capítulo décimo terceiro da segunda parte, «Das ordenanças da guerra do mar», Fernando Oliveira trata da importância de manter a formatura durante o combate, de forma a garantir a concentração táctica necessária ao apoio mútuo das diferentes unidades.

Depois de várias considerações, baseadas em Vegécio, sobre as formaturas dos exércitos de terra, Oliveira aborda claramente as formaturas navais, dizendo

---

(226) *Ibid., ibidem.*

(227) *Ibid., ibidem.*

(228) Pequenas profundidades.

(229) Estraga.

(230) *Ibid.*, pp. 121 e 122.

que: *«o número dos esquadrões nas armadas do mar seja não muito repartido nem apartado, assim porque poucas frotas há tão que possam repartir muitos esquadrões formados, como também porque no mar os que ficam apartados, se lhe não serve tempo não se podem juntar, nem para acudirem eles aos outros, nem para eles serem socorridos...»* (231). Em seguida, discute as vantagens de determinadas formaturas relativamente a situações tácticas concretas.

A dificuldade que nesse tempo havia de comunicar entre os navios durante o combate levava a que o procedimento fundamental fosse seguir os movimentos da capitânia da armada: *«Olhem todos ao que ela faz, e façam como ela fizer, ou o que mandar. Se vir tempo de investir, ou abalroar, assim mesmo façam»* (232). O exemplo do capitão-mor deve ser imitado sem medo pelo capitão do navio, para ninguém lhe sentir fraqueza, *«nem os contrários, nem os seus, porque àqueles dará ousadia, e aos seus desafiará»* (233).

Seguidamente, o padre Fernando Oliveira adapta à guerra naval um princípio enunciado por Vegécio e aconselha que *«não encerrem* [navios inimigos] *em lugar desafiuzado donde perca a esperança de poder sair, porque aos encerrados cresce o atrevimento...»* (234).

O autor conclui o capítulo com breves recomendações adicionais sobre os combates navais, os abalroamentos e as abordagens.

No capítulo décimo quarto da segunda parte, «Dalgumas regras gerais da guerra», são apresentados preceitos para *«quem se deste meu trabalho quiser aproveitar, ... de ... pronto possam lembrar...»* (235)

Em primeiro lugar, Oliveira apresenta seis regras relativas à instrução dos recrutas, que sintetizam ideias expressas por Vegécio. De seguida, enumera vinte e duas regras relativas à estratégia militar e a procedimentos de ataque e defesa, que também resumem ideias expostas por Vegécio. Finalmente, expõe onze regras relativas a assuntos náuticos, que condensam ideias próprias complementadas por opiniões de Vegécio.

A forma como estas regras são apresentadas revela que o padre Fernando Oliveira possuía um profundo conhecimento e compreensão da obra de Vegécio, o que lhe permitiu sistematizar com grande clareza as principais ideias expostas pelo tratadista romano, complementadas por outras de própria autoria. Estas regras, plenamente aplicáveis na actualidade, confirmam a imutabilidade dos

(231) *Ibid.*, p. 128.
(232) *Ibid., ibidem.*
(233) *Ibid.*, p. 129.
(234) *Ibid., ibidem.*
(235) *Ibid.*, p. 133.

grandes preceitos aplicáveis à preparação e condução da guerra. Como corolário, o autor afirma que *«a guerra pretende justiça e engano, verdade e mentira, crueza e piedade, conservar e destruir»* (236).

No último capítulo, «Da conclusão da obra», o padre Fernando Oliveira refere que os assuntos tratados no texto têm a maior importância e que lhe parece, pelos factos conhecidos, que no futuro ainda terão mais valor. O autor chama a atenção apara a ameaça que constitui para a civilização ocidental o aumento de poder dos Turcos (237). Para fazer face a essa ameaça, julga necessário preparar convenientemente o poder naval. Assim, considera que *«cumpre aperceber para elas e prover nossas taracenas e armazéns, e exercitar os homens nas armas, para as tais batalhas convêm ter frotas prestes, e conhecer os tempos da navegação, andar alerta, e pelejar animosa e legitimamente porque os defensores da terra que o assim fazem merecem muito ante Deus...»* (238). Nesta frase, o padre Fernando Oliveira identifica os parâmetros que julga necessário ter em conta na direcção superior de uma marinha militar operacional: dispor de bases, armazéns e abastecimentos; treinar procedimentos; ter navios prontos; dispor de informações; ter o moral elevado; lutar com legitimidade.

Neste capítulo, não há influência clara de nenhuma ideia específica de Vegécio. É uma última recomendação de um homem que, revelando conhecer toda a problemática inerente às estratégias operacional, genética e estrutural necessárias para dotar o poder naval de capacidades suficientes para a consecução das suas missões, se adiantou profundamente ao seu tempo e produziu uma obra de enorme valor: o primeiro e único tratado português sobre a guerra do mar!

Conclusão

A *Arte da Guerra do Mar* é uma obra escrita num estilo breve e claro, na qual o padre Fernando Oliveira demonstra possuir um notável conjunto de conhecimentos adquiridos na sua intensa e atribulada vida de sacerdote, professor, militar e marinheiro. Oliveira revela igualmente grande erudição e uma enorme capacidade para, de uma forma sintética mas eficaz, adaptar à guerra naval alguns princípios enunciados por tratadistas clássicos gregos e romanos, entre os quais se destaca Flávio Renato Vegécio.

---

(236) *Ibid., Ibidem.*

(237) Haveriam de ser derrotados quinze anos depois, na batalha de Lepanto.

(238) *Ibid.*, pp. 135 e 136.

A forma como estas adaptações estão realizadas revela que o padre Fernando Oliveira possuía um profundo conhecimento e compreensão da obra *De Re militaris,* visto que sistematiza com clareza as principais ideias apresentadas pelo autor romano, complementadas por outras da própria autoria.

É um facto que a obra de Vegécio influência de forma nítida e global a *Arte da Guerra do Mar*, quer na sua estrutura, quer no seu conteúdo. Contudo, o ecletismo do padre Fernando Oliveira, associado à sua grande experiência de mar, de construção naval, de combates e de náutica, permitem-lhe abordar os assuntos com outra racionalidade, profundidade, clareza e actualidade, segundo uma perspectiva eminentemente estratégica. Além disso, o autor é de uma probidade invulgar para a época, nunca deixando de citar as suas fontes.

Por tudo isto é possível afirmar, com plena convicção e justiça, que o padre Fernando Oliveira, homem de grande perspicácia e elevada cultura, é uma das maiores personalidades do Portugal de Quinhentos e da sua Marinha. Na *Arte da Guerra do Mar*, legou-nos um tratado de dimensão verdadeiramente mundial, que testemunha o valor científico e o sentido universalista dos grandes Portugueses do século XVI.

António Silva Ribeiro ([239])

([239]) Contra-almirante. Doutor em Ciência Política, mestre em Estratégia e licenciado em Ciências Militares-Navais, com a especialidade de Hidrografia. Professor da Escola Naval, professor auxiliar convidado do Instituto Superior de Ciências Sociais e Políticas e professor e membro do Conselho Científico do Instituto Superior de Ciências da Informação e de Administração. Membro da Academia de Marinha, da Sociedade de Geografia de Lisboa, do Centro Português de Geopolítica e do Centro de Estudos do Mar.

Bibliografia

ALBUQUERQUE, Luís, *Navegadores, Viajantes e Aventureiros Portugueses no Séc. XV e XVI*, 2.° Vol., Círculo de Leitores, Lisboa, pp. 126-132.

CARDOSO, Pedro e Pinto Ramalho, *Notas de apoio à cadeira de Evolução do Conceito Estratégico*, nota n.° 9, não publicada.

DOMINGUES, F. Contente e R. A. BARVER, *O Autor e Sua Obra. Fernando Oliveira – Livro da Fábrica das Naus*, Academia de Marinha, Lisboa, 1991, p. 13.

FERREL, Arthur, *A Queda do Império Romano. A Explicação Militar*, editada por Jorge Zabar, sl., 1989, pp. 109-111.

OLIVEIRA, padre Fernando, *A Arte da Guerra do Mar*, 4.ª Edição de Marinha, Lisboa, 1983.

VEGÉCIO, Flávio Renato, *Instituciones Militares*, traduzido por Jaime de Viana, Ministério de Defensa, Madrid., sd., p. 143.

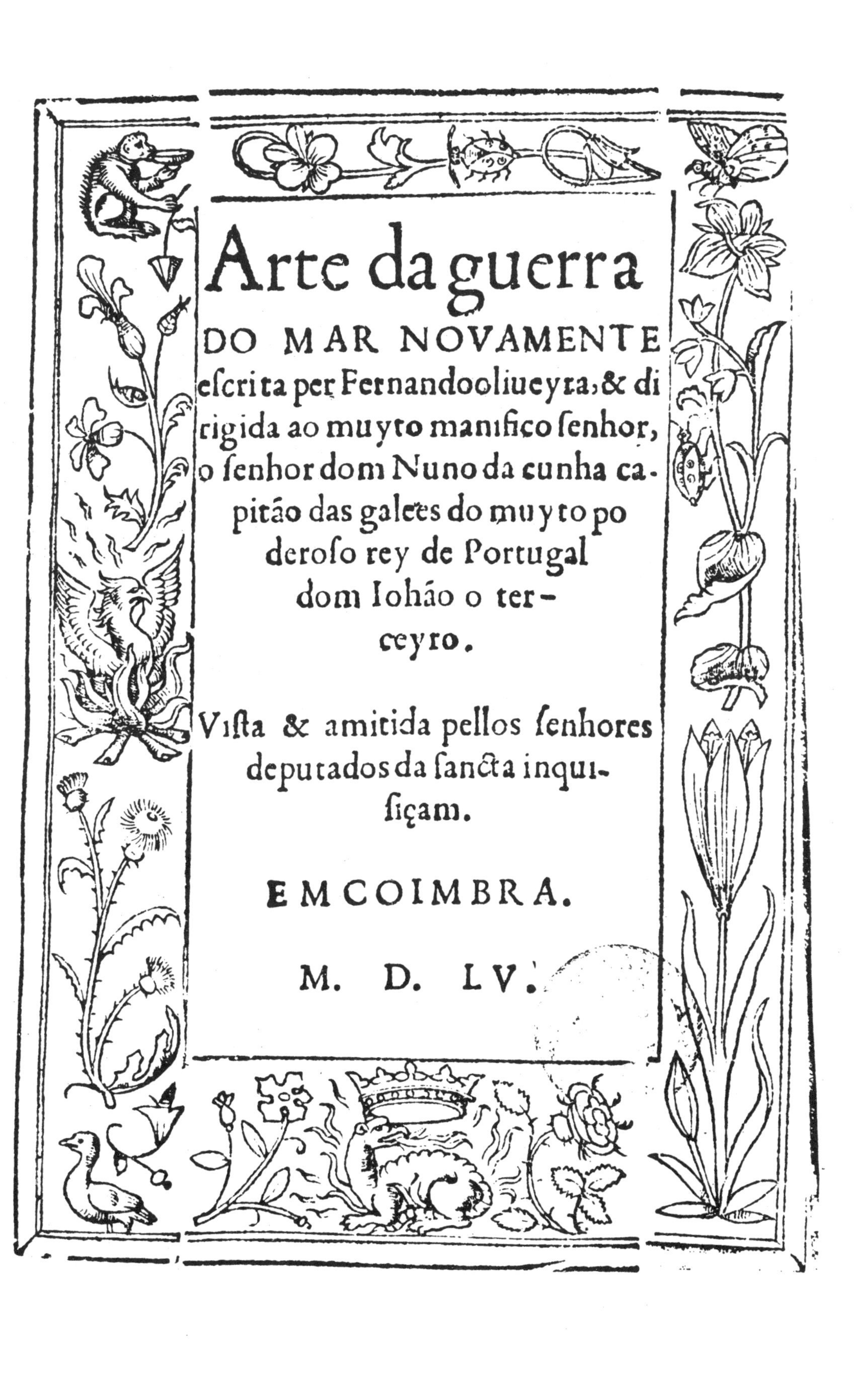

Arte da guerra

DO MAR NOVAMENTE
escrita per Fernandooliueyra, & di
rigida ao muyto manifico senhor,
o senhor dom Nuno da cunha capitão das galees do muyto po
deroso rey de Portugal
dom Iohão o ter-
ceyro.

Vista & amitida pellos senhores
deputados da sancta inqui-
siçam.

EM COIMBRA.

M. D. LV.

Fac-simile do frontespício da edição de 1555

Prologo

com exordio, e escusa do autor

Grande parte da discrição que se deue guardar nas praticas & escrituras, muyto manifico señor, he a que ensinão guardar os rhetoricos pera ganhar beniuolencia dos ouuintes. Esta he, que nos conformemos com os costumes & affeyções das pessoas com que falamos. Assy o diz Quintiliano, quasi per estas palauras. Quero, diz elle, se for possivel, que os oradores entendam as condições daquelles que ham de julgar seus dizeres: & atentem se sam asperas se massias, se leues ou graues, duras ou brandas: & conformem cõ ellas suas palauras: ou dessimulando temperem oportunamente a repugnancia, em tal modo que nam dem desgosto aos que ouuem. E defeyto bem importuno & sem sabor seraa, o que este auiso nam guardar, & falar impertinentes falas ou matereas ante pessoas a que nam conuem nem lhe pode dar gosto, nem por ventura ser per elles entendidas. Mal entenderam os rusticos indoctos as sotilezas dos leterados especulatiuos, & as praticas destes valeram muy pouco ante aquelles. Tam pouco como as pedras preciosas ante quem as não conhece. Pouco valem ante os auarentos praticas de liberadidades, & pera os namorados as da castidade nam sam muy gostosas nem as das armas pera os medrosos. Cada hum fala do que gosta & usa. Os caualeyros falam da guerra, os pacificos da paz, os lauradores da terra & os marinheyros do mar. Do qual sabia bem pouco e menos podera gostar se o nauegara, hum velho daranda de douro, que passando eu per aquella terra me preguntou como era feyto o mar. E seria, o bom velho que me isto preguntou a esse tempo de sessenta annos & mais de idade, a qual toda tinha lograda em tanto repouso, que nem sabia a que parte estaua Portugal onde eu lhe disse que nacera, nem como era feyto o mar, o qual lhe disse ser nosso vezinho. Ditoso aquelle, diram alguns, que gozaua de tanto repouso, porem nam ao proposito dos que querem mays aproueytar-se dos trabalhos que despendelas vidas em repouso inutil. Mas em que se pode chamar ditoso, queria que me dissessem, o homem que não sayo do ninho. Na quietação: Não he quietação a ociosidade, porque tambem aos que nam trabalham chama sam Paulo inquietos. Ouuy, diz elle, que alguns andam antre vos inquietos, os quaes nam trabalham. Aos ociosos chama inquietos, porque os taes nam sendo aplicados a algum exercicio viuem distraidos & incertos. Assy que nam he, segundo se de seu dito pode entender, a ociosidade quietaçam. E per conseguinte ao contrayro, nam sam inquietos os que descorrem pello mundo ocupados em algua cousa proueytosa, pera sy ou pera outrem. Porque se assy fosse, que a peregrinação & trabalho se podesse chamar inquietaçam, per essa rezam, o mesmo apostolo sam Paulo poderia ser chamado inquieto, poys toda sua vida peregrinou, & trabalhou, & assy os outros apostolos, & muytos sanctos, cuias vidas dessa maneyra parecem distraidas. Nam foram inquietos os sanctos, antes em ter aqui pouco repouso mostram que vã de caminho para onde ha a verdadeyra quietação que esperão, elles & os que agora fazem o mesmo, & trabalham por leuar alforge das obras que ham de durar. Os que aqui repousam, não soomente se esquecendo de laa, mas alguns sam tã desaproueytados, q nem p. leuar alforge prestam nem p. buscar pousadas, nem tirar do caminho huas poucas de espinhas, q os estoruão a elles & a seus companheyros. Tirar os maos da terra, & defendella dos imigos, he tirar as espinhas, q neste caminho empede a paz nossa & de nossos naturaes & vezinhos. Isto nam fazem os ociosos & repousados cuias uidas esperdiçadas igualmente deuem ser estimadas como a morte, diz Sallustio, porque não fazem os tais mays viuendo ca se fossem mortos. Dos viuos & dinos de vida, he fazer proueytos pera sy & pera outros muytos. Estes affeyçoados ao trabalho quanto mays se nelle engodam tanto mays lhe tomão amor, & gostão das praticas que delle tratam, porque polla noticia que delle tem alcãçam como nelle ha muytos bens, & se colhem delle fruitos de muyta suauidade. O que tudo ao reues sintem delle os que o olham de fora sem conuersar cõ elle. Parecelhes feyo & aspero, & fogem delle como pode fogir do ouriço ou da noz verde quem nam sabe o que tem dentro. Mas que gostoso contentamento sintem agora, & mayor sintiram no ceo, os que possuem de seus trabalhos fruyto glorioso. Que gloria he tam grande, & não he vam porque em parte satisffaz, ver vossa merce ante sy em seu seruiço seus imigos que elle pelejando por seu rey & por sua terra venceo & tomou? Por certo, segundo eu sinto, elle nam pode deyxar de leuar gosto quando lhe lembrar que fez ho seruiço a seu Deos & a seu rey, proueyto a seus naturaes & para sy & seus chegados ganhou honra. He certo que mays se deleyta em cuydar no animo com que se offereceo a tam grande ventura, & na industria que pos em a leuar oo cabo, & folga mays de falar & ler desses amores, que os gallantes das damas por mays embabacados que nellas andem. Por tanto, agora despoys que eu sey isto, & o tenho de vossa merce por certo, polla singular mostra que fez de seu generoso animo & bo saber, quero comunicar co elle os documentos que me lembrarem da guerra do mar segundo entendo ser necessario pollo que vy em alguas que me achey, & pollo que ly tambem doutras, assy porque onde eu faltar pode vossa merce soprir, como para que ninguem se atreua desdenhar do que elle aprouar, pois com rezão o saberaa fazer. He materea esta proueitosa & necessaria, em especial pera os homens desta terra que agora mays tratã pello mar que outros, donde aquirem muyto proveyto & honra, & tambem correm ventura de perderem tudo isso, se o não conseruarem cõ esta guerra, cõ que seus contrayros lho podem tirar. Dandosse a esta guerra tem ganhado os nossos portugueses muytas riquezas & prosperidade, & senhorio de terras &

reynos, & tem ganhada honra em poucos tempos quanta não ganhou outra nação em muytos. Elles não soomente conquistarão terras que outros não poderam tocar, mas alem disso nam satisffeytos de tam pouco buscaram & descobriram outras de nouo que nunca foram cuydadas. E sobre tudo dam azo a multiplicarse a fee de Deos & saluação dos homens, que o diabo tinha como escondidos aos pregadores & nuncios dellas, os quaes como vemos cõ a graça diuina fazem fruyto mediante, todavia, a guerra do mar. Da qual nenhum autor, que eu sayba, escreueo ãtes dagora arte nem documentos, ou se alguem della escreveo confesso que nam veo a minha noticia sua escritura, soomente de Vegecio cousa pouca. Eliano prometeo escreuer das ordenanças desta guerra, mas não creo que o fez. Eu me atrevy tomar esta empresa por seruir vossa merce, & aproueytaraa nossa gente, & ordeney este pequeno tratado no qual breuemente trato todas as partes da dicta guerra do mar. E para clareza & facilidade o party em duas partes, e cada uma dellas em certos capitolos. Na premeyra parte trato de como he necessario fazer guerra & do apercebimento della. Na segunda, de como se poraa per execução essa guerra, da esquipação das frotas armadas, de quando nauegarão, & se combaterão, com auisos certos & viuos ardys de exemplo de singulares barões, donde os que leerem este liuro poderam tomar doctrina de industria & destreza, & aprender como podem conseruandosse vencer. O estillo seraa breue & claro, & conforme aos entendimetos dos caualleyros determinados & acelerados, que nam esperão longos preambulos: & na linguagem vulgar desta nossa terra pela que se possam delle aproueytar os nossos homens da guerra, dos quaes os menos entendem lingua latina na qual me dizião alguas pessoos que o escreuesse mas não no fiz pollo dicto respeyto.

E por ser eu sacerdote não pareça a materea incompetente a minha pessoa, porque aos sacerdotes conuem ir aa guerra quanto mays falar della. Podem, digo, & deuem ir aa guerra os sacerdotes, não para pelejar com ferro, porque suas armas sam lagrimas & orações, diz Santambrosio, mas pera ministrar os sacramentos e obras de misericordia aos feridos, confessandoos & cõmungandoos, curando delles & consolandoos, & enterrando os mortos, & rogando a Deos por suas almas, que sam cousas todas estas piadosas & muy necessarias na guerra. E não soomente pera isto, mas tambem pera amoestar & animar os que pelejão, deuem ir os sacerdotes aa guerra, porque assy lemos que o Deos mandaua na ley velha, & assy o fezeram alguns santos homens da noua. Chegandosse o tempo do combate, disse Deos a moyses, estando o sacerdote diante da azamoestaraa o pouo que peleje sem temor nem espanto. Assy o fazem os sacerdotes christãos em pregações & falas que aos taes tempos acostumam fazer. E Josue mãdou no cerco de Hierico, que os sacerdotes fossem diante do pouo leuando a arca do testamento, & tangendo vozinas. O que tambem imitam barões santos sacerdotes & religiosos christãos, os quaes diante da gente nas guerras leuam cruzes & imagens, com que dam esforço aos homens. Dos Papas Gregorio, Lião, & Hadriano, se lee que mandarão fazer guerra sem embargo de serem prelados & sacerdotes, nam desfazendo por isso em sua modestia & virtude, porque a guerra dos christãos que temem a Deos nam he maa, antes he virtuosa, ca se faz com desejo de paz sem cobiça nem crueldade, por castigo dos maos & desapressão dos bõs. Poys escreuer eu da tal materea, & ensinar meyos per õde os bõs saybam resistir aos maos, não mo estranharam os que entendem quanto isto releua nesta vida, & como não he disforme da dos ceos, onde os bemauenturados tem, diz o salmista, espadas pera castigar as nações das gentes pecadores, em cujo sangue lauaram suas mãos. Não mo estranharam os amigos da paz & defensam da terra pera o que isto he necessario. Nem no estranharaa vossa mercee que estima esta materea, posto que tambem conheço que a minha obra não he dessa materea, nem de vossa merce: & por isso lhe peço lhe dee o credito que eu não posso: & receba de mym a võtade que he mayor que o presente, poys não tenho outra cousa com que o sirua em sua boa vinda, & neste tempo de pam por Deos, quãdo os homes acostumam ofe-recer presente a seus amigos e senhores, como vossa merce he meu. Nosso senhor o tenha na sua santa guarda & lhe dee sempre victoria contra seus imi-gos, com muyta vida & acrescentamento. Amem.

Em Lisboa a vintoyto Doytubro de 1554.

Fac-símile do começo da primeira parte da obra, em que se trata «da intenção e apercebimento da guerra no mar»

Começa a primeyra PARTE DO TRATADO DA guerra do mar, feyto per Fernandoliueyra na qual trata da intenção & apercibimento da dita guerra.

¶ Cap. primeyro que he necessario fazer guerra.

ELiano escreuendo das ordenanças da guerra diz de autoridade de Platão, que as leys de Creta assi mandauã gouernar os homẽs & estar apercebidos, como se esteuessem em continoa guerra, & o porque, era q̃ todas as cidades & nações das gentes naturalmente tẽ antre si guerra & deferenças, posto quẽ as não declarem sempre por algũs respeytos que lhes cõuem. Despoys que os homẽs desobedecerão a Deos seu criador, & discordarão da rezão & justiça original, determinarão de viuer cada hum a sua vontade, & apartarãse em bandos hũs contra outros. Desta maneyra vieram esses bandos a fazer per si habitações, & ter deferenças / & fazer antre si guerra, que portanto parece ser natural aos homẽs, porq̃ nace da peruertida natureza, como disse. Estas deferenças, quanto mays o mundo se for chegando a seu fim, tanto mays preualecerão. Assi o dize Jesu Christo no seu euangelho, que hauera muytas guerras / & se aleuantarão as gentes & reynos hũs contra outros, & pays contra filhos & filhos contra pays, de feyção que não hauera de quem nos fiemos & cumprira guardaremonos de todos.

Lucæ. ca 21.

Começa a primeyra Parte do Tratado da guerra do mar, feyto per Fernandoliueyra na qual trata da intenção & apercibimento da dita guerra

Cap. primeyro que he necessario fazer guerra

ELIANO escrevendo das ordenanças da guerra diz de autoridade de Platão, que as leys de Creta assi mandavã gouernar os homẽs e estar apercebidos, como se esteuessem em continoa guerra, e o porque, era q̃ todas as cidades e nações das gentes naturalmente tẽ antre si guerra e deferenças, posto que as não declarem sempre por alguns respeytos que lhes cõuem. Despoys que os homẽs desobedecerão a Deos seu criador, e discordarão da rezão e justiça original, determinarão de viuer cada hum a sua vontade, e apartarãse em bandos hũs contra outros. Desta maneyra vieram esses bandos a fazer per si habitações, e ter deferenças e fazer antre si guerra, que portanto parece ser natural aos homẽs porq̃ nace da pervertida natureza, como disse. Estas deferenças quanto mays o mundo se for chegando a seu fim, tanto mays preualecerão. Assi o dize Jesu Christo no seu evangelho, que haueraa muytas guerras e se aleuantarão as gentes e reynos hũs contra outros, e pays contra filhos e filhos contra pays de feyção que não haueraa de quem nos fiemos e cumpriraa guardaremonos de todos. Por tãto he necessario estar apercebidos pera nos defendermos de quem quiser offender, porque a presteza diz Aegecio, aproueyta aas vezes mays que a força nas cousas da guerra. E tãbe diz elle, os imigos de maa mẽte acometẽ aquelle reyno ou cidade, que sabe estar prestes pera se defender. Muytos exẽplos poderia apontar, nos quaes claramente mostraria como sem dificuldade a presteza daa victoria aos diligentes, e a negligencia desbarata os descuydados, mas abastaraa pera prouar ambas estas cousas hũ soo que quero allegar por ser nosso, e muyto p. notar em louvor dos nossos. A cidade de Ceyta em Africa era forte e poderosa, e não temia todo o mundo q̃ viera junto sobrella, mas o felicissimo rey dõ Joam de Portugal a tomou sem trabalho nenhũ, soo cõ destreza sua e descuydo dos q̃ nella morauam, que estavam tã cõfiados, que os nossos escalauão sua cidade e tomauão posse della e elles julgauão o enxadrez, e não podiã crer q̃ os lançauão fora de suas casas. Alẽ de ser perigoso o descuydo nesta parte, he tãbem offensa de Deos e tãto q̃ diz sam Thomas, que he tẽtar a Deos nã acudir aos necessidades da guerra, qua pera isso nos deu potẽcias pera vsaremos das virtudes, e não usando dellas offendemos sua ordenança.

Elle daa prudẽcia aos homẽs os quaes se della não vsam nã podem dizer que tẽ boa fee cõ Deos, poys o offendem em desprezar a virtude q̃ lhe deu. Deos, diz Marco Aarrão, ajuda os q̃ trabalhã, e os preguiçosos sam reprendidos em muytas partes. Pera aquirir paz se faz a guerra, diz Sam Agostinho conforme ao proverbio q̃ dizemos. A boa guerra faz boa paz. E assi a paz que agora logramos guerra passada nola ganhou, mas a paz descuydada porvẽtura deixaraa guerra a seus sucessores. Não descãsem os amigos da paz na q̃ agora gozão se a querẽ perpectuar, porq os cõtrayros della se a virem mãsa leualaham nas vnhas.

E pera isso fauoreçã as armas, as quaes não sam tam contrayras da paz como parecẽ, antes ellas defendẽ na paz como os cães defendẽ as ovelhas, posto q̃ pareção contrayros dellas. He tã certo nã hauer paz segura sem guerra, q̃ no ceu quis Deos mostrar disso exẽplo, quando pera lançar de laa satanas contrayro da boa paz mãdou a sam Miguel fazer guerra contra elle. Foy feyta guerra no ceu, diz sam Joã no Apocalipsi, e pelejauão sã Miguel e os seus anjos contra o diabo, cuyo lugar não foy mays hauido no ceo. Finalmente pera a paz ser segura, cũpre defendella com guerra. Porque os reynos, cõ as artes cõ que se ganhão, com essas se sostentã, segundo diz Salustio. Poys elles se ganhão cõ armas, e com ellas se hão de sostentar, porq̃ quando o forte armado guarda o seu patio ou entrada, sua possissam estaa em paz, diz Jesu Christo, e se deyxa entrar seu imigo seu seraa o dano, que perderaa o q̃ possuya. O que me a mim parece q̃ ninguẽ deyxaraa perder por sua võtade. Mas creo que a dissimulação neste caso he hũa hypocrita couardia, ou encouado medo e rebuçado sob nome de paz. Nam se podem escusar armas defensivas em quanto ouuer insultos de contrayros. E as armas ham mester homens, qua os armazes sem armados são como os muros sem defensores, ou estormentos sem officiaes. Conta Diodoro siculo, que no Egipto quando aquella Terra foy prospera e bem regida tinha ordinariamente em todo tẽpo gente darmas, mãtida das rendas pubricas, sempre ainda que nam ouuesse guerra. A qual gente assi porque era criada e habituada nas armas, como porque eram naturaes da Terra e lhe tinham amor, e mays por sostentarem a honra de seus pays que tambem eram homẽs darmas, e finalmente porque disso se mantinham abastadamente sem nessecidade de buscar de comer per outra via, folgavã de tomar qualquer trabalho por guardar e defender a terra, e assi a tinhão conseruado em paz e prosperidade. Mas despoys que os homẽs sofregos cõfiando na muyta paz em que os aquelles mantinhão, lhe tirarão a reçã foy necessario q̃ buscassem sua vida per outros mesteres, e nam podiam entender na defensam da Terra. A qual ficando assi desemparada sem defensores foysse perdendo pouco e pouco, atee ser catiua e sẽ nobreza nenhũa como quer que naquelle tẽpo fosse nobelissima e principal antre muytas. Tambem nesta nossa terra, per algum modo imitando aq̃lle bo costume do Egipto, ouue sempre homẽs darmas a que chamamos cavaleyros, os q̃uaes ou da fazẽda del rey, ou dos dizemos das ygrejas, comẽ tenças e comẽdas, e tem outros mantimentos de q̃ se sostẽtam. E estes sam os que ha quatrocẽtos annos que defendem este reyno das armas dos auersairos que sempre teve, sem nunca ser necessario trazer pera isso soldados estrangeyros de fora. Estes alem de sostentar e defender o reyno, cometem cada dia empresas muy nobres, e cõ quistão terras, e reynos grãdes per muytas partes do mundo, trazendo muyta honra pera a coroa, e proveito para o pouo delle, e isto esses poucos que sam, que na verdade não são muytos, sem nunca, como digo, ajuntar consigo pera estes feitos gente doutra nação. As quaes cousas bem olhadas sam muyto para estimar, e a gente pera poupar porque ainda que agora pola bondade do senhor Deos tenhamos paz, sempre he necessario estar prestes para fazer guerra, como fica dito. Porem não toda pessoa tem autoridade pera fazer guerra, e esses que a tem não sempre a deuem fazer, senão quando com justiça mays nam poderem.

Cap. II. De quem pode fazer guerra

A guerra posto que justa, não se pode fazer, senão per mandado de Rey ou Principe, ou pessoa encarregada da governança e defensam dalgum pouo sem ter outro superior, porq̃ a estes he cometida a defensam desse pouo, e a guerra por defensam delle, ou conseruação de sua justiça e da fee se deue fazer. Do q̃ diz assy Sant. Agostinho. A ordẽ natural dos homẽs acomodada pera conseruação da paz, req̃ere q̃ soo os princepes tenhão autoridade pera fazer guerra. A rezão he esta. Quãto ao principal q̃ se deve cõsiderar acerca da guerra, ella dẽue justa e sendo justa, não he outra cousa guerra senão hũ suprimẽto de judicatura cõtra aq̃lles que nã sam sometidos, ou resistẽ aa jurisdição de superiores. Contra os quaes he necessario usar de força, mas a força deue ser justificada, porq̃ doutra feyçã sera tyranica. E porq̃ nos proprios casos ninguẽ pode ser bõ juiz, nã se permite esta força senão aos protectores da prol comum, como sam os principes que tem carrego de conservar e defẽder seus suditos. E nã se permite a todo procurador do comũ, senão o que tẽ mando e jurdiçã sobre pouo, nẽ a todo que tem jurdiçam, senão aos q̃ não tem superiores. E não cõtra todas pessoas senã contra outros seus semelhãtes q̃ tambẽ não tem superiores, ou contra quem nã obedece a superior, como sã os reueys e aleuantadiços per mar e per terra/cossayros e bandoleyros. Os quaes porque se nã querem someter a nenhũ juyzo, cumpre usar co elles de força. He tambem permitida a guerra aos princepes e não aos inferiores por outra rezã, e he esta, q̃ elles e não outrẽ pode apelidar o povo, o qual cumpre antreuenha na guerra por si, ou per sussidio de fazenda, ao que ninguem pode obrigar os homẽs senão o princepe, e nam absolutamente. Afim que soo aos princepes soberanos he licito fazer guerra. E assi lhe he licito, q̃ se a nam fazem quando hẽ necessario, peccão, e darão disso conta a seu superior que he o summo Deos, que os disso encarregou. A todos elles em pessoa de Saul rey de Israel, diz o propheta Samuel da parte de Deos. Escolheouos o senhor Deos pera principes do seu pouo, vos o liurareys das mãos de seus imigos q̃ derredor delle estão. E aos q̃ o assy nã fazẽ ameaça

Deos per Ezechiel tãbem profeta, o qual diz assi. Malditos sejã os pastores do pouo de Deos, q̄ apascẽtã assi mẽsmos, e come os fruytos desse pouo, e o nam guardam das bestas que estragão, eu lhe pedirey conta delle e lho tirarey da mão, de maneyra que se nam logrem mays do seu proueyto. Não pareça aspera esta amoestação e ameaça, porq̄ sem duuida creão q̄ contra os poderosos seraa feyto poderoso e seuero juyzo, qua não cabe em razão q̄ os pastores trosquiẽ e munjã as ouelhas e as não defendão dos lobos, A quẽ muyto deerão muyto lhe pedirão, e a quẽ muyto encomedã de muyto daraa conta, diz Deos per são Lucas. Porẽ essa conta nos nã podemos tomar. Tomarlha ha seu superior que he Deos, como disse. Na cõsinte a rezã q̄ nos elles hajã de dar cõta a nos, os superiores a seus suditos, nẽ nos poderiamos ser bõ juizes de tal cõta, assy porq̄ somos partes, como porq̄ nã entendemos a rata della. Digo isto, porque sey q̄ ha polla terra hũs quebra poyaes, q̄ de tudo tomã cõta, e a todos ensinão/mas elles nã apredẽ o q lhe cũpre. Os negócios dos reys são muy entrincados, assy como os carregos sã grãdes, qua diz o salmista, q̄ hũ abismo chama outro. Sobre as quaes palavras hũ doctor diz q̄ o abismo dos grandes negocios e muytas ministrações, chama e traz cõsigo outro abismo de muytas confusões. E assy he nos cuydados dos reys q sã cõfusos, diz Salomã, os corações dos reys como as correntes das agoas e o senhor deos os tẽ na sua mão, e os inclina pera onde elle qr. Alẽ disto, q̄ os negocios dos reys sam ignotos aos outros homẽs por serẽ de qualidade q̄ a elles nã convẽ, tãbem cõ isso deos de industria lhos escõde, mouẽdoos ou inclinandoos de improviso p. onde elle qr sẽ ninguẽ entender as causas, nẽ os memos reys aas vezes. Digo q as cousas q os reys tratão e ministrão, sã de tal qualidade, q os outros homẽs os nã pode cõpẽder, porq as nã praticã, qua he muy deferẽte a pratica das cousas disso q̄ chamã theorica dellas, tãto q̄ por muy claros entẽdimetos q̄ tenhão os homẽs, nẽ doutrina muy expressa das cousas, nũca tẽ dellas certeza senã despoys q̄ as espremẽtã per pratica e execuçã. A qual tẽ particularidades escõdidas em seus retretes, tã escuras q̄ aq̄lles q̄ as trazẽ antras mãos, andão muytas vezes aas apalpadellas, e as não decirnẽ. Isto em qualqr faculdade se pode exẽplificar, como os juristas podẽ ver na sua, e os medicos na sua. E assi nas artes mecanicas he o mesmo. Dizeyme, porq deyxa o filosofo de ser bõ çapateyro. Não por falta dentendimento, senã de pratica e execução. E pollo mesmo o cortesam nã he alfayte, posto q̄ entẽda os talhos dos vestidos, e elle os invẽta mas nã nos sabe cortar, por isso nã he alfayate nẽ lhe darã carta deysame nesse officio, quãto mays no del-rey. Eu seguro q̄ lha nã dẽ, por mays qlle bufe nẽ torçofocinho. Vereys cameyrã inutil, q nã he pa gouernar a casa dhu forão, e pratica da guerra milhor q Julio cesar, e da paz milhor q Octauiano, da justiça milhor que Justiniano, e gouerna reynos, tira taxas e põe taxas, senã nos molhos das tripas q faze a seu caso. Mas obras da natureza achão tabẽ estes q mudar, e dizẽ q milhor se cõpadecera o frio no verão, e a calma no inverno q sam os dias peq̃nos, muyto choue pouco choue, pouca sardinha morre no ryo, sã cousas estas, q degotã Fernãcardoso, porẽ eu nã posso sofrer taes pequices, e logo lho digo q̃ entedã muytiaramaa em suas fazendas, porque deos defende q̃ nã murmuremos dos reys q̃ bẽ lha basta seu trabalho, sem padecer achaques de neycios. Porem Alexandre manho dizia q̃ era proprio de reys e grãdes barões sofrer murmuradores desarrezoados. Tornãdo a nosso proposito, os reys sã obrigados a defender seu povo, mas não podẽ acudir a todalas partes nẽ podem acõpanhar as suas armadas os mercadores q̃ vã pera frãdes, e os de leuãte, e os das ylhas, e os pescadores da costa, e todolos mareãtes juntamete, os q̃ vã e os q̃ vẽ porq̃ he impossiuel, Nẽ podẽ os capitães adeuinhar, onde andã os cossayros, nẽ quãdo hã de vir, porq̃ se o soubessem vigiariã, e não consentiriã nem el rey q̃ a do seu pouo nẽ sua fazenda fosse roubada, como diz o evãgelho. Quaa dentro do reyno ha ladrões, q̃ roubão as casas q̃ temos fechadas, no meyo das cidades, e estãdo nos dentro nellas, e tirão as bolsas de dentro das aljabeyras e do seyo — a elles de bo recado — e aos proprios alcaydes q os andão buscãdo pera os prender e não nos podẽ descobrir todos, andando de mestura co elles, e das portas a dẽtro, a modo de falar, quãto mays no mar q he muy devasso, e nam mostra as pegadas peronde forãonos ladrões, q̃ aly andão francos e não temẽ nẽ a Deos. O qual soo pode guardar o mar e os q andã per elle, como defeyto os guardaraa se elles tãbe guardarẽ boas tẽções, e não andarem tras cobiça desordenada encomendando-se a elle.

Cap. III. Que he necessario fazer guerra no mar

PORQUE o mar he muy devasso, e os homens nã podem escusar de negociar per elles suas fazẽdas, hũs mercadeando, outros pescando, e outros como lhe vẽ bem, e daly trazẽ mantimẽto e proveyto peraa terra, por tanto cũpre que nelle se ponha muyto recado, porque ou cõ medo ou cõ seuero castigo, seja retrayda a ousadia dos cossayros, q per elle soltamente roubão, e comtẽ crimes grandes. Eu me espanto muytas vezes dhũa cousa, q logo quero dizer, de como são mays preversos que os outros estes dous generos dhomẽs/ convẽ saber, homẽs do mar e da guerra/ os quaes deviã muyto temer a Deos, e lẽbrarse da morte q trazẽ antos olhos, e cõ isso se esquecẽ mays della/ e sam piores quoos outros, em tãto q os poetas segundo relata Aulo gellio os notarã sempre por muy desaforados, aos mareãtes sob nome de filhos de Neptuno, os quaes deziã ser gigãtes bravos e deshumanos. Os ladrões do mar nã contẽtes de roubar e matar, vivos enterrão os homẽs debayxo das agoas, e os queymã vivos, e nã como ladrões q tem receo de castigo, mas atreuidos pelejã cõ quem defende o seu, ainda q sejã seus vezinhos e naturaes, pollo q̃ sam hauidos por imigos comũs da geração humana. Nã soomẽte salteão o mar os cossayros, mas se os deyxão ir avante, atreuense sayr em terra, e inquietalla. Portãto cũpre acosallos, e quebrarlho impeto q̃ trazẽ, antes q̃ cobre animo sobre nos, e nos tenhão em pouco, e nos a elles os temamos, qua isto em todalas contendas, em especial na das armas, traz cõsigo cõfiança de quasi victoria, e faz presumir posse della. Por todas estas rezões he necessario hauer armadas no mar q̃ guardẽ as nossas costas e paragẽs, e nos assegurẽ dos sobresaltos q podẽ vir pollo mar, q são mays supitos q os da terra. Per terra não podem vir imigos tã de improviso, que nam saybamos sua vinda a tẽpo pera prouer defẽsam qualquer que seja. Mas per mar, de muy lõge dõde nã cuydamos, supitamẽte sem saberemos dõde desamarrou, nẽ que rota leva, aparece na costa sobre nossos portos hũa terrifica frota, e se não esteueremos apercebidos, primeyro q se façã navios prestes faraa dano e volta a seu saluo, o que nã faraa onde ouuer outra frota q a estorue e embarace. Por este respeyto vemos, que nam auentã as galees dos turcos, nẽ outros cossayros a Genova, onde sabẽ q reside Andredorea co as suas, nem a Malega ou Calez quando ahy estã as de Espanha, mas decẽ em Cezilia, e Cerdenha, Malhorca, e Valẽça e outras partes, onde sabẽ q̃ nã estã apercebidos, no mar digo, porq daqui lhes cũpre mays ser seguros os cossayros, qua no mar fazẽ seu fincapee/ e posto q na terra sejã mal recebidos ao mar se recolhẽ como a lugar proprio de sua viuẽda, e quẽ lho impedir tirarlha ocasiã de andar per elle e de os hauer no mundo. Portãto estemos prouidos de navios armados, porq quãdo auentarẽ as nossas paragẽs sejão fostigados, e nã desejẽ tornar a ellas. Os Romanos, cõta Aegecio, despoys de acabadas suas guerras, e pacificado o mar nã por outra algũa necessidade mays q por ornar sua grãdeza, e porq os nã tomasse algũ reboliço desapercebidos/ sẽpre tinhã no mar, e lugares oportunos, duas frotas esquipadas e prestes, cõ sua gẽte darmas, pa acudir onde fosse necessario se se aleuãtasse algũ alvoroço cõtreelles ou seus amigos. Erão tã grãdes e de tãtos navios as frotas q assi tinhão prestes, q pera cada hũa dellas avia deputada sua legiã dhomẽs darmas/ q sã em cada legiã seys mil e tãtos homẽs, os quaes bẽ cõpassados per nauios de remo, q aqlles erão os mays delles, hauião mester pollo menos pera se alojar cincoẽta ou sesenta navios, e nã digo muyto, porq esta he a cõta. Hũa galee da tres bẽ arrumada pode recolher sessenta soldados e quarẽta pollas bãcadas, e vinte em popa e proa, e he muyto porque a proa he dos marinheyros como se adiãte viraa, e não tẽ a galee lugar pera mais soldados, porq marinheyros e galeotes ocupão o resto. As da quatro alojam pouco mays, e as galeotas da dous pouco menos de modo q reduzidas estas e essoutras ao mays geral meyo, que he sessenta por cada hũa, resultão seys cetos por cada dez e q sejã mil, os seys mil ainda assy nã cabẽ nas cincoẽta, e cõsta q as frotas erã mayores do q disse. Dõde parece ser assy o q nota Guilhelme Budeu, q as frotas e naos antiguas excediã as dagora. Porẽ conforme ao tẽpo e ao q cũpre tẽperãdo aqẽlles excessos q̃ não são duraueys, el rey nosso senhor tãbe traz pello mar suas armadas necessarias a seus tẽpos, e prouvesse a deos que cõ tam pouca necessidade como então os Romanos/ q soo por magestade e estado o fazião. Sua alteza por augmẽtar a fee Christão, e defender suas terras traz armadas pello mar, e não sam tã poucos os navios q não passem de cẽto, cõ os da India/ senão quãto alguns delles sam muy grandes, e de mays força e despesa q as galees, porque sam galeões dalto bordo de quinhẽtos e de seyscẽtos toneys de porte e de mays, que val hũ per muytas galees. Estes navios, delles traz sua alteza na India, por restaurar nessas partes a christandade, que laa padecia muyto detrimento/ e os infieys a tinhão quasi gastada/ mas agora o senhor Deos por sua bõdade, e meyo da nossa gẽte a vay recuperãdo, de maneyra q daa muyta esperãça de se cobrar o perdido. Outros traz na costa do reyno e paragẽ das ylhas donde enxota os cossayros, que se isso não fosse claro esta que andariam mays soltos do que andam, y farião mays dano, assy aos nossos como a outros muytos q sob a sombra e amparo de Portugal navegam per este mar mays seguros do que fariam se os cossayros nã teuessem algum receo das armadas delrey de Portugal. Tambem manda sua alteza em defensam de suas terras e gente outros navios aa costa do Algarve e estreito de Gibraltar, contra os mouros e turcos, com os quaes faz tal troca que deyxão mays do que leuão, e isto he verdade como todos sabemos, que de quatro anos a esta parte sam tomadas noue ou dez galees e fustas de mouros, e elles nãm levarã quatro barcos dos nossos. Por tanto nam tem rezam os murmuradores de praguejar del Rey e de seus capitães, dizendo que os não defendem, poys fazem o que podem. Que querem os infintos: Querem sempre ganhar, e nunca perder. Nam tem rezão. Nam sabem as condições da luta. He luta a guerra, e quem nella trata, anda quando de bayxo quãdo de cima. Nos tratamos guerra cõ mouros, e essa por nossa vontade, qua nos lha imos fazer, e os imos buscar a suas terras, e lhas imos escalar. Poys q querem os mimosos. Que os roubemos e cativemos nos a elles, e elles nã a nos. Estaa be assy. Amigos, todos andamos a furtalho fato, e quẽ vay por lam, aas vezes deyxaa pelle porq esta he a ley deste jogo, qual de mym tal de ty. Porq̃ estranhays o mal q vos fazem, poys lhe vos fazeys pior. Nã quereys q se defendam, e que se vinguem. Elles sam do mundo, e o roubar, e cativar, e matar, e escalar, e fazer guerra desarrezoada he seu mays qua nosso, e poys lhe fazemos mal, soframos o pago delle.

Cap. IIII. Qual he guerra justa

MAL feyto he fazer guerra sẽ justiça, e os cristãos a nã podemos fazer a nenhũs homẽs que sejã, de qualquer condição nem estado. Esta he comũ doctrina de theologos e canonistas, porq assy quer a rezão, q os discipolos e imitadores de Christo, sejamos sãtos como elle he santo, qua doutra feyção seria falso nosso nome, e podernoshião culpar de hypocritas, como aqlles de que Christo diz. Dizẽ e nã fazem. Os quaes elle mesmo chama hypocritas, q quer dizer falsos e mẽtirosos. Mẽtiroso he aquelle que apregoa vinho e vende vinagre, aqlle que se nomea pacifico e faz guerra sem justiça. Este nome Christão he nome de paz e modestia, e quem se nomea Christão apregoase por imitador destas virtudes, e se nã usa dellas he mentiroso e hyprocrita, e quem faz guerra injusta nam usa dellas. Contra os taes se escreve no livro de Job/ que choueraa querra sobrelles, porque toda presa violẽta traz cõsigo tumulto e alvoroço, diz Esayas. Digo que Deos permitiraa q polla guerra q̃ injustamẽte fazemos a outros, nos socedã e nação guerras donde nã cuydamos. A guerra justa q podemos fazer, segũdo santo Agostinho, he aquella que castiga as sem justiças q algũa gente fez e nam quer emendar. Ou a que defende o seu bãdo dos que injustamente o querem offender porq̃ grande bem faz, diz elle, que aos maos tira licença de fazer mal. E sobre todas he justa a guerra q castiga as offẽsas de Deos contra aquelles que delle blasfemão, ou deyxão sua fee, como sã hereges, e apostatas, ou empede a pregação della, e perseguem as pessoas que se a ella couertem, qua mays obrigados somos emendar as offensas de Deos que as nossas. Onde se deue notar, que nam a todos infieys nem sempre podemos justamente fazer guerra, segũdo a sancta madre ygreja em seus decretos determina. Nã podemos fazer guerra justa aos infieys que nunca forão Christãos, como sam mouros, e judeus, e gentios, que cõ nosco querem ter paz, e nam tomaram nossas terras, nem per algũa via perjudicam aa christandade. Porque com todos he bem que tenhamos paz se for possivel, como diz o apostolo sam Paulo, e pera isso de nossa parte façamos quanto em nos for, qua de nos se espera exemplo de paz e paciencia fũdada em fee que Deos nos vingaraa e fara justiça. Isto hauemos de ter com os que nos mal fezerem, sofrer quanto em nos for, e esperar a justiça divina, quãto mays com aquelles que bem se derem com nosco. Os quaes milhor converteremos aa fee, e mays edificaremos nella cõ exemplo de paz e justiça, que com guerra nẽ tyrania. Tomar as terras, empedir a franqueza dellas, cativar as pessoas daquelles que nam blasfemão de Jesus Christo, nem resistem aa pregação de sua fee, quãdo com modestia lha pregão/ he manifesta tyrania. E não he nesta parte boa escusa dizer, que elles se vendem hũs a outros, qua nam deyxa de ter culpa quem compra o mal vendido e as leys humanas desta terra e doutras o cõdenão, porque se não ouuesse compradores não haueria maos vendedores, nem os ladrões furtarião pera vender. Assi q nos lhe damos occasiam pera se enganarem hũs a outros e se rouberẽ, e forçarẽ, e venderem/ poylos imos comprar o que não fariam se laa não fossemos a isso, nẽ jamays o fẽzerã/ senã despoys que os nos a ysso induzimos. Nos fomos os inventores de tam mao trato, nunca vsado nẽ ouuido antre humanos. Nam se acharaa/ nem rezam humana cõsinte, que jamays ouvesse no mundo trato pubrico e liure de comprar e vender homens livres e pacificos, como quem compra e vende alimarias/ boys ou cauallos e semelhantes. Assi os tãgem, assi os constrangem, trazem, e leuão, e prouão, e escolhem com tanto desprezo e impeto, como faz o magarefe ao gado no curral. Nam soomente elles, mas tambem seus filhos, e toda geração, despoys de quaa nacidos e Christãos nunca tem remissam. Jaa que damos a isto cor de piedade christam, dizendo que os trazemos a fazer christãos, nam seria mal usar cõ elles dessa piedade, e darlhes algum jubileu despoys de seruirem certo tempo limitado por ley. Mas bem sey que dizem alguas pessoas, se forem forros serão ladrões, porem nã adeuinham bẽ, mays certo diriam, que elles sam os que nam querem deyxar de ser ladrões do seruiço alheo. Façamos nos o que deuemos, e elles sejam os que forem, que para isso ha justiça na terra pera castigar os maos. Torno a dizer da cor piadosa que damos ao catiueyro desta gente, q me a mym parece cor e nam rezão sofficiente pera nos escusar de culpa. Dizemos que os fazemos christãos e trazemos a estado de saluaçam, e as almas valem mays que o seruiço e liberdade corporal, e poys lhe ministramos espiritualidades nam he muyto receber delles temporalidades. Assy o diz Sam Paulo. Mas nos nam temos a mesma rezam que Sam Paulo, nem semelhante/ porque nam se faz assy como dizemos, nem como elle fazia. Os que vam buscar esta gente, quanto ao primeyro, nam pretendem sua salvaçam/ e cõsta/ porque se lhe tirarem o interesse não iram laa, e Sam Paulo pretendia mays saluação dos homens que proprio interesse. Item nos tomamos a estes as liberdades e vidas per força e engano, e Sã Paulo pedia aqlles esmola e subsidio volũtario de suas fazendas, o que elles quisessem. Quanto mays que muytos nam ensinã a seus escravos, como hã de conhecer nem seruir a Deos, antes os constrangem fazer mays o que lhe elles mandão, que a ley de Deus nem da sua ygreja, tanto que nem os deyxão yr ouvir missa nem evangelho, nem sabem a porta da ygreja pera isso, nem goardam domingos nem festas. Entam os mandão o ryo e a fonte/ e caminhar e fazer outros serviços. He seu catiueyro tanto mays atribuydo ao seruiço de seus amos que ao de Deos, nem sua salvaçã que se lhe mandam ferir on matar, ou fazer qualquer outra cousa contra a ley de Deos, nam duvidão fazella. Nem lhes cũpre, porque assy lho ensinão, e assy lho mandão, e os constragem fazer, e nam lhe ensinão ley de Deos, nem caminho de saluação. Poys quaes sam as espiritualidades que lhe ministrão? O Bautismo? Esse deuem elles a Deos, e nam a seus amos, os quaes nem procuram por lho dar, nem sabem se sam bautizados. E mays, estas cousas nam se devem ministrar por interesse, qua Sam Paulo não nas fazia por isso, mas pedia sostentamento, e aas vezes o dava por caridade nas necessidades suas ou alheas. Nem se deve fazer mal pera vir bẽ. Fazerlhe sem justiça pera os trazer a estado de salvaçã, nam he doutrina apostolica, nẽ Sam Paulo a amite por sua. Nem esse mal he causa de sua saluação antes de escandalo pera elles e pera outros, e redonda em blasfemia de Christo nosso mestre, porque quando vem que preuaricamos a ley de Deos e justiça os infieys, que podem cuydar senam que delle aprendemos nossas preversas manhas, nam sendo assi. Finalmente esta he maa cautella, e ante Deos não val nada. E a mym me parece que seu cativeyro he bem desarrezoado quanto he da nossa parte, porque elles não nos offendẽ, nem nos devem, nem temos justa causa pera lhe fazer guerra, e sem justa guerra não nos podemos cativar, nem cõprar a cuyos nam sam. Poys da sua parte se o elles merecem, nos não somos juyzes disso, nem Deos nos fez verdugos da sua ira, mas manda que preguemos a sua fee com caridade e modestia. De tã injusto catiueyro como este, diz Sam Joã no Apocalipse. Quem cativar seraa elle tambem cativo. Não confie ninguem na presente prosperidade, qua polla sem justiça q os homes fazem a outros, muda Deos os reynos dhũas terras pera outras, e os q forão seu senhores se tornão em escravos. Em pessoa dos quaes, diz Hieremias, os escrauos nos senhorearão/ e não hauia quem nos resgatasse de seu poder.

Cap. V. Da tenção e modo da guerra

NAM abasta ser a guerra justa, mas tambem o modo della deue ser justificado, e as tenções dos que a fazem dirigidas a bõ fim, e desta maneyra acabaraa de ser justa a guerra, e licita aos christãos, e seraa execução de justiça, conseruação de paz e defensam dos bõs, e castigo dos maos. Muytas vezes faltam disto as guerras que se fazem e não sam castigo de maos, antes avexação de bõs, porque erram as tenções dos que as fazem, que pretendẽ sua vingança ou ambição e cobiça. Digo vingança odiosa e cruel de particular odio ou soberba/ que os homẽs tẽ a outros por seus interesses, qua nem por nos mesmos nẽ por outrem podemos fazer guerra com tal entenção. Deste genero sam as tenções daquelles que per nenhua via querẽ paz quãdo lha seus cõtrayros offerecẽ, e nã sã boas, porq Deos mandava a seu povo cometer paz primeyro q fezesse guerra. Quãdo combateres algũa cidade, diz elle/ primeyro lhe ofereceraas paz, e se a quizer aceytar com justo concerto nã lha negaras, mas nã querendo/ entam a combateraas, e se ta Deos der nas mãos nam mataraas molheres nem moços, nem alimarias, nem cortaraas arvores d'fruyto, nẽ queymaraas messes, nem estragaras as cousas de que se os homẽs acostumão manter. Esta ley se deue guardar pera que ho modo não seja errado, qua sem rezão e contra si mesmo faz aquelle/ que mata ho vencido, e destruy o de que se pode aproveytar, ou ao menos lhe não pode prejudicar. Vilam animo he o do homem q mata molher ou gente desarmada, eu não confiaria do tal que pelejasse contra que lhe teuesse o rosto dereyto. O nobre e de grandes animos, não quer mays q victoria. Mas de quẽ seraa senhor, ou de quem se gloriaraa o vilam que mata o vencido? Nam quer o tal carniceyro mays, q sua cõdição de besta saluagem e feroz.

Os soldados que recebem soldo por servir em armas quãto ao que toca a justificação de sua tenção devem ter este resguardo, que nam tome soldo de pessoa que nam possa fazer guerra justa, porque tambem elles nisso pecaram, e todos os que tal guerra favorecem. Porem se nam sabe quando a guerra he justa ou injusta, sendo licita a quem na faz, entam elles nessa parte da entenção geral vsam de suas armas sem carrego nenhum de conciencia se no modo e particulares tenções nam erram, porque seu exercicio não ha duvida senam que he licito, e admitido na vida evangelica, e o pode executar e merecer nelle. Assy o entende Sãtagostinho naquelle passo do envagelho, onde Sam Johão diz aos soldados, que pera ganharẽ o reyno dos seos sejã cõtentes cõ seu soldo, e não fação mal a ninguẽ/ convẽ a saber, q̃ não use de crueldade nẽ cobiça. As palavras de Sãtagostinho sam estas. Se a disciplina christã de todo culpasse as guerras, aos soldados que pedem cõselho de salvaçã mandaria que deyxasse as armas, mas não lhe disse senã contentayuos com vosso soldo e não façays mal a ninguẽ. De per si o exercicio dos defensores da terra não he mao, antes he meritorio, e merece o milhor della poys a guarda mas a inteção dos homẽs o pode corromper, e o modo de seu pelejar chamo se he cõ odio, e zelo de matar/ e destruir, e roubar, mays q de emendar o mal e conservar o bẽ, por que estas duas cousas deuem pretẽder os que pelejã pera segurarẽ suas conciencias, e co isto posto q seu exercicio seja envolto cõ sangue, não deyxa por isso de ser aceyto a Deos, assi como o officio do Juiz que castiga o malfeytor, o qual nisso merece e não peca ainda que seja cõ sangue e mortes dos que tal marecem. Tambẽ he hũ ruyn modo de guerra o que se agora em algũas partes usa a que elles chamão escala franca, e eu lhe chamo frãqueza de ladrões, porq nas taes guerras se ajuntam elles, mais pera roubar q pera pelejar, o q não farião por virtude se lhe não soltassẽ a redea a seu vicio, e elles assy o cõfessam, q̃ se não offerecerião cõ tanta fiuza a morrer, se nam fosse por roubar. A qual tẽçã corrõpe o estillo da boa guerra, e perverte o modo de pelejar, não soomente cometẽdo excessos contra os vencidos, mas tambẽ desordenãdose assy mesmos, e perdendo aas vezes a victoria q tinhã ganhada por se assy desordenarẽ. Milhor estilo he o que sempre usarão todas as nações, assy gentios como judeus, os quaes segundo de suas escrituras se pode entender, dividião as presas per todo o exercito. Assi o mandou Deos fazer a Mouses/ ao qual disse. Dividiraas ao exercito toda a presa/ e comẽraas dos despojos de teus imigos. E Dauid tornando com victoria da matança de amalech, assy dividio a presa que delle tomou antre os seus igualmente, tanto aos que cansarão como aos que aturarão o alcance, porque pera pelejar tambem estauão aparelhados aqlles onde ficarão guardando a carriagem/ e mays que pera isso partirão d suas casas/ e pera isso estavão no campo. Na qual autoridade e rezões me eufundey, sendo juiz louuado de hũa presa que o capitam vintemilha com certas galees de França tomou aos Ingreses, e recusava dar

Capitulo seysto. Do officio do Almirante

PARA prover a guerra do mar, e as cousas pera ella necessarias he costume nos reynos maritimos hauer Almirãtes homẽs prudẽtes, e deligẽtes, q tenhã cuydado de prover as taracenas, e armazens e nauios, de feyção q quãdo cumprir estejam prestes, e não façam demora ẽ acodir onde for necessario. E para q̃ o assy possã fazer sem referta d nenhũa parte/ os principes lhe dã cõprido poder e jurdiçã, pa mandar e julgar nas cousas do mar, e homẽs q per elle tratẽ. A q̃m este carrego tinha chamavã os Gregos Architalasso, q se pode interptar psidente do mar, e nos o nomeamos Almirãte, o qual vocabulo parece ser trazido da lingua arabiga na qual almiralle sinifica Rey segũdo o interpreta antonio de nebrissa, e de almiralle pareçe ser trazido almirante. O que isto faz parecer, he que em França ainda ho assi pronunciam quasi como em Arabia e não he de maravilhar haver em França palavras de Arabia, poys tambem ha outras de Persia, como he ciro, que quer dizer senhor, e co esse vocabulo honrram os franceses seu rey em particular. Muyto menos he de maravilhar haver na espanha os taes vocabulos arabigos, pollo muyto tempo que nella morou gente dessa naçam, ou ao menos que falava sua linguagem, e pouco tempo que ha que della sam lançados esses homẽs/ dõde nos ficaram muytos vocabolos seus como vemos. Poys a sinificação que Antonio diz que elles dã ao seu vocabulo não repunha ao oficio do nosso, porq o Almirãte em França, e Frãdes, e Ingraterra, e outras partes/ governa e manda inteyramente nas cousas do mar como principe delle, tambem na justiça como nas armas. Elle provee os juyzes e alcaydes do mar, escriuães, e outros officiaes, tambem das alfandegas, os quaes em nome do Almirante julgão, e executam a justiça necessaria antre os marinheiros, e antre os mercadores que tratã pello mar. Nesta terra ao presente não se faz assi, porque o Almirante vemos que nam tem de seu officio mays que soo o nome, quando a execução delle digo, todavia ha hy Almirante, q daa indicio do que foy aqui como nas outras partes, qua não sem causa se deu esse titolo quando de novo se criou, mas parece que despoys de envelhecer algum Almirante dos passados se apousentou e em sua ausencia provee el-rey per outrem o que sohya fazer ho Almirante. Andou este officio algum tempo no capitam moor do mar, isto foy sendo Alvaro vaz dalmada capitão moor neste reyno em tempo del rey dom Afonso o quinto, e despoys. Agora anda partido per muytos, hum pedaço faz o armador moor outro o provedor dos armazẽs, outro o vedor da fazenda, e todos o não acabão bem de fazer, porque ainda el Rey per sy provee muytas cousas que pertencem ao dicto officio. O proueyto que deste espedaçar vem aa fazenda de sua alteza, não entendo que possa ser muyto, posto que outra cousa lhe digão/os que gozão desses carregos, ainda que por mays nam seja que pollos muytos mantimentos que comem os muytos officiaes podendo ser hum soo. E mays como as cousas q̃ estas pessoas diuersas fazem todas tirem a hum fim, que he a gouernança do mar, muyto milhor se farião, e aplicariam a seu fim per hum soo entendimento unido, que per muytos diuersos, porque a multidam diuersa confunde e dilata, e a dilação he perigosa na guerra e no mar, o qual mar nam espera nem respeyta a ninguem, mas entam se apressa mays, quando vos mays vagar tendes, e vos descuydays.

Capit. septimo. Das taracenas e seu prouimento

PROVERAA o Almirante, ou quem seu carrego teuer, que nas taracenas haia nauios feytos e prestes, que em breue possam acodir aos sobresaltos supitos, conformes ao mar e guerra como adiante direy. E alem disso, pera fazer outros se forem necessarios haveraa nas taracenas madeyra, e todos achegos, como sam pregadura, breu, estopa/ e quaesquer outros segundo costume dos navios e terras, como seuo/ betume, e chumbo. O seuo pera navios de remo, e o betume nas terras quentes contra o gusano, e chumbo pera nas nauegações longas emparar a estopa q a nam descarafete a agua. E porque a nossa gente trata em terras apartadas destas, onde a natureza não cria as mesmas especies de cousas como aqui, quando não acharem estas busquem outras semelhantes, que oportunamente se possam acomodar a esta fabrica. Como he cobre pera pregadura, õde ouver delle mays que de ferro. O ql cobre não sendo mays custoso he pera isto milhor que o ferro, como Aegecio diz, porque antre as agoas e humidade conserva mays sua sustancia sem se corromper, nem criar ferrugem, he tam forte e mays que o ferro. Em alguas partes pregão os navios com foumas ou tornos de pao, as quaes posto que apertam nam sam firmes, e se sam muytas esburacão e atraçoam a madeyra. Algodam onde não ouver estopa pode servir por ella, e nam he menos auto pera atupir/ porque he brando e basto e toma qualquer vntura como a estopa, o que não faz a lã, porque he hirta, e nam se ajunta nem atupe bẽ. Cera por breu jaa se usou, aa qual ensina o mesmo Aegecio que lhe mudemos a cor pera não ser vistos dos inimigos nas celadas, o q tambem se pode fazer no seuo, mas no breu não he necessario porque he negro e nam resprandece nem da vista senã he rezina branca, a qual podem tinger se cumprir. Para cordas a milhor materia he linho alcanaue, e se esse faltar o proprio linho tem as segundas vezes. Despoys de linho nestas partes esparto, mas onde a ouver he milhor palma, hora seja a folha della, hora seja a feuara a que chamã cayro. que tambem dura na agoa como o esparto. Porem de nehum destes, desparto nem palma digo, seruiram betas nem outra cordoalha meuda, assy por sua fraqueza como porque nam recebem o alcatrão, nem correm bem, antes se roção muyto nas polees e aparelhos. Dalgodão se faraa milhor cordoalha que de lam, no qual ha todalas habilidades que no linho, senam que sua feuara he mays curta e nam lia tanto, e por isso nam tem tanto vigor. Quãdo ouuesse muyta necessidade tambem podiam seruir sedenhos de sedas de caualos e outras/ assy como jaa seruiram de cabellos de molheres em carthago e em marselha e em rhodes. A lã me parece menos idonea assy pa cordas como pera velas/por que alem de nam ter força, he como disse, hirta e nam recebe untura. Poys comecey a falar das velas/falarey mays dellas e das outras exarceas, q todas deuem ser prouidas nas taracenas para o tempo do mester, em especial aquellas que ham de uir de fora, ou se não podem hauer em todo tempo. A milhor lona peraas velas he de linho alcanaue, porque a feuara longa faz o fio e pano mays forte, e o pano estreyto assegura a vela d rasgar, porque as muytas costuras não deyxão correr a rasgadura, como faz no pano largo, que não resiste tanto. Nã hauendo lona acotania poderaa soprir por ella, a qual pera os toldos das galees serve, e burel. Ancoras, remos, lemes, e mastos haja nas taracenas ẽ abastãça porque sã cousas que se gastam/ e ham se metter cada dia de nouo. E todas essoutras cousas se gastão e suprem cada dia nas armadas, por tanto he necessario hauellas dantemão e nam esperar para tempo que façam mingoa. Finalmente as taracenas deuem estar prouidas de todas as cousas necessarias pera a fabrica dos nauios, não somente das matereas e partes dessa fabrica, mas tambem dos instrumentos com que se ha de fabricar, digo aquelles que os officiaes nam acostumão trazer nem podem, como sam cabrestantes, cadernaes, rodas, carretes, e outros semelhantes.

Capítulo oytauo. Da Madeyra pera as naos

A madeyra pa nauios, de q̃ as taracenas deuẽ estar prouidas/ he boa esta ou aquelloutra segundo a diuersidade das terras em que nace, por que nam ha as mesmas aruores em todas as terras, mas hũas ha nesta terra, e outras muy defferentes nas outras terras, e em cada hũa suas, e muy perto hũas das outras criã estas defferenças. De hum limite pera outro ha olíueyras e nam ha olíueyras, castanheyros, cereygeyras, figueyras, romeyras/ e outras muytas, quanto mays de mays longe, como da India e do Brasil e de Guinee, donde nem os nomes lhe sabemos. E não soomente a diuersidade dos sitios varia as especias das aruores, mas tambem em hũa mesma especia muda as qualidades, e a faz aqui mays seca e acolaa mays humeda: ẽ hũas partes crecẽ mays as aruores ẽ outras menos, ẽ hũa terra dam fruyto e em outra o não querẽ dar hũas mesmas aruores se as mudaes daqui para aly se mudam e fazem outras. E o trigo anafil dalẽtejo se o leuays aa beyra, muda a bondade, e corrompe a especia. Nos lugares humedos e sombrios a madeyra e fruyta e folhas tudo he mays çumarento, e verde, e nas terras frias as fruytas sam azedas e sorodeas, ao contrayro das quẽtes onde sam temporãs e doçes, porque nestas a quentura coze os humores mays cedo, e assy faz amadureçer as fruytas, e mata nellas o frio que he causa do azedume/ e naquellas o frio execessiuo não deyxa cozer os humores nem na fruyta nem na madeyra, donde vem que nas terras frias as aruores crecem mays que nas quentes, porque aly nã tem o sol força pera gastar os humores das prantas/ e polla abundancia delles sam viçosas, mas a madeyra das taes partes he mays fraca e podrediça. Em algũas terras quentes crecem tambem as aruores muyto, como fazem no Brasil, e muyto mays em Guinee, onde nam falta quẽtura mas sobeja o viço e humidade, porem he essa humidade assy temperada com a virtude terrestre, que faz a madeyra maciça e forte, de tal maneyra que sempre tem vez, e se pode colher em todo o tempo do anno, como adiante se diraa, pola boa digestam que o sol faz nos humores, oe quaes posto que sejam muytos por bem digeridos e perfeycionados conuerten se na sustancia da madeyra, e dãlhe vigor perfeyto sem causa de podridam. He tanta a differença que a maa digestam dos humores faz na madeyra, que o lerez o qual ẽ Africa daa rezina ardente, e madeyra leue e auta pera nauios, de que per toda aquella terra os mouros fazem suas fustas e gallees, na rybeira do pado nos Alpes, segundo diz Vitruuio, o grande amargoz do seu çumo faz que nem o caruncho entra cõ elle, nẽ arde no fogo, nem nada sobola agoa pollo muyto peso que tem de humor indigesto por ser criado em terras humedas, e sombrias, pollo que nem he idonea a madeyra delle naquellas tẽrras pera nauios, nem pera queymar, pior do que he a figueyra antre nos, porque nem faz chama diz, nem brasa. E conta como Cesar veyo em noticia disto per experiencia que fez em hum castello desta madeyra, que mandou queymar e nam quis arder. Semelhante, posto que nam igual differença, conta palladio rutilto do pinheyro, o qual diz que na Italia apodrece lançado na agoa/ mas em Cerdenha se conserua nella, e que ahy pera euitar que nam apodrẽça o lançam todo hum anno na praya do mar, como quaa fazem ao souaro. Este mesmo diz, que o cedro da parte do norte se corrompe mays asinha, posto que nessas partes creça mays. E, nos tambem per experiencia vemos o cedro das ilhas dos açores, que por ser de terra mays fria nam he tam bo como o da ilha da madeyra, nem cheyra tambem. Assi que he certo que em diuersas terras variam as aruores o vigor de sua madeyra/ e aquellas que ẽ hũas partes sam boas pera a fabrica de nauios, em outras o não seram. Por esta rezam/ e polla que a cima fica apõtada conuem a saber, que nam ha as mesmas especias daruores em todalas terras, nam se pode dar regra geral, que sirua em todalas partes, no escolher da madeyra pera os nauios, mas cumpre que quando em terras estranhas nos for necessario fazellos, nos enformemos dos homẽs e vso dessa terra onde nos acharemos, e co elles nos conformemos, e façamos nossa fabrica com as matereas que nos elles e sua terra derem, porque as de quaa ainda que as laa achemos por ventura não seram tam boas/ ou se o forem esperemos a ver a experiencia premeyro que nos confiemos do nosso costume que laa por ventura he descostume. Acharemos q̃ em hũas partes d levãte fazẽ nauios todos de lerez, costas e couro e tudo/isto he da parte dafrica, como iaa disse, e noutras partes lemos que os faziam de faya, cedro e acipreste que nesta terra não sam tam bos coma isso, e da parte do norte em Bretanha todos tambem de carualho, liame digo e tauoado, em Ingraterra e Alemanha dessa e doutras madeyras que laa tem muytas em abastança, porem pode ser que nam tam cõmodas pera isso como as nossas. Nesta terra vsã dous metaes de madeyra nestes dous mesteres ou partes dos nauios/ cada hum em seu/ hum no liame e outro no tauoado, e a meu ver, bem acõmodadas segundo as qualidades da madeyra, e mesteres da obra. No liame põe os nossos carpenteyros souaro, o qual he forte, e serue bem nessa parte nam soomente por sua fortaleza, que tem muyta como cõuẽ pera sostẽtar o peso do navio: e sofrer os impetos do mar (para os q̃es era necessaria fortaleza mays q̃ de ferro se se podesse achar e nam abastaria) mas tambem parece que a natureza o criou, o souaro digo/ em especial pera esta parte dos nauios com torturas e garfos afeyçoados peraas voltas das cauernas, e curuas e agulhas, para as quaes se acham nos souereyros ramos de tal geyto que seruem inteyriços sem aiũtamento de pedaços, o que faz muyto peraa fortaleza do nauio. Em lugar de souaro se põe as vezes azinho, o qual não desmerece nada do souaro per ambas as vias que dissemos assi digo por forte como geytoso, senam que he mays pouco e he mays guardado por causa do fruyto que daa e mays não se acha tam vezinho dos portos do mar. Carualho tambem aqui serue, porem não se ygualla com nenhum dos sobreditos, e mais Plinio defama delle, e diz que se corrompe na agua salgada, o que nam fazẽ aquelloutros, cõ os q̃es não ẽtra agua mays q̃ cõ pedra polla muyta espessura e maciz da madeyra que na agua endurecer enuerdece. No couto dos nauios vsam os nossos tauoados de pinho, o qual pera isso tem muytas virtudes, pollo que sempre nesta parte teue muyta auantagem e louuor, tanto que por elle ser a principal materea nesta fabrica os Gregos e Latinos per trasladaçam metonimica chamão aas naos pinhos, nomeãdo a materea polla cousa composta della, polla muyta propriedade que nessa composiçam tem, como tambem chamamos fustas as fragatas dos mouros, por que sam feytas de fuste, que q̃uer dizer madeyra ou pao. He o pinho leue, e auto pera nadar, he brando e vergasse de maneyra que se pode aplicar aas conuexidades dos nauios, que como quer que haiam de imitar figura redonda: necessariamente fazem ventre e volta derredor delle, para o que hãm mester madeyra que boamente se conforme co as taes voltas. Tem mays o pinho outra virtude bẽ proueytosa pera os nauios, que he çumarento, e seu çumo he grosso e resiste aa agoa que não entre co elle, e tambem resiste ao bicho/ q̃ os vulgares chamão gusano, porque lhe bota os dentes e o não deyxa roer, nem se desfaz o pinho em poo em quanto dura o çumo nelle, o qual dura mays no mar porque toma delle algũa humidade e refresco. He milhor a madeyra do pinho manso, do que daa pinhões quero dizer, porque o brauo he seco, e sua madeyra não he tã solida nem inteyra, mas escadeasse: e como he seca ou se moe ẽ poo ou a penetra a agoa e apodrece. Serue todauia o pinho brauo pera obras mortas, e pera mastos, porque crece mays, e mays dereyto, porem he fraco e não se deue fazer masto dhum pao soo porque não tem força, qua he brando e zumba. Tambem he bo pera antẽnas, porque he leve, a daa a mor de sy, qua não se quer pareellas pao teso como castanho que estalla. Para mastos e antennas louua Plinio a faya. onde a ouuer podemse seruir della, por que tem as condições que para isto sam necessarias/ aquellas que fiquam ditas do pinheyro, e diz elle que esta tem auantagem. Assi o pinho como a faya, ou qualquer outro pao que pera este mester ouuer de seruir, tenha veas dereitas correntes atee o cabo sem remoinhos e sem noos, que fazem estallar o pao. Conhecesse isto no pao inteyro, se correm as veyas dereitas por dentro, e se são perpetuas ate o cabo sem noos nem cabeças, pondo a orelha em hum cabo do pao, e dando no outro hũa porrada pequena ou toq̃ se o tom corre leuemẽte dereito e claro, he sinal que achou o caminho dereyto e desempedido, e senão, logo soa escuro e tarde. A do castanho he madeyra forte, e parece q̃ poderia seruir no liame, ao menos mesturada antroutra, porem no tauoado não aconselho que a ponhão porq fende que he a cousa mays aparelhada pera o nauio fazer agoa, e bem perigosa por ser per dentro da tauoa/onde nem se pode achar nem carafetar. Pollo que os carpenteyros deuem atentar muyto que se não ponham nos nauios tauoas fusternas, que assy chamão Plinio e Vitruuio as noentas, porque pellos noos acontece mays asinha apodrecer e abrir agoas, que muy mal se podem estanquar. Pus aqui, per exemplo dalgũas madeyras as qualidades idoneas, que nellas se deuem buscar e respeytar nas terras estranhas e nouas/onde por ventura nam acharemos quem nos dee noticia da experiencia dellas, polla rusticidade da gente, ou por serẽ desertas, porque jaa agora imos ter nauegando a terras que tudo isto tem. Onde se não acharem as especias das aruores que quaa conhecemos, ou se acharem essas mudadas, escolheremos de todas as mays acomodaueis pera nossa fabrica, comuẽ a saber/as rijas e maciças pera o liame, as brãdas e leues pera o tauoado, as rezinẽtas contra a agoa, e assi atentando pollas mays qualidades que fazem ou contradizem a nosso proposito. As quaes qualidades mostram de sy certo indicio nas cascas das aruores, nas folhas, e na fruyta, assi como o couro, cabello, e vnhas mostram as qualidades do corpo humano. A casca da aruore grossa e seca como a do souaro, mostra da madeyra ter o mesmo que tambem he seca, e assy as folhas delle sam secas e asperas, e no fruyto e em tudo manifesta a muyta parte que tem do alimento terrestre/seco e rijo, assi como o couro aspero e vnhas grossas e duras e cabellos tambem grossos e crespos sinificam humores semelhantes e compleyssam robusta. Ao contrayro a casca massia, folhas molles, e fruyta çumarenta e doçe sinificam nutrimentos delicados e mimosos, e fraqueza na madeyra, ou disposiçam para mais asinha apodrecer, como a da figueyra, pereyra e outras comeessas. Hauendo na madeyra as qualidades oportunas, cumpre tambem q̃ seja cortada em tempo deuido, como agora direy.

Capitulo nono. De quando se cortaraa a madeyra

POYS tratamos das madeyras de que as taracenas devẽ ser prouidas pera a fabrica dos nauios, conuem co isso dizer em que tempos deue ser cortada essa madeyra pera mays durar sem corrução, porque todas as cousas q̃ a natureza cria, sob curso de seus mouimẽtos e operações recebem della vigor, hora mays hora menos, segundo os tempos ẽ que ella assy ou assy obra. Agora recebem humidade, e em outro tempo secura, e assi tambem hora frio hora quentura/e co estas qualidades concebem, cõ hũas mays força e com outras menos, ou a perdem. Por isso vemos, que as prantas em hum tempo estam secas/e noutro verdes e dam fruyto. E não soomẽte as prantas/mas tambem as alimarias, tem suas sazões de gerar, emprenhar a parir, mays ẽ hũ tempo q̃ outro, e os peyxes do mar aparecem ou se escondẽ a tempos, e sam hora gordos hora magros, e tomão e perdem sabor. A sim que todas as cousas tem sazão de tempo, em que sam milhores e tomam virtude da natureza, e fora daquelle tempo não sam tam boas/e assy a tem a madeyra das aruores a qual cortada em sua sazão he milhor pera todalas cousas q̃ della quiserem fazer/assy no mar como na terra, dura mays, laurasse milhor, assegura na obra sem apertar nẽ torcer, e atee na cor e parecer tem perfeyção. E com isto ser assy, e ser aprouado per todolos carpenteyros porq̃ o vem ser necessario, em especial pera a madeyra dos nauios q̃ padece mays trabalho, e recebe causas de corrução, vejo todauia que se nam guarda nesta terra tempo deuido no cortar da dicta madeyra, ao menos na delrey nosso senhor, a qual se corta no verão, tempo pera isso mais inconueniente de todos porque entam estaa mays fora de sua sazão que nunca. Se o fazem por forrar os iornaes dos trabalhadores, que nesse tempo fazem mays seruiço pollos dias serẽ grãdes, não he bem que por seu interesse dem perda a sua alteza, e trabalho aos nauegantes com perigo. Sua alteza perde porque os nauios feytos de madeira crua ou desassazoada, nam durão ametade do tempo que durariam se fosse cortada em sua sazão, e despoys de cortada a deyxassem compor. Por tanto os officiaes que disso tem carrego, deuiam olhar nisto, e não dissimular cos carpenteyros, porque sua cobiça não traga tanto danno não soomente d fazenda mas tambem das vidas, ou quando menos trabalho, qua muyta causa das agoas e faltas q̃ fazem os nauios no mar, prouem da ruym madeyra, que apodrece ou falta de qualquer feyçam e rompe o nauio. Muyto mays recado se deue por na escolha e colheyta da madeyra dos nauios que em nenhũa outra/ porque a ruyndade desta pode fazer mays mal que a das casas nem doutra fabrica algũa, porquanto acontece faltar quando falta em lugar onde não ha outro recurso, que he no mar onde toda a saluação dos hõmẽs despoys de Deos estaa em não faltar o nauio, a segurança do qual depende da bondade da madeyra, e dessa he grande parte a boa colheyta. A madeyra colhida verde conuerte o çumo em podridam, porq̃ a humidade he causa de corrupção em especial se he crua e indigesta então faz pior podridam e mays asinha se a retem mesturada cõ materaa/tenra, como he a das aruores no tempo do verão. Entam estão ellas tẽras como a fruyta quando estaa inchada, e os humores estão nellas nesse tempo mays prouocados e em mays quantidade, porque ainda não tem sua parte toda o fruyto que então naçe, ou estaa ainda pera nacer, e se entam as cortão a madeyra seraa tenra, e corruptiuel. Tambem seraa fraca, se as cortarem no estio, em tempo que estam com fruyto, porque então diz Vitruuio sam as aruores como as femeas prenhes, que participam do seu mantimento co a criança, e nam podem ser tam fortes como se gozassem delle todo. No outono despoys que as fruytas sam maduras e quasi colhidas, sam as aruores como paridas, e estam chupadas da virtude que nos dias passados a natureza produzia nellas/ e a madeyra entam cortada seraa fraca e esuaecida, e conuerterse ha em poo e carũcho. Acabada esta obra da natureza, porque ella nam pode estar queda nem ociosa, tornã outra vez as aruores a tomar nutrimento da terra, quanto lhe abasta pera recobrar suas forças/ e se o nutrimento he muyto tornão a reuerdecer logo, e florecem e crião fruyta, porem nestas terras e otras mays frias o inuerno que logo sobreuẽ as aperta, e nam dam muytas outonadas. Mas como quer que seja, quer dem outonadas quer nã, o mays certo tempo de sua firmeza he o inuerno, quando a natureza nellas estaa çarrada e os humores como dormindo, entam estã ellas ẽ sua força inteyra e assentada, e nesse tempo se forem cortadas, a madeyra seraa sam e durauel. O tempo do inuerno nestas partes he nos meses do natal e janeyro e feuereyro, nos quaes aqui se deue cortar a madeyra pera os nauios, ainda que feuereyro jaa quasi he do veram, e nam muy auto pera cortar toda madeyra porque algũa arrebenta jaa entam, senam for em terras mays frias, onde os inuernos sã mayores e as aruores sorodeas. Isso vejão os que viuem e tratam nessas terras frias, quando acham suas aruores idoneas pera cortar. Nos que tratamos em terras quẽtes quanto mays no meyo do inuerno as cortaremos acertaremos, conuem a saber, em dezẽbro perto do solsticio, porque da hy por diante em janeyro começa a natureza e sol prouocar os humores em algũas dellas, por tanto he milhor acodir com cedo e antes as cortar paridas que prenhes/porque mays causa de corrução he a sobegidam dos humores que a mingua delles, quanto mays que não pode ser tanta a diminuyção que lhe nam fique algũa virtude, e mays que sempre em todo o tempo apanham algũ nutrimento e chamam os humores da terra. Por tanto nas terras mays quentes, e viçosas, como sam as de perto do equinocio em Guinee, e Brasil, e India, onde as aruores dam dous fruytos, ou alcança hum fruyto o outro como antre nos faz a larangeyra, entam he tempo de cortar a madeyra, quando o fruyto acaba damadurecer, antes que torne a tomar outra frol, ou folha as que a perdẽ que seraa duas vezes no anno em algũas dellas, e as que nunca a perdem gouernarseham pello fruyto quando for maduro como disse. O que tambem seja dicto pera as que nestas nossas terras não perdem a folha, como sam souereyro, e pinheyro, que fazem a nosso caso, as quaes entam sã de vez pera cortar quando o seu fruyto he de vez e maduro, segũdo diz Marco catão, e o allega e aproua Plinio e assi diz q̃ as aruores que não tem fruito nem semẽte nem perdem a folha, estas em todo o tempo tem vez, e a madeyra dellas em qualquer tempo do anno cortada he de sazão. Mays quero que os nossos homẽs notem, que o inuerno nas terras alem da linha equinocial he ao contrayro do nosso porque o sol princepe da natureza por cuja presença e ausencia a variedade dos tempos se muda, quando vem pera nos se afasta delles e ao contrayro quando se achega pare elles arredasse de nos, e assy faz os nossos tẽpos diuersos dos seus, e as sazões das aruores per conseguinte. O que mays deue euitar na madeyra he humor verde e sobejo, pollo que tambem se mandam respeytar no cortar della os tempos da lũa/a qual como quer que seja humeda e vezinha da terra infunde nas prantas sua humidade, isto mays em hũs tempos que outros. Nas conjunções estando ella debayxo ou quasi debayxo do sol os rayos desse sol caindo sobrella a espremẽ, e fazem lançar mays humidade, e ao contrayro estando defronte nos plenilunios esses rayos contrayros lhe reprimem a humidade, e nã deyxam cair tanta na terra. Por tanto iunto da coniunção da lũa que he quando lhe chamamos noua não he tempo de cortar madeyra, mas he no meyo do mez, conuem a saber, quando ella he meyada e chea. De madrugada por causa do orualho não he tempo se tanto resguardo se poder ter, nẽ tam pouco com vẽto sul ou sudueste, que nestas partes sã humedos. E pera mays ẽxugar a madeyra diz Vitruuio, que se corte a aruore ate o meyo do cerne, e que a deyxem assi estar em pee algũs dias estillando, porque lãce de si qualquer humor sobejo que teuer, e despoys se acabe de cortar, e ainda cortada em troncos a deyxem jazer outros dias antes que a serrem. Desta maneyra cortada a madeyra, duraraa sem corruçam muyto tempo. Breuemente quero tocar o que ouuy os dias passados praticar a vossa mercee, que se deuiam poupar, e fazer por acrecẽtar as aruores desta madeyra naupegissima, em especial os souaros, e não consentir que se cortem pera caruam poys se pode escusar, qua temos torgã muyta, e outras aruores de que se faça e os souaros sam necessarios para este mester, e tardam muyto em crecer, portanto deuiasse fazer prouisam dos que jaa sam criados, ao menos nas terras vezinhas do mar. E pera criaçam de pinhaes, deuia elrey nosso senhor dar fauor aos homẽs: que a isso se quisessem aplicar, para q̃ os semeassẽ pelas charnecas õde quer q̃ ouuesse terra pera se poderẽ dar, q̃ ha muytas sẽ se aproueytar ninguem dellas. As quaes deuiam ser soltas, a quem quisesse nellas semear pinhaes e crialos.

Capitulo decimo. Dos armazens e seu provimento

Nos armazẽs isso mesmo haja provimẽto de todas armas, victualhas, e cousas q̃ abayxo direy. Em especial serã prouidos das armas que mays seruem na guerra do mar, como sã tiros de todo o genero, assy de corda como d fogo, porq̃ no mar pelejam de longe, dos nauios como de muros ou fortalezas, e poucas vezes chegão tam perto a pelejar q̃ venhã aas mãos. E quãdo vem as mãos não he de tã perto que possã seruir as espadas mas seruẽ lanças e piques, porq̃ os nauios não consistem chegar mais perto. Os tiros mays acustumados sam de fogo, inuençam por certo mays infernal que humana, chea de grãde crueldade e odio, mays pa destruir como imigos, q̃ pera cõtẽder sobre justiça, nem ambição. A justiça defende ou pede o seu e pretẽde conseruar, e a ambição posto que desordenada todauia não pretende destruir, mas tambem conseruar pera aquirir, e tudo isto cabe na fraqueza humana, mas destruir he diabolico, porque o diabo he pay dos odios e homicidios/quaes se fazem desenfreadamente com tiros de fogo. A invẽçã da artelharia, segũdo dizẽ algũs, foy achada ẽ Alemanha do anno de christo de mil e trezẽtos e oytẽta pera qua, mas a mim me parece que he mays antiga: porque nos lemos que os homẽs de Fenicia se defendiam de Alexanre manho com tiros de fogo, e que as gentes de Rufia pelejauam com pelouros de chumbo lançados de canos de metal cõ fogo dẽxofre, e dalgũs filosofos q̃ fezerão fogo artificial que voaua, o qual parece q̃ farião cõ os materiaes da poluora que se acostuma nas bombardas e arcabuzes. Finalmente a fabula de Prometheu, o qual dizẽ q̃ quis imitar os trouões e coriscos de Jupiter, disto parece q̃ teue seu fundamẽto, que no principio de Grecia sendo ella rustica Prometheu trouxe este artificio de tiros de fogo do exercito d Jupiter rey de Creta ou da Africa, o q̃l artificio os rusticos gregos imaginarão ser trovões, como tambe cuydarão q̃ os homẽs de caualo erão mõstros. Como quer q̃ seja, a inuẽção da artelharia q̃r velha quer noua/ella he mays danosa q̃ proueytosa peraa geração humana. Todauia porq̃ he necessario rebater nossos inimigos da feição que nos elles combatẽ, e não lhe dar armas dauãtagem, nem differẽtes se for possiuel, sejão prouidos os nossos armazẽs de tiros e munição dartelharia, e os homẽs ensayados nella, para q̃ quando nos comprir nos defẽdamos cõ iguaes armas. Os mouros cõ os q̃es temos continoa e antiga guerra, vsam bestas e outras algũas armas como sam lanças e couraças e adargas, e o caualgar da gineta, e escarmuçar, e alguas outras manhas darmas temos comũs a nos e a elles, hũas q̃ os nossos tomarião delles e outras elles d nos, porq̃ adarga jaa he muy ãtiga nesta terra, da q̃l se faz menção nos comẽtayros de Julio cesar q̃ este nome cetra, q̃ quer dizer escudo de couro, e proprio de espanhoes/porem a guerra entre espanhoes e mouros jaa dantes de Cesar começou, porque muyto antes d Cesar foy chryseu, o qual daquellas partes veyo conquistar a espanha. Assim, segũdo com quem pelejamos hauemos de vsar as armas, e ser destros nellas comeelles, porq̃ per nenhum modo nos furtẽ a porrada. E por esta rezam nam seria mao que os nossos homẽs se dessem ao costume das frechas, poys temos guerra com turcos assy qua como na India, e esses turcos pelejã com frechas, e sam ellas hum genero de tiro bem dspachado/com o qual pelejam outras nações de gentes, com que tambem temos contenda. Haja tambem nos armazẽs bestas de que a nossa gẽte tem antigo vso, como disse. Dardos e varas darremesso seruem nos nauios dalto bordo, pera arremessar nos mays bayxos, haja prouimento delles, e de bombas de fogo, e romãs, e outros artificios de fogo d que no mar se ajudão. Estem prouidos de poluora noua e enxuta, e materiaes parella, e para os dictos artificios, que sam enxofre, salitre, caruam, cal virgem, e algũs oleos de que os bos artilheyros tem experiencia, e daram enformação. Estem todas estas cousas prestes e a bo recado, em lugares enxutos, e guardadas do fogo. As bombardas repayradas d carreta, os arcabuzes de coronhas e toda sua munição. Assy estas como as outras armas limpas e reuistas muytas vezes. Haja armas defensiuas como couraças, arneses, malha, capacetes, e rodellas, ou paueses, das quaes se seruẽ nos nauios como nos muros, porq assy nos nauios como nos muros pelejã apee q̃do, e não sitẽ tãto o peso das armas muytas nẽ carregadas, q̃ lhe são necessarias.

Capitulo onze. Das victualhas

DAS victualhas necessarias pera a vida e sostimẽto dos homẽs tenhão muyto cuydado o Almirãte e prouedores dos armazẽs, não soomẽte da abastãça dellas q̃ não faltẽ mas tãbem da bõdade e vtilidade porq̃ as boas sã mays proueytosas paraa despesa e paroo sostẽtamẽto e força dos q̃ trabalhão. Assy como he necessario escolher os homẽs paraas armas, fortes e bẽ despostos, assy tãbem convẽ sostẽtalos na sua força e mayor se for possivel, e he possiuel nos mãcebos q̃ crecẽ e enformão corpos e forças, cõ as quaes quereys q̃ vos siruão, q̃ sẽ ellas não nos haueis mester. Poys se no exercito perderem as forças cõ fome e mao comer, pouco aproueitaraa serẽ de principio escolhidos. E perdelas hão, não ha duuida cõ os maos mãtimẽtos. He este hũ bem visto ẽgano dos mezquinhos, o q̃l lhes sua auareza não deyxa ver a elles, nẽ a cobiça aos feytores de fazẽdas alheas, sẽ embargo q̃ estes bẽ o podẽ ver mas dissimulão. O ẽgano he q̃ cuyda o avarẽto, q̃ aproueyta muyto em sua fazẽda, cõ dar mal d comer a seus seruidores, mas enganasse como digo, e perde mays assy no mao seruiço, como no esperdiçar dos maos mãtimentos. Os ruins mãtimentos e corrutos não se comẽ todos nẽ durão tãto como durão os bẽs. Nẽ duram em sua virtude os maos, porq̃ se corrõpem mays asinha/nem os corrutos e podres durão em provisão porq̃ se gastão mays, e sem proueyto. Days mayor regra do rũy biscoeto e nã aproveyta tãto, days mayor regra do vinho vinagre e sem prueyto e muytas vezes lãçays fora estes, e a carne e peyxe podres. ¶ O bizcouto, q̃ he a principal victualha, de trigo he o milhor, porq̃ o centeyo e ceuada sam mays humedos e frios, e o pão delles toma mays bolor e corrõpese mays cedo, o milhor he muyto seco, e sendo muyto cozido segũdo se reqre pera bizcouto p. tẽpo esboroasse e desfazse ẽ poo. Finalmente o trigo tem mays qualidades pera o biscouto delle ser milhor, e fũde mays. E quãto mays escolhido for o trigo ẽ especia e ẽ limpeza, tãto dara mays proueyto, porq̃ a milhor especie ou metal de trigo fũde mays, e a çugidade corrõpe o pão, e não deyxa crecer a massa. A farinha seja meãmente peneyrada, porq̃ o farello he quente e cria traça no bizcouto, q̃ he hũa das mayores perdas q̃ nelle pode hauer. Nas terras onde ha trigo, em lugar de biscouto os nauios q̃ laa vão ter, suprem a falta delle cõ quaesquer mãtimetos q̃ nessas terras ha, e servẽ por pão, na india cõ arroz, no brasil cõ maiz e raiz, mas nem laa nem quaa acha cousa igual ao trigo, pera mãtimẽto e força do homẽ. Nem o centeyo q̃ he bẽ vezinho do trigo, não cria tanta força, o q̃ se conhece bẽ nos lauradores da bevra, os quaes porq̃ comem pão de centeyo não sã tã esforçados, e comẽ mays porq̃ o rũy mantimento todo se conuerte em fezes, e vay no esterco. Seja o bizcouto bem cozido, e enxuto de todo humor, assy no amassar como no cozer, e seja duas vezes cozido, q̃ por isso se chama bizcouto, a qual palaura de latim em nossa lingoagem quer dizer duas vezes cozido. Seja bẽ leuado, porq̃ o pão leuado, diz Plinio, he de milhor disistão, e faz mays proueyto no corpo. Vẽdassa cadanno o bizcouto velho e façasse outro nouo, porq̃ o velho comesse da traça, e perdesse. O bõ vinho quãto mays forte he milhor, porq̃ se pode acrecentar, e menor regra delle abastar obotẽse mays no mar, e no armazẽ. Faley assy chamẽte do vinho porq̃ jaa o vso delle tãbem assi he chão entre nós, e mays dizẽ os homes q̃ se não podem mãter sem elle, e se lhe outra cousa disserẽ espãtarseão muyto, e zõbarão de quẽ lho disser, e dirão q̃ sem vinho não podem os homẽs ter força. Muytas vezes ouvy dizer a Frãceses, q̃ o homẽ q̃ não estaua meo bebado, ou ao menos esquentado do vinho, q̃ nã poderia ser valente/e não lhes lembraua q̃ sã mays valentes quelles os Turcos e Mouros, os quaes não bebem vinho, e os espanhoes tãbẽ q̃ não bebẽ tãto comelles. Nem sabiã o q̃ diz Plinio, q̃ em Roma se acostumou vender o vinho nas boticas como mezinha, e entã erã os Romanos mays valentes e esforçados q̃ agora quãdo o bebem d feyção q̃ hão mester mezinhas por esse respeyto. Sem embargo disto, o habito ẽ q̃ os homẽs estão postos os obriga a nã poderẽ deyxar do beber, he costume darlho, seja tal q̃ se não perca nelle a despesa e o proueyto. As carnes e pescados pa o mar sejã bẽ curados, de maneyra q̃ não apodreção, o q̃ se se podesse fazer sem sal seria muyto melhor, porq̃ o sal faz sede q̃ no mar affrige muyto os homẽs. Sejão d natureza dura e não delicada, porq̃ se tenhão mays, como he nas carnes a da vaca/e dos peyxes a pescada, e outros semelhantes. Quejo he hũa das mylhores e mays acostumadas cõpanagẽs q̃ se pode recolher pera o mar, e algũas vezes se pode dar por inteyro cõduto, ao menos nas ceas, porq̃ delle diz Marco varrão. Antre todas as cousas liquidas a mays nutritiua he o leyte, e o q̃yjo q̃ delle se faz he hũ principal mãtimento. Da manteyga diz Plinio o mesmo q̃ varrão do queyjo, e diz mays, q̃ por pouca q̃ comays vos satisfaz mays q̃ outra vianda, e q̃ mitiga a fome e a sede, e cõserva as forças. Nos não fazemos della tãta festa, mas as gentes do norte, como são Frãceses, Framengos e Alemães e todos os mays, não sabẽ comer sẽ manteyga, e he parelles mãtimẽto mays q̃ cõduto. Recolham tãbẽ nos armazẽs pa o mar legumes, cõuem a saber fauas as quaes sã apropriadas pa homẽs d trabalho como sã os remadores q̃ cõ o feruor do grãde trabalho disistẽ muyto, e as fauas são tã fartiuas q dẽtro no estamago (diz Plinio) q̃ crecem, porem diz tãbe q̃ senão q̃rẽ cozer cõ agoa salgada. Feyiões quasi sã da mesma natureza q̃ as fauas, e assy crecẽ e fartã. Grãos, chicharos e eruilhas, bẽ sabido he q̃ são grãde ajuda de cõpanagẽ e por tãto não he necessario lẽbrar q̃ os recolhão Estas, e todas as cousas necessarias pa hũa armada como azeyte, vinagre, candeas, allẽternas parelas, estẽ prestes, porq̃ não se faça demora em as buscar ao tẽpo do ẽbarcar. São muytas as meudezas necessarias pa as armadas, as quaes he necessario q̃ se achem todas nos armazẽs prestes ao tẽpo do mester, cõuem a saber, ferramẽtas de carpẽteyros, pedreyros e ferreyros para fazer e desfazer edeficios, e outras obras, eyxadas, aluiões, lauancas, padiolas, escadas, e outros engenhos e machinas, tam cõpridamẽte como em hũ exercito ensina Vegecio, porq̃ esses exercitos dos armazẽs se hão de prouer, e o exercito, diz o dicto autor, assy ha de ser prouido como hũa armada cidade.

Capitulo doze. Dos homens do mar

TAMBEM he do officio do almirante do mar, ou de quem seu carrego teuer, ter homẽs buscados, e obrigados a estar prestes pera os nauios que ha darmar, quero dizer marinheyros pa marinhar os dictos nauios. Os quaes he necessario q̃ sejão habituados e criados neste exercicio, nam colhidos de nouo doutros officios pareste, porq̃ não abasta q̃ sejão habiles pera aprender, mas releua q̃ sejão destros pera fazer. Os soldados se não sabẽ das armas e guerra abasta q̃ sejã pera isso dispostos porq̃ em breue aprendẽ o exercicio dellas, o q̃l nã he mays q̃ exercicio sem mays outra meditação artificial, quãto he da parte dos soldados, cujo officio he fazer o que lhe mãda o capitão somẽte. O officio dos marinheyros he d mays arte, e req̃re muyto vso, se for possiuel ser criados d meninos ãtre as cordas e aparelhos. O marinheyro quando o mestre daa o apito nã ha d esperar pa ver como faz seu parceyro e fazer como elle, mas todos hão de voar a fazer aquillo q̃ jaa entẽdũ ser necessario. Não vã todos per cõpasso ensinãdo hũs aos outros como soldados no esquadrão, mas saltão cada hũ a seu aparelho segundo sua arte os ensinou. Assi q̃ cõuẽ os marinheyros ser homẽs jaa sabidos neste officio, os quaes eu desejo q̃ fossẽ velhos no saber delle e mãcebos nas forças, e moços na ligeyreza. Todas estas cousas cũprem muyto ao marinheyro. Elle ha de saber per memoria muy pronta todas as partes do nauio, e per numero distinto os aparelhos delle, e per claro entendimẽto q̃ ha de fazer ẽ seus tẽpos. Despoys ha de ser ligeyro em acudir ao q̃ cũpre e lhe mandão, como aue ou relãpado. E no trabalho ha de ter força e dureza sẽ cansar. E por quãto o almirante nẽ prouedor dos armazẽs não pode ver per sy a sufficiencia dos marinheyros, he bẽ q̃ elles os não recebão ao soldo e nomina, senão per informação dos mestres e pilotos ẽ cuja cõpanhia hão de seruir, e q̃ os tẽ vistos e esprementados pera quãto são, e mays sabẽ quãto importa hũ marinheyro ser negrigente ou referteyro. Semelhãte autoridade q̃ aqui dou aos mestres e pilotos, deuẽ ter os capitães na escolha desses mestres e pilotos, poys tãbe hão de padecer seus defeytos, ou gozar de sua industria se a teuerẽ. Bẽ me aiudaraa vossa mercee nesta parte, poys sabe quãto lhe queymou o sãgue o desazo e negrigẽcias do premeyro patrão q̃ lhe poserão na sua galee, e como opos ẽ estremo de se perder a inorãcia ou malicia do segundo, e lhe fez perder a outra fusta q̃ tambem podera tomar e a perdeo por não marinharem a vela como era necessario e lhe fazerẽ perder o vẽto. Por outro tãto se perdeo na guerra de Bolonha o barão de são Brachart, e o tomarão os Ingreses cõ sua galee, por os marinheyros virarẽ a vela sobolo masto fora de tẽpo. Deuẽ ser os mestres ou patrões e pilotos, alẽ de bos marinheyros, tãbẽ sabidos nas cousas da guerra, e entẽder os tẽpos, e lugares cõpetentes ao q̃ se ha de fazer nella e fazello quãdo cõprir. Os remeyros a q̃ em especial chamão galeotes são quasi marinheyros, e pellos mesmos respeytos devẽ ser escolhidos praticos no marinhar do nauio, porq̃ tãbẽ tirão pella corda, e acodẽ aos aperelhos, e hão mester conhecelos, e entẽder o apito. Estes q̃rẽ os comitres ãtes forçados q̃ liures, porq̃ os açoutão aa sua võtade, e os mãdã per õde q̃rem. Sẽ ebargo q̃ os dictos comitres, tẽ raça dalgozes, e mays se sã Genoueses, todauia o trabalho do remar he tã intolerauel q̃ ninguẽ o faz bẽ senã per força, esta he ou daçoute ou de necessidade. Verdada he q̃ vos põdes a grãde ventura, leuando a redea e espora na mão de vosso imigo. O forçado, e mays se he mouro ou catiuo q̃ não tẽ q̃ perder, no tẽpo da mayor pressa, se não olhaes por elle, ofroxa, ou faz o q̃ não deue, ao menos nam vos ajuda. Mas o liure, q̃ lhe vay nisso sua saluação como a vos, ajudauos de võtade nos taes tẽpos, cõ mayor esforço e força seruindo de duas mãos co remo, e co a espada. No escolher e assẽtar de todo o genero de marinheyros, assi dos officiaes como dos outros/atee grometes e proeyros se respeyte a especia do nauio, e sejã praticos os marinheyros q̃ parelle se assẽtã no estillo de seu marinhar, porq̃ se marinhão per muy defferẽtes estillos ou modos o nauio de remo e o da vela, e o marinheyro habituado ẽ hũ delles nam se entẽdera no outro se o não vsou. Assi como ha çapateyros q̃ não sabẽ fazer mays q̃ borzeguis ou chapins, e alfayates somẽte calceteyros ou gibeteyros, e tãbẽ carpenteyros hũs de macenaria, outros daluenaria e outros de nauios, mas hũs não sabẽ o officio dos outros se o não aprendẽ, posto q̃ todos laurẽ cõ machado e eyxo, bẽ assi os marinheyros postos q̃ todos tirẽ polla corda, e todos saybão õde estaa a popa e a proa, e conheção o masto e a vella, hũs não sabẽ q̃l he o cõues nẽ os outros a cossia. Digo finalmẽte q̃ por mays q̃ elles presumão nẽ prometam de fazer nam lhe entregẽ nauios em q̃ elles não sejão praticos, porq̃ os lãçarão a perder, e quãdo pouco mal fezerẽ nam saberão nauegar, e estoruarão a gẽte darmas, de tal maneyra q̃ sua destreza não aproueytaraa mays, q̃ a do bo caualeyro no ruy caualo, o q̃l certo se perderaa por destro e esforçado q̃ seja, se o cavalo for rũy e de maas manhas.

Cap. xiij. Dos capitães do mar e do seu poder

A guerra do mar ha mester gente darmas, e agente capitão paraa gouernar. Assi como a natureza não criou corpo algũ sẽ cabeça, ou mẽbro q̃ sirua por ella, aa q̃l todas as outras partes do corpo respeytão e obedecẽ, tãbem assi cũpre e he costume q̃ nos corpos mysticos haja cabeça a q̃ as partes delles obedeção. A cabeça cõsulta o q̃ hã d fazer os sẽtidos, e sẽ ella nẽ ãtre si cõcertariã, nẽ cada hũ acertaria p. sy. Para todos cõcordarẽ e se ajudarẽ hũs a outros e co isso serẽ cõseruados ordenou a natureza a governãça da cabeça, na q̃l so se ajũta a võtade e parecer de todos, q̃ a ella se remetẽ, e dlla todas as operações delles depẽdẽ, d seu gouerno e imperio. Assi q̃ naturalmẽte he necessaria cabeça, e essa hũa so, porq̃ senão acha q̃ natureza ordinariamẽte criasse corpo d muytas cabeças, nẽ a razão a consinte. Digo q̃ sẽdo necessaria como he a cõcordia pa cõseruação do corpo, hauendo muytas cabeças não podia hauer cõcordia, e per cõseguinte menos se poderia cõseruar o corpo q̃ he cõposto de diuersidades. Poys assy como nos corpos naturaes he necessario q̃ haja cabeça e essa hũa soo assy tãbẽ nos corpos mysticos q̃ são as cõmunidades, e cõpanhias dos homẽs he necessario hũa cabeça q̃ os gouerne, e cõcorde. Tẽ os corpos mysticos muytos mẽbros, e algũs muy desuayrados dos outros, e se não ouver hũa cabeça a q̃ respeytem hauera antrelles discordia, e desbaratarseão elles assy mesmos, porque a discordia diz Micipsarey de Numidia em sallustio, desbarata as grandes cousas. E Jesu Christo hum soo Deos e cabeça vniuersal assy o confirma, e diz q̃ todo reino diuiso sera destruido. O reyno de Babilonia, q̃ foy o primeyro e milhor do mũdo, segũdo Daniel declarou no sonho diuinamẽte mostrado a Nabuchodonosor, a discordia o diuidio e destruyo. O de Israel a discordia o desbaratou. O d Roma outro tanto, e outros muytos. O exercito dos Gregos ẽquanto teue hũa soo cabeça e rey cõquistou e vẽceo o mũdo, mas tanto q̃ o dito rey faleceo e socederão diuisões, tudo logo se começou desbaratar, indo de mal em pior, atee se acabarẽ hũs a outros destruir. Muytas vezes fazẽ mays os poucos cõcordes q̃ os muytos defferẽtes, e para serẽ concordes he necessario q̃ tenham cabeça a gente da guerra, como fica dicto e hũa q̃ mande sobre todos sẽ embargo q̃ tambe hauera algũs outros inferiores q̃ per partes gouernarão reduzidos porẽ todos ao arbitrio vnico do principal, como prudentemente concluiram os persas q̃ compria pera o regimento e de seu reyno, segundo escreve Justino.

¶ A esta cabeça e pessoa principal, q̃ ha de reger a gẽte darmas/chamão capitão, de capite palaura latina, q̃ quer dizer cabeça porq̃ elle os ha de gouernar e mãdar/ a elle hão de obedecer, e seguir em tudo, como os membros aa cabeça natural. Porẽ esse que o tal carrego teuer, cõuem que seja antre os outros como a cabeça antre os membros, e assi como em dinidade os precede a todos tambẽ os deue preceder em prudẽcia, esforço e muytas qualidades. Seja tão acabado em toda a virtude o capitão que se possam aplicar a elle as palavras do profeta Samuel/que dizem assy. Bem vedes o capitão que vos escolheo o senhor deos, q̃ nam ha outro semelhãte em todo o pouo. Deue ser o capitão esperto no entender, acautelado no fazer, manhanimo em sofrer, animoso pera acometer, destro e cõstante no cõbater. Deue ser bem instruto e habituado ao exercicio das armas, e auisado nos ardys e manhas da guerra. Eu queria que ao menos nos capitães e sua criação, se satisfezesse com os documentos da disciplina militar/os quaes ensinauam a todo soldado desde berço e collo de sua mãy/espertar o animo e despor o corpo peras armas, premeyro com letras e bos costumes/despoys com muyto exercicio e sofrimento d fome e sede, calma e frio, vigiar, andar a pee, e outros exercicos que habilitão os corpos paras armas. Mas como aturarão o trabalho das armas, nem seram autos pareellas, os filhos de mas mãys criados ẽ casa de seus pays. Mimosos, delicados, briosos como damas, lançados pellos estrados e camilhas. Dizem que nisto consiste sua fidalguia em ser adorados e lijũjados dos escrauos de seus pays, e dalgũs panforrões q̃ andão per suas casas calaceando, por que isto quer dizer panforrão, parasito que forra pão aas custas de neyceos, os quaes se algum homẽ de bem lhe não falaa võtade/dizem q̃ he forte e lançãno fora de casa. Como serão sofficientes defensores da terra estes. Comerão elles e perderão as nobrezas que seus auoos ganharão, e não com taes manhas. Milhor he que se queyxão os gallantes por q̃ os não melhorão auantajandoos em renda mays que esses seus auoos, porem por que comẽ o que não merecem se nam conhecẽ. Muyto bo seria que se não fezesse doação senão em vida, porque cada hum trabalhasse por merecer, e ouuesse que dar aos que seruem e merecem. Nem se deuiam permitir facilmente moorgados patrimoniaes pollo mesmo respeyto, e por q̃ se não lançem os homẽs aa ronçaria. Os quaes respeitos e outros iustos e bem olhados, de que aqui nam ha lugar pera fazer menção, teueram os homẽs antigos deste reyno por onde nam fazerão tantos moorgados das terras q̃ elles ganharam aas lançadas/como agora fazem os q̃ compram cõ dinheyro de onzenas. Mas tornando a nosso proposito, ja que ou por descuydo, ou por escusar despesa, os soldados não sam criados de peq̃nos nos costumes da sua ordẽ ao menos nos capitães guardasse esta obseruãcia, porq̃ nã esqueça d todo/ poys he necessaria pareles e para nos, e elles a reformẽ o milhor q̃ poderẽ ẽ seus soldados/fazẽdo os exercitar, e tirandoos da ociosidade e vicios que nelles ouuer.

¶ Em cada frota haja hũ capitão moor, ao qual obedeção em tudo como ao principe: todos, assy gente darmas como do mar, e assy officiaes do mar mestres pilotos e quaesquer outros, como tãbem escriuães feytores e despenseyros q̃ aa fazenda pertencem. Isso mesmo lhe obedeção do proprio modo os capitães inferiores, que deue hauer ẽ cada nauio seu/ou sendo tã pequenos os nauios q̃ se possa escusar/haja um sargento ou cabo desquadra, que gouerne a gente darmas que no nauio vay, porque o mestre nem patram se não estoruẽ da obra do marinhar. Todos digo estes como os outros/ e a gente, obedeceram ao capitam moor. Sobre os quaes todos sem nenhũa eiçeyção, elle teraa comprido poder pera mandar, e julgar e castigar, atee pena capital. O qual poder executaraa tanto q̃ sair de mar ẽ fora, e nas terras fora do reyno, mas no reyno ou terras õde o principe residir/remeteraa as penas capitaes a sua alteza. E estas acerca dos nobres sẽpre as remeteraa, porq̃ a vida dos taes reseruam os principes soo perasy. Porẽ a esses tambẽ poderaa o capitão prẽder, e sospender de seus officios, e priuar, e dshabilitar, e degradar, e dar outras penas das q̃ as leys dão aos da tal qualidade, tirãdo morte. He necessario q̃ o capitão tenha todo este poder na sua cõpanhia, por euitar motins e reuellias, que no mar são perigosas e na guerra muy danosas, e por refrear as ousadias dalgũs doudos, q̃ por lhe parecer q̃ nam serã punidos ou seu castigo sera dilatado, moue aluoroços/e cometẽ desobediẽcias, prouocando cõ seu exẽpro a outros fazer o mesmo. O capitão q̃ nam he pa lhe darem tãto poder, tã pouco he pera ser capitão. Respondo aos q̃ me q̃rerão dizer q̃ he esta demasiada autoridade, mayormẽte pa algũs capitães mãcebos, e outros q̃ nam tẽ muyta capacidade, ou sam impetuosos, supitos, e crueis, e os castigos da justiça hão d ser moderados com misericordia, porque a misericordia exalça o juyzo, diz o apostolo Santiago. Eu não lhe dou aqui mays do q̃ lhe dão em terras bẽ gouernadas, onde bẽ entendẽ quanto importa a obediẽcia na gẽte da guerra. Não falemos no summo poder do emperador q̃ de capitão começou, e agora he principe, nẽ do seu legado e assistente q̃ tẽ as suas vezes/mas falemos dos capitães e presidẽtes das legiões, os quaes erão o mesmo q̃ agora são capitães mores das armadas ou exercitos, dos q̃es diz Vegecio assy. O presidẽte da legião he o proprio juyz della, e participa da dinidade do principal estado, e na ausencia do principe ou seu legado tẽ elle suas vezes e sũmo poder. Bẽ claro diz aqui Vegecio o q̃ se vsaua ẽ roma, e os romanos bẽ sabião o q̃ nesta parte cõpria. Poys Espanhoes e Franceses, ẽ nossos dias, assy pollo frequente vso, como por seus bos juysos bẽ lhe podemos dar. autoridade nas cousas da guerra, e elles assi hũs comoos outros dão todo este poder a seus capitães, nam somente aos mayores, mas tambẽ a qualq̃r capitão em sua cõpanhia he licito castigar seus soldados, e sem ordẽ de juizo, como dizẽ, quãdo cumpre. A bo recado estaria a cousa das armas/se o capitão ouuesse d citar o soldado ou marinheyro para ante o corregedor da comarca/quãdo aq̃lle voluer as costas ao imigo, ou estoutro soltar a poja e a driça ẽ mar q̃brado. Porẽ torno a dizer q̃ quem não he pa tanto carrego menos he pera capitão, ora seja velho ou mãcebo, porq̃ pouco aproveutão os annos e cabellos brãcos, õde o casco he cascauel. Muyto mays releua a saluação d todo hũ exercito, e de todo hum reyno que se entrega a hum capitão, que a vida d hum soo homem nem sua honra e poys fiam do capitam aquillo, mays se deue fiar estoutro. Cõ tudo podermão dizer, que a vida dhum soo homem, por d menos importancia, faraa o capitão della mays pouca conta, e assy a julgaraa sẽ muyto respeyto, e ella releua o seu dono mays que sete reynos. Digo que esse tal capitão seraa homẽ sem consideração, o qual nam merece ser capitão, porque o capitam deue ser homem maduro e considerado, e velho ao menos no siso, qua muytos mancebos ha hy que sam muy maduros mays que algũs velhos. Assi se escreue delles no liuro da sabiduria. A velhice dina de veneração não se respeyta pello numero dos annos, mas os sentidos do homem sam os velhos, e a perfeyçam de sua vida faz a velhice. E se o mancebo não he sesudo, não deue ser capitão por mays caualeyro que seja, mas exercite sua valentia sometida aa obediencia de quem mays para isso he, para reger digo, que he a principal parte deste carrego. Escreuesse de Scipião chamado africano, que algũas pessoas lhe diziam que não pelejaua bem, e elle lhes respondia, que seu officio era mandar e nam pelejar. Não quer tanto este officio força como siso. Não ha dandar sempre diante o capitam, porque nam veraa os que lhe descobrem as costas. Tambem ha de roldar o exercito/ e ver o que ham mester em cada parte. Os mancebos fortes pelegẽ: atee q̃ aprendã quãta moderação se dẽue ter no mãdar porq̃ mal saberaa mãdar a outrẽ quẽ não modera a sy mesmo. Este officio q̃rse aprẽdido: porq̃ quem não aprẽde não sabe ensinar, e hasse de aprẽder obedecẽdo premeyro q̃ mãde. Seja o capitão muyto amigo de sua gẽte, e sinta tãto o trabalho de qualquer soldado como o seu propio, e estime muyto as vidas dos homẽs, e assi não vsaraa mal d seu poder, nẽ os escrupulosos porão ostaculos a lhe ser cometido.

Capitulo quatorze. De como deuem ser escolhidos, e assentados os soldados

Do officio do capitão he escolher, e assentar a sua gente. Isto traz rezão, poys elle e nam o armador ha de pelejar ãtre ella, e com sua pessoa suprir õde o soldado faltar. Bo costume me parece o de Castella, e de França, e doutras partes, onde dam aos capitães o soldo todo pareelles e sua gẽte/e nauios, e elles os buscam, e pagam, e gouernão, e sã cada seys meses visitados se o fazem bem de maneyra que os reys sam bem seruidos, os capitães e gẽte satisfeytos, e nam fica sua alteza deuendo seruiços daFrica e da India, e doutras partes, que elle jaa tem pagos, e os almoxarifes comidos. Os quaes bem creo que nam approuaram este meu parecer, porque lhes nam vem bem a elles que leuam o milhor do que se agora faz/sem olhar q̃ por maa paga ou menos hũ tostam, se deyxa dassentar no soldo hũ bõ soldado, e elles per seu estillo, assentam outro tal q̃ em virar as costas desordena hũ esquadrão/e desbarata hũa batalha. Muyto exame se deuia fazer no escolher dos soldados, e vsar fidelidade no assentar delles. Nunca aproueytou exercito no tempo da guerra, diz Vegecio, se no escolher e assentar da gente ouue falta ou culpa do official que os assentou e assy quantõ ao q̃ per vso, e muytas esperiẽcias sabemos isto he verdade, que daqui se causam as muytas mortes, e perdas que na guerra padecemos. Isto que diz Vegecio, prouera a Deus que nos nam acontecera a nos, mas ende mal porque parece mays falar do que vemos que do q̃ ouuimos. Nam ajunta mas espalha, quem por poupar hũ tostão de soldo perde muytos cruzados. Quanto aqui se podera dizer, se fora tempo. Nam sey se entendem como q̃bram seu escudo, e derribam seu muro, os que zõbam das armas, e as entregam a homẽs q̃ nam são parellas. Mays para zombar seria, de quem se quisesse defẽder do ferro, cõ escudo de vidro. Poys esses são elles/q̃ entregão sua defensam a homẽs inhauos, e sem saber, nẽ sẽtido da guerra. Encomẽdão e ẽtregão suas vidas, e fazẽdas a homẽs q̃ não são para lhe curar os caualos, e q̃ por sua inabilidade lhauorrecẽ em casa. De semelhãte erro comeste se queyxa Vegecio, do qual diz q̃ tambem procediam muytas perdas, e destruições de gente. Diz assy. Fazião os amos assentar seus criados no soldo per fauor, e nam os milhores, mas aquelles de que se elles enfastiauam. He abominado antrelles este nome soldado e nam tem rezam, porque se dizem que ha nos soldados muytos vicios e males, elles o permitem, que metem ẽ boa ordem homẽs corrutos que a peruertẽ. Como quem faz frade ou clerigo o pior filho q̃ tem/e diz mal da religião, e dos eclesiasticos, q̃ elle ajudou a corrõper. Errada cousa he e vicioso, diz Cicero virtuperar algũa arte, pollos vicios daq̃lles que della mal vsão. E o ferro, q̃ a nosso proposito faz, tãbẽ pode ser inocẽte, diz Plinio, posto q̃ cõ elle se fação as guerras, e mortes e outras cruezas, porq̃ cõ ferro tãbem se fazẽ muytos bẽs e proueytos. Alẽ de q̃ cõ ferro se laurão as terras, e cultiuão as aruores, e fabricão as casas, tãbẽ co elle se defende a liberdade, conserua a paz, e se castigão os maos. Poys assy mesmo os soldados, sem ẽbargo q̃ antrelles ha algũs dissolutos e peruersos, sua ordẽ he a q̃ nos defende, e cõserua ẽ boa paz, e quietação. Não diuião zõbar dlla os riquos poys a elles releua mays, mas deuião procurar, e os q̃ tẽ esse carrego fazer, q̃se reformasse de bos homẽs, e darlhes de suas fazẽdas cõ q̃ se manteuessem agora na paz, por q̃ na guerra os imigos lhas não leuassem todas, e a seus donos cõ ellas, sem achar quẽ lhe defenda, o q̃ não seraa muyto, segundo o descustume. Muyto grande falta he na arte militar o descustume, porq̃ os corpos se dsafazẽ da ligeyreza q̃ as armas requerem, e os animos perdem a ousadia. Posto q̃ jaa fosse algum tẽpo exercitado nas armas algũ homẽ cessando dellas perde a destreza necessaria, porq̃ se todas as artes consistem no exercicio segũdo o prouerbio q̃ diz vsa e seraas mestre, esta mays que todas o requere. Por isso se chama exercito particularmente, a companhia da gẽte darmas, porque deue ter cõtino exercicio, diz Vegecio. Se lhe tirardes o exercicio, diz elle, nenhũa defferença haueraa antre soldado e rustico aldeão. O costume e exercicio nas armas, aproueyta mays que as forças. Vinta quatro annos soos que os Romanos cessaram das armas, despoys da primeyra guerra punica, perderam tanto da sua destreza, que quando a segunda veyo antes que sobre si cobrassem, perderam muitos consules e capitães e gẽte. As gentes de Babylonia e Egypto e Grecia que conquistaram o mundo, agora por falta de exercicio nam sabem tomar armas nem sam conhecidas. Nesta nossa terra, porq̃ nam vamos mays longe/poucos annos ãtes de nos, quãdo hauia guerra nella e se dauam todos aas armas, hũ laurador da beyra, desses que agora nam prestam, entram era mays destro, que em nossos dias os escudeyros. E os frõteyros daFrica quando corriam o campo, mays destros eram que agora. Nam falta a natureza, mas falta o costume. Ainda temos a mesma terra, e o ceo ainda nella obra como sohya. Ainda temos as mesmas especias, de animaes/prantas, e fruytos, que tinham nossos antigos, quando se dizia pello mundo que a gente desta terra era a mays forte de todo elle, donde consta a natureza não ser mudada, senão o costume, porẽ o costume faz outra natureza, e pòde muyto, mas tambem se pode mudar facilmente cõ outro costume. O costume da mercancia segũdo cõta Justino, mudou os homẽs de Celicia de muy bellicosos q̃ erão, e os fez mays mansos q̃ molheres o q̃ praza a Deos a India não tenha feyto nos nossos, por isso digo q̃ não seraa muyto nã achar homẽs quãdo os buscarẽ. Milhor serya dar de comer a caualeyros, que a rõceyros, e nas armadas mãdar estes caualeyros e soldados escolhidos, e nam vagabũdos, refiães, e homẽs nẽ aprouados, nem conhecidos. Não he bo conselho desarmar a terra do homẽs, he conselho de Julianistas, e o mao cõselho seraa pior pera quem no der, diz Marco varrão, porque ningem se for sisudo viveraa seguro antre os embates do mũdo, os qũaes nam ha duuida senam q̃ aos mayores dão piores encõtros. Assy o diz Seneca nas suas tragedias a Ecuba rainha de Troia, e lho mostra nas aruores mays altas q̃ mays combatidas sam dos ventos que as bayxas, e os montes dos rayos e coriscos mays que os vales.

¶ Porque algũs homẽs viuem nesta parte enganados quero dizer que cousa he soldado, e que estado de homẽs he este de que zombam, e defamam, e assy lhe quero mostrar quam pouca rezam nisso tem. Saybão esses contrayros dos soldados, que se elles tem honra e fazenda soldados lhas ganharam. As honras e estados e nobrezas q̃ tem grandes e pequenos, seus pays ou auos soldados as ganharam, a elles forã dadas por cousas que em armas fezeram, e as que peroutra via se alcançam nam sam tam claras como estas. He nouo este nome soldado, quer dizer homem que recebe soldo de rey, ou principe, ou seu capitam por seruir em feyto darmas. Tanto sinifica antre nos soldado como na linguoa latina miles, o q̃l nome he antre os latinos geral pera todas as especias dos homẽs da guerra, dos q̃ pelejam, digo, não dos seruidores, hora sejam de pee hora de cauallo, ou de qualq̃r outra defferença todos cõmũmente se chamam milites, sẽ embargo que algũas especias tẽ voçabolos proprios/ como eques, e pedes. Assy ante nos agora neste nome soldado se comprẽdẽ todas as dictas specias de gente darmas, assy de cauallo como de pee, e todauia tãbẽ temos nomes especiaes pera os de pee piães, e pera os de cauallo delles ginetes, delles homẽs darmas ou acubertados, porem como digo todos se chamão soldados quantos recebẽ soldo, dado q̃ sejam condes ou duq̃s. Digo isto porq̃ se não corrão os nossos escudeyros se lhe chamarem soldados, e mays no mar onde todos pelejam a pee. Prezente muyto de tamboa ordem, ainda q̃ lhe digão q̃ os soldados são hũs esfolla caras e salteadores de caminhos, porq̃ esses sam da Andaluzia. O soldado he defensor da terra, e conseruador da paz della chamenlhe como quiserem, e guardem elles este officio, q̃ eu lhe prometo se o guardarem q̃ nam tenham rezam de se correr delle. Foy sempre e he honesto, proueytoso e necessario no mũdo o estado dos soldados, pollas dissensões q̃ nelle ha, e foy sempre estimado dos principes, qua elles sam aliceçe e fortaleza do ceptro e justiça. Nas rees pubricas, e reynos bẽ gouernados, teueram sempre mãtimẽtos das rendas do pouo, porq̃ dizião aquellas gentes, q̃ seria cousa muy desarezoada, nam gozarẽ dos bẽs q̃ defendião, e gozando delles terião mays promptos os animos e võtade pera os defender. Soldados ganhão os reynos e os sostentão, e guardam as vidas e fazẽdas de muytos q̃ lhe dão mao grado, e dizẽ q̃ sejam lançados da terra, mas não tẽ rezão, porq̃ no euangelho são amitidos per São Johão sem ẽbargo q̃ muytos delles não cũprẽ o q̃ lhe sam Johão aly ẽcomẽda, mas nẽ por isso o estado he mao, porq̃ se assy fosse, q̃ por hauer maos soldados ouuessemos de cõdenar os bos e seu estado/todos os estados e religiões cõdẽnariamos per semelhãte rezão, porq̃ em todos ha viciosos e maos homẽs. Quãto mays q̃ o mao não he soldado, assy como não he religioso o hypocrita posto q̃ traga capello. O q̃ furta, he ladrão, e não soldado. O q̃ mata, he homicida, e não soldado. O q̃ arrenega, he blasfemador e não soldado. E assy a cada vicio podeys dar seu nome, como refião/tafur, e outros, os q̃es não merecẽ ser chamados soldados.

¶ A primeyra cõdição q̃ o capitão ou armador deue examinar na escolha dos soldados q̃ assenta, he q̃ sejão de boa geração honrada de soldados e caualeyros se os achar, isto por muytas rezões. A premeyra, porque pera estado honrado, não deue ser amitidos homẽs sem hõra, se a premeiro não merecerem, ou mostrarẽ de sy q̃ a podẽ merecer. A segunda he semelhante a premeyra, e he q̃ dos soldados se fazem fidalgos/e condes, e duques, e outros homẽs q̃ senhoreão e mãdão, as q̃es cousas parece justo e onesto q̃ se dẽ aos filhos daq̃lles q̃ as jaa teuerão ou merecerão. A terceyra he q̃ os filhos imitão facilmẽte e d boa võtade os feytos d seus pays, assy porq̃ lhe tẽ amor e desejão ser seus semelhantes, como pollo vso e custume de vista e praticas q̃ tem nas cousas da guerra e armas mays q̃ o filho do laurador nẽ mecanico. Sabido he q̃ o filho do caualeyro ou soldado vẽ em casa de seu pay as armas com q̃ pelejou e ouuelhe contar das batalhas em q̃ se achou, e õ do laurador vee em casa de seu pay o arado, e ouuelhe falar das sementeyras e criação, porq̃ cada hũ fala do q̃ sabe e lhe cumpre, o çapateyro do couro e formas, o ferreyro dos martelos, e o pedreiro dos piquões. O soldado conta a seu filho os perigos e trabalhos q̃ passou e faz lhe perder o medo e receo delles, cõtalhe das hõras q̃ no exercito se ganhauão, e faz q̃ as cobice. Mostralhe como cingem a espada, e calção a espora, e atacão o arcabuz, e apõtão a besta. As quaes praticas sam como amas q̃ amamẽtão os espritos, e os affeyçoão aas cousas de q̃ falã. Por tãto mãdauão as leys do Egypto, segundo conta Diodoro siculo, que os filhos dos soldados, e nam outros fossem recebidos ao soldo das armas, porque estes aprendendo des de meninos o vso das armas, e imitando a seus pays sahyã milhores cauallevros. Disto diz Vegecio. Não cuydeys q̃ he este officio tal, q̃ se deua entragar a quaesq̃r pessoas, mas deuẽ ser excelentes, se for possiuel, em geração, e costumes, os homẽs de q̃ se ha de fiar a defensam da terra, porq̃ a limpeza de seu sangue os faz idoneos, e a vergonha q̃ com os bos custumes aprenderam os faz alcançar victoria. Verdade he q̃ a natureza nam estaa obrigada a me dar o animo e forças de meu pay, mas estou eu obrigado a sostẽtar a sua hõra, e a vergonha me constrange a seguir sua virtude. E tal por tal, eu escolheria sempre o filho do homẽ hõrado. Porem nam sendo elle pera isso, entam receberia o mais auto posto q̃ fosse de bayxa raça, porq̃ muytas vezes desses nacẽ singulares homẽs. Diz Catão. De lauradores nacem barões fortissimos, e soldados muy destros diz elle. Poys o nosso proposito, os taes nos conuẽ, e não os inhauos. E Vegecio diz. Que aproueyta o inhauo no exercito? nada, senã comer o soldo doutro q̃ poderia aproueytar. Inhauo he palaura latina, e por vẽtura algũs a não entẽderão, q̃ro lha declarar. Quer dizer este nome inhauo, homẽ sem fogo nẽ feruor de vertude e honra, ao qual não diz a' vontade q̃ tome algum trabalho por fazer cousas boas e proueytosas pera sy nẽ pera outrẽ. E porq̃ nas armas he necessario o homẽ ser ardido, que o inhauo não he, por tãto em especial se aplicou este vocabulo aos que nam sam habiles per qualquer via pareellas. Ardido se ha tambem dentender, nam pello desatentado, porque esse se chama doudo ou sandeu, e nunca faz cousa boa, senam per desastre. O fogo deste feruor, e ardideza que se requere pera as armas, antes que se acenda deue ser considerado, e ainda despoys de assy aceso posto q̃ viuo e esperto ha se de tẽperar, ẽ modo q̃ se possa apagar quãdo cõprir. As quaes cõsideraçam nẽ tẽperãça, nam tẽ os desatentados/assy como os inhauos não tẽ o feruor necessario pa fazer cousas boas. Da maneyra sobredita não soomẽte são inhauos os mimosos e afanchonados, mas tambẽ o sam os q̃ per quaesq̃r outros maos costumes perderão a vergonha e desejos da hõra virtuosa, como são refiães, tafuys, gargãtões, e outros generos dhomẽs perdidos, que ha nas cidades ricas, prosperas, e viçosas, dos quaes cõformãdonos cõ Vegecio se não deuẽ colher soldados senão quando se outros não acharẽ e então premeyro q̃ se desses fie nada os acustume ao trabalho das armas, e os apartẽ das calaçarias cidadãs. São mays autas pera as armas e guerra os homes das aldeas e cãpo q̃ das cidades, porq̃ sam acostumados ao trabalho e maa vida, como na guerra ẽ especial do mar he necessario soffrer. Acostumão andar oo sol, e chuyua, e vento e dormir no chão e não estimão tanto a vida estes q̃ não tem nella tanto gosto. Aqui me podalguem dizer, que os das cidades te auãtagem em ter mays vso darmas q̃ os aldeãos, porẽ essas armas nam sam boas armas, nem conformes aa boa guerra. Muyta defferẽça vay darrancar pera outro rebuçado, tralos cantos das ruas per onde se determinam acolher, a pelejar com imigos que não fogem do alcayde. Bo he serem os homẽs exercitados em armas, mas nam ẽ rũys armas, porque estam auezados a rũys leuadas/ e correm risco quererse lançar per ellas. Nam se confie/ninguem em ser o homem acutiladiço nem brigoso/porque nẽ o brigoso peleja cõ seus vezinhos por ser animoso, mas porq̃ he fraco e mal sofrido, nẽ o acutiladiço tẽ porisso o rosto mays dereyto contra os imigos. De meu conselho as armas ẽ toda terra bẽ rigida para sua quietação deuião ser tiradas a refiães, patifes, vilãos, e todos os de pouco respeyto, porq̃ as armas dos taes nam defendẽ a terra, antes esses sam os q̃ lançam a perder as batalhas, e na paz fazem aluoraços, e matam seus vezinhos, e cometem outros insultos e demasias e descortesias contra os bos. Dos officios os de mays exercicio habilitam mays os corpos, como são ferreyros, carpenteyros, almocreues, e outros, que se nã teuerem maos costumes tem os membros habiles pera manear as armas, o q̃ não tem os sombrios de officios assentados como çapateyros, alfayates, tecelões, e outros semelhantes de pouco exercicio, por cuja falta tem as forças debelitadas. Nem tampouco teram estes os sentidos tam espertos, como os do campo. Nam he tam habil o çapateyro nem alfayate pera correr nem saltar, como o pastor ou almocreue/nem o ouriues teraa tão lõga vista, como o caçador. Tudo he necessario pera o soldado, vista, e ouuido, e todos sentidos, porque de todos se ajuda na guerra, e todos deue ter espertos. E o estamago assentado e cerebro seguro pera o mar, porq̃ mal pelejaraa o enjoado e mays mal se o for de natura. As terras donde sam naturaes, tãbẽ fazẽ a este caso, porq̃ nam ha duuida senão q̃ hũas partes crião os homẽs mays bellicosos q̃ outras, isto polla mayor parte, q̃ quanto a todos he impossiuel, senam que em todalas nações ha bos e maos, ardidos e inhauos. Para isto olhese o aspeyto, e fissonomia do homẽ, e sua cõtinencia no falar, no olhar, no andar, se mostra fouteza, se cõstancia, ou virtude que aas armas pertença, ou seu contrayro. Qantos das ydades pera aprender a do moço he mays habil e docil, e faz do corpo o que quer, e toma os mouimentos e geytos das armas mays asinha que o homẽduro. Porem pera logo pelejar milhor he o homem, que tem mays força e constancia. De dezoyto annos de ydade atee sesenta/he tempo pera poder seruir em armas, o mays he muyto, e o menos he pouco. Da estatura me nam posso eu muyto gabar, porem ella se he grande e temerosa, faz terror nos olhos dos contrayros, porque per rezam o grande corpo deue ter mays força que o pequeno, e essa força tem muyta parte nas batalhas. Nam soomente de vista mas tambem de ouuida espantam os grandes homẽs. Lemos do pouo de Israel q̃ dizia. Os messageyros nos aterraram o coraçam dizendo, o povo q̃ laa vimos he de grande estatura, parecem monstros da geração dos gygantes. E nam ha duuida senam que a primeyra vista, emquanto nam conhecemos a fraq̃za dos homẽs grandes, temos delles receo. Por este respeyto Mario cõsul Romano procuraua de trazer homẽs grandes no seu exercito, e esses lançaua na dianteyra. E Saul rey de Israel por grãde he louuado na eleyção do reyno. Porẽ este louuor lhe foy dado pera cõ o pouo rustico, q̃ olha ao exterior. Ao contrayro diz Deos a Samuel profeta sobre a eleyção de Dauid. Diz assy. Não olhes a seu vulto nem altura do corpo, porq̃ esse engeytey eu, q̃ nam julgo segundo a vista dos homẽs. Os homẽs olhão o q̃ aparece d fora, mas Deos vee os corações. Muytas vezes ha peq̃nos corções ẽ grãdes corpos, e ao cõtrayro grãdes ẽ peq̃nos. Reynaua grande virtude ẽ peq̃no corpo, se escreue de Tideu. Esta he rezam dos naturaes q̃ no grãde corpo os espritos espalhados nã tẽ tãto vigor, como no peq̃no, onde estão juntos e vnidos porq̃ a virtude vnida preualece. E mays os corpos grandes são pesados e pejados, e não podẽ ter a desenuoltura q̃ as armas hão mester. Este mesmo inconueniente se euitaraa em todos, grandes e peq̃nos, que nam sejam pejados nem gordos. Seja o soldado mancebo, tenha os olhos esperto, o prescoço dereyto, o peyto largo, espadoudo, mãos e braços, pernas e pees espedidos, e mays neruudos que carnosos nem polpudos barriga pequena, carne enxuta. Estes são sinaes de força. Quando o soldado os teuer, posto que nam seja grande, nam deyxem de o receber, porq̃ mays val força que grande estatura pera os soldados, diz Vegecio, e tem rezam, qua muytas vezes vemos pequeno machado derribar grãde carualho, não por al senão por mays forte.

Cap. quinze. Do exercicio dos soldados

TAMBEM as manhas e exercicio valem muyto nas armas, pello que he bem q o capitam tenha cuydado de ordenar quando estam em terra, que haja barreyra de besta, e darcabuz, onde todolos dias tirem, e elle os conuide pera isso, e faça ir laa os q̃ nam quiserẽ por sua vontade, e aas vezes dee algũa peça ao q̃ o milhor fezer· Tambẽ faça hauer exercicio de esgrima, e de saltar e correr, e os que nam souberem nadar mandeos ensinar, qua lhes he necessario, para aas vezes salvarẽ as vidas. Bem me parecia tãbẽ q̃ acostumasse a nossa gente frechas como jaa disse, assy por responder aos imigos cõ iguaes armas/poys algũs delles as vsam, como tãbẽ porq̃ o tirar da frecha he facil e ameudado, e daa fadiga ao cõtrayro. Em quanto armays hũa besta ou atacays hũ arcabuz, tira hũa frecha vinte tiros, e torua o vosso vagar/de maneyra q̃ vos não deyxa acabar/ou vos faz viralo rosto/q̃ he pior. Quãto he da mays força das bestas, sam ellas milhores, onde os imigos vẽ armados de couraças, ou armas outras defensiuas fortes, mas onde não ha mays q̃ sayos e quãdo muyto couras, abastã as frechas, e pera malha tãbem se forẽ tiradas d boa mão. Abasta a frecha pera ferir, e pera matar, e penetra os ossos, como hũa besta. Não se deue duuidar no q̃ digo das armas deferentes, por ser cousa muytas vezes espremẽtada e vista, assy ẽ batalhas de muyta gẽte, como ẽ desafios particulares. Porq̃ se trazeys espada por espada/ou lança por lança, days e ẽparays ãbos por ter hũ geyto, e não vos falta o encõtro deferẽte/como faz havẽdo diuersas armas por mays destro q̃ sejays nas vossas. Aprendam os soldados do mar a dar fogo a hũa romã, ou bonba de fogo, ou panella de poluora, e espedila de feyçam q̃ nam perigem elles nem façam danno aos seus, mas que a empreguem nos imigos, porq̃ destas armas se vsa tambem no mar. Ensayẽse apelejar armados, porque nam estranhem o peso e pejo das armas como sam couraças, e quaesquer outras defẽnsiuas, as quaes lhe mandem vestir na batalha, pera sua defensam e cõstancia. Mays seguro e confiante estaa o armado que o nu, assy pera esperar os tiros contrayros, como pera ter tempo de aparelhar os seus. E nam se deuem agrauar do trabalho das muytas nem carregadas armas, porq̃ nos nauios pelejam quedos sem andar nem se mudar dhũ lugar, conuẽ a saber do banco ou estancia que lhe foy assinada. Outras vezes os acupe o capitam/nas cousas que se offerecem d seruiço do nauio, como fazer lenha/fazer agoa, recolher mantimentos, embarcar e desembarcar artelharia. Busque occasiões em que os acupe, nam nos deyxe estar ociosos, e se murmurarem dissimule, porque he cousa propria a estes como a frades. Vaa com elles, ajudeos, e animalos ha. Os que mandam/diz Marco varram, nam soomente deuem mandar, mas tambem fazer, para que os subditos os imitem e trabalhem de boa mente. Nem he contrayro o trabalho aa dinidade do capitam, mas antes se lee que dizia Alexandre manho. O descansar e darse a deleytações he proprio de escrauos, e homẽs sem cuydado/manha por certo d perdiçã nos q̃ governã, e o trabalhar he de principes e grãdes barões. He cõtrayra a ociosidade aa guerra, e odiosa na gẽte della, assy pa a disposição dos corpos e destreza das armas/como pa a cõtinencia dos custumes. Cõ a ociosidade se fazẽ ronceyros, e da hy vẽ a jugar e despoys a furtar, e outros vicios. Escreue Julio frontino q̃ Publio nasica capitão Romano, hũ inuerno, sẽ necessidade ordenou fazer nauios, não pa mays q̃ pa acupar os soldados ẽ seruir, e acarretar madeyra, e outras cousas da fabrica delles, assy por não estarẽ ociosos como por nam offenderem os vizinhos. Que mays nam fosse que por euitar os insultos que cometem contra os moradores/e contra a honrra de suas molheres e filhas era bem q̃ nunca saissem em terra os soldados do mar. Era tam castigada a gente da guerra dos Romanos, e gregos, que me atreueria dizer, que eram mays mesurados e continẽtes do que agora sam algũs frades. Dizia o capitão Lisandro que nam queria que os seus soldados mostrassem soomente nẽm geyto de furtar, nem figura de fazer mal. Não disse mais sam Paulo apostolo, quando aos de Thassalia, e a todos os Christãos diz. Guardayuos de toda specia ou figura de mal. Doutro capitão chamado Antigono se lee, q̃ hum seu filho foy apousẽtado em casa de hũa molher viuua que tinha certas filhas moças fermosas, e elle lhe mãdou que logo se mudasse daly, dizẽdo que era estreyta pousada parelle onde hauia tantas molheres. E com isso mãdou geralmente que nenhũ do seu exercito pousasse em casa de molheres sem homẽs. Que mays honestidade guardam oje os nossos clerigos? Por certo que hey vergonha, quãdo cuydo nas dissoluções dos soldados dagora, que sendo Christãos tomam excessiua liberdade pera fazer o que nã deuem, sem temor de Deos, nem acatamento dos homẽs. Nam somente nos contrayros, mas tambem nos seus vezinhos e naturaes/ que elles deuiam defender, cometẽ grãdes insultos, e feos. Roubam lhas fazendas, desacatam a suas pessoas, e offendem suas honras. Nam he isto o mays que fazem. Nos templos d Deos e seus ministros metem mão violenta e sacrilega, e no mesmo Deos sanctissimo põe boca sem temor blasfemando e jurando muytas mentiras. Isto com tanta deuassidade que o tem por virtude soldadesca, e quem nam blasfema e arrenega nam he valente, zombam delle e nãno estimam. Sam tam brauos q̃ nam tem em nada ser soberbos controos homens, mas contra Deos se vangloriam, e o desprezam por estes modos. Poys o milhor d'tudo isto he da parte dos capitães que nam abasta nam castigar as taes, mas dizem que se nã pode fazer a guerra sem elles. Assy que mays querẽ da sua parte maos homẽs que ajuda de Deos, do qual tiram sua esperança poys o indinam, e a põe na força dhomẽs peruersos, que nam podem fazer nem fazem cousa boa, senam matar a outros tam maos comelles como verdugos, e os outros a elles, permitindo assy a justiça diuina em castigo de suas maldades.

Marinheyros e remadores tambem se exercitem, hũs remendemnas
velas, mudemnas ancoras, enseuemnas betas, e o nauio, ou lhe
dem breu e alimpẽno. Os outros recolham agoa e lenha
leuẽno toldo/sacudã sua roupa, estẽ aa lerta, façam
toldo, nã adormeçam, nã se descuydem, nem perquam o costume do trabalho, porq̃ o nã estranhem quãdo vier

Fac-símile do começo da segunda parte da obra, em que se trata «das frotas armadas, e das batalhas marítimas, e seus ardis»

Seguesse a parte segun

DA DA ARTE DA GVERRA DO MAR, que trata das frotas armadas, & das batalhas maritimas, & seus ardijs.

¶ Cap. primeyro. Dos nauios pera as armadas.

QUando for necessario fazer armada pa o mar os capitães q̃ disso forẽ encarregados tenhã cuydado de pedir ao Almirante ou seus officiaes das taracenas ⁊ armazẽs todalas cousas necessarias pera a tal armada, conuem a saber, nauios, ⁊ toda esquipaçam pera elles, de homẽs, exarceas armas, ⁊ victualhas. Os nauios cõformes ao mar, ⁊ guerra, ẽ especia, quãtidade, ⁊ numero. Digo cõformes ao mar porq̃ as grãdes nauegações ⁊ viagẽs longas, q̃ se fazẽ per grãde mar ⁊ largo, requerem nauios grãdes ⁊ fortes, ⁊ de vela não de remo, porq̃ o remo não serue nos grandes mares, nẽ os nauios fracos podẽ sofrer o impeto delles. Os peq̃nos não podẽ alojar munições ⁊ victualhas q̃ abastem muytos dias, ⁊ mays estes cõ qualq̃r tẽpestade os come o mar, como q̃r q̃ no mar largo o vẽto mays solto, ⁊ o ceo mays descuberto prouoquẽ mayores ⁊ mays altas ẽdas, ⁊ aleuantẽ volumes dagoa muy grossos, os quaes como digo comẽ os nauios peq̃nos ⁊ bayxos, pollo q̃ os taes nauios não são soficientes pera grãdes nauegações, mas cõuẽ q̃ quãdo ouuerẽ de nauegar pera lõge per mar largo leuẽ nauios grãdes ⁊ fortes como disse. Pera nauegações mays de perto abastão nauios menores ⁊ de menos gasto, em especial se hão d' nauegar ãtre ilhas ou bayxios, como no mar de Leuante, ⁊ algũas partes da India, ⁊ da costa de Guinee onde por respeyto das calmarias seriam mays ido-

neos

Seguesse a parte segunda da Arte
da gverra do mar, que trata das frotas armadas, & das batalhas maritimas, & seus ardijs

Cap. primeyro. Dos nauios pera as armadas

Quando for necessario fazer armada pa o mar os capitães q̃ disso forẽ encarregados tenhã cuydado de pedir ao Almirante ou seus officiaes das taracenas e armazẽs todalas cousas necessarias pera e tal armada, conuem a saber, nauios, e toda esquipaçam pareelles, de homẽs, exarceas armas e victualhas. Os nauios cõformes ao mar, e guerra, ẽ especia, quãtidade, e numero. Digo cõformes ao mar porq̃ as grã-des nauegações e viagẽs longas, q̃ se fazẽ per grãde mar e largo, requerem nauios grãdes e fortes, e de vela não de remo, porq̃ o remo não serue nos grandes mares, nẽ os nauios fracos podẽ sofrer o impeto delles. Os nauios peq̃nos não podẽ alojar munições e victualhas q̃ abastem muytos dias, e mais estes cõ qualq̃r tẽpestade os come o mar, como q̃r q̃ no mar largo o vẽto mays solto, e o ceo mays descuberto prouoquẽ mayores e mays altas õdas, e aleuantẽ volumes dagoa muy grossos, os quaes como digo comẽ os nauios peq̃nos e bayxos, pollo q̃ os taes nauios não são soficientes pera grãdes nauegações, mas conuẽ q̃ quãdo ouuerẽ de nauegar pera lõge per mar largo leuẽ nauios grãdes e fortes com disse. Pera nauegações mays de perto abastão nauios menores e de menos gasto, em especial se hão d nauegar ãtre ilhas ou bayxios, como no mar de Leuante/e algũas partes da India, e da costa de Guinee onde por respeyto das calmarias seriam mays idoneos nauios de remos. Esta das calmarias he mays vrgente causa que requere nauios de remo, quanto he da parte do mar, porque elles em calma sam senhores do mar e fazẽ o que querem, qua entam os de vela sam mancos e mortos como o vento he morto, sem o qual elles nam tem vida nẽ mouimento. Estes de remo posto que mays custosos, são mais autos, assy pera menos fundo, como tambem pera estreytos e antre ilhas, porque tem menos quilha, e dobram as pontas com todo tempo e sem elle. Mas no mar inquieto e ventoso, tem a vela auantagem, e o alto bordo triunfa. Porque no canal de Bretanha sam os ceos frios e ventosos, e o mar he inquieto, por isso, e por as marees serem impetuosas, e desuayradas, posto que antre ilhas e bayxios, nam se acostumam nelles galees, porque nenhũ proueyto faz nelle o remo, como vimos per experiencia os annos passados na guerra de Bollonha, pera a qual el rey de França mandou laa passar as suas galees que estauam em Marselha, e nenhũ seruiço lhe fezeram naquellas partes, nem podiam pollas rezões sobredictas. Podiam tam pouco que escassamente se podiam valer assi mesmas/ e correrã muytas vezes perigo de se perder, assy do mar como da guerra. Eu vy dezoyto delas antre a rya e tapes não se atreuer cõ dez nauios Ingreses de vela, os quaes as acossaram dous dias, e lhe tomaram hũa dellas em que andaua o baram de sam Branchart. O qual como valente caualeyro que elle he/quis fazer mais algũa cousa q̃ os outros e se perdeo sem lhe poderem valer/ por se adiantar. As galees eram todas inteyras da tres/ e alguas da quatro, e os nauios contrayros nam eram dos mays escolhidos. Digo isto porque nam diga alguẽ que hauia desproporção no tamanho, a qual nam era senam da disposiçam do mar, e forma dos nauios, que nam conuem parelle, e mays foy em bo dia claro sem tempestade, porem cõ vento fresco do nordeste que como digo fauorece a vela mays que o remo. Naquelle mesmo passo cõta Julio Cesar q̃ se lhe perdeo a sua frota com inuerno temporão, natural daquella terra por ser septentrional, e as galees mays que os outros nauios se lhe perderam, as quaes soo as marees diz q̃ as alagauão, o q̃ lhe eu bem creo pollo q̃ vy padecer as francesas de que faley, q̃ entrar nem sair nam ousauam pello porto de Quilhiboe sem outro medo mays q̃ das marees, e dentro em Ruam se nam podiam valer dellas. Se as achaua o floch/ que ells chamam, descuydadas/ ou as tomaua em traues o menos mal q̃ lhe fazia era lançalas hũas sobroutas e as vezes q̃bralas ou as amarras. Muyta causa disto eram os marinheyros leuantiscos q̃ traziam, os quaes nam entendiam o curso das marees, como tambem os de Cesar, porque as nam ha no seu mar. Deuem ser tambem os nauios conformes aa guerra que ham de fazer, assy em numero como em especia, porque nam sam necessarios tantos pera acossar ladrões, como pera resistir aos imigos, q̃ de prosito *(sic)* vem a combaterse. E esses imigos aas vezes sam mays e outras vezes menos, portanto os capitães deuẽ ter auiso das frotas dos contrayros se sam grãdes ou nam tamanhas, porque nam faltem do necessario, nem excedam fazẽdo despesas demasiadas quando se podem escusar. Procurem ter auiso os capitães que especia de nauios traz o contrayro, se de remos se de vela, e de semelhantes armem suas frotas, que mays nam seja que por euitar a toruaçam q̃ a sua gẽte pode tomar do descostume, parecendolhe que os nauios que nam esprementou tem algũa auantagem· Isto diz Cesar q̃ moueo tanto os Bretões, que agora sam Ingreses, que os fez dar lugar a poder elle desembarcar sua gente. A desacustumada figura dos nauios, e mouer dos remos, diz elle, moueo tanto os Barbaros, q̃ esteuerão q̃dos, e se fezerão atras. Por tirar este medo aos seus, el rey dessa Ingraterra na guerra de Bolonha que acima dixe, mandou fazer em seu reyno algũas galees, soomente pera que os seus homẽs vissem que cousa era, e nam se espantassem das de França, ca doutra cousa nenhũa lhe seruiam, e elle bem sabia que lhe nam podião seruir, e por isso não fez mays que poucas pera mostrar. Com o qual ardil afoutou tãto os seus, que nenhũa estima faziam das galees francesas. O mesmo se enxerga nos nossos, que oje ha dez annos cuydauam que galees eram algũa cousa mõstruosa, e acalentauam os meninos co ellas, mas agora jaa sabem para quanto sam, e não arreceão as fustas dos mouros, as quaes todauia sem galees nam nas podiam colher como agora fazem, porque nam hauendo vento naueguam, o que nam podiam fazer as carauellas, e hauendo tempo sobejo metianse em buracos onde nam podiam entrar co ellas. No tamanho dos nauios pera a guerra se guarde tãbem o q̃ Vegecio ensina, conuem a saber/que sam necessarios grandes e pequenos, os grandes pera força, e os pequenos pera ligeyreza e desenuoltura assy nas batalhas como nos seruiços e industrias q̃ aas vezes cũpre vsar, como sam espias e sobresaltos. Nam se pode sostẽtar hũa cidade sem grãdes e peq̃nos, o hũa casa ou familia outro tanto ha mester hũs q̃ mandẽ outros q̃ trabalhẽ, hũs sam officiaes e outros seruidores nas tẽdas dos mecanicos. Assy nas frotas armadas he necessario q̃ haja nauios differentes, hus pera sostẽtar o peso da guerra, e outros pera seruir e ajudar aq̃lles. Por tanto faça o capitam moor prouuer a sua armada dãbos ou todos modos de nauios, em numero competente dhũs e dos outros.

Nam quisera dizer isto q̃ agora vou dizer, porq̃ sey q̃ ha muytos de cõtrayro parecer, porẽ todauia porq̃ creo q̃ vivẽ ẽganados, q̃ro mouer a questão, pera q̃ praticãdo se conheça a verdade. A mi me pareceo sẽpre q̃ carauellas darmada nam eram tão boas como são gabadas, por serẽ hũ genero de nauios mesturado e neutro, e as partes q̃ tomão de cada hũ dos outros generos serẽ as piores/ como mulato. Os generos de nauios mays distintos, são redõdo, e latino. De nauios de vela digo, onde elles mays mostrão a distinção quero dizer na vela, sem embargo que tambem nos cascos sam differentes. O nauio de remo sem vela não faz genero nem especia de nauio, considerado sem vela digo, porq assy he imperfeyção d nauio e não he nauio inteyro, como quer q̃ue o masto seja parte integral do nauio segundo o dereyto determina. E Claudiano diz que antes de saberem os homẽs nauegar remauam junto das prayas, mas despois q̃ mays souberam acabaram de perfazer os nauios com masto e vela. Daquelles dous generos, a carauela toma dos latinos a vela e dos redondos o casco mas não a milhor forma d casco, porque as carauelas sam mays estreytas do que requerẽ as proporções q̃ cõsigo e suas partes deue ter o nauio redondo, o qual deue responder a tres por hũ, conuẽ a saber, teraa tres larguras na longura, o q̃ nam tẽ as carauelas, q̃ sam mays lõgas do q̃ demãda sua largura. Nam he nada ser longas, porq̃ a longura he boa quando a largura he sufficiente, mas ellas por nauegarem fazemnas tam estreytas q̃ não soffrẽ vela, e se polla muyta quilha q̃ tẽ podem co a vela, entam tem outro pior que nam carregam nada, nem nauegam a popa posto que entrem munto no vento. Tambem pera a guerra tem hum̃ inconueniente, que por falta do castelo da proa, que nam tẽ, descobrem o conues e abrẽ a alcaçaua, e ficão desemparadas a quantas pedradas lhe quiserem tirar. A vela que tomam as carauelas dos nauios latinos, tambem he a pior forma de vela porque he triangular, figura que menos comprende que todas, pollo q̃ toma menos vento, e se lhe nam dessem a pena alta escassamente leuaria o nauio. A qual pena assy alta faz pender o nauio mays do que aas vezes pode payrar. Vira tambem a vela latina suas antenas trocando de hum bordo pero o outro sobolo masto cõ grãde trabalho e perigo, como vemos, e aas vezes padecemos. Nam se fez a vela triangular se não por remedio, pera os nauios estreytos/ que por sua angustura não podem recolher em sy a relinga da vela redonda, e portanto the tiram aquele lenço todo a fazẽ delle cãto. Por estas rezões e outras, que apõtarei adiante falando das galees/me parecẽ que as carauelas nam sam idoneas pera a força e segurança que a guerra ha mester, e se deuiam escusar, e fazer em seu lugar nauios redondos grandes ou pequenos, segundo pedir a necessidade. Isto digo quanto aa parte dos nauios de vela, que as gales onde por necessario remo nam se podem soprir co elles/ pollas diuersas oportunidades q̃ elles e ellas tẽ.

Cap. segundo. Do numero da gente pera os nauios

O numero dos homẽs pa cada nauio he o seguinte. Pera nauio d vela de porte atee dez toneys a bastã dous marinheyros e hũ grumete. Pera nauio atee vinte toneys, tres marinheyros e hum grumete. Pera nauios de trinta toneys, quatro marinheyros e dous grumetes. Ate qui nam fiz mençam dos mestres, porque o numero era pouco, e entendesse que seja mestre hum daquelles marinheyros. Daqui por diante contaremos assy. Nauio que passar de trinta toneys de porte leuaraa por cada quatro toneys hum marinheyro, e a cada tres marinheyros hum grumete, e hum mestre em cada nauio. O contramestre e guardiam tomense do numero dos marinheyros, e o piloto seraa fora de todos outro. Polla conta que faço os marinheyros vem a quorenta toneys dez, e a sessenta quinze, a cento e vintacinco, e a quatrocentos cento, e hum mestre e hũ piloto. E os grumetes a quinze marinheyros vem cinco, e a dezoyto seys, e a vintaquatro oyto/ a trinta dez e a cento trinta, que he numero sufficiente pera o seruiço dos nauios de vela. Nos de remo leuaremos outra ordem, regendonos pollo cõto dos remos, e começaremos nas gelees inteyras a que Vegecio chama idoneas/que sam datres, e daquatro atee cinco ordẽs de remos. As que daqui pera cima crecem a seys ou mays chame elle disformes, e assy o sam na verdade. Digo que sam mays pera ostentaçam e pompa/ que pera agilidade, nem seruiço de guerra. Nem as dacinco nam sam muyto vsadas, porque jaa vam sendo pesadas. Hũa que os dias passados el rey Francisco de França mandou fazer dacinco parelle passar aa Italia quãdo se foy ver om Luca com o papa Paulo e co Emperador, o capitam Paulino a reduzio a quatro per meu conselho, e ficou assy mays espaçosa e de milhor seruentia com menos despesa e tam boa nauegaçam como dantes. Porem a principal rezam que lhe dey pera a mudar foy, que ella era hum pouco estreyta pera cinco ordẽs, e nem os homẽs tinham cossia, nem a churma bancos, e roçauão os cotouellos hũs cos outros. Em todo genero de nauio hum grande defeyto he ser estreyto, assy pera o seruiço e gasalhado, como pera sofrer vella. Pera hũa galee datres sam necessarios hum patram, quinze marinheyros, e cinco proeyros/sem ẽbargo q̃ em algũas partes lhe dam mays, porẽ estes abastam, porque a churma das portas a dentro ajuda em muytas cousas, portanto os marinheyros que dou abastam. As daquatro de França traziam trinta marinheyros e dez proeyros, com outros dous ou tres moços do esquife, porem eram demasiados polla rezam que dixe, que a churma serue e escusa marinheyros. Verdade he que hauia poucos soldados, e os marinheyros seruiam por elles, o que me a mym parece mao conselho, antes queria se fosse possiuel que todos os soldados fossem marinheyros, ou os marinheyros fossem tantos que seruissem de soldados, como aqueles. Antre os marinheyros haja algũs mays sabidos, e auantajados no soldo, e escusos dalgũs seruiços pera conselho, com os quaes juntamente com o piloto se aconselharaa o capitam e o patram nas cousas duuidosas e dificultosas. Assy nestes nauios como nos de vela nam he muyta a gẽte que lhe dou pera seu seruiço, por que posto que aas vezes folguem, hum dia pagam tudo. Hũa hora de tempestade ha mester estes e mays, e por falta dhum homem se perde aas vezes hum nauio, e elles em hũa noyte de maa vida merecem o soldo de todo o mes. As galeotas dadous ham mester dez marinheyros e quatro ou cinco proeyros e seu patram e piloto. Nas fragatas ou fragatins que quaa chamam bragantins, remeyros e marinheyros tudo he hum. Digo que o seu nome he fragatins diriuado do fragor dos remos, e nam bragatins que parece cousa de bragantaria. Muytos vocabulos tomão os nossos homẽs doutras nações, que o pouo por não saber seu nacimento corrompe tirando ou pondo ou mudãdo letras. A que eu chamo cossia elles lhe chamam coxia mas nem elles nem eu acertamos, porque ella se deue chamar corsia de cursar qua per ella cursam e andam os homẽs na galle porem coxia he pronunciaçam fea e mourisca. Comitre he pronunciaçam francesa, a qual os nossos tomarão de França com outras muytas, e quer dizer companheyro do mestre, quasi o que dizem nos nauios de vela contramestre, e he hũ modo de composiçam da lingua latina na qual esta parte com sinifica companhia e ajuntamento, porem nos pollo muyto tempo que ha que deyxamos o vso das galees esquecemos jaa este e outros vocabulos dellas, e porque agora ouuimos algũs genoueses que por desastre aqui vieram ter nam dos mays primos, como quer que a sua lingoa seja a pior da Italia tomamos delles assy neste nome como em outros rũys pronunciações e imperfeytas como elles acostumam. Elles chamam comito ao que os nossos antigos chamauam comitre, e quer dizer comito companheyro, tirado de comite palaura latina, e tem a mesma sinificaçam de comitre porque como dixe he cõpanheyro do mestre ou patram. Este tem cuydado da churma, que tambem os genoueses conforme a seu mao pronunciar dizem chusma cõ esta letra s. em lugar de .r. porẽ chusma com .r. se deue pronunciar quasi turba, porque sinifica a cõpanhia vulgar e mays comũ da galee, q̃ em latim se pronũcia turba. Desta, como coajutor do patram tem o comitre cuydado, assy pera procurar por ella como pera a mandar, e gouernar em tudo, em mãtimẽto, vestido, trabalho, limpeza/ e todo o mays. O numero da churma, conuem a saber, dos remadores pera pera as galees, he limitado segũdo o modo da galee que se limita per sua grandura ou pollo numero das ordẽs e remos de cada banco, como mays per extenso pratiquey aa arte do nauegar e fabrica das naos. Porẽ sem embargo de jaa laa o ter dicto, a conta he esta. A galee datres teraa vinta dous bancos por banda, nos quaes montam centa trinta homẽs, porq̃ os vltimos bancos de proa sam da dous nam mays. A galee daquatro teraa vinta quatro bancos, que montam cento e nouenta homẽs, diminuindo sempre nos vltimos bancos hũ homẽ de cada bãco porq̃ assy o req̃re o angostar da proa. Desta feyçam pellos bãcos e ordẽs delles, se sabe o numero dos remadores q̃ sam necessarios pera cada galee. E pera mays satisfazer q̃ro dar rezam do numero dos bãcos, e grãdura da galee o q̃ eu mostro p duas vias. A hũa he de Vitruuio, e toma seu fũdamẽto do ãtrescalmo, mas elle não declara como, porẽ deuesse ẽtẽder desta maneyra. Antrescalmo he o espaço dãtre remo e remo, q̃ ao menos ha d ter meyo palmo, porq̃ se nã roce e estorue hũ remo co outro e ẽ cada bãco sam dous antrescalmos na galee datres, e os tres remos acupão outros tres palmos quasi, que sam quatro palmos em cada bancada, e de banco a banco o antreuallo que fica sem remos, a que os castelhanos chamam balhesteyra, e eu o chamo antrordẽ, deue ter de espaço tres palmos quãdo menos, porque he necessario que dee lugar franco a estender os braços dos remadores. O qual antrordem seraa igualmente largo em todalas galees, de qualquer tamanho que sejam/porque a causa de sua largura em todas tem hũa mesma rezam ou semelhante. Finalmente na galee datres, a bãcada com sua balhesteyra, tem sete palmos e nas outras mays segundo suas crecenças de remos, ou menos nas galeotas. De maneyra que nas datres em vintadous bancos montam cento e cincoenta pouco mays, e com popa e proa e fogam e esquife, cento e oytenta pouco mays ou menos, que he compridam que abaste, porque estes palmos de que falo sam os do nosso costume, quasi tamanhos como os pees da geometria. Digo isto porque pera estas galees datres abastam vintadous bancos, e os mays são sobejos, e a galee que for mays longa excedera descompassadamente sua largura. A qual largura per outra via he fũdamento da traça e medidas da galee, pella arte que fica dicta dos nauios redondos. Dauam os antigos aos nauios de remo cinco larguras em compridam, cõuem a saber, se tinham vinte palmos de largo dauam lhe cento em longo, agora passam doyto larguras na longura, e quasi sam dez, e nam se cõtentã, tanto a poderam alongar que façam della hũa ponte dengonços. O nauio muyto longo se he bo pera hũa cousa he mao pera outra. O nauio demasiadamẽte longo não torna facilmẽte, porq̃ toma grãde volume dagoa ẽ contrayro, ẽ especial onde ha marees ou corrẽtes, as quaes se o tomão ẽ traues fazẽ delle mao pesar. Outro mayor incõuiniẽte, os q̃ alõgão as galees, q̃ lhe dã o masto conforme aa longura, e não olham q̃ tambẽ ha de carregar sobre a largura q̃ he muy pouca. Toquey aqui isto, porq̃ sey que ha homẽs tam mal considerados, q̃ cõ soo hũa rezam que se lhe offerece sem alcançar outras que contradizem, querẽ fazer regra per imaginaçam sem experiencia. Digo q̃ as galees não são milhores por ser demasiadamente longas e estreytas, e q̃ abasta a datres ter vintadous bancos, e a daquatro vintaquatro, e a galeota vinte, e assy se saberaa quantos homẽs cada hũa ha mester pera o remo. Ha mester a galee pera este mester hum comitre e seu coajutor sotacomito. Ha mester se traz forçados hum meyrinho e dous moços de meyrinho q̃ chamamos beleguins, q̃ todolos dias menhã e noyte olhẽ os ferros dos forçados/e os acõpanhẽ quando forẽ fora. Ha mester hũ barbeyro cyrurgião/pera rapar os remeyros q̃ sempre andẽ limpos, porq̃ assy he necessario segundo trabalhão, e suam muyto, e pera curar os feridos e doentes quãdo os houuer, pera o q̃ elle procurava que haja na galee botica de ingoentos e mezinhas outras necessarias, porq̃ a guerra assy o requere. Hauerá tãbem carpẽteyro e carafate, pera repayrarẽ as q̃braduras e aberturas q̃ ouuer na galee, porq̃ quẽ joga as porradas nam escapara descalaurado, e tal pode ser a escalauradura da galee q̃ não poderaa esperar a ir em terra. Este carpenteyro da galee sayba fazer remos q̃ he a cousa de q̃ mays necessidade tẽ, porq̃ cada dia q̃brão inda q̃ não pelegẽ/e pa isto procure de leuar madeyra algũa, e remos de sobresalente. Haja na galee tanoeyro pera rebater, e fazer barrjs q̃ sam necessarios pera agoa, dous por bãco na datres, e tres da daquatro, grandes de dous almudes pollo menos cada hũ. De toda esta gẽte tẽ necessidade a galee pera seu seruiço, que são per todos cento e sesenta e dous com patram e piloto e officiaes, na galee datres. E ha mester alem destes quorenta soldados com seu capitam, e algũs caualeyros de popa, homẽs pera conselho, e pera soprir as faltas dos outros com o capitam, que per todos fazem mays de dozentos. Abasta em cada bancada hum soldado, e posto que as derradeyras fiquem despejadas nam releua, e assy sam vinte por banda que abastam, porque na proa e rõbadas pelejam os marinheyros. Posto que pera cada bancada ou balhesteyra abaste hũ soldado, todauia algũs capitães trazem dobrados, em especial se as galees sam mayores datres. Assy os trazia çalaraez rey dargel quãdo nos tomou sobre Belez/ na sua daquatro ẽ q̃ elle vinha, e tudo he necessario, porq̃ a guerra gasta, e he milhor q̃ sobeje a gente qua que mingue no tempo do mester. Aos nauios de vela se dam os soldados segũdo o porte de cada hum, como fica dicto dos marinheyros. E parece competente numero, o dobro desses marinheyros, cõuen a saber por dous toneys de porte hũ soldado/ e assy vẽ a quarẽta toneys vinte soldados, a sesenta trinta, e a cento vem cincoẽnta, e cento a dozentos, assy nos mays per semelhãte rata. Nam nos esqueçam trombetas e atambor com seu pifaro, que entram na corpanhia e numero dos soldados/ e sam necessarios, assy pera a ordenança se ouuerem de sair em terra de imigos, como pera nos nauios mostrar aparato de guerra, com terror dos contrayros, e alegria dos nossos. Pera isto e pera espertar os animos, diz Aulogellio, he necessario na guerra nam soomente o estrondo dos estormentos, mas tambem o harroido e grita de vozes, como diz q̃ faziam os romanos, e agora fazem os mouros. Porẽ o harroido nam he muy aprouado, posto que pareça natural dos homẽs brauos e furiosos nam andar calados. Harroido diz Vegecio que algũs chamam a grita que se daa no encontro das batalhas, o qual elle ensina que aterra mays dandose de perto quando as armas tambem dam. E se no encontrar derem grita, tornense logo a calar porque dahy por diante he necessario silencio, segundo ensina Eliano com autoridade d Homero. Em especial no nauio he necessario calar todos e estar a lerta, assy os soldados como os marinheyros, e ouuir o que lhe mandam. Nam he cousa noua nẽ inuençam humana, mas per Deos foy mandado a Moyses fazer trombentas no arrayal, e dar com ellas sinal do que manda o capitam. Saybam estes atãbor e trombetas os compassos das mudanças bellicas, porq̃ hum compasso e melodia tem pera apellidar e chamar a arma, outro pera caminhar que elles dizem marchar, outro pera batalhar, e outro pera retirar e recolher. Os quaes cõpassos segundo parece sentir sam Paulo, e a intençam deste officio quer, conuem de se declarar a seus tempos cõforme ao regimẽto dos capitães. Quẽ quereys, diz sam Paulo/ que se aparelhe para a guerra/ se a trombeta nam declara a que toca. He tambem seu officio destes denunciar no arrayal e fazer ministrar os mandados do capitam, assy como na cidade e porteyro os do juyz, dõde se esse chama ministro e estroutros ministris. Este vocabolo, sem ẽbargo de ser velho, podesse aqui vẽsar, porq̃ ainda se vsa ẽ outras partes, e he necessario, qua nam temos outro pera isto. E não diga ninguẽ ministreys porque se parece muyto cõ canistreys, ministris he milhor pronunciação, e mays acostumada, ainda que seja hũ pouco delgada. Toquem os ministrijs seus estormentos todollos dias a certas horas, assy pera alegar e espertar a gente que se nam amodorreça, como pera lhes habituar as orelhas no tẽpo do repouso/ ao q̃ hão douuir e fazer na batalha.

Cap. tres. Da esquipação dos mantimentos, munições e enxerceas

DESPOYS de sabido o numero da gente que cada nauio ha de leuar, segundo a conta q̃ acima fezemos proueraa o capitam que se embarquẽ mantimentos, de todo o genero, em abastança pera sua viagem, conforme ao tempo que nella pode andar, e dauantagem, porque milhor he que torne ao armazem os que lhe sobejarem, e nam que lhe faltem em parte ou tempo que nam possa repayrar. No mar nam ha vendas, nem boas pousadas nas terras dos imigos, por isso cada hum vaa prouido de sua casa, e mays se for de lisboa, quẽ no mar nam se vendem azeuias fritas. Nam sam muytos os homẽs que dey aos nauios, em especial marinheyros, os quaes alem do seruiço da marinhagem seruem tambem nas armas quando cumpre. E mays q̃ os nauios armados, nam deuem ser taxados polla auareza dos armadores, que mandam seus nauios a ganhar dinheiro cheos de mercadarias e sem gẽte por nam gastar. Os nauios dos reis e suas armadas, vam gastar dinheyro pera ganhar e defender reynos, e pera defender os dos mercadores que lhe rendem o dinheyro, por tanto ainda que leuem mays gente nam he muyta, porque conforme o seu trato, esta he a mercadaria de que deuem ir prouidos, gente e armas e mantimentos, e quãto mays tanto milhor, segundo o fim que pretendem. Sabido poys o numero dos homẽs, faram a estimaçam dos mantimentos que se deuem embarcar, segundo a regra ou raçam que cada homem gasta cada dia, e pollos dias assomem os meses e annos que a viagem demandar. Dam por dia a cada homem dous arrateys de bizcouto, que montam por mes duas arrobas, e por anno seis quintaes. Dam de vinho tres quartilhos por dia, que no mes mõtão dous almudes, e no anno hũa pipa. De maneyra q̃ hũ nauio de cẽ pessoas ha mester pa cada mes dozentas arrobas de bizcouto, e pa hũ ãno seycẽtos quitaes. E d uinho ha mester por mes oyto pipas, e por ãno cento, porq̃ o q̃ vay a mays se da pa q̃bras. Hũa galee datres ha mester por cada mes quatrocentas arrobas de bizcoyto, e de vinho oyto toneys, porque passa de dozentas pessoas. Polla rezam destas contas que fiz a soldo por liura, como dizem, entendam os capitães quanto pão e vinho e mantimẽtos ham mester pera seus nauios, mayores ou menores ou yguaes a estes, segundo o tempo que ham de nauegar. De carne e pescado, e toda outra campanagem, façam recolher segundo seu estillo, quero dizer, segundo costume das terras, que dam mays ou menos cõduto, e segundo os nauios, porque nos delrey ha hum estillo e nos marchantes outro. Recolham lenha e agua em abastança/ porque sam cousas de que se gasta muyto, e achegos muy propinquos aos mantimentos, sem os quaes esses mantimentos se nã podem acomodar ao gosto nem nutrimẽto dos corpos humanos. Que aproueytaria a carne ou peyxe nem legumes/ se os nam cozessem com agua e fogo? E assy o pam que he principal, se nam for amassado e cozido, com agua e fogo nam aproueytaraa, nem seraa pão. São cousas muy necessarias, e de cada hora, estas duas, recolhanse em abastanças, nos nauios que as podem alojar, e nas galees as mays que poderem, porque se escuse o muyto sair em terra ẽ especial de imigos, onde se nam deue sair sem boa guarda. Nam deyxarey de dizer aqui o defeyto que nisto vy entre os nossos, mays por auisar do que se deue fazer que por reprender o errado. Em ceyta cidade daFrica, e fortaleza principal no mundo, e bem necessaria a Christãos, e muyto mais desejada de mouros, tanto que nunca deyxa darecear sei combatida ou cercada, nam ha em toda ella duas carregas de lenha de resguardo, não mays que quatro chamiços que vam buscar oo monte cada dia furtadamente, e com armas aas costas. Disto e doutras cousas necessarias estam aly tam despercebidos/ e descuydados, como se esteuessẽ na metade da espanha muyto seguros, e como homẽs que nunca viram guerra nem os seus sobresaltos. Encarece Vitruuio tanto a necessidade da lenha/ que a faz mays difficultosa, que a do trigo nem agoa, faltando nas fortalezas, porque o trigo e agoa e qualq̃r outra cousa que falte tem mays facil repayro q̃ a lenha, a qual se nam pode escusar. Portanto, porque os nauios deuem ser como fortalezas bem prouidos, recolhão lenha, como disse, e agora, e sal, e azeyte, e vinagre/ e cãdeas/ e todas meudezas semelhantes, necessarias pera comer, e seruiço de casa, como requere hũa familia bem prouida.

Faça o capitam prouer seus nauios tambem de armas, e enxarceas. As armas seram as que ficam dictas, ẽ quantidade competente, segundo o numero dos homẽs que co ellas ham de pelejar, aos quaes darao carrego que as alimpem e arrumem, em lugar onde estam desembaraçadas, e a ponto de guerra. Bombardas pera cada nauio competem segundo a especia, ou porte delle. As galees nam consintem tantas nem tam grades como os nauios de porte, assy porque sam pejadas com a muyta gente, como por sua fraqueza. Nam tem lugar pera artelharia senam de proa e popa, e na popa nam muy conueniente. Os bordos sam acupados, e as obras mortas fracas, de tal maneyra/ q̃ se poserem tiros de artelharia nas balhesteyras os soldados nam poderam estar nellas, e estoruaram os remeyros, e mays se forem grandes esses tiros nem o escalmo nem a baterola os sofreram, que sam partes fracas. Quanto mays que nam conuem na galee pelejar em traues. Na popa trazia o cõde Danguilara geeral das galees de França, dous tiros meãos como meas esperas, rasteyros nos cantos por bayxo dos assentos. Nos mutilões das escadas acustumam trazer senhos falcões, e por cima do timam algũs esmerijs que quaa chamam berços. Porem todos estes tiros de popa, seruem mays de defender indo fogindo ou afastãdo de sy os q̃ lhe tomão a traseyra, mays q̃ d pelejar nẽ acometer, porq̃ a galee acomete e peleja coa proa principalmẽte. Na qual as galees inteyras datres e daquatro acustumão trazer percossia hũ tiro grosso, de contia e proporaçam semelhante a espera dobre, e pollas rõbadas de cada bãda hũa mea espera e hum falcam, e por tras as rõbadas cada seu berço. Algũas galees grosas trazẽ na cossia dous tiros grossos: mas a mim me parece muyto. As galeotas trazem por cossia hũa espera e nas rombadas de cada banda dous falcões. Esta he a artelharia q̃ dam cõmumẽte aas galees, e a mays he sobeja, porque nam tem lugar pera sofrer os couces della. Os nauios de vela de porte de sesenta toneys atee cento leuão hũa espera por proa, e dous pedreyros o leme, e no conues por banda dous falcões e quatro berços, compassados como parececer *(sic)* aos bombardeyros. Aos quaes dou de auiso que o menos que poderem atrauessem a artelharia grossa em nauios pequenos, porque os abrem e desbaratam muyto. Aos nauios de cem toneys pera dozentos, se dam mays duas meas esperas hũa por cada banda, e algũs berços na alcaçaua. De dozentos pera trezentos, acrescentam muy hum falcam e dous berços por banda. De trezentos pera cima podem leuar duas esperas ao leme, e os dous pedreyros aa bomba. E nos mayores podem acrecentar, segundo o tamanho e fortaleza de cada hum. Mas nos menores se sesenta, nam ponham tiro grosso mays que atee falcam, ou quando muyto mea espera, as quaes duas especias de tiros sam tam boas que abastam pera qualquer feyto no mar, onde nam ha muros nem torres de pedra e cal pera derribar, senam tauoas que com menos força se podem arrombar, do q̃ he a dos dictos tiros, q̃ para isso e para mays abastão Pera o seruiço da artelharia ha mester outros homẽs alem dos sobredictos soldados e marinheyros, aos quaes chamão bombardeyros, nomeando os assy dos estormentos de seu officio. Estes sam distinctos dessoutros/ porque nem marinham cos marinheyros, nem pelejam cos soldados, e por isso os apartamos delles pareste lugar que he seu. Tem per sy hum superior de seu officio, a que chamão condestabre, o qual com seus bõbardeyros nam reconhecera outro superior soomente o capitam. Seu officio he ministrar as bombardas com toda a muniçam dellas, e compor todos estormentos de fogo artificial necessarios pera a guerra. Teram os bombardeyros as bombardas em suas estancias, a ponto de guerra, atacadas e prestes, de feyção que nam façam demora quando for necessario tirar, e acabando de tirar as alimparam e tornaram aatacar. Teram as bocas dellas e escoruas tapadas, que lhes nam entre agoa, nem molhe a poluora que tem dentro, e se tanta for a tempestade que todauia se molhe, logo as desataquem e enxuguem e tornem aa tacar de nouo. Pera os tiros de camara tenham muytas camaras atacadas/ e guardadas no lugar das munições, o qual deue ser enxuto dagoa e apartado do fogo, que he hũa cousa sobre q̃ no mar se deue ter muy grande resguardo. Deuem ser eysaminados os bombardeyros no atacar da artelharia, conuẽ asaber, que saybam quanta poluora ha de leuar cada peça, conforme ao peso de seu pelouro, e conforme aa fineza da poluora. A qual elles deuẽ conhecer se he fina ou nam, e sabella fazer tambem se for necessario. Sejam tambem eysaminados no bornear, que assy chamam elles o apontar dos tiros no q̃ se ha de ter respeyto aa cõpridão da peça, e peso do pelouro, e furia da poluora, e distãcia donde tirão. Tenhão tento não dem muyto trabalho aas peças em especial de metal, que abrãdão coa força do fogo se tirão muytas vezes, e aas vezes arrebentam, e mays asinha se lhe dão muyta poluora ou lhe apertam muyto o pelouro, e saybão conhecer qual he o milhor metal que mays esperaraa, conuem asaber o que tem mays cobre cõ que o fogo pode menos, e os tiros sam mays furiosos. Pera ministrar cada peça grossa, ha mester dous bombardeyros, e hum pode ministrar muytas das pequenas. Sejam bẽ atentados em por fogo, poys sabem quã perigoso he.

Alem das enxarceas q̃ de presente seruem nos nauios, leuem outras de sobresalente pera quando aquellas se gastarem, em especial cordas, que como quer que fazem muyto exercicio, donde se ellas parecẽ chamar exarceas, gastanse e quebrã, e ham mester suprimento. Ancoras tambẽ se perdem, e as velas se rompem, e aparelhos quebrão, de tudo vam os nauios darmada prouidos em dobro pera quãdo lhe for necessario. E madeyra pera mastos, e pa gouernalhos, e pera qualquer outra cousa que acõtecer quebrar leuem. Nam somente isto mas ferramẽta pera fabricar machinas, como sam pontes dobradiças, e vayuẽs, assy pera no mar arrombar os nauios contrayros ou saltar nelles, como pera ẽ terra cõbater fortalezas se comprir. Leuem machados, lauancas, picões, e semelhantes estormentos, q̃ todos se aas vezes hão mester. Despoys de prouido tudo o capitam mande aos mestres e officiaes dos nauios/ arrumar todas estas cousas, e tudo o mays q̃ leuam, cada cousa em seu lugar, e da mão do official que della tem carrego, de maneyra que quando for necessario achem tudo prestes e desembaraçado, pera vsar e seruir delle sem demora nem toruaçam, porque doutra feyçam pouco aproueytaria o bo prouimento das cousas se nellas nam ouuer concerto, nem forem despostas pera seruirem no tempo do mester. Prouerbio antigo he, diz Columella, ser muy certa pobreza e mingoa, nam achar as alfayas quando se ham mester. Claro estaa que nam sabendo onde tendes vossa fazenda, nam vos podereys seruir della, e nam vos seruindo della, tanto monta como nam ser vossa, e serdes pobre, poys vos faz mingoa o que tendes por nam saberdes onde jaz, ou por estas embrulhado/ de feyçam que faz detença. Poys se e algum mester cumpre hauer desenuoltura, mays he na guerra do mar que em outro algũ, assy por ser guerra como por ser mar, as quaes duas cousas requerem muyta presteza/ e nam sofrem vagar nem embaraço, antes parecem castigar os negrigentes com mays damno, e mays cedo, quasi como com castigo de sua negligencia e vagar.

Cap. quarto. Do tempo de nauegar as armadas, e mudança dos tempos

DESPOYS de bem esquipados seus nauios, o capitam consultaraa da partida cõ homẽs q̃ pera isso traraa em sua companhia amigos seus, fieys ao princepe e reyno, discretos, e esprementados nas cousas do mar e da guerra, nas quaes aproueyta pouco a discriçam sem experiencia, e esta sem aquelloutra nada. No mar e na guerra, cumpre ver e decernir. Com os taes homẽs tomaraa o capitam muytas vezes conselho, para isto, e para tudo o mays que ouuer de fazer/ porque diz Salamão. A guerra se estriba no bo concerto, e onde ha muytos conselhos haueraa saude. He de muyta importancia a nauegação de hũa armada, e nam deue fazer vela sem boa consideração, por tanto praticaraa, como digo/ o capitam cos do seu conselho, se he tempo de nauegar. Nem sempre he tempo de nauegar, nem tã pouco deyxaram sempre de sayr nos tempos sospeytos, porque nem elles sam sempre maos, nẽm em toda parte. Muytas vezes no inuerno faz bo tẽpo, e em muytas partes nam ha inuerno que estorue o nauegar, como he nas regiões equinociaes, dos tropicos a dentro, onde todo o anno o mar he tranquillo, e nauegavel. Porem estes nossos mares mays vezinhos a nos, da Espanha e do norte, e do Leuante, sam sogeytos a inuerno, e mudança de tempo, por tanto cumpre saber quando faz esse tempo suas mudãças e que mudanças faz nelles, e se nauegaraa todo nauio em qualquer tempo, ou se ha tẽpos limitados pera algũs.

Em geeral hũa deferença de tempos bem notorea a todos, he de veram e inuerno, sem mays distinçam de estio nem outono, os quaes o pouo nam destingue dessoutros. Começa o veram em março, e o inuerno em setembro segũdo o estillo dos marinheyros e soldados, com que aqui tratamos, e pertence a elles esta pratica. Nestes termos do ãno faz o tẽpo manifesta mudãça, assy na quãtidade dos dias, como na qualidade do ar, e cursos do vẽto. De março atee setembro são os dias mayores, e d' setembro atee março sã mays peq̃nos notoreamente. Tãbẽ o ar manifestamẽte he mays sereno, q̃ro dizer, claro e assessegado nesses dias mayores do verã, e nos do inuerno mays brusco e brauo. As q̃uaes mudanças dam e tiram faculdade ao nauegar, porq̃ os dias grandes e serenos claro estaa q̃ são mays comodos pera isso, que os pequenos e tempestuosos, falando ẽ geeral, que em particular algũs dias do inuerno acertão de ser muy brandos e assentes, e outros doveram ao contrayro muy asperos. As causas destas particularidades sam dificultosas, e suas rezões ham mester processo longo, e escasamente sam cõprendidas, pollo que nam sam para aqui, porem logo a bayxo darey algũs sinaes sinificatiuos das mudanças do tempo, dos quaes se comprenderam em algũa maneyra algũas dessas particularidades, os effeytos nam as causas dellas. Os dous tempos principaes veram e inuerno, cada hum delles dentro nos seus limites, tem diuersidade ordinaria de partes inteyras, quero dizer, dias continoados, e sempre hũs ou ao menos em hũs mesmos termos. O q̃ digo he assy/ q̃ no verão o começo ordinariamẽte he defferente do Meyo e do cabo, conuem a saber, março e abril, e parte de mayo nam sam tam serenos como junho e julho e agosto, que por isso fazem as nauegações seguras estes, e aqueloutros duuidosas, e assy no inuerno setẽbro, oytubro, e parte de nouembro as fazem incertas, e os outros perigosas. As causas destas mudanças de tempo algũs as querem atrebuir ao vigor de certas estrellas que naquelles dias cursam, mas por que aquellas nam sam tão conhecidas, o mays certo he dizer, que o sol como princepe da natureza com sua presença ou ausencia muda o tempo de feyçam que quando vem para nos o concerta vindo, e he duuidoso atee que acaba de chegar e assegurar, e tornandose apartar ficasse o ar e tempo aluoraçando, atee que de todo se damna estando o sol no mays afastado termo de seu curso. Isto faz porque de longe seus rayos nam tem tanta força/ e por essa rezam quanto mays afastadas estam as terras do sol pera os polos/ tanto os inuernos sam mayores, e as nauegações piores, e ao contrayro perto do sol ha veram e serenidade perpetua. Porem nam he assy em toda parte/ porque no mar da India posto q̃ debayxo do sol ha inuerno quatro meses continos, quando elle mays perto estaa. Digo o sol estar mays perto ou longe dalgũas regiões falando conforme ao parecer do vulgo. E porque de particularidades se não podem dar regras geraes, he necessario os mareantes sabelas per experiencia ou particular enformaçam, dos tempos, e moções de ventos, e agoagens, e cousas semelhãtes, que acõtecem em algũas paragẽs mays que outras.

Naquella parte do inuerno que chamamos perigosa, cõuem asaber dezembro janeyro e feuereiro a natureza veda nauegar nestas partes todo nauio, assy alto como bayxos, em especial nas costas do Algarue e Portugal, sobre as quaes os ventos do mar batem per trauesia sem emparo nenhũ, e comoquer q̃ trazem grande curso e humedo per muyto espaço d' mar, vẽ muy carregados e fureosos, tanto que a terra querem soruer e alagar, e quebrão ante sy as rochas. Nenhum nauio tem entam emparo neste mar, por grande que seja/ nem he bem que nauegue, nem aqui, nem para Frandes nem Leuante. Para Guinee e partes meridionaes, permitisse partir daqui com tempo que os leue atee passar das Canareas, porque dahy por diãte achã outras moções, que assy chamão os mouimentos do ar e ventos, que naquellas paragẽs sam deferentes das de quaa. E nam lhe chame ninguem mouções q̃ parece mouço de galinha. Moçam q̃r dizer mouimento/ e he palaura latina que os latinos pronuciam motio, e nos a deuemos pronunciar moçam. Correm aly quasi todo o anno ventos da terra, lestes e nordestes, os quaes entram pello mar cincoenta legoas e sesenta e mays. Desda paragem das Canareas atee o Cabo verde se achão estas moções todo ãno. Nestas regiões e paragẽs da Espanha, Leuante, e norte sam as moções conformes aos tempos de verão ou inuerno, e polla mayor parte cursam aqui ẽ veram nortes e nordestes, e de inuerno vendaual, quero dizer, ventos de bayxo, conuem a saber, sul, e sudueste, e oeste, os quaes parece que os rayos do sol empuxam de laa, mays naquelle tempo que elle anda da' quella banda. Andoo sol da bãda do sul de setembro atee março, e naquelle emispherio, q̃ro dizer naquella ametade do mũdo que jaz da outra parte da equinocial sobre que entam anda ou se achega pareella, he nesse tempo veram ao contrayro do nosso, e o seu inuerno tambem he contrayro ao nosso, no tempo que quaa temos veram. Alem de o requerir asy o sitio ou assento no mundo e curso do sol, tambem por experiencia o achou ser assy verdade Fernam de magalhães, no anno de quinhentos e vinte, nauegando daquella parte, de quorenta pera cincoenta graos, na qual paragem tomou terra da banda d' loeste, e inuernou no ryo de sam giam, com grandes frios, e tempestades de leste, nos meses de abril, mayo, junho, julho, e agosto. Apontey isto, per avisar os que pera laa nauegarem, que saybam quando acharam inuerno ou veram.

Nos tempos incertos, que sam principio de veram, e dinuerno, podem nauegar nauios dalto bordo, e nam galees ainda entam, porque ainda o ceo he frio, e o vento algũas vezes refresca tanto e abala o mar como no inuerno. O proprio tempo de galles he o que se chama estio, quando polla vezinhença do sol, os dias sam grandes, as noytes pequenas, os ventos brandos, as agoas mansas, e o ar claro, e quẽte, como conuẽ, assy pera a segurãça de nauios bayxos, como pera gasalhado de gente descuberta e nua, que ha nas galees.

Cap. cinquo. Dos sinaes das tempestades, e varição dos temporaes

Sem embargo do que aqui escreuo não cuyde ninguem que sabe muyto, nem faça mostras do que não he seu. Para q̃ he fazer misterios: Que q̃r dizer, o rustico e alcatroado marinheyro mostrarse prenhe de sciencia? Nam digo isto porque me pareça que o elles fazem/ mas como amigo lhes amoesto que o nam façam, posto que lhes eu aqui escreua algũas cousas e sinaes dos ceos, donde podem tomar presũçam e cuydar que sabem. Eu queria que soubessem elles/ e nam presumissem. Filosofos e astrologos deuiam ser os marinheyros. Mas poys o nam sam, porque nam careçam totalmente da noticia disto que deuiam saber, querolhes dar conta do que dizem os sabedores, e que indicios dam pera conheceremos em particular as mudanças do tempo, que faz dhum dia pera outro, as quaes he necessario conhecer, porque as tempestades nam venham supitas e façam damno, nem o bo tẽpo passe sem aproueytar. Nam sam supersticiosos estes sinaes, dos quaes no Euãgelho se faz mẽçam, dalgũs delles, e todos sam aprouados per homẽs graues. Em especial de Plinio he o mays que aqui se diraa, e polla ordem que elle põe, começando dos sinaes que aparecem no sol, que nesta parte como em o mays que toca ao mouimento do ar e prouocaçam das nuuẽs he elle o principal.

Se o sol pella menhã nace limpo e brãdo, sem vapores nem feruor de sobeja quentura, denuncia que o dia seraa sereno, e muyto mays certo se o dia dantes se pos da mesma feyçam, claro e bem coorado. Isto mesmo sinifica, se aa noyte quando se põe, faz as nuuẽs rosadas, e bem cooradas. Se nace amarello choueraa pedra, se concauo e vão agoa. Se diante delle nacem nuuẽs vermelhas, haueraa vento, mas se sam ruyuas essas nuuẽs mesturadas de negro choueraa/ se em nacendo o sol as nuuẽs se espalham, sinifica vento. Os rayos que per antre as nuuẽs são empoadas como as restes dentro em casa, assy em nacendo como em se pondo/ sinificam chuyua. Se em se pondo aa noyte o sol apanha nuuẽs negras e humedas, em especial se logo chouisca, sinifica aspera tempestade pera o dia seguinte. E se antes que naça o sol vem diante delle nuuẽs grossas e humedas, haueraa a tempestade. Porem se as nuuẽs nesse tempo vem fogindo do sol, e correm pera ponente, sinificam serenidade. Em qualquer tempo do dia, se as nuuẽs cercam o sol dhũa parte e da outra, como que as apanham os rayos chupando, haueraa chuyueiro, e tanto mays turbulento quanto mays escuridam aparecer, e se o cercam com dous cercos tanto mays aspero, e se isto se faz ao nacer do sol, haueraa grande tempestade. Quando ao nacer do sol elle tem cerco de neuoa, per onde se abrir o cerco dessa parte viraa o vento, e se todo se gastar junto, seraa serenidade. E se ao por do sol teuer cerco branco, haueraa de noyte tempestade branda/ mas se teuer neuoa seraa a tempestade mays ryja, com vento. E se a esse tẽpo do por do sol elle teuer cerco negro, sinifica vento/ o qual viraa da parte donde se o cerco abrir.

Despoys do sol tem logo lugar a lũa nos sinaes do ceo e ar, na qual como em espelho/ diz Vegecio, se vẽe as mudanças dos tempos. Estes dous planetas criou Deos em especial, para nos sinificarem que tempos e dias e annos teremos. Assy se lee na sagrada escritura. Fez Deos duas lumeeyras grandes no ceo, para que alomeem e diuidam o dia da noyte, e mostrẽ os sinaes, e tempos e dias e annos. E como quer que a lũa seja mays chegada aa terra em lugar, e em qualidade ao ar e a agoa, faz muyta operação no mar e nas nuuẽs, pollo que releua muyto contemplar e escoldrinhar as operações e vigor de seu curso, e q̃ sinificão os sinaes que desy mostra. Quãdo nace a lũa, quero dizer/ quãdo he noua e sae debayxo do sol, se traz a ponta de cima contra o nosso polo negra ou escura, choueraa no minguante della, e se traz a escuridam na ponta de bayxo contra o outro polo, choueraa antes da lua chea, e se a traz no meyo, seraa a chuyua no plenilunio. Sendo noua se traz as pontas grossas, sinifica tempestade. E se nam aparece antes dos quatro dias, ventando ponente, toda a lũa seraa inuernosa. Se logo em nacendo noua resplandece limpa e clara, sinifica serenidade, se ruyua ventos, se negra chuyuas. A ponta do norte aguda e afitada, sinifica q̃ vẽtaraa daquella parte/ e se a ponta do sul trouxer daquella feyção, sinifica o vento de laa, e se ambas as pontas assy vierem, toda a noyte seraa ventosa. Se aos quatro dias aparece a lũa com cerco resplndecente, amoesta, que haueraa ventos e chuyuas, e se aparece dereyta grande tempestade no mar, senam se tem coroa limpa, porque então nam choueraa antes della chea. Sendo chea se no meyo he limpa e clara, sinifica dias serenos, se he resplandecente ventos, se negra chuyuas. Tendo cerco, donde elle mays resplandecer ou se romper, daly viraa o vento e se o cerco he verdescuro haueraa chuyua, e se sam dous cercos haueraa tempestade, grande se forem negros, ou mays de dous. Se aos dezasseys dias aparecer muyto inflamada ou afogueada, denuncia tempestade aspera. Finalmente os antrelunhos, diz Vegecio, sam cheos de tempestade, e muyto pera ser temidos dos homẽs que nauegam.

Doutras algũas estrellas podera fazer mençam, que tambem mostram sinaes do tempo, como sam as erraticas com cercos se os teuerem, que sinificam inuerno e chuyua, e os asnos do cangrejo com sua manjadoura, se no claro se escondem tempestade. Porem sam dificultosas de conhecer aos vulgares, quanto mays que eu darey aos marinheyros sinaes antras mãos/ mas cousas quelles tratão e conhecem, poronde escusem as dificilidades do ceo. O mar se estando em calma entre sy murmurar, sinifica vento, e se continoar nisso chuyua. Assy mesmo se a costa do mar em calma soa, sinifica tempestade. Dentro no mar se as agoas fazem escuma, e vagas sem vento, inverno per algũs dias. Poys se os golfinhos nadando oo lume dagoa, quem nam sabe que sinificam vento, daquella parte donde vem. Os ouriços tomam lastro, e os caramujos e lapas se apegam/ e cangrejos se escondem, quando sintem a tempestade que ha de vir. As gayuotas juntas na praya murmuram, e a garça se põe triste no areal, as aues marinhas fogem pera a terra, e toda a natureza se apercebe guardandose das tenpestades em especial do mar, assy façam os nauegantes, e nam tenham em pouco a noticia dos tempos e suas mudanças.

Tambem nas nuuẽs e ar aparecem sinaes que amoestão os nauegantes quando ham de fogir do mar ou nam entrar nelle. Se estando o dia sereno, as nuuẽs começarem abalar dalgũa parte, he sinal que daly teremos o vento e se se amõtoarem aa parte do norte e aly se esteuerem desfazendo, haueraa vento de laa/ mas das parte do sul lançaram chuyua, nestas terras onde elle he chuyuoso porque vem do mar, o que nam faz em Africa tanto. Se da parte do oriente nacẽ nuuẽs grossas e negras haueraa chuyua a noyte seguinte, e se da parte de ponente ao outro dia, Nuuẽs quebradas a maneyra douelhas brãcas sinificam chuyua, e se forem mayores e pardas a maneyra de papos daçores tempestade/ e mayor com borborinho se forem negras inchadas com bordas brancas respradecentes, e se forem brãcacentas lançaram pedra. Se as nuuẽs que andam pello ar, deyxam as serras e outeyros claros sem pegar nelles, haueraa serenidade, mas se ao cõtrayro assentam na terra choueraa. Neuoa que dece dos montes, e se desfaz nos bayxos sinifica serenidade, e se polla menham vem neuoa delgada sinifica o mesmo, e donde corre dahy haueraa vento. O arco de Noe mostra hauer nas nuuẽs humidade, o qual Seneca com Vegecio diz/ que sinifica inuerno/ porem nam ygualmente de todalas partes, mas se aparece da parte do meyo dia traraa muyta chuyua, e se da parte do ponente nam tanta, e do leuante orualho nam mays. Se no estio trouoa com poucos relampados haueraa vento daquella parte, mas se fuzilla mays do que trouoa choueraa. Quando fuzilla estando o ceo sereno, haueraa chuyua, e com grande inuernada se os relampados vem de todalas partes do horizonte.

Os trouões da madrugada trarão vẽto, e os do meyo dia chuyua, Se todo o estio for claro, o outono seraa frio, e se chouer no estio, no outono haueraa ventos e o ar seraa grosso, a serenidade do outono faz o inuerno ventoso, e ao contrayro as chuyuas do inuerno causam ventos no veram.

Cap. seis. Dos ventos e suas regiões, e nomes

Nam pareça longa digressam esta, que o nam he, digressam digo/ porque toda esta materia pertence aa guerra do mar. E nam me deriue muyto no que fica dicto dos temporaes, e sinaes de suas variedades/ porque mays podera dizer/ mas abasta o q̃ disse pera auiso dos sesudos e prudentes/ ca diz Salamam. Daa ocasiam ao sabedor e acrescentaraa sabederia. Do q̃ fica dicto se aproueytaram, e tiraram mays per sy, os que nam desprezam as boas amoestações. Alem dos temporaes, he tambem necessario pera nauegarem as frotas noticia dos vẽtos e tambem das marees pera o sair e entrar dos portos em especial. Das quaes cousas agora tratarey, o mays breue que poder, porque nam direy mays que soomente o necessario. Por muytas rezões, diz Seneca, ordenou a prouidencia diuina, q̃ ouuesse ventos/ antre as quaes a principal e de que as mays dependem, he pera acomodar o elemẽto do ar ao seruiço e proueyto da vida humana. Poys se o elles pera algũa cousa fazem aproueytar, em especial he pera o nauegar, o qual exercicio aos homẽs q̃ negociam suas vidas dhũas terras pera outras, e nam podẽ sempre andar per terra por muytos empedimẽtos que ha nella de maos caminhos, ou de imigos, ou polla mays presteza e facilidade das nauegações. E o nauegar não se pode bem exercitar sem vento, porque como atras disse, a perfeyçam da arte da nauegaçam tem seu remate no velificar, como quer q̃ o remo nam abasta pera domar grandes mares, nem se pode desenuolver antre suas vagas. Pera abrir caminho ao q̃ heyde dizer, q̃ro declarar q̃ cousa he vẽto. Deyxadas as difinições de filosofos, q̃ eu nesta parte nam tenho por muy certas, e fũdẽ perfias mays q̃ doutrina por tanto de meu parecer digo assy. Vento he ar impetuoso, mouido per algũa influencia do ceu, sem certa ordem nem limite de quando, nem quanto, nem onde. Quer seja exhalaçam ou bafo da terra como hũs dizem, ou seja ar reuerberado em montes ou nuuẽs como outros querem, tudo he ar impetuoso e mouido com mays esperto espirito de que tem geeralmente per todalas partes. Vem este movimẽto sem certa ordem que nos possamos cõprender, porque lhe nam entẽdemos a cousa que o moue. Ao meyo dhum campo ou no mar, sem nuuẽs, onde nam ha montes nem terra estando em muy quieta serenidade, supitamente se aleuanta vento sem poderemos entender quem o moue: hora de dia hora de noyte, hora com frio hora com calma, hora vem manso hora brauo, agora persegue as nuuẽs, e logo vay diante dellas, e juntamente as reuolue mesturado co ellas, cobre o ceo e tornoo a descobrir, e no mar faz desuayradas toruações. E poys assy he que elle vem desatẽtato, cumpre aos mareantes entregarlhe suas vidas com muyto tento/ e saber per experiencia ou certa informaçam, se tem algũas acostumadas moções proprias das paragẽs e tempos em q̃ ham de nauegar. Das quaes aqui nam falarey porque hão mester particular relação, mays largamente tratada do q̃ pede esta obra. Aqui abastaraa mostrar de que regiões pode vir o vento, e como se chama vindo de cada hũa dellas, e pera onde se nauegaraa com qualquer dos ventos dessas regiões. E tudo isto cumpre saber porque as armadas não trabalhem embalde com perigo, e nam partam contra vento ou sem elle, qua pior nauegaçam faz o vento contrayro q̃ a tempestade braua, e a calmaria pera a vela he morte.

As regiões do mundo pera assentaremos nellas os ventos, hauemolas de cõsiderar em respeyto de cada emispherio onde estamos, ou podemos estar, e ordenalas no circulo horizonte ou diuisor desse emispherio, quero dizer, na redondeza que o ceo faz derredor de nos, onde acaba a nossa vista e nos parece que o ceo se ajunta com a terra ou mar. Aqui notemos que os emispherios segundo esta consideraçam podem ser tantos com seus horizontes, como são as nossas estancias, de maneyra que quantas vezes mudamos o lugar tambem se mudam elles com nosco. E porque nos podemos estar ẽ diuersos lugares mudandonos dhũ pera outro, assy tambem deuemos imaginar muytos meyos mundos com seus diuisores e aplicar a cada hum delles o que agora direy das regiões e vẽtos/ em respeyto de nossa presença, como se esteuessemos nelles. Imaginando poys que derredor de nos, õde quer que esteueremos, temos hum cerco redondo e nos no meyo delle, ordenaremos nelle as regiões do mundo, e nellas assentaremos os nacimẽtos do vento, da feyçam que logo direy, mas conuem dizer premeyro quantas regiões tem o meyo mundo/ e como concordam com o numero dos ventos que os marinheyros vsam. As regiões do mundo que a natureza ordenou sam quatro, conuem a saber, oriente e ponente e os dous polos, as quaes o movimento natural do ceo demostra e as mesmas tem cada meyo mundo. E sobre este numero de quatro dobrando quãtas vezes comprir/ se podem multiplicar outras regiões, de modo que abastem pera os ventos que os dictos marinheyros fazem oyto e dezasseys e trinta e dous, e o dobro destes quando cumpre. Ordenaremos assy as ditas regiões. Pello meyo do cerco, q̃ disse lançaremos hũa linha q̃ corra dereyta doriente a ponente, e sobre esta atrauessaremos outra em cruz dereyta, a qual assinaraa os dous polos, e teremos desta maneyra na circunferencia do dito cerco quatro pontos em distancias yguaes, os quaes sinificam as sobriditas quatro regiões do mundo, e nelles assentaremos os nacimentos de quatro ventos principaes, que sam leste no oriente e oeste no ponēte, e nos outros dous norte aa mão dereyta vindo do oriente, e da esquerda o sul defronte do norte. Despoys pera outros quatro, q̄ com os sobredictos sam tambem principaes, e fazem oyto desta qualidade ou dinidade, lançaremos outras duas linhas per antre as sobredictas, postas no meyo dellas ygualmente distantes de cada parte, d' feyçam que os pontos que ellas assinam sobolo circulo façam iguaes ãtreuallos dhũa parte e da outra. Nos quaes essẽtaremos estes vẽtos. Antre norte e leste estaraa nordeste, e ãtre leste e sul, sueste, ãtre sul e oeste, sudueste, e antre oeste e norte, noroeste. De maneyra que temos jaa partida a circunferẽcia do emispherio ẽ oyto regiões, e postos nellas oyto ventos/ pella ordem seguinte, começando do norte pera o leste, porque assy o acostumão, e parece ordem natural como logo direy. Os ventos sam estes. Norte, nordeste, leste, sueste, sul, sudueste, oeste, noroeste. Assy os ordenam os marinheyros, e quanto he da sua parte elles tẽ rezam em começar do norte, ao menos nestas partes, por q̄ se gouernão per elle, e mays he elle certo e cõstãte, e idoneo termo pera fundaremos nelle qualquer cõsideraçam q̄ no ceo fezeremos, em que elle entre. Plinio a este proposito diz, que os ventos pera guardarẽ boa ordẽ hãode sobir da banda ezquerda pera a dereyta, e rodear assy como o sol couẽ a saber, sobir da bãda do norte que a nos quãdo olhamos pera o leuante fica ezquerda/ e rodear pella banda do sul per onde a nos corre o sol. Isto tẽ tambẽ os marinheyros, q̄ he sinal de assegurallo tempo e afirmar na terra, sobir per aquella banda, per onde a roda do curso natural do ceo sobe que he polla do norte. Alem daquelles oyto ventos principaes ha hy outros oyto compostos delles e antrepostos a elles, polla mesma ordem, desta maneyra. Antre norte e nordeste no meyo hum chamado nornordeste, e no interuallo seguinte outro chamado lesnordeste, e no outro lessueste, e despoys susueste, e susudueste, oessudueste/ oesnoroeste/ e nornoroeste, cadhũ ẽ seu antreuallo ygualmẽte no meyo dantre os dous de que toma o nome. A formação dos quaes nomes sempre começa dos quatro premeyros, de norte, e leste, e sul, e oeste. E assy temos jaa dezasseis ventos colocados ẽ dezasseis reziões do nosso circulo, q̄ sam estes. Norte, nornordeste, nordeste, lesnordeste, leste, lessueste, sueste, susueste, sul susudueste/ sudueste, oessudueste, oeste, oesnoroeste, noroeste/ nornoroeste. Aos ãtreuallos destes se põe outros dezasseys, e fazẽ trinta e dous, mas estes nam tem nomes, senam q̄ cõmũmente lhe podẽ dobrar este numero e fazer sesẽta e quatro, porem he demasiado, porque aquelles abastão pera encher as regiões de toda a redondeza/ e pera distinctamente nauegaremos dhũas pa outras. Estes nomes dos vẽtos reuẽ nas terras do ponente, mas porq̄ tratamos ẽ Leuãte, q̄ro tambẽ fazer mẽção dos nomes, q̄ os leuantiscos dão aos ventos. Aos oyto principaes, começando tãbem do polo dão elles estes nomes. Tramõtana/ greco, leuante, syroco, medyjorno, lebeche, ponẽte, e mestral. E d'estes formão os nomes dos outros oyto compostos, da maneyra q̃ nos fazemos, e os mays nomeão como nos, meas partidas, e quartas. Onde se deue notar, q̃ meya partida he o meyo dãtre vento e veto/ como sam os vẽtos cõpostos antre os primitiuos, mas quarta he a q̃ entra hũ pouco pollo vẽto, e nomeasse quarta de tal vento cõtra tal, quarta de norte cõtra nordeste, ou cõtra noroeste se he da outra bãda. E porq̃ os proprios são oyto não mays, e os cõpostos são luas meyas partidas, os mays se chamão quartas, e não fazemos oytauas por ser demasiada partição como disse, e por isso cada quadrante tem oyto quartas, porque em cada hũ cabe hum vento inteyro e dous meyos colateraes.

Cap. sete. Dalguns auisos necessarios pa nauegar

PERA se aproueytarem do que fica dicto dos ventos, he necessario que saybão as terras pera onde ham de nauegar como demorão co as donde partem/ e assy entenderam que ventos lhe podem ser prosperos ou contrayros. Demorar quer dizer ficar ou estar, e he proprio de marinheyros nesta sinificaçam este vocabolo. Poys digo que he necessario saber como estam situadas as terras, e em que rumos ficam, se de norte e sul, se de leste e oeste, ou em qual outro pera saberem q̃ rota hão de leuar dhũas pera outra. Tudo isto vay cheo de vocabolos marinheyros, e ha mester declarallos. Rumos sam as linhas que na carta de marear mostrão os caminhos do mar, e chamãose rumos quasi rimos porque mostram como rimão hũas terras cõ outras. Rota que tambẽ se diz derrota, chamão os caminhos que pello mar se fazem, e parece este nome diriuado por rezam da redondeza do mundo que os nauegantes rodeam. Hora poys digo que na carta vejamos onde nos ficam as terras que buscamos, e donde vem o vento que temos, se nos leuaraa ou estoruaraa, e assy determinemos da partida. Os vẽtos que seruem pera qualquer derrota, sam os que vam com nosco, quero dizer, os que vão donde nos estamos pera laa onde imos. E vão com nosco todos os que ficão da ametade da roda ou circolo pera tras, conuẽ asaber se imos pera o sul, seruem largos todos os ventos que ficão de bãda do norte de leste atee loeste, q̃ sam leste e nordeste e norte e noroeste e oeste, e os antrepostos ãtrestes. Qualquer destes leuaraa qualquer nauio do norte pera o sul sem trabalho. Tambẽ tomão as vezes os nauios do outro meyo circolo, por qualquer dos quadrantes, hũa quarta, e meya partida, ẽ especial os latinos que apertão mays o caro/ porẽ he cõ trabalho, e se então mays he cõ perigo, e descaẽ muyto do rumo sem aproueytar no caminho, antes as vezes perdem a rota, e vam parar onde nam cuydam. Para nisto cumpre ter boa estimatiua, e considerar a fôrça do vẽto apertado/ e o payro do nauio, e se achays correntes ou agoagẽs/ por vos que vos tenham, ou contra vos que vos derribem, e segundo estas considerações, julgar bem e estimar/ quanto poderieys descair da rota dereyta q̃ ordenastes de leuar. Isso mesmo cumpre estimar, o que poderieys descair nas voltas se volteastes, e quanto perderieys nellas de caminho, e em cada hũa dellas quando tornaes a endereitar, haueys dapontar o caminho que andaes, onde quando tornais a endereitar, haueys dapontar o caminho que andaes, onde nauegardes per estimatiua sem altura, e estes põtos assomallos cada dia, e lançar conta quãto podeys ter andado. Este he o modo de cartear sem altura, que se sa em nauegaçam d' leste a oeste, ou em mar estreyto, e caminho pequeno, q̃ nam deyxa de ver terra muytos dias.

No mar largo onde nam ha vista de terra pella qual gouernemos, he necessario contemplar no ceo, e pollos sinaes delle saber pera ondimos, e quanto ãdamos. Os sinaes do ceo per que hauemos de saber isto, são o sol, e os polos, que quer dizer eyxos do ceo/ sobre que se elle reuolue, os quaes sam dous, hum do norte outro do sul, e sam muy certos porque se nam mouem jamays de seus lugares. Cadahũ destes nos mostra o que andamos pello mar, per esta arte. Se estamos da parte do norte contemplamos o polo do norte/ e se da outra parte o do sul, e olhamos quanto estaa aleuãtado do horizonte, q̃ he aquelle circolo diuisor que diuide ametade do mundo que vemos peraly onde nos parece q̃ se ajũta o ceo co a terra ou comar, e vemos que em Lisboa estaa o norte aleuantado sobolo horizõte trinta e noue graos. Isto vemos per per instrumentos, que pera mester tomamos dos astrologos e geometras, como sam, astralobio/ quadrãte, e balhestilha. E despoys que partimos de Lisboa caminho do norte, se andamos tanto que se nos aleuanta o dicto pollo mays hum grao, e vem a ter quorenta graos daltura sobelo horizonte, sabemos entam que amdamos dezasete legoas de caminho, porque tanto dam a hũ grao per essa derrota, e se ãdamos mays per essa mesma derrota cõtra o norte, atee se nos elle aleuantar mays tres graos, sabemos q̃ estamos na altura do cabo de fins terra, o qual tem quorenta e tres graos daltura. Aqui podeis notar q̃ altura na arte do nauegar, he aquelle espaço do ceo que se nos aleuanta o nosso pollo sobre o horizonte, o nosso digo, conuem asaber, o de cuja parte estamos, hora seja do norte, hora do sul. E porque de dia nam vemos as estrellas dos pollos, tomamos a sua altura delles pello sol, da arte q̃ agora direy. Sabemos que a linha equinocial se aparta de nos, tanto como o pollo se aleuanta sobre o horizonte, e por quanto nam podemos ver essa linha que nam he visiuel, respeytamos o sol que anda junto della pouco mays ou menos, e tomando o sol no astrolabio vemos quanto selle aparta de nos, e aisso acrecentamos ou demenuimos o que tãbem elle estaa apartado da linha, e assy sabemos quanto essa linha estaa d'nos e per conseguinte quanto o polo se aleuãta do horizonte.

O espaço que o sol se aparta da linha equinocial, se chama declinaçam do sol, a qual quando he mayor de todo o anno, he de vintatres graos e meyo, segundo o sentido vulgar, e acontece ser tamanha ẽ doze dias de Junho, da bãda do norte, e em doze isso mesmo d'dezẽbro da banda do sul, e quando he dalem da linha a demenuimos, mas quando daquẽ acrecentamola, e assy resulta justamente o q̃ a linha estaa de nos, e a altura do polo. Nam d'clina sempre o sol todos vinta tres graos e meyo, porque nam estaa sempre em hum lugar mas continuadamente cursa atee se ajuntar co a equinocial, que he em onze de março hua vez e outra em quatorze de setembro, nos quaes termos nam tem declinaçam algũa, e dahy torna afastarse atee os termos da mayor declinação, e per esta via nos dias antremeyos de março pa junho vay ella crecendo pouco e pouco, e outro tanto de setembro pera dezembro, mas de dezẽbro pera março mingoa, e o mesmo faz de junho atee setembro. Porem nam crece e mingoa esta declinaçam todolos dias ygualmente, mas em hũs crece mays e noutros menos, pollo que he necessario ter particulares tauoadas desta crecença e descrecẽça/ a que chamão vulgarmente regimento da declinaçam do sol. O mesmo deuẽ ter das estrellas dos polos, as quaes tãbem pellas horas do dia declinam e estão afastadas delles, as do sul quasi trinta graos, e as do norte quasi quatro, a derradeyra. Do que tudo na arte da nauegaçam fiz comprida relaçam/ e da computaçam dos caminhos, quanto responde na terra de legoas ou milhas por hum grao do ceo per cada quarta dos vẽtos. A qual computaçam se considera em respeyto dos rumos d'norte e sul per certa medida/ mas nos de leste e oeste per estimatiua soomente em comparaçam dessontros.

Cap. oyto. Das marees, correntes e aguagens do mar

TAMBEM cumpre saber os tempos das marees, quando enchem ou vazam, pera sair e ẽtrar nos portos, dos quaes muytos delles tem barras, e canaes antre bayxios ou penedos, e assy nesses como em todos he mays seguro passar com agoa chea que seca, e he grande ajuda passar com maree onde a ha, quando sairdes co escabeçar da agoa, e quãdo entrardes despoys de meya agoa chea, porque ella vos vay aleuantando, mas onde ha correntes ryjas como nos portos de Bretanha e Normandia, milhor he passar no remanso deprea mar, porque o impeto da corrente vos arremessa nos bancos com tanta força que vos nam podeys valer. Os tempos das marcas commũmente concordam co a lũa, do curso da qual dependem, e da influencia della o encher e vazar do mar. No mar Oceano que propriamente se chama mar, porque os mediterraneos são como esteyros, ha este mouimento que chamamos maree reuezado ao modo que respiram os corpos viuos. Parece o mar que sorue suas agoas e as torna a lançar, como hum corpo sorue e lança o folego quando ofega, isto tam a ponto co a lũa, q̃ faz entender que della depende este mouimento. A rezam que isto nos faz entender da lũa/ he sua natureza ser humifica e laxatiua, de modo que acrescenta os humores nos corpos inferiores. E alem disto ha tambem nella, como Plinio bem conjeytura, espirito de encher e vazar os ditos corpos segũdo se a elles chega, ou afasta delles. Donde vemos que segundo os tempos da lũa em muytas cousas crecem ou minguão os humores, e carnes, ẽ especial no mariscos, e cõchas do mar, que hora sam cheas hora vazias conforme ao curso dessa lũa. E assy põe e tira o vigor natural, mays em hũs tempos que outros, como se vee nos estamagos fracos q̃ nam tem nos antrelunhos tanta força pera digerir, e padecem torturas e dores grandes, segundo eu expremento no meu muytos annos ha quasi todos os antrelunhos, e muy poucas vezes em outro tempo, nos quaes assy no estamago como em todo o corpo sinto deminuiçam de espiritos, e aumento de humores indigestos.

Os tempos em que enche e vaza o mar, são estãdo a lũa nas quartas do ceo, conuem asaber/ no horizonte e meridiano/ as quaes quartas ella em vintaquatro horas toca todas, e as marees nesses tempos fazem quatro mouimẽtos enchendo duas vezes e vazando outras duas. Em nacendo a lũa sobre o horizonte he bayxa mar, e daly vay crecẽdo a maree como a lũa vay sobindo atee o meridiano, onde estando a lũa he prea mar, e dahy decendo mingoa o mar atee outra vez estar no horizonte da parte do ponente, onde tambem he bayxa mar, e no contrayro do nosso meridiano, de bayxo da terra outra vez prea mar/ de modo que parece que os rayos da lũa assy como vão sobindo e afitando sua força nas agoas, as fazem ir inchando e aleuantando como o fogo faz inchar e aleuãtar a agoa na panella quando ferue e o mesmo fazem per reflexam de bayxo estando no oposito do meridiano. Nam soomente desta maneyra que fica dita, faz a lũa crecer as agoas, mas parece que as traz pera si como o azougue traz o ouro, e o parece comer e conuerter em si mesmo, donde Plinio diz que a lũa se apascenta destes humores inferiores, e que todauia os nam gasta, mas que os d'rrete e acrecenta e traz depossy, como a pedra d'ceuar traz o ferro. Onde he de notar que as marees nam sam a hum mesmo tempo em toda parte da redondeza, mas que vão seguindo a lũa, e sam premeyro cheas nas partes orientaes onde sella aleuãta premeyro. De maneyra que premeyro seraa prea mar na costa de portugal que nas ilhas dos açores, e premeyro nessas ilhas que na terra dos corterreaes, e assy tambem premeyro em Guinee q̃ no Brasil nẽ nas Antilhas porq̃ sam estas terras mays orientaes quaq̃llas em distancia q̃ faz deferença de tempo sensiuel. As horas q̃ dura cada maree, onde ellas cursam ordinariamente pello modo q̃ fica dicto, sam seys em crecer e seys em mingoar. Porem hauemos dentender que estas horas sejam referidas aos arcos que a lũa faz com o horizonte/ os quaes poucas vezes sam conformes com os do sol, nẽ antre sy sam yguaes, mas aas vezes sam os de cima mays grandes e outras vezes mays pequenos que os de bayxo, donde vem que hũas marees durão mays tẽpo q̃ outras, hora d'dia hora d'noyte. E tãbẽ porque o curso da lũa não anda certo cõ o do sol não vẽ sempre as marees a hũ tẽpb do dia, mas hoje vẽ ao meyo dia e amenhã aq̃lla mesma vẽ a hũa hora e no outro dia aas duas tardãdo cada dia hũa hora pouco mys tãto como a lũa tarda ẽ nacer hũ dia mays q̃ outro, a qual sendo noua nace cõ o sol e o outro dia mays tarde e assy cada dia mays atee se tornar a juntar co elle. Pollo que fica dicto, se escusam as cõputações das marees que se fazem pellos rumos, as quaes nisto se fundam, e daqui se tiram, ellas e quaesquer outras que desta materea se ouuerem de formar. Hũa cousa quero todauia lembrar, e he esta que nota Plinio, que nam sam precisamente as marees que nos mõmẽtos q̃ a lũa toca as quartas do ceo, mas sam despoys hũa hora pouco mays ou menos, porque como elle diz, as influencias do ceo nam obrão nas cousas inferiores logo no estante quando selas mouẽ, qua tẽ meyos pellos quaes ham de proceder, e obrar. Donde vem que as cabeças dagoa nam acertão vir nas propias horas dos antrelunhos e plenilunios, mas vẽ despoys duas ou tres marees. Tambem nota o mesmo Plinio que são mayores estos os da lũa chea q̃ da noua, e os do verão mayores que do inuerno, porem mayores que todos os do outono, donde vem que o de sam Bertolameu he nomeado antros nossos pescadores. Podemos nos tambem notar, q̃ nos ryos e esteyros, as marees não chegão a cima nos propios momentos que a lũa as moue no mar, a rezam disso he que se detem no caminho. Claro estaa que nam pode chegar a porto d'Muja a maree tam asinha como a Lisboa/ nẽ a Lisboa como a Cascaes, porq̃ nam nace essa maree nos ryos, mas vem do mar como trasbordadura d' seu crecimẽto, e se os ryos dagoa doce trazem muyta corrente, detem as marees, e nam nas deyxam sobir tam tesas, nem tanto a riba, e dura mays a decente que o iusante. Por semelhãte causa no estreyto de Gibraltar entra a maree quatro horas e say oyto, porque as agoas de Leuante e do mar mayor, correm todas pera o mar Oceano, e trazem mayor peso q̃ o da maree, em especial se venta leuante/ qua entam quasi se nam enxergam as marees. Que as agoas daquelles mares corram pera ponente, se mostra bem claro no estreyto de Constantinopla, e no faro de Mecina, onde continoamente se vem decer pera bayxo, e aas veses cõ tanto impeto q̃ os nauios nam podem romper per ellas. Donde Plinio allega ser opiniam de muytos, que o mar mayor, q̃ elle chama ponto, he fonte dõde nace todo essoutro mediterraneo, porquanto de laa corre sempre o esto e nũca torna pera laa. Sem embargo de ser Plinio, elle chama aqui esto o que o nam he/ como logo quero declarar.

Esto quer dizer o feruor do mar q̃ nelle causam os rayos da lũa, como a tras fica dicto, e esse feruor faz aleuantar as agoas e nam correr, e assy he que as correntes do mar sam muy deferẽtes do esto e marees delle, porque as correntes vão caminho, e nam aleuantam as agoas, nem nas fazem inchar e crecer, como faz o esto. Sam as correntes como os ryos que sempre vão pera hũa parte, e nam crecem nẽ mingoam, senam per accidente de chea ou represa, que lhe doutra algũa cousa sobreuem. Assy he esta do mar de Leuante o qual sempre corre pera ponẽte, e nam mostra nas prayas crecente algũa nem mingoante, senam despoys que as marees do Oceano a fazem represar atee Barcelona, pouco mays. E assy he no canal de Bahama, nas antilhas, antra terra florida e a ilha de porto riquo, onde o mar de contino corre pera Leuante sem crecer nem descrecer, quanto he da parte da corrente. As causas destas correntes algũs as q̃rẽ escoldrinhar, e dizem que no mar mayor sam as agoas dos muytos rios e muy grandes que nelle entram, e nas antilhas as do mar do Equinocio que todo cay naquella bahia de nombre de Dios e yucatan, e daly sãe pello dicto canal, porem nesta obra nam ha lugar pera nos deteremos em ver se he assy ou nam, abasta que sam correntes aquellas, das causas dellas nam disputaremos agora. Outras ha hy q̃ nẽ são estos nẽ corrẽtes, porq̃ não crecẽ como os estos/ e posto que corram nam sam cõtinoas, mas correm a tempos e a tẽpos nam, ou correm as vezes pera hũa banda e aas vezes pa outra, todauia nam acrecentão as agoas como o esto nem cursam horas ordenadas. A estas chamam agoagẽs, e sam mouidas pello vento, e d'laa abalam como as nuuẽs. Destas ha em muytas partes do mar/ em especial nos mares largos, como sam estes que temos diante de nos, daqui pera o sudueste muytos milhares de legoas estẽdidos, nos quaes ha muytas agoagẽs que muytas vezes enganam os pilotos descuydados, e os fazem cuydar que estam em terra e nam na acham. Aqui quero apontar hũ desengano pa muytos que eu sey que viuem enganados nesta parte das agoagẽs as quaes cuydam que sam marees que cursam no golfam do mar, porem como digo estam enganados, porq̃ as agoagẽs cursam muytos dias para hũa mesma parte, e correm o que nam fazem as marees. Digo que as marees nam correm dentro no mar, senam soomente crece a agua e aleuãtasse, o q̃ dentro no golfam nam podemos enxergar se saleuãta ou abayxa, mas ẽxergasse nas prayas pellas quaes sobe, e trasborda nos esteyros que ficam mays bayxos, e nelles posto que corra aquelle enxurro da abundancia do esto, nam correm porisso dentro no mar as marees, porque ao tempo que ellas crecem todo o mar juntamente naquella parte se aleuanta, e nam ficam nelle valles para onde as agoas possam cair como nos esteyros. Nem a lũa rodeando o mundo acarreta as agoas dhũa região pera a outra/ porque fazendo o assy leualas hya todas consigo, e nam tornaria a encher o mar em sua ausencia, como faz per reflexa virtude segundo fica dicto, mas em cada regiam que toca indo, faz inchar as agoas que nella acha, sem fazer correr outras para laa, nem de laa para outra parte quãdo vazam abayxando. A conclusam he que a maree aleuanta e abayxa, e nam corre senam per acidente da disposiçam do lugar trasbordando fora de seus limites, e as agoagẽs correm e nam aleuantam nem abayxam, e mays nam guardam ordem nẽ tempos certos.

Porque nas marees tambem ha desordẽs/ direy como procedem dalgũas segundarias causas, as quaes polla mayor parte sam sitios de lugares, ou moções de ventos, e outras ha que por serem muyto particulares sam ocultas, e nam se comprẽde dellas mays que a experiencia. Das que mais releua ser notadas, sam as que se fazem no canal de Bretanha antre Ingraterra e Normandia, por ser mar nosso vezinho por onde os nossos nauegam muytas vezes, aos quaes auiso que tenham recado em sy antre desuayros. Sam aly desuayradas as marees, e grãdes. Digo grãdes em agoa, que naquellas partes crece mays que nestas/ tanto que diz Plinio de autoridade de Pytheas, que sobre Bretanha se aleuantam os estos oytenta couados. Eu vya os ilheos q̃ estam aquelle canal muytos, de prea mar estar arasados cõ agoa, e de bayxa mar tam altos como Almada. Vedes prayas e bahias de duas tres legoas de bayxa mar secas, e os portos sem agoa nenhũa, que passays a pee seco, e de preya mar entram nelles nauios grandes de dozẽtos toneys e mays, e vedelos ficar em seco tam longe do mar q̃ vos espãtays de como laa sobiram. Causa esta grãdeza de marees adobrada aqua q̃ entra naq̃lle canal per duas bocas/ a qual assy por ser muyta, como porq̃ represa vindo ẽ cõtra hũa da outra, quasi em hum mesmo tempo/ aleuanta as marees aly tanto como dissemos. Da parte do norte perantre Escocia e Alemanha, entra hũa enxurrada do mar de Islanda e Noruega, e outra vay do mar Despanha/ perantre Sorlinga e Oxente, e se encontram no dicto canal. Digo q̃ vem estas agoas d'fora, porque he aquelle canal como esteyro mediterraneo, e nam nace nelle esto, e se nelle feruẽ as aguas, e nace esto, isso ajuda mays o q̃ fica dicto do muyto crecer das mares nelle porq̃ se ajũta hũa cousa e outra, as agoas d' fora q̃ trasbordã dos mares sobredictos/ a. q̃ ñelle ferue e crece, e tudo a hũ mesmo tẽpo quasi/ porq̃ os meridianos d' todos elles diferẽ pouco, e a lua aleuãta nelle os estos q̃si a hũ tẽpo. E por assy ser pelejão aq̃llas agoas no dito canal/ e acontece que nem ao vir nem ao tornar declaram de que banda vem cada hũa dellas nem pera onde torna pella muyta confusam que trazem corrẽdo hora pera bayxo hora para cima, e aas vezes preualecendo hũa das partes, porque traz da sua banda o fauor do uento, e por isso he preamar mays cedo e com mays agoa em hũa parte q̃ na outra, quãdo assy hũa das partes preualece. Semelhãtes variedades acontecerão em qualquer parte que ouuer as mesmas causas, conuem asaber, semelhantes canaes e antrylhas. Derrador da ilha de Euboea, que agora chamão Negroponte/ diz Plinio, que sete vezes no dia vay e vem o mar. O qual mouimento eu creo ser reuessadas correntes do estreyto seu vezinho, que como fica dicto sempre corre pera fora, e nam he esto aquillo, nem no são os mouimentos do euripo, porq̃ nam ha esto no mar mediterraneo. Nem os das syrtes ou bayxios da Africa acerca dos gelues não são marees. Nos quaes bayxios me diziam algũs pilotos gregos, que andauam nas galees delrey de França, que acontecia tempo no qual apareciam todos secos per espaço de dias, e outras vezes estauão cubertos muyto tẽpo, e algũs sempre posto q̃ muy bayxos, ãtre os quaes todauia dizem q̃ ha algũs canaes fundos, mas nam sabidos de muytas pessoas, porq̃ per aquellas partes nauegam muy poucas. Diodoro siculo diz que na costa Darabia onde viuiam os Ichthyophagos, que agora he do cabo de Gardafũ atee o mar de Persia, crece o mar muyto, e sempre acerca da hora da terça atee noa/ o q̃ agora nam vemos ser assy, e sendo como elle diz era necessario que antreuiesse outra causa particular, que nam fosse mouimento da lũa, nem sitio de lugar, nem moções de ventos, o que seria cousa bem marauilhosa, e mays por ser no mar Oceano, onde os proprios e verdadeyros estos dependem da lũa como disse. As cousas sobredictas, alem de hauer homẽs nos nauios e armadas que as entendam, cõ os quaes os capitães deuem tomar conselho acerca dellas quãdo comprir, tambem esses mesmos capitães as deuem entender, estas e todas as pertencentes aa nauegaçam tam compridamente como as da guerra, porque o capitam he o que ha de julgar e dar remate sobre os conselhos dos outros, o que nam poderaa bem fazer nam entendendo o de que consulta, qua diz o prouerbio vulgar. Mal julga o cego acerca das cores. Porem tenha estauiso com marinheyros o capitam/ que se nam antremeta em seus officios porque os estoruaraa. Entendo o que fazẽ, e olhe se o fazẽ bẽ e deyxe os fazer, nam lhe diga nada nem lhes tome a mão, porque todo official quer o louuor do seu officio, e muyto mays sendo prenhe de mysterios, como sam os que tocam grandes faculdades, que quãto mays pouco dellas participão tãto mays as desejam ostentar, como o vilão criado no paço, ou neycio no estudo, que desejam este parecer sabedor e aquelle fidalgo. A arte da nauegaçam voa muy alto, e consigo enleua os homẽs que nella tratam/ de feyçam que lhes faz parecer q̃ sabem muyto/ por isso não querẽ ser emendados, e porque temos necessidade de tirarem polas cordas, deyxemolos fazer em quanto nam errarem em cousa de perigo. Todauia quando o erro importar muyto, nam nos deyxe o capitam proceder per elle, porque elles tem esta condiçam, q̃ nam confessam jamays seu erro, e deyxam antes perder tudo que conhecerse delle. Em taes tẽpos o capitão ponhos a elles de parte, e mãde o q̃ cũpre, porẽ cõ tal cõdição q̃ entenda o q̃ mãda, por tanto disse q̃ lhe cõpria entẽder a nauegação como a guerra, porq̃ ẽ tudo ha de soprir a seus tẽpos.

Cap. noue. De como as armadas faram vela

DESPOYS de ter bem consultado sobre sua partida o capitam mor da armada, parecendo bẽ a elle e aos do seu conselho, e sendo necessario, mandaraa fazer vella per esta ordem. Premeyro os mestres ou patrões e marinheyros estaram em seus nauios desdo tempo q̃ se a frota começou fazer prestes, porq̃ elles hão de ẽxarcear os nauios, e tomar a bordo a fardagẽ, e arrumalla cada cousa em seu lugar, qua elles entendem aconueniencia dos lugares do nauio pera as cousas, e quaes cũpre ficar despejados pera seu exercicio. Embarcado o fato, e chegada a oportanidade do partir, mandaraa o capitãm recolher a gente darmas, e officiaes, hũ dia antes da partida, cõ pregam pubrico a som de trombeta ou de tãbor. Este espaço d'hũ dia se daraa soomente a premeyra vez que embarcam na terra onde se faz a armada, e dahy por diante se nam daraa mays q̃ soos duas horas sinaladas com tiro dartelharia, como logo direy, porq̃ despoys q hũa vez embarcarẽ ate tornarem a desarmar, sempre os nauios deuem estar a ponto de guerra, e a gente pera isso prestes e presente, como no exercito da terra se faz. No qual despoys que recebẽ soldo os soldados sam obrigados ser continoos, mays q̃ os frades no seu mosteyro, sob pena de ladrões ou traidores, porq̃ ausentandosse cõ rezam se pode sospeytar delles hũa destas duas, ou q̃ se querem passar aos imigos e ser traydores, ou quando menos querẽ fogir, e furtar o soldo. E posto q̃ nam tenhão recebido soldo despoys q̃ se assẽtam na matricola, que assy lhe chama Vegecio, nam podẽ mays ir pera nenhũa parte nem fazer de sy nada sem licença de seu capitam, ou dos armadores que fazem a matricola, sob pena de falsarios e enganadores do princepe e reepubrica, que cuydando ter homẽs certos os nam acham quando os ham mester. Era costume darlhe juramento aos soldados no tempo que os assentauão, que era nam menos que a profissam dos religiosos, que jurauão por Deos Christo, e Espirito santo, e polla magestade do princepe, q̃ despoys de Deos deue ser hõrada e amada e obedecida como Deos terreal, poys per Deos he posto, e em seu lugar preside o princepe, e quem lhe resiste, a Deos e aa sua ordenança resiste, diz sam Paulo. Jurauam digo, fazer quanto lhe seu capitam mandasse com diligencia, e destreza, e nam se apartar das armas e exercicio dellas, nẽ recusar a morte polla defensam da reepubrica. Tambem jurauam, segundo traz Aulo Gellio de autoridade de Cincio autor antigo, de nam furtar, nem se ausẽtar do arrayal ou donde os mãdassẽ estar. Era entam esta ordem santa, como ainda agora seria se os capitães quisessem. Posto q̃ nam jurem, todauia não lhe cõsintam ausẽtarse da armada, mays que atee onde possam ouuir a trombeta ou tambor, nem andar soos per lugares escusos, sob pena de fogitiuos ou ladrões. E despoys d'embarcados nam sayão dos nauios sem licença, a qual nam passaraa dhum dia, nem seraa pera dormir fora do seu nauio/ assy como na terra nam dormiram fora dos muros do pouo ou vallo do arrayal, onde esteuerem apousentados.

Antes q̃ me esq̃ça e passe o tẽpo de lho lẽbrar, digo ao capitam que da sua frota escolha pera sy o milhor nauio q̃ nella ouuer, forte e veleyro, ou leue se for de remo, tal q̃ se for necessario descorra per toda a frota, alcanse os que vam muyto diante e os faça deter, e torne aos traseyros, e os faça ajuntar todos, detẽdo hũs e apressando os outros, e ẽparãndo os fracos, porq̃ espalhados todos vão bẽ perigosos e offerecidos aos ẽcõtros dos contrayros. Quãdo não poder o capitão alcançar todos, pera os ajũtar mãdaraa tirar hu tiro dartelharia, ao qual acudirão todos a saber o q̃ lhe mandão. O mesmo faraa cada hũ, quãdo se acharẽ pressa, e chamaraa a socorro com hum tiro dartelharia, ao qual acudirão todos a saber o q̃ lhe mandão. O mesmo faraa cada hũ, quãdo se acharẽ pressa, e chamaraa a socorro com hum tiro como disse, ao qual acudiraa o capitam, e se elle vir que he necessario entam chamaraa os outros, ou quaes elle quiser/ capeando em particular a cada hum, ou tirandolhe a elle soo. Tornando ao partir, recolhida a gente/ e postos os nauios a pique antes duas horas q̃ parta, mande o capitam tirar dous tiros para que se acabe de recolher algum vagaroso se fica em terra. Neste comenos, em quanto se acaba de recolher a gente, mandem os capitães ou patrões aruorar as bandeyras per todos os nauios, as quaes se acostumam no exercito pera que na reuolta da guerra cada hum conheça o seu bando, e guarde sua ordẽ tomandosse a seu esquadram/ segundo dizem Vegecio e Modesto, e mays tambem para que onde a voz do homẽ nem som destromento nam abasta, co ellas se possa acenar, e sinificar o que manda o capitam, segundo parece entẽder Eliano. Disto seruem aas vezes no mar, e tambem do que diz Julio Cesar, conuem asaber, de sinal de guerra, o qual mostram segundo o lugar e modo que leuam/ que na proa enrastada hũa bandeyra ameaça encontro e batalha, mas ao contrayro aleuantada de pano branco pede paz. As muytas fazem o mesmo que o estrondo dos estromentos, que alegram os nossos e aterrã os contrayros. As ensinhias seram delrey, ou do princepe da terra, e se o capitam for nobre tambem pode trazer as da sua nobreza. He costume o capitam mor soomente trazer a bãdeyra do princepe na gauea, ou mastro mayor, se o nauio he de vella, e se he d' remo na parte dereyta da popa, porque elle representa a pessoa do princepe/ e conuem que per algũa maneyra seja destinto dos outros porque o conheçam e o siguam. Despoys d'aruoradas as bandeyras, e chegada a hora do partir, mande o capitão tirar hum tiro dartelharia a leuar ancora, ao som do qual todos leuem as suas, e façam vela encomendandosse aa graça de Deos, e pedindolhe boa viagem. Em fazendo vela tanjam os ministrijs atee sayrem dante o pouo, ou irem largos da terra, porque aos que ficam deyxem saudade/ d' feyçam que roguem a Deos por sua boa tornada, e elles ao cõtrayro nam leuem tristeza do apartamẽto, nem lhes pareça que vam desacompanhados. Com tal aparato e pompa deuem sempre sair e entrar as armadas, assy nos seus portos como em quaes quer outros, hora sejam de amigos hora de imigos, porque seu propio he das armas fazer estrondo/ e sem elle entristecem e mortificanse os espiritos dos homẽs. Algũas vezes porem se deyxaraa esta solemnidade, se comprir fazer algum salto, ou recolhimento secreto, como fazia Marco catam da praya dos imigos, quando mãdou enforcar hum soldado porque chamou de terra que o tomassẽ/ segundo cõta Julio Frontino falando da disciplina militar.

Nauegando de mar em fora, todollos dias polla menhã os ministrijs saudaram seu capitam, e companhia, cõ semelhante Celeuma como antes as partida fezeram rogando boa viagem, e vitoria. De noyte faraa a capitayna, q̃ assy se chama a nao ẽ q̃ vay o capitam, a qual faraa como digo, todas as noytes farol, pa q̃ todas as outras sigam sua derrota. Nenhũ outro nauio da frota acendera o farol/ senam a capitayna, porẽ quando se acharẽ em pressa faram almenaras ou fogos para q̃ lhe acudam. Em terra ou tẽpo de sospeyta, nẽ farol nẽ fogo outra algũ, se deue acender de noyte nos nauios, por nam serẽ descubertos nẽ saberẽ os imigos parte d'lles. Aqui poys me lẽbra amoesto pa em todo tẽpo o muyto resguardo q̃ se deue ter no fogo e cãdeas q̃ se acendẽ nos nauios q̃ nam cayão nẽ fiquem esquecidas ẽ parte donde naça perigo algũ, qua sem duuida este he dos mays lastimosos e desesperados desastres q̃ no mar podẽ acontecer.

Neste lugar cõuẽ auisar os capitães do segredo q̃ lhes cũpre guardar, e ser fieys assi mesmos, caso o não forem no seu menos o seram no alheo, nem teram rezam de confiar que outrẽ lho seja a elles. Peq̃na seria confiança daquelle que desse mays credito a outrem que assy mesmo, e nam guardando elle seu segredo esperasse que outrem lho hauia de guardar. Poys nas cousas da guerra hũa principal cautella e muy segura he nam se saber o que se ha de fazer. Assy o ensina Vegecio, e assy o entendia Metellopio capitam romano quando respondeo aos que lhe preguntaram que determinaua fazer, e disse que se a camisa que trazia vestida o soubesse falar elle a queymaria. Posto que o capitam tome, como deue tomar, conselho de muytos, não saybão esses muytos, nẽ pessoa algũa, o q̃ elle determina ẽ seu peyto, no qual o tenha guardado se quer que venha a effeyto, porque antre bos ha hy maos, e, se os contrayros forem auisados, porão cobro em sy e suas cousas, de feyçam q̃ nam posseelle fazer o q̃ determinaua. Muytas partes de saber ha mester o capitam pera decernir antre vinho e vinagre, porque ãbos tem boa cor, e aas vezes o vinagre milhor, qua esta he sua manha do engano pintarse apraziuel, e quem trata verdade he mays ysẽto e d'sapraz aos mimosos e fracos, amigos de seu querer, os quaes nam lhe he possiuel conhecer os falsos, antes aquelles q̃ o sam tẽ elles por mays seus amigos, e dãolhe mays credito, a elles se entreguam e co elles cõmunicão porque lhe falam aa vontade. Quem isto teuer nam he pera capitam, porque tem muy certa a perdiçam sua e dos q̃ lhe forem encomendados, qua nam pode escapar de enganado ou vendido. Hum desta condiçam por amor della se perdeo poucos dias ha em Africa cõ muyta gente honrada q̃ a seu carrego tinha, o qual nam quero nomear por não dar que dizer ao pouo que o conhecia, porem os que o conuersaram, e sabem como se gouernaua, se me entendem me ajudaram. Notam se os taes exẽplos/ não pa praguejar dos mortos, mas pa euitar q̃ não mouram outros como aquelles temerariamente, e porque se lẽbrẽ os princepes q̃ pera os taes carregos cumpre escolher homẽs considerados, e somitidos a bo conselho, nam isentos, nẽ presuntuosos de seu saber. Alẽ de ser o capitão sagaz, e esperto pera conhecer o q̃ tẽ nos homẽs, seja tambẽ capaz/ e nam arrebente cõ qualquer picadura, mas guardandosse dos sospeytos, espere tempo, cõ tanta fineza de saber, q̃ entramẽtes se aproueyte e sirua dos maos, dandolhe a entender q̃ os tẽ por bos, porq̃ retenham sua peçonha em sy, o q̃ faram esperando interesse que elles pretendẽ, ou aguardãdo disposição pera seus feytos. Aas quaes duas cousas os deue armar o capitam, vsando co elles de liberadade, porq̃ pode ser q̃ assy os faraa fieys, se nelle acharem o q̃ esperauam contrayros/ ou mostrãdo he q̃ se fia delles, e per esta via os deteraa e enganaraa. Faz pare esta doutrina o xemplo de Ventidio capitam romano, q̃ na guerra dos parthos trazia consigo hũ espia chamado Pharneu, o qual elle sabia q̃ era traydor, e q̃ daua auisos aos contrayros, e dissimulaua co elle tão manhosamente, que cõuertia a maldade daquelle contra seu dono, e proueyto pera sy. Isto fazia. Agasalhauao, amitiao a sua familiaridade, praticaua co elle, pedialhe conselho, cõmunicaualhe segredos, dizialhe o q̃ não tinha na võtade, para q̃ assy o mãdasse Pharneu dizer aos imigos e os ẽganasse, e perdesse co elles o credito. E elle fingindo desuios procedia per outra via, e fazia o q̃ lhe compria aa sua vontade/ ou tomando os contrayros desapercebidos, ousem delles ter estoruo. Estas e outras partes de saber como estas cumpre aos capitães ter, ou naturaes, ou per tal industria aquiridas/ que vsem dellas como proprias, sem ser entendidos como personagem dauto mal representada. E saybam q̃ os traidores sam agudos, e tem muytas astucias e cautellas, e assy como viuẽ dobrados tambem lhe parece q̃ os outros o fazem, e viuẽdo nesta desconfiança procuram de entẽder os intrinsecos alheos portanto quem co elles ouuer de dissimular cũpre que seja fino e o sayba fazer.

Aqui quero escreuer ardil/ de que vsarão algũs singulares capitães pera gardar segredo na guerra do mar, e esconder a intençam de sua viagem, o que he necessario pera dar de sobresalto, e pera segurar seu caminho, pera o que diz Vegecio que aproueyta muyto segredo. Aquelle caminho diz elle/ se faz mays seguro, que os contrayros nam sospeytã se se ha de fazer. Poys co este ardil se podem ocultar os caminhos em especial no mar, onde nẽ ha limitadas estradas, pellas quaes os exercitos forçadamente hajam de passar, nem nelle emprimem pegadas peronde os possão rastejar. O ardil he o que vsou Hamilcar capitam dos d' Carthago querendo dar de supito sobre Cezilia. Nam manifestou o dito capitam a ninguem pera onde ia, mas deu a cada capitão ou patrão de cada nauio hũa carta çarrada em que lhes declaraua o que hauiam de fzer/ e lhes mandou que nam abrisem aquellas cartas, senam quando se delle apartassem per tempestade tal que o perdessem, e senam podessem tornar a ajuntar co elle, porem por em tanto seguissem sua derrota e farol, sem nenhũ delles saber pera onde nauegauam. Quasi o mesmo fez elrey dom Joam de Portugal indo sobre Ceyta per mar/ senam quãto vsou de mays astucia, qua porque se nam pudia fazer prestes ocultamente, pera assegurar os mouros/ publicou que armaua cõtra elrey Dingraterra seu sogro, por lhe nam ter pago o dote que lhe prometera cõ sua molher, e com assy ocultar sua tençam effeytuou facilmẽte o que desejaua, como fica dicto. Mays fez o sobredicto Hamilcar sobre conseruar seu segredo e obediencia, porq̃ outra vez lha guardassem, que saindo em terra sem hauer corrido tempestade pedio suas cartas aos capitães, os quaes lhas tornaram çarradas como lhas elle dera, todos soomente hum que de mays apititoso abrio a sua, pollo que Hamilcar o castigou como sospeyto e pouco fiel. Isto contey porque sobre taes exemplos, e de taes homẽs, deuem contrapontear as praticas e pensamentos dos capitães, trazendoos sempre antos olhos.

Andando pello mar o capitam procure ter auiso donde e como nauegam os contrayros. Digo como nauegam, conuem a saber, que força e tençam trazem. E assy pera hauer noticia dos imigos como pera se ocultar delles, alem de ter sua espias, haueraa fala de todolos nauios que aa sua vista vierem, e enquereraa delles donde sam, donde vem, em que tratam, pera onde vam, que nouas sabem, e que nauio encontraram, isto se for necessario, com diligente exame apertando co elles quanto comprir, e vsando tambem de força contra os que resistirem, ou castigando os que refusarem como sospeytos. Porem aos pacificos, e de boa fee nam offenderaa, mas antes os defenderaa, com tanto que nam tome bando por ninguem. Defendelos ha dentro nos seus portos, onde elles estam sob a guarda e emparo do rey ou princepe da terra, cujo capitão elle he em cujos portos e ancoragẽs os defenderaa de todos offensores, posto que co elles tenham guerra, porque na terra onde estam confiam da paz della, e por isso lhe pagam seus dereytos, para que em quanto nella esteuerem lhes mantenham paz e justiça, como aos proprios vassallos. Mas no mar os defenderaa soomente dos ladrões, ainda que nam sejam seus naturaes nem vassallos, soo por bem fazer, porque isso se espera das boas armas, defender os atribulados. E tambem por castigar os maos, e porq̃ os ladrões são imigos commũs/ como jaa disse, portanto os persiguiraa, e nam consentiraa offender aninguem que seja. Antre os que tem guerra se nam antremeta, em especial se he amigo dambos, posto que o seja mays dhum que do outro, porque o mar he frãco e commũ a todos, e as armas licitas, como sam as dos princepes, podem nelle demandar sua justiça, e executar seus retos, por tanto o amigo dambalas partes lancesse de fora, e nam perca a hum por outro. Porque diz Salamão, que he como quem toma o cão pollas orelhas, o que se antremete em contẽdas alheas. E nam soomente assy, mas he como ho cão que ladra ao Lião e lhe faz deyxar a presa/ e padece elle por ella, sem socorro de quem se acolhe e o deyxa nas pioos/ como dizem. Assy acõtece aos nossos, q̃ cobrão imigos por acudir a seus vezinhos, os quaes se vão rindo e lhes daa pouco das miserias q̃ os nossos marinheyros, e perdas que mercadores padecem. Tem os nossos muyto a q̃ acudir, e cousas aparelhadas pera receber offensa, não sejam orgulhosos nẽ prouoquẽ contrayros, não se diga d'nos, tu es lebre, e buscalos cães. Quando vir que he necessario poderaa o capitã deter per algũs dias os nauios q̃ passam posto q̃ sejam pacificos, porque nam dem delle nouas aos contrayros, se co elles forem encontrar, qua nam poderão al fazer, se lho pregũtarem, senam dizer o que souberem. Tendo nouas de imigos os mandaraa espiar per seus fragatins ligeyros, e se for possivel tomar dantrelles quem lhe dee cõta do que laa vay Os que assy forem espiar se tambem poderem dãnar, assy o façam, se ouuer de ser a seu saluo, o que poderaa ser fazendoo com astucia e tento, ca nas forças nam deuem confiar poylas nam leuam. Podem fazer danno estes aos imigos ocultamente cortando amarras/ arrombando nauios, e lançãdo fogo nells, e aas vezes trazendo aa toa qualquer barco se o acharem de bo lanço. E por quanto assy como nos tambem os contrayros vsam manhas, e armam celadas contra nos fazendo saltos e entradas, em especial de noyte que he tempo pera isso mays desposto, cumpre aos capitães do mar, ou patrões e mestres que mandem velar de noyte seus nauios nam soomente dos sobresaltos dos imigos, mas tambem dos perigos do mar, assy nos portos como de mar em fora que nam encalhem nem dem em seco, nem se atreuessem nẽ tomem por dauante, nem abalroem com outros, nem quebrem amarras, nem se acenda fogo que como jaa disse, no mar he hum grande desastre e sem remedio: nem fujam forçados, nem cheguem a bordo barcos, e doutros muytos inconuenientes que podem acontecer se deuem velar os nauios de noyte, e guardar de dia. Velaram de noyte marinheyros e soldados juntamente, porque se ajudem e ensinem hũs a outros. Os soldados ajudem aos marinheyros, ca nam he justo que carregue todo o trabalho a hũa parte, e mays que seu he dos soldados velar de noyte e assy o fazem nas fortalezas e arrayes da terra porem nam velem sem companhia de marinheyros, que sabem do que se hão de guardar no mar, e a que deuem acudir. O repartir da gente per suas camaradas ou esquadras, e do tempo per seus quartos he dos mestres e patrões antros marinheyros, e dos sargentos ou meyrinhos antros coldados. Estes nisso seguiram o costume da terra escusando as pessoas que o merecerem por officio ou dinidade, exceyto em tempo de necessidade e perigo, ca então os milhores deuem suprir e ter recado. Lançarão mays os menos homẽs por quarto, segundo for a copia dagente, e partiram o tempo dos quartos mayor ou menor, segundo as noytes forem grandes ou pequenas, ygualandoos porem que nam sejam mayor hum quarto que outro, como he costume. Alem disto o capitam e seus officiaes nam durmam descanssados, mas roldem de noyte, e visitem os que velam se vegiam se dormem, e castiguem os descuydados, e aas vezes ryjo, porque assy o merece o tal descuydo, ca emporta muyto.

Antes q̃ me esqueça q̃ro tirar hũa duuida q̃ algus escrupulosos buscão nesta materea, da qual não fora muyto firme se o teuera de cõdição, mas não macostumo rir de nada, porq̃ vejo muytos risos e esses preualecẽ. Manha he de fracos e preguiçosos, buscar achaques pera nam fazer o que deuẽ e lhes cumpre/ conforme ao prouerbio vulgar que diz. Achaques aa coresma por nam gejũar. E Salamam diz. O preguiçoso por nam sair de casa, adeuinha que na rua estaa hum liam. Preguntam estes se he licitò vsar de manhas na guerra, e armar celadas. As quaes assy se deuem pronunciar e nam ciladas, porque celada quer dizer cousa encuberta e escondida diriuandosse de celare verbo latino que quer dizer encubrir, e cilada nam tem donde venha senam do costume vulgar e corruto. A mesma rezam tem pera se nomear a celada arma que cobre a cabeça quasi como gualteyra. Se he licito ou nam vsar na guerra de manhas, astucias, e dissimulações, e celadas, sam Thomas o disputa, e conclue que sy, e tem rezam, porque sam estes documentos desta arte militar necessarios pera conseguir o fim della, collegidos da experiẽcia que os homẽs entendidos nella fazem como se faz nas outras artes/ os documentos dos quaes foram tirados, e se tiram hoje em dia do que os homẽs nellas esprementam e entendem competir a seu fim e tençam, sem os quaes documentos e imitaçam delles nam se pode conseguir fruto das dictas artes, e sendo ellas licitas a doutrina e adminiculos dellas, sam licitos. Na arte do disputar todos os preceytos que ensinam arguir sam licitos, posto que pareçam ser importunos e que ensinam enganar, porque sem elles seraa essa arte manca e imperfeyta e nam saberemos desfazer os empecilhos daquelles que co ella nos querem conuencer. Na agricultura senam romperem a terra, se nam cortarem os ramos sobejos e arrancaremnas eruas brauias, senam armarem aos bestigos e os matarem, nam haueraa criançam nem se colheraa fruyto, e para se colher he necessario fazer algũas cousas que parecem ser mal feytas mas namno sam porque sam necessarias pera conseguir o fim da boa arte que vsamos. Esta arte da guerra he licita e necessaria, como fica dicto na premeyra parte/ pera conseruação da paz, e quietaçam e emparo da reepubrica, e a sua tençam he hauer vitoria, porque sem vitoria nam poderemos conseruar a justiça e paz que pretendemos, e sendo assy cumpre vsar de todolos aminiculos que para isso conduzem e aproueytão. Hora poys per experiencia sabemos, nossa e doutros muytos, que as cautellas, e dissimulações/ e astuciosas manhas e celadas conduzem na guerra pera alcançar vitoria, e cumpre vsar dellas, e sem ellas he riso fazer guerra, porque na mão estaa nam vsando nos dellas, leuarem os imigos o milhor, e vencerem, e estragarem nossa quietaçam. Senam quanto seria milhor nam fazer guerra os que nam determinam vsar das manhas della, porque nam prouoquem seus contrayros a sanha, nem lhe dem causa a lhe fazerem os damnos acostumados nella. Milhor seraa aos taes soltar em paz sua justiça, poys lhe nam parece bem fazer tudo o q̃ cumpre pera a defender, e querella defender sem o fazer/ he o de que me quisera rir se fora de minha condiçam e mays porque me lembrou a deuaçam desaçazoada dos que hauẽdo descaramuçar se deciam dos cauallos a diser em giolhos senhas auemarias. Mas perdoemoslhe porque era em Aluallade, qua se fora na enxouuia não lhe perdoara o Xarife, nem lhesperara que se tornaram aa sella. Nam estaua tam de vagar o bo caualeyro Christam dom Afonso Anriquez quando no campo Dourique disse a jesu Christo, que nam era entam tempo de rezar, porque tambem o seruia em pelejar. Todas as cousas tẽ seu tẽpo/ e pessoas applicadas pa se acupararẽ nellas, e os cauallеyros não são applicados aa oraçam, ẽ especial no tẽpo do pelejar. Então he tẽpo d'se defender, em cõbater, e desbaratar os imigos per todalas vias/ per industria e astucia, cuydando e fazẽdo tudo o q̃ pera isso cumprir. Sẽ embargo do q̃ a cima fica dicto deuesse porẽ guardar a justiça e dereyto da guerra, como são tregoas com suas condições, e as equidades de humanidade ou vezinhença, acostumadas guardar de hũa parte a outra, como he nam matar os vencidos, nem desarmados, velhos molheres, e meninos, nem trabalhadores do campo, nem destruir o mesmo campo e fruytos delle, dar a resgate os catiuos pollo preço acostumado/ e nam nos transmontar a outras nações estranhas, assegurar os embayxadores e farautes, e tratallos sem odio nem engano. As quaes duas cousas sam muy fora da nobreza que nos caualeyros deue hauer. Lembrame que ouui a homẽs Dafrica, algũas boas cousas que se laa fezeram em armas os dias passados, e sobre tudo me parece bem a boa humanidade com que se tratauam os dous animosos capitães Darzilla e Tetuão dom Joam coutinho conde do Redondo e Mulee abrahem, que acabauam de jugar as lançadas/ hum polla liberdade da sua terra e outro per louuor e gloria de Deos, e retirandosse saudauãose como amigos, e mandaua o conde cayxas de marmelada e fruyta ao mouro pera se recrear do trabalho das armas/ e elle mandaua outros presentes ao conde, e estauam a falla como se nunca pelejaram, tẽdo feyto cada hum delles contra o outro quanto podiam fazer valentissimos caualeyros que elles eram. Os animosos e nobres nam pelejam com odio. Assy o lemos de muytos princepes e capitães, que nam queriam mays de seus contrayros que soo a victoria, e lhe soltauam as vidas, e fazendas francamente, sem lhe tratar engano nem deshumanidade, que he cousa de vilãos. Finalmente na guerra, posto que com imigos, deuemos fazer o que queriamos que nos fezessem, e guardar justiça e verdade, e despoys disso toda manha e ardil podemos vsar. Da qual materea escreueo Julio Frontino os liuros dos strategemas, q̃ allega sam Thomas, ainda que por culpa da maa correyçam se lem na sua escritura outras palauras.

Cap. dez. Das batalhas do mar/e alguns ardis necessarios nellas.

TERRIBEL cousa he a batalha do mar ante os olhos humanos, e os sentidos a refusam e auorrecem, porque nella se lhe offerece a morte sem nenhum refugio antre muytas confusões e angustias. Qualquer destas duas cousas abasta para aterrar a humanidade, quanto mays ambas juntas, guerra e mar. As carnes se arrepiam, os sentidos arreceam, o entendimento se confunde, e os espiritos do homem se affrigem, vendo que nam soomente ha de pelejar com seus imigos, mas tambem lhe cumpre resguardar o mar e vento, elementos caducos e de poucas constancia/ mal dinos pera nelles confiar. Nam aproueytam animos, nem força, nem destreza quando estes faltam ou enganam, portanto he terribel a guerra do mar aos homẽs nam fracos mas considerados, porque nam he nelles fazello bem aas vezes/ ainda que nisso ponham toda industria.

Esta he a parte que os homẽs nesta faculdade mays desejam ouuir e leer, a que ensina pelejar, diz Vegecio, porem a pubrica peleja ou batalha se deue muyto euitar, na qual se auentura toda a fortuna das partes, e se corta em duas ou tres horas toda a esperança dos vencidos. Os bos capitães fazem a guerra per manha mays que per força, fazendo saltos ocultos, ou dando combates particulares/ nos quaes afadigam/ cansam, e desfazem os contrayros, e lhe dam em que cuydar, e fazem que nam tenham lugar pera fulminar contra nos o mesmo, porque em se guardar nam fazem pouco quando sabem que tem contrasy auersayro solicito. Bem claro estaa, que as manhas de Ulisses acabaram, e que a força de Achiles nam pode, entrar e destruir a forte e famosa cidade da Troya. E sertorio amoestãdo aos Espanhoes, que se nam combatessem pubricamente com os Romanos, no exemplo dos dous mancebos e dous caualos lhe mostrou a facilidade que nas batalhas particulares ha pera alcançar victoria ainda que seja de grandes exercitos, porque as muytas forças diuididas perdem seu vigor assy como hum grande ryo que junto nam podiamos passar, se o diuidimos em muytos regatos passamolo a pee enxuto, e hum forte muro pouco e pouco o derribaraa hum fraco homem, o que nam faram muytos a todo junto. Bem assy o capitam que teuer menos gente e força, se acometer seus contrayros per partes poderaa alcançar vitoria, e quando a nam alcançasse, ao menos nam pareceraa que todos sam vencidos posto que algũs sejam desbaratados, mas facilmente poderaa aleuantar os animos dos outros a cobrar o que aquelles perderem. Os recontros particulares se bem socedem aproueytam muyto/ e se mal, nam trazem tanto danno. Todauia estes recontros façãose a bo recado, porque o que nos cuydamos cuydam tambem os contrayros, e aguardam apercebidos. Façãose o tempo que elles estem mays descuydados, ou mais necessitados. Digo necessitados, como he caminhando com tempo a elles contrayro, ou em lugares onde nam podem ajudar hũs a outros, como sam estreytos e bayxios. Ou tambem andando espalhados, pera o que vsem os nossos de tal manha que os faça espalhar, acometendoos per diuersas partes, ou dandolhe vista de longe e dissimulando fogida algũs poucos, pera que tambem poucos delles os persigam, e vam cair nas mãos dos mays. Assy o fezeram Memnon capitam de Rhodes, e Alcibiades de Athenas, e Timotheu, e outros que pera prouocarem os contrayros e os tirarem dantre os seus lhe fezeram mostra de poucos nauios, tralos quaes se lançauam e perdiam. Hum quasi semelhante ardil se pode armar em nauios de cuberta, quando hum soo se encontrar com os imigos e nam quiser pelejar, atreuendosse na sua gente, a esconda, para que entrando elles confiados os tomem aas mãos, como fez hum nosso capitam a hus Normandos vindo da India, e assy os tomou sem trabalho nem perigo dos seus. Porem para que nos nam enganem a nos com semelhante anegaça, tenhamos tal cautella, que premeyro que entremos nos nauios dos imigos, os mandemos sair a elles fora.

Antes de trauar peleja quero apontar algũs ardijs que bos capitães teueram, pera alcançar vitoria, e fazer quando feytos, sem estrago nem perigo dos seus, para que a seus tempos os nossos lendo tenham donde tomar exemplo. E nam se desprezem de ler estes e outros muytos, porque o tal desdem nam faz homẽs prudentes, como este negocio requere. Mays releua a prudencia nas armas que na judicatura, nem gouernança das cidades e pouos. Diz Vegecio, que o capitam seja prudente, e sayba julgar e determinar as cousas da guerra como o bo juyz as da cidade com moderaçam e diligencia, porem muyto mays cumpre vsar de prudencia e siso nas guerras, porque os erros feytos na guerra montam mays, e nam se emendam tam asinha comoos da paz, a qual paz como he mansa dobrasse para onde queremos facilmente/ o que nam faz a guerra que he dura e ferrenha. Despoys de mortos os homẽs, e as fazendas postas em mãos de nossos imigos, nam nos podemos tam asinha restaurar, como se pode emendar a maa gouernãça ou sentença do juyz que para isso tem superiores e recebe appellações, que os imigos nam fazem. Disse a cima que deuem os capitães determinar as cousas da guerra com grãde moderaçam e diligencia, porque se deuem muyto moderar de seus impetos as armas, e os bos conselhos porse per obra, e nam deyxar passar a boa ocasiam que se offerece. Isto querem dizer as palauras que trazia em seu mote o Emperador Octauiano. Apressate de vagar. Digo que se o capitam ou gente sam belicosos e desejam pelejar que o nam deuẽ fazer sem muyta consideraçam, mas deuem esperar tempo e lugar oportuno. Assy o fez Tamiris raynha de scythia, e venceo o muy poderoso Ciro rey de Persia, e os reys da India assy desbarataram Semiramis raynha de Babilonia, e algũs Romanos esperando tempo vencerão e os gregos polla desposiçam do lugar destroçaram os Persas e os lançaram de sua terra, deyxandoos entrar atee onde se podessem senhorear delles. Chabrias capitam de Athenas querendo entrar no porto de Samo, no qual estaua afrota dos imigos, por nam das batalha mandou diante certos nauios dos seus, aos quaes sayram os contrayros, e ficando o porto soo entrou elle sem trabalho e tomou a terra. Os Thebanos nam podendo cobrar o porto dos Sycinios fingiram trato de mercancia, e metendo homẽs darmas nos nauios ocultamente o tomaram. Quasi pello mesmo ardil se tomou a cidade de çafy em tempo delrey dõ Manoel, e a entrada na India assy começou. As quaes cousas se per força se ouueram de fazer nam abastauam as de Portugal, e onde faltam as forças he necessario que supra o saber, o qual vemos cada dia fazer milhores cousas com pouca gente do que faz muyta força sem elle. Per saber e astucia senhoreão os nossos poucos muytas terras e reynos de nações barbaras, na India, guinee, e brasil. Per astucia iudith fez aleuantar o cerco de sobre Bethulia, e per astucia he necessario quebrar o impeto dos imigos da nossa sancta fee, cuja soberba vay em muyto crecimento, e senam per Deos e bo saber, nam parece que nossas forças lhe podem resistir. Verdade he que elles cõfião em suas armas e nauios: e nos chamamos o nome e ajuda do nosso Deos, como diz o Salmista. O qual sem duuida nos ajudaraa e aleuantaraa, mas todauia he necessario que façamos nos tambem o que podemos, qua nam he tempo de rezar quando o imigo estaa sobre nos, dizia Marco catão em salustio.

Offerecendosse desposiçam, de que com rezam possamos confiar, nam se deyxe de dar batalha, nem se perca o bo ensejo quãdo vier, porque muytas vezes acõtece aos que o deyxam passar arrependerse, como fez Hanibal capitão de Cartago que podendo ser senhor de Roma perdeo isso, e se perdeo assy mesmo, soomente por dilatar hum dia, e não seguir em continente a victoria que tinha ganhada. Assy como as temeridades e desatinos sam perigos na guerra, tãbẽ ao contrayro o vagar he perdidoso, porque daa lugar aos contrayros que se ponham em cobro, e tanto que aas veses cobram sobre nos, o que Deos nam mande que aconteça em Africa, õde pollos teremos em pouco crecem muytos nossos imigos, os da terra e os turcos que co elles se ajuntam.

A rũy pranta em pequena se deue arrãcar, porque despoys de grande nam derranque o campo e creça sobolas boas, e nam se fazendo assy he culpa dos lauradores nam do senhorio que quer que lhe paguem bo trigo/ e adoobem sua vinha e senam, dalaha a outros foreyros, que trabalhem e paguẽ os fruytos a seu tempo. He tempo pera dar batalha, quando temos oportonidade pera isso, ou de auantagem nossa, ou de falta dos imigos. Se sam mays os nossos, e milhor armados, e mays praticos na guerra, se temos nauios mays competentes pera o mar e tempo em que nauegamos, se temos lugar mays desposto assy pera os nauios como pera o combate delles. Pera os nauios se sam de vela, he lugar mays desposto, mar largo e fundo, e de balrauento, e o tempo fresco. Mas pera nauios de remo mays oportuna desposição he vento calma, e lugares mays breues lhe abastam. Tendo os contrayros falta das sobredictas cousas, ou sentindo delles algũa fraqueza, ou inorancia dos lugares e tempos por serem estrãgeyros, e desacostumados, não tarde o capitam dar batalha. Premeyro todauia olhe e escoldrinhe bem a vontade com que a sua gente determina pelejar, e se nelles sentir algũa desconfiança ou frieza, mande ficar os taes e nam nos leue consigo, como Deos o mãdou fazer a Moyses e a Gedeon capitães de Israel/ e o fez Judas Machabeu, porque nam façam acouardar os outros, ou lhe faça hũa fala em q̃ os amoeste do que lhe cumpre fazer por sua saluaçam e da terra, por seruiço de Deos e delrey, por sua honra e por seu proueyto, mostrelhe as oportunidades que se offerecem pera pelejar, e a facilidade para vencer, contelhes a justiça que tem por sua parte, e a sem rezam dos imigos, e digalhes quanto deuem confiar no fauor diuino que he a principal ancora em que deuem escorar. Tragalhes aa memoria a fama da sua naçam, e a gloria que seus passados ganharam, as vitorias que ouueram em especial contra essa gente com que ham de pelejar, notando a fraqueza delle, e couardia, e desordem/ põdolhe diante quã vorgonhosa afronta seraa sua, faltar da virtude e valentia de seus auoos deminuindo sua honra e gloria. Se os dias precedentes fez ou mandou fazer algum salto prospero tem mays ocasiam dabater nos contrayros e aleuantar os animos dos seus. Mas se atee entam lhe nam socedeo bem a guerra, digalhe que nam estaa sempre o demo a hũa porta e os casos da fortuna sam mudaueys, porque este he o bem que tem o mal, e o mal que tem o bem. Do mal esperamos emenda, e do bem arreceamos perda. Caimos na aduersidade passada por erros ou negligencias que nam tinhamos visto, mas depoys que jaa nisso he prouido emendar se ha a perda. Aponte aqui o porque verisimilmẽte ou segundo opiniam se perdeo o passado, e declare como jaa estaa milhor prouido. Se porque eram poucos os que foram desbaratados, ou nam foram a tempo/ ou foram descuydados. Ou pera os engodar com hũa yguaria de que muyto gosta a gente darmas, segundo nas comedias se representa, digalhes que os desbaratados nam eram tam valentes comelles, e que delles por serem bos caualeyros e esforçados se espera emenda e recuperaçam daquella perda, e que por tanto os manda ou leua a isso, pollo muyto que delles confia, e que da tal emenda ganharam mays assina da gloria.

Quando o sitio das estancias o permitir, mostrelhes os nauios dos contrayros quam poucos sam, e mal armados, e menos idoneos. Mostrelhes muytas vezes, porque a vista acostumada tira o receo das cousas que improuisas poderiam dar terror. Ao contrayro se poder encubra sua frota, e nam saybam seus imigos que força nem ordem tem porque nam possam ser auisados do que lhe cumpre/ nem fulminar o que nos perjudica. E se nam teuer disposiçam pera se encobrir, mostre o mayor aparato que poder, ainda que seja de nauios desarmados, com tanto que o não entendam os contrayros. Isto tambem despoys de trauada a batalha pode aproueytar, conuem a saber, se aparecerem da nossa parte algũs nauios que venham de refresco e atemorizem os imigos. Assy o fez Alcibiades capitão de Athenas/ o qual hauendo de dar hũa batalha no mar junto da sua terra, ordenou que despoys de começado o combate, fezessem vela os nauios que ficauam no porto como que sayão em socorro, por onde fez os imigos vendo as velas que sobreuinham deyxaram o combate e se foram, e elle ficou como victorioso que nam esperaua ser decerto. O mesmo fezeram os Ingreses/ os dias passados/ na guerra de Bolonha de q̃ fica feyta mẽção. Querẽdo estes leuar mantimentos aa dicta cidade, fezeram vela do porto de doure dez nauios/ aos quaes sayam do forte Dardelot d'zoyto galees francesas, e julgãdo a artelharia dhũa parte e da outra, sayrão do dicto porto d'douure outros vintacinco ou trinta nauios ingreses, os quaes vendoos as galees se retiraram pera sua estancia, parecẽdolhe que eram todos darmada, mas despoys soubemos, q̃ soomente os dez premeyros eram armados, e os mays nam, senão passageyros que leuauam os dictos mantimentos. E passarão desta maneyra todos seguros, o que por ventura nam fezeram, se nam polla cacha e aparencia que mostraram, a qual tinha rezam de fazer recear os que della nam sabiam.

Cap. onze. Do lugar pera pelejar.

CHEGANDOSE o tempo do combate, tome o capitam se poder o milhor lugar, e conheça, diz Vegecio, que o lugar nos combates he senhor de grande parte da victoria, porque os que ficam em lugar importuno padecem dous trabalhos em lugar importuno padecem dous trabalhos hum do lugar e outro dos contrayros, ca pelejam co estes e daquelle recebem desfauor. Poys no mar assy como na terra ha lugares hũs ygaes outros fragosos, campos e mõtes, costa a bayxo costa acima, assy no mar ha mar cham e mar de leuadio/ golfãos limpos e prayas aparceladas/ balrauento e sotauento, e correntes, e marees/ que dã e tiram oportunidade e fauor aos nauios no tempo do cõbater. E assy como hũs lugares na terra conuẽ mays pera gente de cauallo e outros pera de pee, tãbe assy no mar hũa desposiçam he mays cõmoda pera nauios de vela, outra pera de remo, como jaa fica dicto no principio destaparte, e pera todos he milhor ficar de balrauento, ou da parte das agoas ou marees/ que he como de cima na terra, e quem teuer esse lugar/ poderaa com auantagem enuestir/ abalroar/ e açabordar seu contrayro. Tambẽ daa ou tira fauor o sol nos combates do mar, o qual ficando de fronte tolhe a vista, e ficando detras faz quasi o mesmo, porque resplãdece nas armas dos cõtrayros, por tãto milhor fica partido por hũs e outros aa ilharga, podendo ficar daly. Quando todas estas cousas nam poderẽ ser em nosso fauor, procuraremos q̃ ao menos o sejam aq̃llas q̃ mays importam e tem mays vigor, ou sam de mays dura, porque algũas se mudam, como he o sol que cursa com o ceo, e as marees isso mesmo, e o vento se vem contra agoa tomaremos qual teuer mays força, porque dessa banda ficamos de cima. E nam tẽdo as que nos mays cũprem destas cousas, hauẽdo se de mudar dilatemos o cõbate atee se mudarem, porem se as temos por nos, nam permitamos a tal dilação se he em nossa mão. Se o combate se hade dar perto de terra, nam fiq̃mos ãtrela e os imigos, porque o seco tambem he cotrayro dos nauiis, e peleja contrelles ou os empede. Assy os estrõca como a guerra, e mays lhe estorua poder nauegar, e ficarião no tal lugar como cercados antre dous aduersayros com necessidade de se guardar dhum e pelejar co outro/ por tanto ou fiq̃mos da parte do mar, ou dõde tenhamos saida frãca, de feyção q̃ os contrayros nos nam possam cercar, ẽ especial se a terra for de imigos dõde tambẽ nos possa vir dãno. Este incoueniente aconteceo aos nauios que elrey nosso senhor mandou cõ elrey de Belez tornando pera seu reyno, os quaes se meteram na baia dalcalaa abayxo de Belez mea legoa, sem ẽbargo q̃ eu disse a Ynacio nunez q̃ nam era aq̃lla segura estancia para a quẽ cõpria andar co a barba sobolo ombro, como a nos q̃ andauamos ẽ terra de imigos cõ sospeyta de galees de turcos, mas o meu dizer nam prestou nẽ o mandar do dito Ynacio nunez, q̃ disso leuaua carrego, valeo cousa algũa, porq̃ nam hauia obediẽcia, principalmente nũs barracões fantasticos q̃ laa hyão/ de que turcos barbirrapados nenhũ medo ouueram. Tanto que nos deeram vista os cabrões sobacados logo nos tomaram o mar, e como cossayros cadimos que elles sam, praticos nesta guerra, nos cercaram, e talharão o caminho per onde lhe podiamos escapar. Mas dado que o assy não fezerão nos não tinhamos saluaçam, porque nem hauia vento pera os nossos nauios nauegarem, q̃ eram de vela, nẽ abastaua pa resistir a força da nossa gẽte, a qual nenhũa proporção tinha co a dos contrayros, nem os dictos barbarrões mostrauão laa tantos desejos de morrer, como quaa espirrão ferocidades com q̃ espantão, bem sey eu a quem.

Capi. doze De como se perderão os nauios que foram com elrey de Belez.

POR quanto disse que da força da nossa gente a dos turcos nossos cõtrayros não hauia naqlle encontro proporção, quero, ainda q alõgue hũ pouco, cõtar breuemente o que aly passou, porque não he muyto fora da materea, e algũs folgarão de saber a verdade disto, a qual eu poderey contar q̃ a vy/ e contalaey porq̃ assy he bem q̃ se cõte nos taes casos.

Em hũa terça feyra trinta dias do mes dagosto do anno de mil e quinhentos e cincoenta e dous partimos de Ceyta cidade da Frica cõ quatro carauellas darmada e hũ carauelão descuberto que leuaua certos cauallos del rey de Belez, e hum fragatim de Ceyta d'quinze ou dezasseys remos por banda. Fezemonos aa vela quasi ao meodia cõ ponente fresco, o qual dhoras de vespera por diãte acalmou não d'todo. Co a bafugẽ q̃ de quãdo ẽ quãdo acodia ãdamos tam pouco, q̃ aa quarta feyra amanhecemos de frõte, de Targa e a noyteceonos passado castello de pescador, e aa quinta feyra amanhecemos a riba de Belez hũa ou duas legoas de feyção q̃ ẽ tres dias e duas noytes caminhamos trinta legoas. Na quinta feyra a horas de vespera lãçamos ãcora aquẽ de Bosema hũa legoa/ e a riba de Belez seys legoas, ẽ hũa praya deserta, õde determinauão desẽbarcar o fato d'lrey de Belez, como de feyto desembarcarão os cauallos, e se aly desembarcarão tudo tornaramonos ẽ paz, e não nos perderamos. Aly se ajũtarão quatrocentos ou quinhentos mouros aldeãos, amigos do dicto seu rey/ q̃ vinhão a recebello porq̃ jaa esperauão por elle, sem ẽbargo q̃ o não podiã crer. Deceo ẽ terra elle cõ os nossos capitães, e saudandose hũs a outros pacificamente, disserão os mouros q̃ a cidade de Belez estaua por elle, ao menos na võtade, e q̃ tanto q̃ o vissẽ os cidadãos se lhe darião, pollo que determinou ir laa desembarcar, por menos trabalho seu, e por mostrar o fauor q̃ de quaa leuaua. Rogãdo poys o dicto rey aos nossos capitães q̃ o posessem ẽ Belez, ouue algũs q̃ cõtradisserão, mas por Inacio nunez dizer q̃ el rey nosso sñor lhe mãdara/ q̃ lhe fezesse todolos fauores possiueys pa seguridade sua, e fouteza de seus amigos, acordarão de o leuar laa. Demos vela sesta feyra ante menhã, e naq̃llas seys legoas q̃ tornamos a andar gastamos todo aq̃lle dia, e ao sabado polla menhã tomamos terra abayxo de Belez mea legoa na baia q̃ jaa nomeey jũto do castello Dalcala. He aq̃lle castelo hũa casa terrea quadrada cõ hũ patio tamanho como hũa peq̃na crasta de frades pobres, tẽ em cada canto hũ cubello redõdo, pouco mays ãcho q̃ hũa cuba de cẽ almudes, quasi como aq̃lles q̃ estão no castello de porto de moos. Chamão elles aquilo castello, porq̃ naq̃lla terra não ha muytos milhores quaq̃lle e porq̃ estaa situado ẽ hũ outeyro. A cidade de Belez seraa quãdo mũto como Cezimbra/ sẽ cerca nẽ fortaleza cutra mays ẽ q̃ o penhão/ o qual estaa dẽtro no mar sobola cidade, e sobre seu porto, por isso não aportamos na cidade porque o penhão estaua pollo Xarife cãtrayro do dito rey/ e aportamos a bayxo õde disse jũto daq̃lle sũtuoso castello, o qual estaua despouoado, e não nos d'fẽdeo ninguẽ a desẽbarcação. Aly esteuemos desembarcãdo de vagar o sabado e domingo, comendo vuas de balsa e figos escalados, que nos aquelle rey mandou de presente, e não cuydou q̃ fazia pouco, porque aquella sua comarca nem he milhor nem mayor que a de Mira em portogal.

Estando nos aly aa segunda feyra acabado o gẽtar, cuydando se nos tornariamos pera nossa terra, começou descobrir de leuante, de tras hũa põta, duas legoas de nos, hũa frota de vinta cinco galees, em que vinha çala raez rey dargel, e ali amate seu capitão moor, e outros capitães e arraez turcos todos, elles e sua gente, e cossayros cadimos, os quaes vinham bem aponto de guerra, como aquelles que a tem por vida, e vsam continuadamente, e a isso vinhão então, a saltear as terras dos Christãos e fazerlhe guerra onde os achassem. Tinhão feyto salto daquella viagem, nas ilhas de Mayorca e Menorca, e em Cathalunha, mas d' nenhũ parte destas leuauão mays do que tomauão, porq̃ lhe matauam muyta gẽte e elles não achauão que roubar ca estauam os moradores daquellas terras apercibidos por terem sabido delles. Trazião todauia certos portugueses d'Matosinhos, que tomarão hauia vinte dias, em quatro nauios merchantes, atraues de Tarragona. E ao tempo que souberam de nos estauão em Laguna, tres legoas de Melilha, e vinta tantas de nos esparmãdo suas galees pera dar em estipona villa da Andaluzia, donde hauia poucos dias que aly Amate fora afrontado, e desejaua vingarse. Foylhe dar auiso de nos hum mouro aldeão, tão desmazelado que se contentou d' tomar por seu aluitre quatro couados de pãno pera se vestir. A esquipaçam da dita frota era deste modo. Hauia doze galees grosas datres porbanco, e hũa bastarda daquatro/ as outras eram galeotas da dous, muytas dellas esforçadas que vogão datres atee o masto. Sua artelharia ordinaria, tam boa coma nossa. Gente darmas ẽ tanta copia, q̃ algũas dellas trazião dous soldados por bancada. Pelejauam cõ frechas, e arcabuzes tam grãdes como berços/ pouco menos. Nas nossas carauellas nã hauia quatro homẽs q̃ soubessẽ atacar hũ arcabuz, e dos q̃ hauia nem era comprido o numero q̃ elrey manda nẽ as qualidades. Os marinheyros lauradores boçães dãtre doura minho, os soldados vagabundos de Lisboa que se contentam coa primeyra paga/ e entram na conta o criado do capitam e o seu negro/ porq̃ he elle pobre e quer forrar, que para isso pedio esse carrego a sua alteza. Desta feyção esquipadas as nossas carauellas, coa vista dos turcos desatinou a gente dellas de tal maneyra q̃ feruiam dhũa parte pera outra sem ordem, como formigeyro esgrauatado. Hũs fazião vela sem hauer vento, q̃ o nam hauia tal que vẽto se podesse chamar, outros cortauam as amarras sem olhar pera onde virauam as proas, outros deyxauam os nauios e metiãose nos bateys pere se lançarem ẽ terra, e logo se tornauam os nauios como homẽs q̃ nam cuydaram o q̃ faziam. Assy parecia q̃ arreceauam aq̃lle trance, como q̃ nam fora seu officio pelejar. Ouue tanto desacordo, q̃ dizendo Inacio nunez que se ajuntassem todos, e não se fossem hũs sem os outros da parte del rey, responderanlhe, q̃ nam conheciam elrey. E por ventura nam mentio quẽ isto disse, porq̃ pode ser q̃ o nã conhecia, nẽ hya laa pollo seruir. A graça toda foy, a q̃lles tomaram do auoengo de Adão, quererẽ despoys de perdidos dar a culpa hũs a outros tendoa todos, e altercauam sobrisso como fracas molheres. Muytas cousas d'stas deyxo porq̃ me enfado de as trazer aa memoria, e nẽ estas digo senão por respõder aos q̃ me qrião estoruar quãdo vim buscar o resgate, aos quaes porq̃ então não era tẽpo, agora respõdo, q̃ algũs delles mereciam ficar laa polos innocẽtes q̃ laa estauão, porq̃ elles são os q̃ pedẽ a elrey officios pa homẽs q̃ dão as taes perdas. Porq̃ não gostão do amorgoz do trabalho o tẽ em pouco, e nas suas camaras pelejam co as garda portas pintadas. Não ha torre nẽ muro q̃ não derribẽ dhũa focinhada. A sua cana de bẽgalla he mays ryja q̃ a lança de Golias. Engollẽ elles boofee o mar, e os vẽtos/ e cõ duas carauellas desbaratão as armadas do grão turco. E mays nam querẽ que lho digão, ca sam senhores.

Capi. treze. Das ordenanças da guerra do mar.

A ordenãça nas batalhas val mays q̃ a multidão e mediante ella vemos cada dia q̃ os poucos ordenados fazẽ mays q̃ os mũtos d'sarrãjados. São neruos do exercito as ordenãças, são ẽparo dos homẽs d'lle, e descanso pa o capitão/ o qual como q̃r q̃ he hũ soo, não poderia gouernar tantos ẽ tẽpo de tãta reuolta, se não fosse polla disciplina q̃ guardam as ordenãças/ e pollos concertados e adunados mouimentos cõ q̃ abalão os esquadrões. Esta he hũa principal ley e disciplina das batalhas, nam sair ninguẽ daordem e lugar em q̃ o põe, nẽ fazer per sy soo abalo, senam cõ todo o esquadrão, o qual se moue como hũ corpo/leuando consigo todos seus mẽbros, e partes, gouernadas per hũa cabeça. Per tal modo gouernadas as ordenanças das batalhas releuão o capitão do trabalho q̃ leuaria na gouernãça dos muytos desordenados. Assy torna hũ esquadrão de seys mil homẽs, e d'z mil pera hũa parte ou pera outra, e assy marcha ou retira, e faz outros mouimentos quãdo cũpre, todo jũto, ao mandado dhũ soo homẽ, como se daquelle procedessẽ neruos q̃ acarretassem todos os outros tras elle, ou como se d'hũa boca saissem canos q̃ leuassem a voz aas orelhas de todos jũtamente. Assy se mouẽ todos vendo mouer hũ, como se todos ouuissem o q̃ se diz aaq̃lle soo. Isto fazem pollo estillo das ordenãças em q̃ sam instrutos. Poys no ajuntamento assy ordenado estam os homẽs emparados, e sabẽ certo q̃ não tẽ necessidade de se guardar senam de pelejar cõ que lhe diante resiste, porq̃ das outras partes seus cõpanheyros os ẽparão. Per esta via, as cõpanhias assy ordenadas e cõformes acrescẽtam suas forças/ e colhẽ aos contrayros faculdade de as rõper/ porq̃ mays deficultoso he de entrar hũ corpo maciço e bẽ liado, q̃ o froxo e d'satado. He tão acõmodado isto aa segurãça do pelejar/ q̃ naturalmente o vemos guardar ẽ algũas especias de animaes, quãdo pelejam, como sam touros e varrões, q̃ a esse tẽpo se ajũtão e dessa maneyra se d'fendẽ. E o touro assy rolda o seu fato, como hu bo capitão, e faz recolher os q̃ se d'sordenão porq̃ se não percão fora no bãdo. Muy certo he perderse o q̃ se say da ordenãça da cõpanhia. Assy o vemos nos tordos e estorninhos, q̃ sendo passaros peq̃nos e fracos cõbatidos do açor grãde e forte, em quãto ãdão jũtos andão seguros, e elle os nam ousa ẽtrar, mas soomẽte caça aq̃lles q̃ per desorde apartam dos outros. O mesmo e pello mesmo respeyto, diz Plinio, q̃ a cõtence aos margulhões co a aguea, a qual nam entra co elles ẽquanto ãdam jũtos, porq̃ arreçea diz elle, de se toruar e cegar antros mũtos. A gẽte q̃ peleja espalhada, por mays ligeyra q̃ seja nam pode fazer tanto dãno que mays nam receba, porque dado que elles acometam os esquadrões per muytas partes, nam tem força pera os rõper, nem lhes prejudicar, mas antes se sam alcançados nam podem escapar, porque pelejam como soos sem ajuda dos seus, que andam lõge ou estam pouco juntos. E que mays não seja, este soo damno lhe abasta, o qual per sy mesmos recebem que nam tem assento em nenhũa parte, nem possuem lugar certo que possam chamar seu, como quer que a guerra nam pretenda outra cousa senam ou defender ou ganhar terra, o que estes nam fazem, hum nem outro, nem cobram nem guardam lugar andando de quaa pera laa. Elles nem fazem tornar atras, nem empedem os esquadrões de ir por diãte, porq̃ não tẽ resistẽcia nẽ impeto.

Os q̃ assy pelejam, parece q̃ pretendẽ mays guardarse q̃ offender. Verdade he que onde ha frechas ou tiros outros quaesquer, os muytos embastecidos recebem detrimento, porque andam aparelhados pera se empregarẽ nelles os tiros dos contrayros, pollo que a esse tẽpo cũpre andar ralos como direy que façam os nauios ao tẽpo da bataria. Todauia nam se apartem tanto que pareçam deyxar a cõpanhia, assy estes come essoutros, assy na terra como no mar, quero dizer. No qual mar e batalhas delle, he bẽ perigosa a desorde. porque se nam pode restaurar facilmẽte, nẽ asinha.

O numero dos esquadrões nas armadas do mar nam seja muyto repartido nem apartado, assy porq̃ poucas frotas ha tam copiosas que possam repartir muytos esquadrões formados, como tãbem porque no mar os que ficam apartados, se lhe nam serue tempo nam se podem ajũtar, nẽ para acodirem elles aos outros/ nem pera elles serem socorridos, por tanto he milhor hũ soo esquadrão jũto porque ainda q̃ seja grande, o cãpo he largo, e bẽ poderaa caber nelle. Porẽ hauendo copia para tanto, alem da az principal se ponha algũ sobsidio dõde socorram aos q̃ virem passar mal. O qual sobsidio, se vier de improuiso de parte dõde o nam tenham visto os contrayros, como fica dicto, faraa nelles mays abalo, e tanto algũas vezes que os faraa deyxar o cãpo sem mays trabalho. Sem ẽbargo da adunação q̃ disse ser milhor nos esquadrões do mar, todauia os nauios d' diuerso genero pelejẽ apartados, cõuem a saber, os de remo dos de vela/ mayormente ẽ tẽpo fresco andãdo a vela, porque se podem embaraçar, e mũyto mays se embaraçaram andãdo hũs aa vela e outros oo remo. Porem em calma, quando os dalto bordo sam mancos, as galees, ou quaes q̃r outros de remo os nam desẽparẽ, mas pelegẽ antrelles, o que tãbẽ para elles mesmos seraa amparo e ajuda.

A forma dos esquadrões do mar abasta ser singella/ e dereyta, ou quãdo muyto curua, sendo os imigos tão poucos que os possamos tomar no meyo. As outras formas/ como sam rõbos, cunhos, circulares, nẽ quadradas, nẽ de qualquer modo dobradas, nam aproueytão no mar, se não quãdo pera rõper, e escapar, ou sayr a largo se ajustassem os nauios, porẽ isso quando mays nam poderẽ o façam e nam doutra maneyra porque por nenhũa via he seguro no mar deyxar os contrayros aa ilharga, senam trazellos sempre diante em quanto pelejam, ca tomãdonos a traues nos farão mays mal q̃ de nenhũa outra feyçam, assy polla barreyra q̃ descobrimos aos seus tiros, como porq̃ nos lhe nam podemos por de tras fazer tãto dãno, e o pelejar dos nauios, mayormẽte de remo, he pordiãte, as ilhargas dos quaes sam pejadas cõ os remos, nos quaes padecẽ d'trimento recebẽdo nelles os encõtros dos cõtrayros, e finalmente a ilharga de qualq̃r nauio he mays fraca e aparelhada pa receber dãno q̃ a proa, e essa proa pera o fazer, porq̃ ella he como rosto e diãteyra pera ver, e põta pera encõtrar, e gume pa cortar, della saẽ os tiros grossos, e os alheos nella fazẽ menos impressão, porq̃ he mays espedida, e a força do liame do nauio he aly mays jũta, e liada e fala ser forte, as formas dos esquadrões dobrados são desnecessarias no mar, porq̃ os nauios q̃ ficão de tras dos outros não podẽ pelejar mas ãtes ẽbaraçam os diãteyros se estão perto d'elles, e não nos deyxão virar, nẽ reuogar q̃ elles chamão cear, e mays se algũs tiros dos cõtrayros passão p alto recebẽ nos elles cõ seu dãno. E por este respeyto dos tiros dos cõtrayros/ ẽ quãto jugalla artelharia andẽ ralos os nossos nauios, e emproados nos cõtrayros que os não tomẽ a traues, porque mays a sinha acertão, e mays dãno fazẽ os tiros nos nauios que tomão atrauessados, como disse. Despoys ajũtense, mas não tãto q̃ se estoruẽ. Não sayão da az, nẽ passẽ diãte da capitayna mas olhẽ todos ao q̃ ella faz, e fação como ella fezer, ou o que mandar. Se vir tempo de enuestir, ou abalroar, assy o faça, e os outros isso mesmo façam. E se nam, vaa se cada hum co que teuer, como gallos, que despoys de bem arranhados, se lhe ninguem não acode, elles per sy se apartão. Porẽ, não mostre o bo capitão medo, não lhe sinta ninguẽ fraqueza, nem os contrayros, nem os seus, porq̃ aaquelles daraa ousadia, e aos seus desafiuzaraa. Faça pareçer que mudou o conselho por respeyto do lugar ou tempo que lhe não sam fauoraueys, ou porque espera algũa ajuda d' refresco/ ou quer vsar dalgum ardil para mays facilmente vẽcer, e assy per qualquer modo dilate o tempo atee noyte sem afferrar, jugando da artelharia, e não mostre que quer fogir. De noyte apartese per derrota q̃ os cõtrayros ao outro dia não saybã seguir, não tome vẽto a popa, nẽ caminho de sua viagẽ porq̃, per hy o hão d' buscar, mas desuiesse pa õde não haja sospeyta q̃ elle possa ir, o q̃ no mar pode muy bẽ fazer, que tẽm anchura que farte e não lhe podem achar o rasto/ nem pregũtar por elle nas pousadas onde albergou. Fique se poder em parte donde possa dar na reçaga de seus imigos, e tomar algũs delles desencaminhados, do que tambem se deue atalayar, que lhe não façam outro tanto.

Se for possiuel rendellos contrayros sem abalroar, he mays seguro/ porque estam aas vezes as tauoas dos nauios estroncadas, mas os animos não se perdẽ, ãtes vendosse ẽ aperto lhe crece a indinação/ e trabalhão então mays por se cobrar, e acõtece ser assy, q̃ a desesperação os faz trabalhar mays, e recuperarse/ conforme ao que diz o poeta, quasi nesta forma. Hũa saluação fica aos vencidos, que he, nam esperar saluação. E furio anciato, segundo tras Aulogelio/ disse ao mesmo proposito. Aumentãsse os animos e a força offendida crece. Quando se vem em aperto os homẽs, prouam todalas auenturas, acendem os espiritos, e espertão as forças, por ver se podem escapar, e mays quando de nouo se offerece ocasiam defferente da passada em que perderã. Entã trabalhã por se restaurar esforçandose, e dizem. A peleja passada foy da artelharia, nam esprementamos nella a valentia das pessoas que em nos ha mays que em nossos contrayros, agora se nos offerece caso pera mostraremos quanto milhores somos quelles, sus façamos o que de nos se espera, e nos cumpre. Desta maneyra, e com magoa do passado, e por que se nam acabem de perder, esforçanse, e prouocanse a cobrar por suas mãos a victoria que tinham perdida/ e acontece que os vencidos vem a ser vencedores, e tomão o nauio aos soberbos que sobejamente os assofregauão em pessoa, dos quaes diz Abner a Joab capitães ambos de Israel. Não embraueça a tua espada tanto, que chegue cos homẽs atee o cabo/ porque a desesperação he perigosa. Dize ao teu pouo que nam persiga os vencidos. Não somente se deue ter esta moderação em respeyto de cada nauio em particular, mas tambem pera com toda a frota, que a não ençarrem em lugar desafiuzado donde perca a esperança de poder sair, porque aos ençarrados crece o atreuimento, diz Vegecio, e entam o medo pelleja. Não arrecea morrer/ quem sabe que ha de morrer. Pelejam sem medo, aquelles que estam no derradeyro medo. E se lhes days lugar/ desparam como desatinados, e fogindo desbaratanse e podeislhe fazer mal sem vosso perjuizo. Dizia Pirho rey dos Epirotas, que deuiamos deyxar fogir a seu saluo nossos imigos não soomente por nos nam resistirem, mas tãbẽ porq̃ outra vez folguem de fogir. Os Romanos aos Frãceses q̃ Camillo desbaratou, mãdarão lhe dar barcos pa passar o tybre, e mãtimẽtos pellos caminhos per onde passauão. O duque de Bragãça dõ Gemes quãdo foy sobre Azamor e a tomou, assẽtou seu arrayal da hũa parte da cidade e da outra deyxou saida frãca aos moradores q̃ se fossẽ se quisessẽ, os quaes assy o fezerão e lhe deyxarão ẽ poucos dias a cidade sẽ trabalho nẽ enfadamẽto d' cerco perlongado, no qual por derradeyro se nam ouuera de ganhar mays do q̃ se ganhou naq̃lles poucos dias por seu bo cõselho.

Alẽ do sobredito he perigoso abalroar, porq̃ muytas vezes acontece perderse ãbos, o vencido e o vencedor afferrados, ou allagandose, ou q̃brandose, ou ardendo juntamẽte sense poder apartar. Mas poys a furia das batalhas nam tẽ tanto sofrimento que se escuse de vir aas mãos, o q̃ cadahũ deue fazer nesse trance he isto. O mays forte procure de enuistir o mays fraco e metello no fundo/ ou atormentallo tanto no premeyro encõtro, q̃ o faça logo desatinar. O fraco e bayxo defendasse q̃ nam chegue a elle o forte e alto, e procure de o arrõbar cõ trados, ou machados, ou vayuẽs, e q̃brelhe o leme. Os altos lançem fogo e armas darremesso. Hũs e outros joguẽ darcabuz, besta/ e frecha, dẽ aa mão tente nos que chegarẽ. Estẽ os homẽs firmes e suas estãcias, nam se mouam, pelejẽ daly em quãto nam he tẽpo pera mays. E quando o capitam mãdar, entrẽ, cortẽ, destrocem e escalem o nauio dos imigos, apellidando victoria. A qual Deos dee a vossa merce, e ao nosso bando. Amen.

Capi. Dalgumas regras geraes da guerra.

PARA q̃ vossa mercee, e quem se deste meu trabalho quiser aproueytar, tenham recolhidas algũas regras, de que se em prõto possam lẽbrar, saybã q̃ na guerra do mar se req̃re saber e fiel industria nos officiaes/ vso e d'streza na gẽte, copia no prouimẽto, cautella e diligẽcia no fazer, e mays saybão q̃.

O erro cometido no assentar da gente põe em perigo as batalhas.

He grãde perigo fazer guerra cõ gẽte noua e sẽ exercicio.

Mays valentes faz o exercicio que a natureza.

O trabalho faz boa gente darmas, e a ociosidade os faz ronceyros.

Vigiar de noyte, trabalhar de dia, sofrer fome e sede, calma e frio, sam exercicios dagente darmas.

Nas pousadas castigo e pena, na guerra liberadade e beninidade fazem boa gente darmas.

Quando a nossa gente desconfiar, nam acometamos batalha, e se poucos desconfiarem esses nam vão cõ nosco porq̃ os taes ou amotinarão ou d'sordenarão os outros.

Poucas vezes demos batalhas pubricas, nas quaes tẽ mays parte ocasiam que a valentia nem saber.

Os sobresaltos supitos aterrão os imigos, e os encontros prouidos não abalão.

Constrangellos imigos per fome ou necessidade, he de menos perigo e perda que pelejar com armas.

Quẽ senão prouee de mantimentos, e cousas, necessarias, seraa vencido sem ferro.

Mays val a ordenança, q̃ a multidam.

O lugar muytas vezes val mays que a força.

O capitão prudẽte sempre estaa apercebido, o destro nã deyxa perder a boa ocasiam quando se lhe offerece.

O conselho sem segredo de ventura vem a effeyto.

Quanto encobrimos nossas cousas, tanto façamos por saber as dos contrayros.

Quem entende o seu e o dos contrayros, estaa perto da victoria.

O que aproueyta a nos dãna aos contrayros, e o q̃ aproueyta pareelles perjudica a nos.

Nam façamos o q̃ fazem nossos contrayros, nẽ vamos per onde elles vão, porque não sabemos o q̃ cuydam, e todos os seus caminhos nos são sospeytos.

Se entendemos seus conselhos/ desfaçamoslhos/ ao menos euitandoos.

Nem em tempo nẽ em lugar, nem noutra algũa cousa cõsintamos co elles.

Quando quiserem nam queyramos, e quando nam quiserem entam façamos.

Se entenderem nossas tençõeos nam façamos o q̃ determinauamos.

Tanto dissimulemos, que nos tenham por mentirosos.

Quando confiarem da nossa mentira, então façamos della verdade.

Quem diz verdade a seu imigo, dalhe auiso contra sy mesmo.

Quem poupa seu imigo, acrescẽta em seu trabalho.

Seguir o alcance desordenadamente he caminho de perder a victoria.

Mays quebrantam fogitiuos que mortos.

Façamos honrra a quem nos vẽ buscar.

Esperemos pollo mar, e nam elle por nos.

Achenos o tempo prestes, porque se nam vaa sem nos aproueytar.

Achenos o tempo apercebidos, porque nam damne quãdo vier.

No mar nam continoemos hum soo caminho, nem passe ninguem sem nos falar.

Do mar e do tẽpo nos d'uemos vigiar, como dos imigos.

No vagar tomemos o vento, porque na pressa nam fiq̃mos descaidos.

Milhor he descorrer que viralas antẽnas sotauentos dos imigos. Nem junto delles.

Receosos deuem ser os homẽs e nam medrosos, deuem estimar as cousas do mar e nam espantar dellas.

Parecem admitir cousas cõtrayras e perplexas, assy o mar como a guerra, por tãto req̃rẽ cuydado discreto. O mar q̃r espera e diligencia. sofrimẽto e ardideza, q̃r q̃ lhe não hajão medo, e q̃ fujão delle. A guerra pretende justiça e engano, verdade e mẽtira, crueza e piedade/ cõseruar e destruir.

Capi. quinze. Da conclusam da obra

SAM de muyta importancia, e quem quiser emendar esta obra, deueos escreuer cõ grande diligencia, ou faser cõ maior, os documẽtos da guerra do mar, ẽ especial nesta terra, onde as viuendas de muytos homẽs dependem desse mar. E mays hão ainda de importar estas cousas daqui por diante, segundo vejo aparelhar o tẽpo. Vejo que se vem chegãdo a nos os turcos/ q̃ nestes tempos sam grandes cossayros do mar, e he medonha cousa velos como vem brauos coa soberba de suas vitorias. Parecem ser aq̃lla besta infernal, de q̃ fala são Johão, e diz q̃ ha de sair do mar, e q̃ o drago do inferno lhe daraa seu poder, cõ que faraa a guerra aos sanctos e os ven....................em a saber aos Christãos, que sam sanctos, ao........................leyçam, e o deuião ser nas obras. Mas porq̃ as........ ....peruersas permite Deos que aq̃lles preualeção,.................... tigo dellas. Nam querẽ ver isto os q̃ tem paz cõ su.....................riquezas, e sob titolo de pacificos fazem guerra contra...............................e suas virtudes per soberba não se conhecẽdo e per outro vicios que a ociosidade e paz mũdana trazẽ. Tenho medo q̃ o ham de ver a tempo q̃ se não possam valer. Eu não adeuinho maos...........gouros, nem tãbem so Hieremias a que Deos disse q̃ amoestasse a vinda dos imigos, porẽ arreceo, que esses cõ quẽ eu falo, sejão os q̃ ouuẽ e não entendem, e olhão e não conhecẽ, nem se conhecem assy mesmos como aq̃lles a quẽ fala Hieremias. E se os q̃ per sua vontade sam surdos e cegos, estes que cuydam dissimular com Deos, me disserem q̃ nam entendo eu o apocalipse de sam Johão, porq̃ aq̃lla besta de q̃ elle fala se ha de interpretar figuratiuamente, posso lhes responder, que tanto pior/ porque essa temos jaa em casa. E por sinal que veyo pello mar do sul donde por serem humedas aquellas partes, acarreta desdalem da India grandes volumes e tempestades, ao cheyro das quaes me a mym parece, que vem estoutras tormentas. Portanto cũpre aperceber pareellas/ e prouer nossas taracenas e armazẽs, e exercitar os homẽs nas armas q pera as taes batalhas conuem, ter frotas prestes, e conhecer os tempos da nauegaçam, andar aa lerta, e pelejar animosa e legitimamente porque os defensores da terra que o assy fazẽ merecem muyto ante Deos, e as filhas do grão lutador com prazer lhe cantarão as palauras de Abigail, q̃ dizia a Dauid desta maneyra. Faça te Deos no ceo casa, e dee te coroa de gloria, aty que fielmente fazes as suas batalhas, e do seu pouo. Amen.

Acabouse de emprimir
ESTA ARTE DA GVERRA DO
mar aos quatro dias do mes de Iulho de
mil & quinhentos & cincoẽta & cinco
anos, em Coimbra per Iohão
Aluerez Emprimidor del
Rey nosso senhor

dalem da Jndia grandes volumes ꝛ tempestades, ao chey
ro das quaes me a mym parece, que vem estoutras tormen
tas. Portanto cũpre aperceber parcellas/ ꝛ prouer nossas
taracenas ꝛ armazẽs, ꝛ exercitar os homẽs nas armas q̃
pera as taes batalhas conuem, ter frotas prestes, ꝛ conhe
cer os tempos da nauegaçam, andar aa lerta, ꝛ pelejar ani
mosa ꝛ legitimamente, porque os defensores da terra que
o assy fazẽ merecem muyto ante Deos, ꝛ as filhas do grão
lutador com prazer lhe cantarão as palauras de Abigail, q̃
dizia a Dauid desta maneyra. Faça te Deos no ceo casa, ꝛ
dee te coroa de gloria, aty que fielmente fazes as suas bata
lhas, ꝛ do seu pouo. Amen.

Regun. 25.

Acabouse de emprimir
ESTA ARTE DA GVERRA DO
mar aos quatro dias do mes de Iulho de
mil & quinhentos & cincoẽta & cin
co ãnos, em Coimbra per Iohão
Aluerez Emprimidor
del Rey nosso
senhor.

Fac-simile da página final da edição de 1555

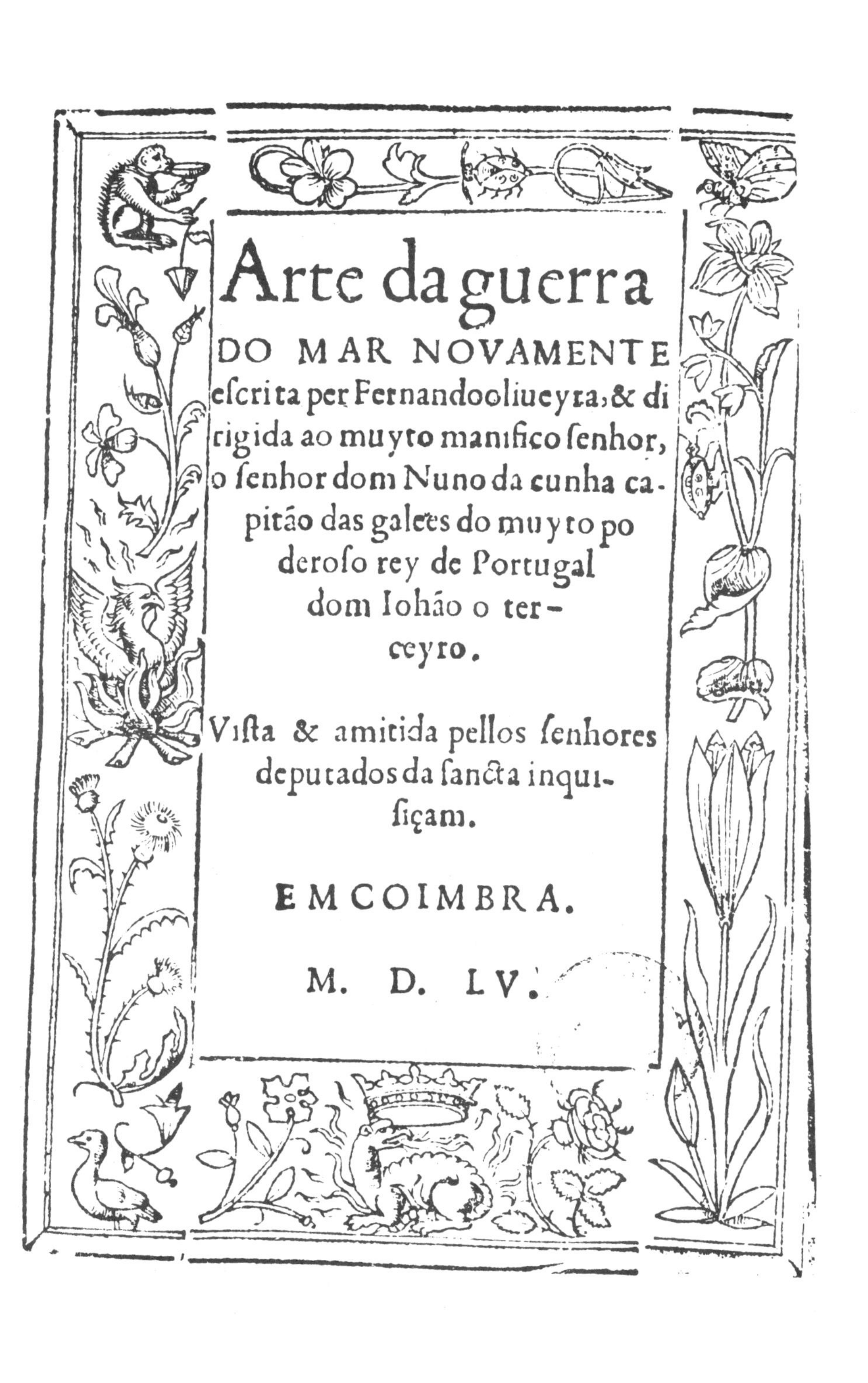

Arte da guerra

DO MAR NOVAMENTE
eſcrita per Fernandooliueyra, & di
rigida ao muyto manifico ſenhor,
o ſenhor dom Nuno da cunha capitão das galees do muyto po
deroſo rey de Portugal
dom Iohão o ter-
ceyro.

Viſta & amitida pellos ſenhores
deputados da ſancta inqui-
ſiçam.

EMCOIMBRA.

M. D. LV.

PROLOGO

Com exordio, & escusa do autor.

GRANDE parte da discrição que se deue guardar nas praticas & escrituras, muyto manifico señor, he a que ensinão guardar os rhetoricos pera ganhar beniuolencia dos ouuintes. Esta he, que nos conformemos com os costumes & affeyções das pessoas com que falamos. Assy o diz Quintiliano, quasi per estas palauras. Quero, diz elle, se for possiuel, que os oradores entendam as condições daquelles que ham de julgar seus dizeres: & atentem se sam asperas se massias, se leues ou graues, duras ou brandas: & conformẽ co ellas suas palauras: ou dessimulando temperem oportunamente a repugnancia, em tal modo que nam dem desgosto aos que ouuẽ. E defeyto bem importuno & sem sabor seraa, o que este auiso nam guardar, & falar impertinentes falas ou matereas ante pessoas a que nam conuẽ nem lhe podẽ dar gosto, nẽ por vẽtura ser per elles entendidas. Mal entenderam os rusticos indoctos as sotilezas dos leterados especulatiuos, & as praticas destes valeram muy pouco ante aquelles. Tam pouco como as pedras preciosas ante quem as não conhece. Pouco valem ante os auarentos praticas de liberalidade, & pera os namorados as da castidade nam sam muy gostosas nem as das armas pera os medrosos. Cadahum fala do que gosta & vsa. Os caualeyros falam da guerra, os pacificos da paz, os lauradores da terra, & os marinheyros do mar. Do qual sabia bem pouco, & menos podera gostar se o nanegara, hum velho daranda de douro, que passando eu per aquella terra me preguntou como era feyto o mar. E seria o bom velho que me isto preguntou a esse tempo, de sessenta annos & mays de idade, a qual toda tinha logra

Quintilianus li. 4.

da em tanto repouſo, que nem ſabia a que parte eſtaua Portugal onde lhe eu diſſe que nacera, nem como era feyto o mar, o qual lhe diſſe ſer noſſo vezinho. Ditoso aquelle, diram algũs, que gozaua de tanto repouſo, porem nam ao propoſito dos que querem mays aproueytarſe dos trabalhos que deſpendelas vidas em repouſo inutil. Mas em que ſe pode chamar ditoſo, queria que me diſſeſſem, o homem que nam ſayo do ninho? Na quietação? Nam he quietação a ocioſidade, porque tambem aos que nam trabalham chama ſam Paulo inquietos. Ouuy, diz elle, que algũs andam antre vos inquietos, os quaes nam trabalham. Aos ocioſos chama inquietos, porque os taes nam ſendo aplicados a algũ exercicio viuem diſtraidos & incertos. Aſſy que nam he, ſegundo ſe de ſeu dito pode entender, a ocioſidade quietaçam. E per conſeguinte ao contrayro, nam ſam inquietos os que deſcorrem pello mundo acupados em algũa couſa proueytoſa, pera ſy ou pera outrem. Porque ſe aſſy foſſe, que a peregrinação & trabalho ſe podeſſe chamar inquietaçam, per eſſa rezam, o meſmo apoſtolo ſam Paulo poderia ſer chamado inquieto, poys toda ſua vida peregrinou, & trabalhou, & aſſy os outros apoſtolos, & muytos ſanctos, cuias vidas deſſa maneyra parecem diſtraidas. Nam foram inquietos os ſanctos, antes em ter aqui pouco repouſo moſtram que vã de caminho para onde ha a verdadeyra quietação que eſperão, elles & os que agora fazem o meſmo, & trabalham por leuar alforge das obras que ham de durar. Os que aqui repouſam, não ſoomẽte ſe eſquecẽ do de laa, mas algũs ſam tã deſaproueytados, q̃ nẽ pa leuar alforge preſtão nẽ pa buſcar pouſada, nẽ tirar do caminho hũas poucas de eſpinhas, q̃ os eſtoruão a elles & a ſeus cõpanheyros. Tirar os maos da terra, & defẽdella dos imigos, he tirar as eſpinhas, q̃ neſte caminho empedẽ a paz noſſa & de noſſos naturaes & vezinhos. Iſto nam fazem os ocioſos & repouſados cuias uidas eſperdiçadas igualmente deuem ſer eſtimadas como a morte, diz Salluſtio, porque não fazem os taes mays viuendo ca ſe foſſem mortos. Dos viuos & dinos de vida, he fazer proueyto pera ſy & pera outros muytos. Eſtes affeyçoados ao trabalho quanto mays ſe nelle engodam tanto mays lhe tomão amor, & goſtão das prati-

2. Ad theſ. capite. 3.

Salluſti. i cati.

praticas que delle tratam, porque polla noticia que delle tem alcãçam como nelle ha muytos bens, & se colhem delle fruitos de muyta suauidade. O que tudo ao reues sintem delle, os que o olham de fora sem conuersar co elle. Parecelhes feyo & aspero, & fogem delle como pode fogir do ouriço ou da noz verde quem nam sabe o que tem dentro. Mas que gostoso contentamento sintem agora, & mayor sintiram no ceo, os que possuem de seus trabalhos fruyto glorioso? Que gloria he tam grande, & não he vam porque em parte satisfaz, ver vossa merce ante sy em seu seruiço seus imigos que elle pelejando por seu rey & por sua terra venceo & tomou? Por certo, segundo eu sinto, elle nam pode deyxar de leuar gosto, quando lhe lembrar que fez bo seruiço a seu Deos & a seu rey, proueyto a seus naturaes & para sy & seus chegados ganhou honrra. He certo que mays se deleyta em cuydar no animo com que se offereceo a tam grande ventura, & na industria que pos em a leuar oo cabo, & folga mays de falar & ler desses amores, que os gallantes das damas por mays embabacados que nellas andem. Por tanto, agora despoys que eu sey isto, & o tenho de vossa mercee por certo, polla singular mostra que fez de seu generoso animo & bo saber, quero communicar co elle os documentos que me lembrarem da guerra do mar, segundo entendo ser necessario pollo que vy em algũas que me achey, & pollo que ly tambem doutras, assy porque onde eu faltar pode vossa mercee soprir, como para que ninguem se atreua desdanhar do que elle aprouar, poys com rezão o saberaa fazer He materea esta proueytosa & necessaria, em especial pera os homẽs desta terra que agora mays tratã pello mar que outros, donde aquirem muyto proueyto & honra, & tambem correm ventura de perderem tudo isso, se o não conseruarem co esta guerra, cõ que seus contrayros lho podem tirar. Dandosse a esta guerra tem ganhado os nossos portugueses muytas riquezas & prosperidade, & senhorio de terras & reynos, & tem ganhada honra em poucos tẽpos quanta não gauhou outra nação em muytos. Elles não soomẽte conquistarão terras que outros nam poderam tocar, mas alem disso nam satisfeytos de tam pouco buscaram & descobriram outras

tras de nouo que nunca foram cuydadas. E ſobre tudo dam azo a multiplicarſe a fee de Deos & ſaluação dos homẽs, que o diabo tinha como eſcondidos aos pregadores & nuncios dellas, os quaes como vemos coa graça diuina fazem fruyto mediante, toda via, a guerra do mar. Da qual nenhum autor, que eu ſayba eſcreueo ãtes dagora arte nem documentos, ou ſe alguem della eſcreueo confeſſo que nam veo a minha noticia ſua eſcritura, ſoomente de Vegecio couſa pouca. Eliano prometeo eſcreuer das ordenanças deſta guerra, mas não creo que o fez, Eu me atreuy tomar eſta empreſa por ſeruir voſſa mercee, & aproueytar aa noſſa gente, & ordeney eſte pequeno tratado no qual breuemente trato todas as partes da dicta guerra do mar. E para clareza & facilidade o party em duas partes, & cada hũa dellas em certos capitolos. Na premeyra parte trato de como he neceſſario fazer guerra & do apercebimento della. Na ſegunda, de como ſe poraa per execução eſſa guerra, da eſquipação das frotas armadas, de quando nauegarão, & ſe combaterão, com auiſos certos & viuos ardijs de exemplo de ſingulares barões, donde os que leerem eſte liuro poderam tomar doctrina de induſtria & deſtreza, & aprender como podem conſeruandoſſe vencer. O eſtillo ſeraa breue & claro, & conforme aos entendimẽtos dos caualleyros determinados & acelerados, que nam eſperão longos preambulos: & na linguagem vulgar deſta noſſa terra pera que ſe poſſam delle aproueytar os noſſos homẽs da guerra, dos quaes os menos entendem lingua latina na qual me dizião algũas peſſoas que o eſcreueſſe mas não no fiz pollo dicto reſpeyto

Vege. l. 4. Aelianus de inſtru. acieb.

¶ E por ſer eu ſacerdote não pareça a materea incompetente a minha peſſoa, porque aos ſacerdotes conuem ir aa guerra quanto mays falar della. Podem, digo, & deuem ir aa guerra os ſacerdotes, não pera pelejar com ferro, porque ſuas armas ſam lagrimas & orações, diz Santambroſio, mas pera miniſtrar os ſacramentos & obras de miſericordia aos feridos, confeſſandoos & cõmungandoos, curando delles & conſolandoos, & enterrando os mortos, & rogando a Deos por ſuas almas, que ſam couſas todas eſtas piadoſas & muy neceſſarias na guerra. E não ſoomente pera iſto, mas tambem

bem pera amoestar & animar os que pelejão, deuem ir os sacerdotes aa guerra, porque assy lemos que o Deos mandaua na ley velha, & assy o fezeram algũs santos homẽs da noua. Chegandosse o tempo do combate, disse Deos a moyses, estando o sacerdote diante da az amoestaraa o pouo que pelege sem temor nem espanto. Assy o fazem os sacerdotes christãos em pregações & falas que aos taes tempos acostumam fazer. E Iosue mãdou no cerco de Hierico, que os sacerdotes fossem diante do pouo leuando a arca do testamento, & tangendo vozinas. O que tambem imitam barões santos sacerdotes & religiosos christãos, os quaes diante da gente nas guerras leuam cruzes & imagẽs, com que dam esforço aos homẽs. Dos Papas Gregorio, Lião, & Hadriano, se lee que mandarão fazer guerra sem embargo de serem prelados & sacerdotes, nam desfazendo por isso em sua modestia & virtude, porque a guerra dos christãos que temem a Deos nam he maa, antes he virtuosa, ca se faz com desejo de paz sem cobiça nem crueldade, por castigo dos maos & desapressão dos bos. Poys escreuer eu da tal materea, & ensinar meyos perõde os bos saybam resistir aos maos, não mo estranharam os que entendem quanto isto releua nesta vida, & como não he disforme da dos ceos, onde os bemauenturados tem, diz o salmista, espadas pera castigar as nações das gentes pecadores, em cujo sangue lauaram suas mãos. Não mo estranharam os amigos da paz & defensam da terra pera o que isto he necessario. Nem mo estranharaa vossa mercee que estima esta materea, posto que tambem conheço que a minha obra não he dina da materea, nem de vossa merçe: & por isso lhe peço lhe dee o credito que eu não posso: & receba de mym a võtade que he mayor que o presente, poys não tenho outra cousa com que o sirua em sua boa vinda, & neste tempo de pam por Deos, quãdo os homẽs acostumão offerecer presentes a seus amigos & senhores, como vossa merce he meu. Nosso senhor o tenha na sua guarda, & lhe dee sempre victoria contra seus imigos, com muyta vida & acrecentamento. Amem.

Deutero nomij. capite. 20.
Iosue. c. 6.
Psal. 149.
Psal. 57.

Em Lisboa a vintoyto Doytubro de 1554.

Começa a primeyra PARTE DO TRATADO DA guerra do mar, feyto per Fernando oliueyra na qual trata da intenção & apercibimento da dita guerra.

Cap. primeyro que he necessario fazer guerra.

ELiano escreuendo das ordenanças da guerra diz de autoridade de Platão, que as leys de Creta assi mandauã gouernar os homẽs & estar apercebidos, como se esteuessem em continoa guerra, & o porque, era q̃ todas as cidades & nações das gentes naturalmente tẽ antre si guerra & deferenças, posto quẽ as não declarem sempre por algũs respeytos que lhes cõuem. Despoys que os homẽs desobedecerão a Deos seu criador, & discordarão da rezão & justiça original, determinarão de viuer cada hum aa sua vontade, & apartarãse em bandos hũs contra outros. Desta maneyra vieram esses bandos a fazer per si habitações, & ter deferenças / & fazer antre si guerra, que portanto parece ser natural aos homẽs, porq̃ nace da peruertida natureza, como disse. Estas deferenças, quanto mays o mundo se for chegando a seu fim, tanto mays preualecerão. Assi o dize Jesu Christo no seu euangelho, que hauera muytas guerras / & se aleuantarão as gentes & reynos hũs contra outros, & pays contra filhos & filhos contra pays, de feyção que não hauera de quem nos fiemos & cumprira guardaremonos de todos.

Lucæ. ca. 21.

de todos. Por tãto he necessario estar apercebidos pera nos defenderemos de quem nos quiser offender, porque a presteza / diz Vegecio, aproueyta aas vezes mays que a força nas cousas da guerra. E tābē diz elle, os imigos de maa mēte acometē aquelle reyno ou cidade, que sabē estar prestes pera se defender. Muytos exēplos poderia apontar, nos quaes claramente mostraria como sem difficuldade a presteza daa victoria aos diligentes, & a negligencia desbarata os descuydados, mas abastaraa pera prouar ambas estas cousas hũ soo / que quero allegar / por ser nosso, & muyto pa notar em louuor dos nossos. A cidade de Ceyta em Africa era forte & poderosa, & não temia todo o mũdo q̄ viera junto sobrella, mas o felicissimo rey dõ Joam de Portugal a tomou sem trabalho nenhũ, soo cõ destreza sua & descuydo dos q̄ nella morauão, que estauam tā cõfiados, que os nossos escalauão sua cidade & tomauão posse della & elles jugauão o enxadrez, & não podiā crer q̄ os lançauā fora de suas casas. Alē de ser perigoso o descuydo nesta parte, he tābem offensa de Deos / & tāta q̄ diz sam Thomas, que he tētar a Deos nā acudir aas necessidades da guerra, qua pera isso nos deu potēcias pera vsaremos das virtudes, & não vsando dellas offendemos sua ordenança. Elle daa prudēcia aos homēs os quaes se della não vsam nā podem dizer que tē boa fee cõ Deos, poys o offendem em desprezar a virtude q̄ lhe deu. Deos, diz Marco Varrão, ajuda os q̄ trabalhā, & os preguiçosos sam reprendidos em muytas partes. Pera aquirir paz se faz a guerra, diz sam Agostinho / conforme ao prouerbio q̄ dizemos. A boa guerra faz boa paz. E assi a paz que agora logramos / a guerra passada nola ganhou / mas a paz descuydada por vētura deyxaraa guerra a seus socessores. Não descãsem os amigos da paz na q̄ agora gozão se a querē perpetuar, por q̄ os cõtrayros della se a virē māsa leualaham nas vnhas.

Thom. 2. 2. q. 40. artic. 4.

E pera

E pera isso fauoreçã as armas, as quaes não sam tam con trayras da paz como parecẽ, antes ellas defendẽ na paz/ co mo os cães defendẽ as ouelhas, posto q̃ parcção contray ros dellas. He tã certo nã hauer paz segura sem guerra, q̃ no ceo quis Deos mostrar disso exẽplo, quando pera lan çar de las satanas cõtrayro da boa paz mãdou a sam Mi guel fazer guerra contra elle. Foy feyta guerra no ceo, diz sam Joã no Apocalipsi/ ꝛ pelejauão sã Miguel ꝛ os seus anjos contra o diabo, cujo lugar não foy mays hauido no ceo. Finalmẽte/ pera a paz ser segura, cũpre defendella com guerra. Porque os reynos, cõ as artes cõ que se ganhão, cõ essas se sostentã, segundo diz Salustio. Poys elles se ganhão cõ armas, ꝛ cõ ellas se hão de sostentar, porq̃ quan do o forte armado guarda o seu patio ou entrada, sua pos sissam estaa em paz, diz Jesu christo, ꝛ se deyxa entrar seu imigo seu seraa o dano, qua perderaa o q̃ possuya. O que me a mym parece q̃ ninguẽ deyxaraa perder por sua võta de. Mas creo que a dissimulação neste caso he hũa hypo crita couardia, ou encouado medo ꝛ rebuçado sob nome d̃ paz. Nam se podem escusar armas defensiuas, em quanto ouuer insultos de contrayros. E as armas ham mester homens/ qua os armazẽs sem armados sam como os mu ros sem defensores, ou estormentos sem officiaes. Conta Diodoro siculo, que no Egipto quando aquella terra foy prospera ꝛ bem regida, tinha ordinariamẽte em todo tẽpo gente darmas, mãtida das rendas publicas, sempre ain da que nam ouuesse guerra. A qual gente assi porque era criada ꝛ habituada nas armas, como porque eram natu raes da terra ꝛ lhe tinham amor, ꝛ mays por sostentarem a honra de seus pays que tambem eram homẽs darmas. ꝛ finalmente porque disso se mantinham abastadamen te sem necessidade de buscar de comer per outra via, fol gauã de tomar qualquer trabalho por guardar ꝛ defender

Apo.ca.12

Sallust.in catilinario.

Luc.ca.11.

Diodorus.li.2.

a terra, ⁊ assi a tinhão conseruada em paz ⁊ prosperidade. Mas despoys que os homẽs sofregos/cõfiando na muyta paz em que os aquelles mantinhão, lhe tirarão a reçã, foy necessario q̃ buscassem sua vida per outros mesteres, ⁊ nam podiam entender na defensam da terra. A qual ficando assi desemparada sem defensores foysse perdendo pouco ⁊ pouco, atee ser catiua ⁊ sẽ nobreza nenhũa/ comoquer que naquelle tẽpo fosse nobelissima ⁊ principal antre muytas. Tambem nesta nossa terra, per algum modo imitando aq̃lle bo costume do Egipto, ouue sempre homẽs darmas a que chamamos caualeyros, os quaes ou da fazẽda del rey/ou dos dizimos das ygrejas, comẽ tenças ⁊ comẽdas, ⁊ tem outros mantimentos de q̃ se sostẽtam. E estes sam os que ha quatrocẽtos annos que defendem este reyno das armas dos auersairos que sempre teue, sem nunca ser necessario trazer pera isso soldados estrangeyros de fora. Estes alem de sostentar ⁊ defender o reyno, cometem cada dia empresas muy nobres, ⁊ cõquistão terras, ⁊ reynos grãdes per muytas partes do mundo, trazendo muyta honra pera a coroa/ ⁊ proueyto pera o pouo delle, ⁊ isto esses poucos que sam, que na verdade não sam muytos, sem nunca, como digo, ajuntar consigo pera estes feytos gente doutra nação. As quaes cousas bem olhadas sam muyto pera estimar, ⁊ a gente pera poupar / porque ainda que agora polla bondade do senhor Deos tenhamos paz, sempre he necessario estar prestes pera fazer guerra, como fica dito. Porem não toda pessoa tem autoridade pera fazer guerra, ⁊ esses que a tem não sempre a deuem fazer, senão quando com justiça mays nam poderem.

¶ Cap. ij. De quem pode fazer guerra.

A Guerra posto que justa, não se pode fazer, senão per mandado de Rey ou Principe, ou pessoa encarregada da gouernança ⁊ defensam dalgum pouo sem uo sem ter outro superior/porq̃ a estes he cometida a defensam desse pouo, ꝛ a guerra por defensam delle, ou conseruação de sua justiça ꝛ da fee se deue fazer. Do q̃ diz assy sant Agostinho. A ordẽ natural dos homẽs acomodada pera conseruaçã da paz, reqre q̃ soos os princepes tenhão autoridade pera fazer guerra. A rezão he esta. Quãto ao principal q̃ se deue cõsiderar acerca da guerra, ella deue ser justa/ꝛ sendo justa, não he outra cousa guerra senão hũ suprimẽto de judicatura cõtra aqlles que nã sam sometidos, ou resistẽ aa jurdição de superiores. Contra os quaes he necessario vsar de força, mas a força deue ser justificada, porq̃ doutra feyçã sera tyranica. E porq̃ nos proprios casos ninguẽ pode ser ho juyz, nã se permite esta força senão aos protectores da prol comum, como sam os princepes que tem carrego de cõseruar ꝛ defẽder seus suditos. E nã se permite a todo procurador do comũ, senão o que tẽ mando ꝛ jurdiçã sobre pouo/nẽ a todo que tem jurdiçam, senão aos q̃ não tem superiores. E não cõtra todas pessoas senã contra outros seus semelhãtes q̃ tambẽ nam tem superiores, ou contra quem nã obedece a superior, como sã os reueys ꝛ aleuantadiços per mar ꝛ per terra/cossayros ꝛ bandoleyros. Os quaes porque se nã querem someter a nenhũ juyzo, cumpre vsar coelles de força. He tambem permitida a guerra aos princepes ꝛ não aos inferiores por outra rezã, ꝛ he esta, q̃elles ꝛ não outrẽ podẽ apelidar o pouo, o qual cumpre que antreuenha na guerra per si, ou per sussidio de fazenda, ao que ninguem pode obrigar os homẽs senão o princepe, ꝛ nam absolutamente. Assim que soo aos princepes soberanos he licito fazer guerra. E assi lhe he licito, q̃ se a nam fazem quando he necessaria, peccão, ꝛ darão disso conta a seu superior que he o summo Deos, que os disso encarregou. A todos elles em pessoa de Saul rey de Israel, diz o propheta Samuel da parte de Deos. Escolheo

Aug. contra faustũ

1. Regũ. capit. 10.

uoso senhor Deos pera principes do seu pouo, vos o liurarey a das mãos de seus imigos q̃ derredor delle estão. E aos q̃ o assy nã fazẽ ameaça Deos per Ezechiel tãbem profeta, o qual diz assi. Malditos sejã os pastores do pouo de Deos, q̃ apascẽtã assi mesmos, ⁊ comẽ os fruytos desse pouo, ⁊ o nam guardam das bestas que o estragão, eu lhe pedirey conta delle / ⁊ lho tirarey da mão, de maneyra que se nam logrem mays do seu proueyto. Não pareça aspera esta amoestação ⁊ ameaça, porq̃ sem duuida creão q̃ contra os poderosos seraa feyto poderoso ⁊ seuero juyzo, qua não cabe em rezão q̃ os pastores trosquiẽ ⁊ munjã as ouelhas ⁊ as não defendão dos lobos. A quẽ muyto derão muyto lhe pedirão, ⁊ a quẽ muyto encomẽdã de muyto daras conta, diz Deos per são Lucas. Porẽ esta conta nos nã lha podemos tomar. Tomarlha ha seu superior que he Deos, como disse. Nã cõsinte a rezã q̃ nos elles hajã de dar cõta a nos, os superiores a seus suditos, nẽ nos poderiamos ser bo juizes de tal cõta, assy porq̃ somos partes, como porq̃ nã entendemos a rata della. Digo isto, porque sey q̃ ha polla terra hũs quebra poyaes, q̃ de tudo tomã cõta, ⁊ a todos ensinão / mas elles nã aprendẽ o q̃ lhe cũpre. Os negocios dos reys são muy entricados, assy como os carregos sã grãdes, qua diz o salmista, q̃ hũ abismo chama outro. Sobre as quaes palauras hũ doctor diz / q̃ o abismo dos grandes negocios ⁊ muytas ministrações, chama ⁊ traz cõsigo outro abismo de muytas confusões. E assy he nos cuydados dos reys q̃ sã cõfusos polla muyta difusão das cousas q̃ ministrã. São difusos, diz Salomã, os coraçoes dos reys como as correntes das agaos / ⁊ o senhor deos os tẽ na sua mão, ⁊ os inclina pera onde elle q̃r. Alẽ disto, q̃ os negocios dos reys sam ignotos aos outros homẽs por serẽ de qualidade q̃ a elles nã conuẽ, tãbem co isso deos de industria lhos escõde, mouẽdoos ou enclinãdoos

Ezech.ca. 34.

Lucæ. ca. 12.

Psalm. 41

Prouerb. cap. 21.

de improuiso pa onde elle qr sẽ ninguẽ entender as causas, nẽ os mesmos reys aas vezes. Digo q as cousas q os reys tratão ⁊ ministrão, sã de tal qualidade, q os outros homẽs as nã podẽ cõprẽder, porq as nã praticã, qua he muy defe rẽte a pratica das cousas disso q chamã theorica dellas, tã to q por muy claros entẽdimẽtos q tenhão os homẽs, nẽ doutrina muy expressa das cousas, nũca tẽ dellas certeza senã despoys q as esprememtã per pratica ⁊ execuçã. A qual tẽ particularidades escõdidas em seus retretes, tã escuras q aqlles q as trazẽ antras mãos, andão muytas vezes aas apalpa dellas, ⁊ as não decirnẽ. Isto em qualqr faculdade se pode exẽplificar, como os juristas podẽ ver na sua, ⁊ os medicos na sua. E assi nas artes mecanicas he o mesmo. Dizeyme, porq deyxa o filosofo de ser hõ çapateyro? Não por falta dentẽdimẽto, senã de pratica ⁊ execução. E pollo mesmo o cortesam nã he alfayte, posto q entẽda os talhos dos vestidos, ⁊ elle os inuẽta mas nã nos sabe cortar, por isso nã he alfayate nẽ lhe darã carte deysame nesse officio, quãto mays no del rey? Eu seguro q lha nã dẽ, por mays qlle bufe nẽ torço focinho. Vereys cameyrã inutil, q nã he pa gouernar a casa dhũ forão, ⁊ pratica da guerra milhor q Julio cesar, ⁊ da paz milhor q Octauiano, da justiça milhor que Justiniano, ⁊ gouerna reynos, tira taxas ⁊ põe taxas, senã nos molhos das tripas q fazẽ a seu caso. Mas obras da natureza achão tãbẽ estes q mudar, ⁊ dizẽ q milhor se cõpadecera o frio no verão, ⁊ a calma no inuerno q sam os dias peqnos, muyto choue pouco choue, pouca sardinha morre no ryo, sã cousas estas/q de golã fernãcardoso, porẽ eu nã posso sofrer taes pequices, ⁊ logo lho digo/ qentẽdã muyt iaramaa em suas fazẽdas, porq deos defende q nã murmuremos dos reys q bẽ lha basta seu trabalho, sem padecer achaques de neycios. Porem Alexandre manho dizia/q era propio de reys ⁊ grãdes barões sofrer muy muradores desarrezoados. Tornãdo a nosso proposito, os reys sã obrigados a defender seu pouo, mas não podẽ acudir a todalas partes/ nẽ podẽ acõpanhar as suas armadas os mercadores q̃ vã pera Frãdes, ⁊ os de leuãte, ⁊ os das ylhas, ⁊ os pescadores da costa, ⁊ todolos mareãtes juntamẽte, os q̃ vã ⁊ os q̃ vẽ, porq̃ he impossiuel. Nẽ podẽ os capitães adeuinhar, onde andã os cossayros, nẽ quãdo hã de vir, porq̃ se o soubessem vigiariã, ⁊ não consentiriã nem el rey q̃ a do seu pouo nẽ sua fazenda fosse roubada, como diz o euãgelho. Quaa dentro no reyno ha ladrões, q̃ roubão as casas q̃ temos fechadas, no meyo das cidades, ⁊ estãdo nos dentro nellas, ⁊ tirão as bolsas de dentro das aljabeyras ⁊ do seyo/ a esses de ho recado/ ⁊ aos propios alcaydes q̃ os andão buscãdo pera os prẽder ⁊ não nos podẽ descobrir todos, andãdo de mestura co elles, ⁊ das portas a dẽtro, a modo de falar, quãto mays no mar q̃ he muy deuasso, ⁊ nam mostra as pegadas peronde forãonos ladrões, q̃ aly andão francos ⁊ não temẽ nẽ a Deos. O qual soo pode guardar o mar ⁊ os q̃ andã per elle, como de feyto os guardaraa se elles tãbẽ guardarẽ boas tẽçõ es, ⁊ não andarem tras cobiça desordenada encomendãdose a elle.

Matth capit.24.

Cap.iij. Que he necessario fazer guerra no mar.

Porque o mar he muy deuasso, ⁊ os homens nã podem escusar de negociar per elle suas fazẽdas, hũs mercadeando, outros pescando, ⁊ outros como lhe vẽ bem, ⁊ dahy trazẽ mantimẽto ⁊ proueyto pera a terra, por tanto cũpre que nelle se ponha muyto recado, porque ou cõ medo ou cõ seuero castigo, seja retrayda a ousadia dos cossayros, q̃ per elle soltamente roubão, ⁊ cometẽ crimes grandes. Eu me espanto muytas vezes dhũa cousa, q̃ logo quero dizer,

de como

de como são mays peruersos que os outros estes dous generos dhomês/conuê a saber, homês do mar ꝛ da guerra/ os quaes deuiã muyto temer a Deos, ꝛ lẽbrarse da morte q̃ trazẽ antos olhos, ꝛ co isso se esquecẽ mays della/ ꝛ sam piores quo os outros, em tãto q̃ os poetas segundo relata Aulo gellio os notarã sempre por muy desaforados, aos mareãtes sob nome de filhos de Neptuno, os quaes deziã ser gigãtes brauos ꝛ deshumanos. Os ladrões do mar nã contẽtes de roubar ꝛ matar, viuos enterrão os homẽs de bayxo das agoas, ꝛ os queymã viuos, ꝛ nã como ladrões q̃ tem receo do castigo, mas atreuidos pelejã cõ quem defende o seu, ainda q̃ sejã seus vezinhos ꝛ naturaes, pollo q̃ sam hauidos por imigos comũs de geração humana. Nã soomẽte salteão o mar os cossayros, mas se os deyxão yr auante, atreuense sayr em terra, ꝛ inquietalla. Por tãto cũpre acosallos, ꝛ quebrarlho impeto q̃ trazẽ, antes que cobrẽ animo sobre nos, ꝛ nos tenhão em pouco, ꝛ nos a elles os temamos, qua isto em todalas contendas, em especial na das armas, traz cõsigo cõfiança de quasi victoria, ꝛ faz presumir posse della. Por todas estas rezões he necessario hauer armadas no mar q̃ guardẽ as nossas costas ꝛ paragẽs/ ꝛ nos assegurẽ dos sobresaltos q̃ podẽ vir pollo mar, q̃ são mays supitos q̃ os da terra. Per terra não podem vir imigos tã de improuiso, que nam saybamos sua vinda a tẽpo pera prouer defensam qualquer que seja. Mas per mar, de muy lõge dõde nã cuydamos, supitamẽte sem sabermos dõde desamarrou, nẽ que rota leua, aparece na costa sobre nossos portos hũa terrifica frota, ꝛ se não esteueremos apercebidos, primeyro q̃ se façã nauios prestes faraa dano/ ꝛ volta a seu saluo, o que nã faraa onde ouuer outra frota q̃ a estorue ꝛ embarace. Por este respeyto vemos, que nam auentã as galees dos Turcos, nẽ outros cossayros a Genoua, onde sabẽ q̃ reside Andreedorea co as suas, nem a

Aul. Gellius. lib. 15.

Malega ou Calez quando aby está as da Espanha, mas decê em Cezilia, & Cerdenha, Malhorca, & Valêça & outras partes, onde sabê q̃ nã está apercebidos, no mar digo, porq̃ daqui lhes cũpre mays ser seguros os cossayros, qua no mar fazê seu fincapee/& posto q̃ na terra sejã mal recebidos ao mar se recolhê como a lugar proprio de sua viuê da, & quê lho empedir tirarlha ocasiã de andar per elle & de os hauer no mũdo. Portãto estemos prouidos d' nauios armados, porq̃ quãdo auêtarê a nossas paragês sejã fostigados, & nã desejê tornar a ellas Os Romanos, cõta Vegecio, despoys de acabadas suas guerras, & pacificado o mar/nã por outra algũa necessidade mays q̃ por ornar sua grãdeza, & porq̃ os nã tomasse algũ reboliço desapercebidos/sêpre tinhã no mar, ê lugares oportunos, duas frotas esquipadas & prestes, cõ sua gête darmas, pa acudir onde fosse necessario se se aleuãtasse algũ aluoroço cõtreelles ou seus amigos. Erão tã grãdes & d' tãtos nauios as frotas q̃ assi tinhão prestes, q̃ pera cadahũa dellas auia deputada sua legiã dhomês darmas/q̃ sã em cada legiã seys mil & tãtos homês, os quaes bê cõpassados per nauios de remo, q̃ aq̃lles erão os mays delles, hauião mester pollo menos pera se alojar cincoêta ou sesenta nauios, & nã digo muyto, porq̃ esta he a cõta. Hũa galee da tres bê arrumada pode recolher sesenta soldados. s. quorêta pollas bãcadas, & vinte em popa & proa, & he muyto porque a proa he dos marinheyros como se adiãte dira, & não tê a galee lugar pera mays soldados, porq̃ marinheyros & galeotes acupão o resto. As da quatro alojam pouco mays, & as galeotas da dous pouco menos/d' modo q̃ reduzidas estas & essoutras ao mays geral meyo, que he sesenta por cadahũa, resultão seys cêtos por cada dez, & q̃ sejã mil, os seys mil ainda assy nã cabê nas cincoêta, & cõsta q̃ as frotas erã mayores do q̃ disse. Dõde parece ser assy o q̃ nota Gulhelme Budeu, q̃

Vege. li. 4.

Bude. de

as frotas e naos antiguas excediã as dagora. Porẽ con-forme ao tẽpo e ao q̃ cũpre, tẽperãdo aq̃lles excessos q̃ não sam duraueys, el rey nosso senhor tãbẽ traz pello mar suas armadas necessarias a seus tẽpos, e prouuesse a deos que cõ tam pouca necessidade como então os Romanos, q̃ soo por magestade e estado o fazião. Sua alteza por augmẽtar a fee Christão, e defender suas terras traz armadas pello mar, e não sam tã poucos os nauios q̃ não passem de cẽto, cõ os da Jndia, senão quãto algũs delles sam muy gran-des, e de mays força e despesa q̃ as galees, porque sam ga leões dalto bordo de quinhẽtos e de seyscẽtos toneys de porte e de mays, que val hũ por muytas galees. Estes na uios, delles traz sua alteza na Jndia, por restaurar nessas partes a christandade, que laa padecia muyto detrimento, e os infieys a tinhão quasi gastada, mas agora o senhor Deos por sua bõdade, e meyo da nossa gẽte a vay recupe rãdo, de maneyra q̃ daa muyta esperãça de se cobrar o per-dido. Outros traz na costa do reyno e paragẽ das ylhas, donde enxota os cossayros, que se ysso não fosse claro esta que andariam mays soltos do que andam, e farião mays dano, assy aos nossos como a outros muytos q̃ sob a som bra e emparo de Portugal nauegam per este mar mays seguros do que fariam se os cossayros nã teuessem algum receo das armadas del rey de Portugal. Tambem man-da sua alteza em defensam de suas terras e gente outros nauios aa costa do Algarue e estreyto de Gilbatar, con-tra os mouros e Turcos, com os quaes faz tal troca que deyxão mays do que leuão, e isto he verdade como todos sabemos, que de quatro annos a esta parte sam tomadas noue ou dez galees e fustas de mouros, e elles nam leuarã quatro barcos dos nossos. Por tanto nam tem rezam os murmuradores de praguejar del Rey e de seus capitães, dizendo que os não defendem, poys fazem o que podem.

Que

assi o libro quinto.

Que querem os infintos? Querem sempre ganhar, & nunca perder. Nam tem rezão. Nam sabem as condições da luta. He luta a guerra, & quem nella trata, anda quando de bayxo quãdo de cima. Nos tratamos guerra cõ mouros, & essa por nossa võtade, qua nos lha imos fazer, & os imos buscar a suas terras, & lhas imos escalar. Poys q̃ querem os mimosos? Que os roubemos & catiuemos nos a elles, & elles nã a nos. Estas bẽ assy. Amigos, todos andamos a furtalho fato, & quẽ vay por lam, aas vezes deyxa a pelle / porq̃ esta he a ley deste jogo, qual de mym tal de ty. Porq̃ estranhays o mal q̃ vos fazem, poys lhe vos fazeys pior? Nã quereys q̃ se defendam, & que se vinguem? Elles sam do mundo, & o roubar, & catiuar, & matar, & escalar, & fazer guerra desarrezoada he seu mays qua nosso, & poys lhe fazemos mal, soframos o pago dell:.

Cap.iiij. Qual he guerra justa.

Malfeyto he fazer guerra sẽ justiça, & os christãos a nã podemos fazer a nenhũs homẽs que sejã, de qualquer condição nem estado. Esta he comũ doctrina de theologos & canonistas, porq̃ assy quer a rezão, q̃ os discipolos & imitadores de Christo, sejamos sãtos como elle he santo, qua doutra feyção seria falso nosso nome, & podernoshião culpar de hypocritas, como aq̃lles de quẽ Christo diz. Dizẽ & nã fazem. Os quaes elle mesmo chama hypocritas, q̃ quer dizer falsos & mẽtirosos. Mẽtiroso he aquelle que aprégoa vinho & vende vinagre, aq̃lle que se nomea pacifico & faz guerra sem justiça. Este nome Christão he nome de paz & modestia, & quem se nomea Christão apregoase por imitador destas virtudes, & se nã vsa dellas he mentiroso & hypocrita, & quem faz guerra injusta nam vsa dellas. Contra os taes se escreue no liuro de Job / que choueraa guerra sobrelles, porque toda presa

Leuit. ca. 11.

Matth ca pit. 23.

Iob. ca. 20.

presa violẽta traz cõsigo tumulto ꝛ aluoroço, diz Esayas. Digo que Deos permitiraa q̃ polla guerra q̃ injustamẽte fazemos a outros, nos socedã ꝛ nação guerras donde nã cuydamos. A guerra justa q̃ podemos fazer, segũdo santo Agostinho, he aquella que castiga as sem justiças q̃ algũa gente fez ꝛ nam quer emendar. Ou a que defende o seu bãdo dos que injustamente o querem offender / porq̃ grande bem faz, diz elle, quẽ aos maos tira licença de fazer mal. E sobre todas he justa a guerra q̃ castiga as offẽsas de Deos contra aquelles que delle blasfemão, ou deyxão sua fee, como sã hereges, ꝛ apostatas, ou empedẽ a pregação della, ꝛ perseguem as pessoas que se a ella conuertem, qua mays obrigados somos emendar as offensas de Deos que as nossas. Onde se deue notar, que nam a todos infieys nem sempre podemos justamente fazer guerra, segũdo a sancta madre ygreja em seus decretos determina. Nã podemos fazer guerra justa aos infieys que nunca forão Christãos, como sam mouros, ꝛ judeus, ꝛ gentios, que cõ nosco querem ter paz, ꝛ nam tomaram nossas terras, nem per algũa via perjudicam aa christandade. Porque com todos he bem que tenhamos paz se for possiuel, como diz o apostolo sam Paulo / ꝛ pera isso de nossa parte façamos quanto em nos for, qua de nos se espera exemplo de paz ꝛ paciencia / fũdada em fee que Deos nos vingaraa ꝛ fara justiça. Isto hauemos de ter com os que nos mal fezerem, sofrer quanto em nos for, ꝛ esperar a justiça diuina, quãto mays com aquelles que bem se derem com nosco? Os quaes milhor conuerteremos aa fee, ꝛ mays edificaremos nella cõ exemplo de paz ꝛ justiça, que com guerra nẽ tyrannia. Tomar as terras, empedir a franqueza dellas, catiuar as pessoas daquelles que nam blasfemão de Jesu Christo, nem resistem aa pregação de sua fee, quãdo com modestia lha pregão / he manifesta tyrannia. E não he nesta parte boa escusa

Esai. ca. 3.

Agust. in lib. 83. quæstionum.

Agust. ad Marcellinum.

Thom. 2. 2. q. 1 ti. 8.

23. q. 8. per totum.

Ad Rõ. c. 12. Ad Hebr. cap. 12.

escusa dizer, que elles se vendem hũs a outros, qua nam
deyxa de ter culpa quem compra o mal vendido, ⁊ as leys
humanas desta terra ⁊ doutras o cõdenão, porque se não
ouuesse compradores não haueria maos vẽdedores, nem
os ladrões furtarião pera vender. Assi q̃ nos lhe damos
occasiam pera se enganarẽ hũs a outros, ⁊ se roubarẽ, ⁊ for
çarẽ, ⁊ venderem/poylos imos comprar/ o que não fariam
se laa nã fossemos a isso, nẽ jamays o fezerã/ senã despoys
que os nos a ysso induzimos. Nos fomos os inuentores
de tam mao trato, nunca vsado nẽ ouuido antre humanos.
Nam se acharaa / nem rezam humana cõsinte, que jamays
ouuesse no mundo trato publico ⁊ liure de comprar ⁊ vender homens liures ⁊ pacificos, como quem compra ⁊ ven
de alimarias/boys ou cauallos, ⁊ semelhantes. Assi os tã
gem, assi os constrangem, trazem, ⁊ leuão, ⁊ prouão, ⁊ esco
lhem com tanto desprezo ⁊ impeto, como faz o magarefe ao gado no curral. Nam soomente elles, mas tambem
seus filhos, ⁊ toda geração, despoys de quaa nacidos ⁊
Christãos nunca tem remissam. Jaa que damos a isto cor
de piedade christam, dizendo que os trazemos a fazer chri
stãos, nam seria mal vsar co elles dessa piedade, ⁊ darlhes algum jubileu despoys de seruirem certo tempo limi
tado per ley. Mas bem sey que dizem algũas pessoas,
se forem forros serão ladrões, porem nam adeuinham bẽ,
mays certo diriam, que elles sam os que nam querem dey
xar de ser ladrões do seruiço alheo. Façamos nos o que
deuemos, ⁊ elles sejam os que forem, que para isso ha justiça na terra pera castigar os maos. Torno a dizer da cor
piadosa que damos ao catiueyro desta gente, q̃ me a mym
parece cor ⁊ nam rezão sofficiente pera nos escusar de culpa Dizemos que os fazemos christãos, ⁊ trazemos a esta
do de saluaçam, ⁊ as almas valem mays que o seruiço, ⁊
liberdade corporal, ⁊ poys lhe ministramos espiritualida-

des

des nam he muyto receber delles temporalidades. Assy o diz sam Paulo. Mas nos nam temos a mesma rezam que sam Paulo, nem semelhante / porque nam se faz assy como dizemos, nem como elle fazia. Os que vam buscar esta gente, quanto ao primeyro, nam pretendem sua saluaçam / & cõsta / porque se lhe tirarem o interesse não iram laa, & sam Paulo pretendia mays saluação dos homens que propio interesse. Item nos tomamos a estes as liberdades & vidas per força & engano, & sã Paulo pedia a aqlles esmola & subsidio voluntario de suas fazendas, o que elles quisessem. Quanto mays que muytos nam ensinã a seus escrauos, como hã de conhecer nem seruir a Deos, antes os constrangem fazer mays o que lhe elles mandão, que a ley de Deos nem da sua ygreja, tanto que nem os deyxão yr ouuir missa nem euangelho, nem sabem a porta da ygreja pera isso, nem guardam domingos nem festas. Entam os mandão o ryo & a fonte / & caminhar & fazer outros seruiços. He seu catiueyro tanto mays atribuydo ao seruiço de seus amos que ao de Deos, nem sua saluaçã, que se lhe mandam ferir ou matar, ou fazer qualquer outra cousa contra a ley de Deos, nam duuidão fazella. Nem lhes cũpre, porque assy lho ensinão, & assy lho mandão, & os constrangem fazer, & nam lhe ensinam ley de Deos, nem caminho de saluaçam. Poys quaes sam as espiritualidades que lhe ministrão? O bautismo? Esse deuem elles a Deos, & nam a seus amos, os quaes nem procuram por lho dar, nem sabem se sam bautizados. E mays, estas cousas nam se deuem ministrar por interesse, qua sam Paulo não nas fazia por isso, mas pedia sostentamento, & aas vezes o daua, por caridade nas necessidades suas ou alheas. Nem se deue fazer mal pera vir bẽ. Fazerlhe sem justiça pera os trazer a estado de saluaçã, nam he doutrina apostolica, nẽ sam Paulo a amite por sua. Nem esse mal he causa de sua saluação

Ad Rõ. 15.
1. Ad Corin. cap. 9
Ad Rom cap. 3.

uação antes de escãdalo pera elles ⁊ pera outros, ⁊ redonda em blasfemia de Christo nosso mestre, porque quando vem que preuaricamos a ley de Deos ⁊ justiça, os infieys, que podem cuydar senam que delle aprendemos nossas peruersas manhas, nam sendo assi. Finalmẽte esta he maa cautella, ⁊ ante Deos não val nada. E a mym me parece que seu catiueyro he bem desarrezoado quanto he da nossa parte, porque elles não nos offendẽ, nem nos deuem, nem temos justa causa pera lhe fazer guerra, ⁊ sem justa guerra não nos podemos catiuar, nem cõprar a cujos não sam. Poys da sua parte se o elles merecem, nos não somos juyzes disso, nem Deos nos fez verdugos da sua ira, mas manda que preguemos a sua fee com caridade ⁊ modestia. De tã injusto catiueyro como este, diz sam Joã no Apocalipse. Quem catiuar seraa elle tambem catiuo. Não confie ninguem na presente prosperidade, qua polla sem justiça q̃ os homẽs fazem a outros, muda Deos os reynos dhũas terras pera outras, ⁊ os q̃ soyão ser senhores se tornão em escrauos. Em pessoa dos quaes diz Hieremias. Os escrauos nos senhorearão / ⁊ não hauia quem nos resgatasse de seu poder.

Apo. ca. 13

Eccl. cap. 10.

Thré. ca.

Cap. v. Da tenção ⁊ modo da guerra.

Nam abasta ser a guerra justa, mas tambem o modo della deue ser justificado, ⁊ as tenções dos que a fazem dirigidas a bo fim, ⁊ desta maneyra acabaraa de ser justa a guerra, ⁊ licita aos christãos, ⁊ seraa execução de justiça, conseruação de paz / ⁊ defensam dos bos, ⁊ castigo dos maos. Muytas vezes faltam disto as guerras que se fazem / ⁊ não sam castigo de maos, antes auexação de bos, porque erram as tenções dos que as fazem, que pretendẽ sua

sua vingança ou ambição ꝛ cobiça. Digo vingança odiosa ꝛ cruel, de particular odio ou soberba/ que os homẽs tẽ a outros por seus interesses, qua nem por nos mesmos nẽ por outrem podemos fazer guerra com tal entẽção. Deste genero sam as tenções daquelles que per nenhũa via que rẽ paz quãdo lha seus cõtrayros offerecẽ, ꝛ nã sãboas, porq̃ Deos mandaua a seu pouo cometer paz primeyro q̃ fezesse guerra. Quãdo combateres algũa cidade, diz elle/ primeyro lhe offereceraas paz, ꝛ se a quiser aceytar com justo concerto nã lha negaras, mas nã querendo / entam a combateraas, ꝛ se ta Deos der nas mãos nam mataraas molheres nem moços, nem alimarias, nem cortaraas aruores d̃ fruyto, nẽ queymaraas messes, nem estragaras as cousas de que se os homẽs acostumão manter. Esta ley se deue guardar pera que ho modo não seja errado, qua sem rezão ꝛ contra si mesmo faz aquelle/ que mata do vencido, ꝛ destruy o de que se pode aproueytar, ou ao menos lhe não po de prejudicar. Vilam animo he o do homem q̃ mata molher ou gente desarmada, eu não confiaria do tal que pelejasse contra quem lhe teuesse o rosto dereyto. O nobre ꝛ de grandes animos, não quer mays q̃ victoria. Mas de quẽ seraa senhor, ou de quem se gloriaraa o vilam que mata o vencido? Nam quer o tal carniceyro mays, q̃ fartar sua cõdição de besta saluagem ꝛ feroz.

¶ Os soldados que recebem soldo por seruir em armas quãto ao que toca a justificação de sua tenção deuem ter este resguardo, que nam tomẽ soldo de pessoa que nam possa fazer guerra justa, porque tambem elles nisso pecaram, ꝛ todos os que tal guerra fauoreçerem. Porem se nam sabẽ quando a guerra he justa ou injusta, sendo licita a quem na faz, entam elles nessa parte da entenção geral vsam de suas armas sem carrego nenhum de conciencia/ se no modo ꝛ particulares tenções nam erram, porque seu exercicio não

Deutero. ca. 20.

ha duuida senam que he licito, & admitido na vida euange lica, & o podē executar & merecer nelle. Assy o entende Sā tagostinho naquelle passo do euangelho, onde sam Johão diz aos soldados, que pera ganharē o reyno dos ceos sejā cōtentes cō seu soldo, & não fação mal a ninguē/conuē a saber, ꝗ não vsē de crueldade nē cobiça. As palauras de Sā tagostinho sam estas. Se a disciplina christā de todo culpasse as guerras, aos soldados que pedem cōselho de saluaçā mandaria que deyxassē as armas, mas nā lhe disse senā contentayuos com vosso soldo & não façays mal a ninguē. De per si o exercicio dos defensores da terra não he mao, antes he meritorio, & merece o milhor della poys a guarda mas a intēção dos homēs o pode corromper, & o modo de seu pelejar chamo se he cō odio, & zelo de matar/& destruir, & roubar, mays ꝗ de emendar o mal & conseruar o bē, por que estas duas cousas deuem pretēder os que pelejā pera segurarē suas conciēcias, & co isto posto ꝗ seu exercicio seja enuolto cō sangue, não deyxa por isso dē ser aceyto a Deos, assi como o officio do juiz que castiga o malfeytor, o qual nisso merece & não peca ainda que seja cō sangue & mortes dos que tal merecem. Tambē he hū ruyn modo de guerra o que se agora em algūas partes vsa a que elles chamão escala franca, & eu lhe chamo frāqueza de ladrões, porꝗ nas taes guerras se aiuntam elles, mais pera roubar ꝗ pera pelejar, o ꝗ não farião por virtude se lhe não soltasse a redea a seu vicio, & elles assy o cōfessam, ꝗ se não offerecerião cō tanta fiuza a morrer, se nam fosse por roubar. A qual tēçā corrōpe o estillo da boa guerra, & peruerte o modo de pelejar, não soomēte cometēdo excessos contra os vencidos, mas tambē desordenādose assy mesmos, & perdēdo aas vezes a victoria ꝗ tinhā ganhada por se assy desordenarē. Milhor estillo he o ꝗ sempre vsarão todas as nações, assi gentios como iudeus, os quaes segundo de suas escrituras se

Lucæ.ca.3

Augusti. de puero centuri.

se pode entender, diuidião as presas per todo o exercito.
Assi o mandou Deos fazer a Mouses/ao qual disse. Di-
uidiraas ao exercito toda a presa/ꝛ comeraas dos despojos de teus imigos. E Dauid tornando com victoria da
matança de amalech, assy diuidio a presa que delles tomou
antre os seus igualmente, tanto aos que cansarão como
aos que aturarão o alcançe, porque pera pelejar tambem
estauão aparelhados aqlles onde ficarão guardando a car
riagem/ꝛ mays que pera isso partirão de suas casas/ ꝛ pera
isso estauão no campo. Na qual autoridade ꝛ rezões me eu
fundey, sendo juiz louuado de hũa presa que o capitam vin
temilha com certas galees de França tomou aos Ingreses, ꝛ refusaua dar parte aas outras galees, mas preuale-
ceo a minha sentença ꝛ partirão todos. Como tambem se
vsa fazer neste reyno, ꝛ he bẽ feyto por euitar, como disse,
as desordens antre os nossos/ꝛ contra os vencidos des-
humanidades.

Deutero ca.20.

2. Regum ca.30.

¶ Capitulo seysto. Do officio do Almirante.

PAra prouer a guerra do mar, ꝛ as cousas
pera ella necessarias he costume nos reynos
maritimos hauer Almirãtes homẽs prudẽtes, ꝛ diligẽtes, q̃ tenhã cuydado de pro
uer as taracenas, ꝛ armazens ꝛ nauios, de
feyção q̃ quãdo cumprir estẽ prestes, ꝛ não
façam demora ẽ acodir onde for necessario
E para q̃ o assy possã fazer sem referta de nenhũa parte/os
princepes lhe dã cõprido poder ꝛ jurdicã, pa mandar ꝛ jul
gar nas cousas do mar, ꝛ homẽs q̃ per elle tratã. A q̃m este carrego tinha chamauã os Gregos Architallasso, q̃ se
pode interptar p̃sidẽte do mar, ꝛ nos o nomeamos Almirãte, o qual vocabulo parece ser trazido da lingua arabiga,

na qual almiralle sinifica Rey segũdo o interpreta antonio de nebrissa, ⁊ de almiralle pareçe ser trazido almirante. O que isto faz pareçer, he que em França ainda ho assi pronunciam quasi como em Arabia/⁊ não he de marauilhar hauer em França palauras de Arabia, poys tambem ha outras de Persia, como he ciro, que quer dizer senhor, ⁊ co esse vocabulo honrram os franceses seu rey em particular. Muyto menos he de marauilhar hauer na espanha os taes vocabulos arabigos, pollo muyto tẽpo que nella morou gente dessa naçam, ou ao menos que falaua sua linguagem, ⁊ pouco tempo que ha que della sam lançados esses homẽs/dõde nos ficaram muytos vocabolos seus como vemos. Poys a sinificação que Antonio diz que elles dã ao seu vocabulo não repunha ao officio do nosso, porq̃ o Almirante em França, ⁊ Frãdes, ⁊ Ingraterra, ⁊ outras partes/gouerna ⁊ manda inteyramente nas cousas do mar como principe delle, tambem na justiça como nas armas. Ele prouee os juyzes ⁊ alcaydes do mar, escriuães, ⁊ outros officiaes, tambem das alfandegas, os quaes em nome do Almirante julgão, ⁊ executam a justiça necessaria antre os marinheyros, ⁊ antre os mercadores que tratã pello mar. Nesta terra ao presente não se faz assi, porque o Almirante vemos que nam tem de seu officio mays que soo o nome, quanto a execução delle digo, todauia ha hy Almirante, q̃ daa indicio do que foy aqui como nas outras partes, qua não sem causa se deu esse titolo quando de nouo se criou, mas parece que despoys de enuelhecer algum Almirante dos passados se apousentou/⁊ em sua ausencia prouee elrey per outrem o que sohya fazer ho Almirante. Andou este officio algum tempo no capitam moor do mar, isto foy sendo Aluaro vaz dalmada capitão moor neste reyno em tempo del rey dom Afonso o quinto, ⁊ dspoys. Agora anda partido per muytos, hum pedaço faz o armador moor/

outro

outro o proucedor dos armazẽs, outro o vedor da fazenda, ⁊ todos o não acabão bem de fazer, porque ainda el Rey per sy prouee muytas cousas que pertencem ao dicto offi cio. O proueyto que deste espedaçar vem aa fazenda de sua alteza, não entendo que possa ser muyto, posto que outra cousa lhe digão/os que gozão desses carregos, ainda que por mays nam seja que pollos muytos mantimentos que comem os muytos officiaes podendo ser hum soo. E mays como as cousas q̃ estas pessoas diuersas fazem todas tirem a hum fim, que he a gouernança do mar, muyto milhor se farião, ⁊ aplicariam a seu fim per hum soo entendimento vnido, que per muytos diuersos, porque a multidam diuersa confunde, ⁊ dilata, ⁊ a dilação he perigosa na guerra ⁊ no mar, o qual mar nam espera nem respeyta a ninguem, mas entam se apressa mays, quando vos mays vagar tendes, ⁊ vos descuydays.

Capit. septimo. Das taracenas ⁊ seu prouimẽto.

PRouera o Almirante, ou quem seu carrego teuer, que nas taracenas haia nauios feytos ⁊ prestes, que em breue possam acodir aos sobresaltos supitos, conformes ao mar ⁊ guerra como a diante direy. E alem disso, pera fazer outros se forem necessarios hauera nas taracenas madeyra, ⁊ todos achegos, como sam pregadura, breu, estopa/⁊ quaesquer outros segundo costume dos nauios ⁊ terras, como seuo/betume, ⁊ chumbo. O seuo pera nauios d̃ remo, ⁊ o betume nas terras quentes contra o gusano, ⁊ chumbo pera nas nauegações longas emparar a estopa q̃ a nam descarafete a agoa. E porque a nossa gẽte trata em terras apartadas destas, onde a natureza não cria as mesmas especias de cousas como aqui, quando não acharem estas busquem outras semelhantes, que oportunamente se possam acomodar a esta fabrica. Como he cobre pera pregadura, õde ouuer delle mays que de ferro. O ql cobre não sendo mays custoso, he pera isto milhor que o ferro, como Vegecio diz, porque antre as agoas & humidade conserua mays sua sustancia/sem se corromper, nem criar ferrugem, & he tam forte & mays que o ferro. Em algũas partes pregão os nauios com souinas ou tornos de pao, as quaes posto que apertam nam sam firmes, & se sam muytas esburacão & atraçoam a madeyra. Algodam onde nam ouuer estopa pode seruir por ella, & nam he menos auto pera atupir/porque he brando & basto & toma qualquer vntura como a estopa, o que nã faz a lã, porque he hirta, & nam se aiunta nem atupe bẽ. Cera por breu jaa se vsou, aa qual ensina o mesmo Vegecio, que lhe mudemos a cor pera não ser vistos dos imigos nas celadas, o q̃ tambem se pode fazer no seuo, mas no breu não he necessario porque he negro & nam resprandece nem da vista senã he rezina branca, a qual podem tinger se cumprir. Para cordas a milhor materia he linho alcanaue, & se esse faltar o propio linho tem as segũdas vezes. Despoys de linho nestas partes esparto, mas onde a ouuer he milhor palma, hora seja a folha della, hora seja a feuara a que chamã cayro, que tambem dura na agoa como o esparto. Porem de nenhum destes, desparto nem palma digo, seruiram hetas, nem outra cordoalha meuda, assy por sua fraqueza como porque nam recebem o alcatrão; nem correm bem, antes se roção muyto nas polces & aparelhos. Dalgodão se faraa milhor cordoalha que de lam, no qual ha todalas habilidades que no linho, senam que sua feuara he mays curta & nam lia tanto, & por isso nam tem tanto vigor. Quãdo ouuesse muyta necessidade tambem podiam seruir sedenhos de sedas de caualos & outras/assy como jaa seruiram de cabellos de molheres em carthago & em marselha

& em

Vege. li. 4

& arbodes. A lã me parece menos idonea assy pa cordas como pera velas/porque alem de nam ter força, he como disse, hirta & nam recebe vntura. Poys comecey a falar das velas/falarey mays dellas & das outras exarceas, q̃ todas deuem ser prouidas nas taracenas para o tempo do mester, em especial aquellas que ham de vir de fora, ou se não podem hauer em todo tempo. A milhor lona peraas velas he de linho alcanaue, porque a feuara longa faz o fio & pano mays forte, & o pano estreyto assegura a vela d̃ rasgar, porque as muytas costuras não deyxão correr a rasgadura, como faz no pano largo, que não resiste tanto. Nã hauendo lona a cotonia poderaa soprir por ella, a qual pera os toldos das galees serue, & burel. Ancoras, remos, lemes, & mastos haja nas taracenas ẽ abastãça porque sã cousas que se gastam/& ham se mester cada dia de nouo. E todas essoutras cousas se gastão & suprem cada dia nas armadas, por tanto he necessario hauellas dantemão & nam esperar para tempo que façam mingoa. Finalmente as taracenas deuem estar prouidas de todas as cousas necessarias pera a fabrica dos nauios, não somente das matereas & partes dessa fabrica, mas tambem dos instrumentos com que se ha de fabricar, digo aquelles que os officiaes nam acostumão trazer nem podem, como sam cabrestantes, cadernaes, rodas, carretes, & outros semelhantes.

Capitulo oytauo. Da madeyra pera as naos.

A Madeyra pa nauios, de q̃ as taracenas deuẽ estar prouidas/he boa esta ou aquelloutra segũdo a diuersidade das terras em que nace, por que nam ha as mesmas aruores em todas as terras, mas hũas ha nesta terra, & outras muy defferentes nas outras terras, & em cadahũa suas,

⁊ muy perto hũas das outras criã estas defferenças. De
hum limite pera outro ha oliueyras ⁊ nam ha oliueyras,
castanheyros, cereygeyras, figueyras, romeyras/ ⁊ outras
muytas, quanto mays de mays longe, como da India ⁊
do Brasil ⁊ de Guinee, donde nem os nomes lhe sabemos. E não soomente adiuersidade dos sitios varia as es
pecias das aruores, mas tambem em hũa mesma especia
muda as qualidades, ⁊ a faz aqui mays seca ⁊ acolaa mays humeda: ẽ hũas partes crecẽ mays as aruores ẽ outras
menos, ẽ hũa terra dam fruyto ⁊ em outra o não querẽ dar
hũas mesmas aruores se as mudaes daqui para aly se mu
dam ⁊ fazem outras. E o trigo anafil dalẽtejo se o leuays
aa beyra, muda a bondade, ⁊ corrompe a especia. Nos lugares humedos ⁊ sombrios a madeyra ⁊ fruyta ⁊ folhas
tudo he mays çumarento, ⁊ verde, ⁊ nas terras frias as
fruytas sam azedas ⁊ sorodeas, ao contrayro das quẽtes
onde sam temporãs ⁊ doçes, porque nestas a quentura
coze os humores mays cedo, ⁊ assy faz amadureçer as fruy
tas, ⁊ mata nellas o frio que he causa do azedume/ ⁊ naque
llas o frio excessiuo não deyxa cozer os humores nem na
fruyta nem na madeyra, donde vem que nas terras frias
as aruores crecem mays que nas quentes, porque aly nã
tem o sol força pera gastar os humores das prantas/ ⁊ polla abundancia delles sam viçosas, mas a madeyra das ta
es partes he mays fraca ⁊ podrediça. Em algũas terras
quentes crecem tambem as aruores muyto, como fazem
no Brasil, ⁊ muyto mays em Guinee, onde nam falta quẽ
tura mas sobeja o viço ⁊ humidade, porem he essa humidade assy temperada com a virtude terrestre, que faz a ma
deyra maciça ⁊ forte, de tal maneyra que sempre tem vez,
⁊ se pode colher em todo tempo do anno, como adiante se
diraa, polla boa digestam que o sol faz nos humores, os
quaes posto que sejam muytos por bem digeridos ⁊ per-

feyta

feycionados conuertem se na sustancia da madeyra, e dãlhe vigor perfeyto sem causa de podridam. He tanta a differença que a maa digestam dos humores faz na madeyra, que o lerez o qual ẽ Africa daa rezina ardente, e madeyra leue e auta pera nauios, de que per toda aquella terra os mouros fazem suas fustas e galees, na rybeira do pado nos Alpes, segundo diz Vitruuio, o grande amargoz do seu çumo faz que nem o caruncho entra co elle, nẽ arde no fogo, nem nada sobola agoa pollo muyto peso que tem de humor indigesto por ser criado em terras humedas, e sombrias, pollo que nem he idonea a madeyra delle naquellas terras pera nauios, nem pera queymar, pior do que he a figueyra antre nos, porque nem faz chama diz, nem brasa. E conta como Cesar veyo em noticia disto per experiencia que fez em hum castello desta madeyra, que mandou queymar e nam quis arder. Semelhante, posto que nam igual differença, conta palladio rutilio do pinheyro, o qual diz que na Jtalia apodrece lançado na agoa/ mas em Cerdenha se conserua nella, e que ahy pera euitar que nam apodreça o lançam todo hum anno na praya do mar, como quaa fazem oo souaro. Este mesmo diz, que o cedro da parte do norte se corrompe mays asinha, posto que nessas partes creça mays. E nos tambem per experiencia vemos o cedro das ilhas dos açores, que por ser de terra mays fria nam he tam bo comoo da ilha da madeyra, nem cheyra tambem. Assi que he certo que em diuersas terras variam as aruores o vigor de sua madeyra/ e aquellas que ẽ hũas partes sam boas pera a fabrica de nauios, em outras o nam seram. Por esta rezam/ e polla que a cima fica apõtada conuem a saber, que nam ha as mesmas especias daruores em todalas terras, nam se pode dar regra geral, que sirua em todalas partes, no escolher da madeyra pera os nauios, mas cumpre que quando em terras estra-

Vitru. li. 2

Palla. li. xx

nhas

nhas nos for necessario fazellos, nos enformemos dos homẽs ꝛ vso dessa terra onde nos acharemos, ꝛ co elles nos conformemos, ꝛ façamos nossa fabrica com as mate reas que nos elles ꝛ sua terra derem, porque as de quaa ainda que as laa achemos por ventura não seram tam boas/ou se o forem esperemos a ver a experiencia premeyro que nos confiemos do nosso costume que laa por ventura he dscostume. Acharemos q̃ em hũas partes d leuãte fazẽ nauios todos de lerez, costas ꝛ couro ꝛ tudo/isto he da parte dafrica, como iaa disse, ꝛ noutras partes lemos que os faziam de faya, cedro, ꝛ acipreste que nesta terra não sam tam bos como isso, ꝛ da parte do norte em Bretanha todos tambem de carualho, liame digo ꝛ tauoado, em Ingraterra ꝛ Alemanha dessa ꝛ doutras madeyras que laa tem muytas em abastança, porem pode ser que nam tam cõmodas pera isso como as nossas. Nesta terra vsã dous metaes de madeyra nestes dous mesteres ou partes dos nauios/cadahum em seu/hum no liame ꝛ outro no tauoado, ꝛ a meu ver, bem acõmodadas segundo as qualidades da madeyra, ꝛ mesteres da obra. No liame põe os nossos carpenteyros souaro, o qual he forte, ꝛ serue bem nessa parte, nam soomente por sua fortaleza, que tem muyta como cõuẽ pera sostẽtar o peso do nauio: ꝛ sofrer os impetos do mar (para os q̃es era necessaria fortaleza mays q̃ d ferro se se podesse achar, ꝛ nam abastaria) mas tambem para que a natureza o criou, o souaro digo/em especial pera esta parte dos nauios com torturas ꝛ garfos afeyçoados pera as voltas das cauernas, ꝛ curuas ꝛ agulhas, pera as quaes se acham nos souereyros ramos de tal geyto que seruem inteyriços sem aiũtamento de pedaços, o que faz muyto para a fortaleza do nauio. Em lugar de souaro se põe as vezes azinho, o qual não desmerece nada do souaro per ambas as vias que dissemos, assi digo

por

por forte como geytoso, senam que he mays pouco & he mays guardado por causa do fruyto que daa & mays não se acha tam vezinho dos portos do mar. Carualho tam bem aqui serue, porem não se yguala com nenhum dos sobreditos, & mays Plinio defama delle, & diz que se corrompe na agoa salgada, o que nam fazẽ aquelloutros, cõ os q̃es não ẽtra agoa mays q̃ cõ pedra polla muyta espessura & maciz da madeyra/ que na agoa endurece & enuerdece. No couro dos nauios vsam os nossos tauoado de pinho, o qual pera isso tem muytas virtudes, pollo que sempre nesta parte teue muyta auantagem & louuor, tanto que por elle ser a principal materea nesta fabrica os Gregos & Latinos per trasladaçam metonimica chamão aas naos pinhos, nomeãdo a materea polla cousa composta della, polla muyta propriedape que nessa composiçam tem, como tambem chamamos fustas as fragatas dos mouros, por que sam feytas de fuste, que quer dizer madeyra ou pao. He o pinho leue, & auto pera nadar, he brando & vergasse de maneyra que se pode aplicar aas conuexidades dos nauios, que como quer que haiam de imitar figura redonda: necessariamente fazem ventre & volta derredor delle, para o que ham mester madeyra que boamente se conforme co as taes voltas. Tem mays o pinho outra virtude bẽ proueytosa pera os nauios, que he çumarento, & seu çumo he grosso & resiste aa agoa que não entre co elle, & tambem resiste ao bicho / q̃ os vulgares chamão gusano, porque lhe bota os dentes & o não deyxa roer, nem se desfaz o pinho em poo em quanto dura o çumo nelle, o qual dura mays no mar porque toma delle algũa humidade & refresco He milhor a madeyra do pinho manso, do que daa pinhões quero dizer, porque o brauo he seco, & sua madeyra não he tã solida nem inteyra, mas escadeasse: & como he seca ou se moe ẽ poo ou a penetra a agoa & apodrece. Serue todauia o pi-

Plin. li. 16.

o pinho brauo pera obras mortas, ⁊ pera mastos, porque crece mays, ⁊ mays dereyto, porem he fraco ⁊ não se deue fazer masto dhum pao soo/porque nam tem força, quà he brando ⁊ zumba. Tambem he bo pera antênas, porque he leue, ⁊ daa a mor de sy, quà não se quer parcellas pao te so como castanho que estalla. Para mastos ⁊ antennas lou ua Plinio a faya, onde a ouuer podemse seruir della, por que tem as condições que para isto sam necessarias/ aquellas que fiquam ditas do pinheyro, ⁊ diz elle que esta tem auantagem. Assi o pinho comaa faya, ou qualquer outro pao que pera este mester ouuer de seruir, tenha veas dereitas correntes atee o cabo sem remoinhos ⁊ sem noos, que fazem estallar o pao. Conhecesse isto no pao inteyro, se correm as veyas dereitas per dentro, ⁊ se são perpetuas ate o cabo sem noos nem cabeças, pondo a orelha em hum cabo do pao, ⁊ dando no outro hũa porrada pequena ou toq se o tom corre leuemẽte dereito ⁊ claro, he sinal que achou o caminho dereyto ⁊ desempedido, ⁊ senão, logo soa escuro ⁊ tarde. A do castanho he madeyra forte, ⁊ parece q poderia seruir no liame, ao menos mesturada antroutra, porem no tauoado não aconselho que a ponhão, por q fende que he a cousa mays aparelhada pera o nauio fazer agoa, ⁊ bem perigosa por ser per dentro da tauoa / onde nem se pode achar nem carafetar. Pollo que os carpenteyros deuem atentar muyto que se nam ponham nos nauios tauoas fusternas, que assy chamão Plinio ⁊ Vitruuio as noentas, porque pellos noos acontece mays asinha apodrecer ⁊ abrir agoas, que muy mal se podem estanquar. Pus aqui, per exemplo dalgũas madeyras as qualidades idoneas, que nellas se deuem buscar ⁊ respeytar nas terras estranhas ⁊ nouas/onde por ventura nam acharemos quem nos dee noticia da experiencia dellas, polla rusticidade da gente, ou por serẽ desertas, porque jaa agora imos ter

nauegan-

Plini. li. 16

Plini. vbi supra.
Vitru. li. 2.

nauegando a terras que tudo isto tem. Onde se não achare[m] as especias das aruores que quaa conhecemos, ou se acharem essas mudadas, escolheremos de todas as mays acomodaueis pera nossa fabrica, comuẽ a saber/ as rijas & maciças pera o liame, as brãdas & leues pera o tauoado, as rezinẽtas contra a agoa, & assi atentando pollas mays qualidades que fazem ou contradizem a nosso proposito. As quaes qualidades mostram de sy certo indicio nas cascas das aruores, nas folhas, & na fruyta, assi como o couro, cabello, & vnhas mostram as qualidades do corpo humano. A casca da aruore grossa & seca, como a do souaro, mostra da madeyra ter o mesmo que tambem he seca, & assy as folhas delle sam secas & asperas, & no fruyto & em tudo manifesta a muyta parte que tem do alimento terrestre/ seco & rijo, assi como o couro aspero & vnhas grossas & duras, & cabellos tambem grossos & crespos sinificam humores semelhantes & compleyssam robusta. Ao contrayro a casca massia, folhas molles, & fruyta çumarenta & doçe sinificam nutrimentos delicados & mimosos, & fraqueza na madeyra, ou disposiçam para mais asinha apodrecer, como a da figueyra, pereyra, & outras como essas. Hauendo na madeyra as qualidades oportunas, cumpre tambem q̃ seja cortada em tempo deuido, como agora direy.

Capitulo nono. de quando se cortaraa a madeyra.

Poys tratamos das madeyras de que as taracenas deuẽ ser prouidas pera a fabrica dos nauios, conuem co isso dizer em que tempos deue ser cortada essa madeyra pera mays durar sem corrução, porque todas as cousas q̃ a natureza cria, sob curso de seus mouimẽtos & operações recebem della vigor, hora mais hora menos, segundo os tem-

tempos ẽ que ella assy ou assy obra. Agora recebem humidade, ⁊ em outro tempo secura, ⁊ assi tambem hora frio hora quentura/ ⁊ co estas qualidades concebem, cõ hũas mays força ⁊ com outras menos, ou a perdem. Por isso vemos, que as prantas em hum tempo estam secas/ ⁊ noutro verdes ⁊ dam fruyto. E não soomẽte as prantas/ mas tambem as alimarias, tem suas sazões de gerar, emprenhar ⁊ parir, mays ẽ hũ tẽpo q̃ outro, ⁊ os peyxes do mar aparecem ou se escondẽ a tempos, ⁊ sam hora gordos hora magros, ⁊ tomão ⁊ perdem sabor. A fim que todas as cousas tem sazão de tempo, em que sam milhores ⁊ tomam virtude da natureza, ⁊ fora daquelle tempo não sam tam boas/ ⁊ assy a tem a madeyra das aruores a qual cortada em sua sazão he milhor pera todalas cousas q̃ della quiserem fazer/ assy no mar como na terra, dura mays, laurase milhor, assegura na obra sem apertar nẽ torcer, ⁊ atee na cor ⁊ parecer tem perfeyção. E com isto ser assy, ⁊ ser aprouado per todolos carpenteyros porq̃ o vem ser necessario, em especial pera a madeyra dos nauios q̃ padece mays trabalho, ⁊ recebe causas de corrução, vejo todauia que se nam guarda nesta terra tempo deuido no cortar da dicta madeyra, ao menos na delrey nosso senhor, a qual se corta no verão, tempo pera isso mays inconueniente de todos, porque entam estaa mays fora de sua sazão que nũca. Se o fazem por forrar os iornaes dos trabalhadores, que nesse tempo fazem mays seruiço pollos dias serẽ grãdes, não he bem que por seu interesse dem perda a sua alteza, ⁊ trabalho aos nauegantes com perigo. Sua alteza perde, porque os nauios feytos de madeyra crua ou dessazoada, nam durão ametade do tempo que durariam se fosse cortada em sua sazão, ⁊ despoys de cortadas deyxassem compor. Por tanto os officiaes que disso tem carrego, deuiam olhar nisto, ⁊ não dissimular cos carpenteyros, por-

porque sua cobiça não traga tanto danno não soomente ds fazenda mas tambem das vidas, ou quando menos trabalho, qua muyta causa das agoas & faltas que fazem os nauios no mar, prouem da ruym madeyra, que aprodrece ou falta de qualquer feyçam & rompe o nauio. Muyto mays recado se deue por na escolha & colheyta da madeyra dos nauios que em nenhũa outra/porque a ruyndade desta pode fazer mays mal que a das casas nem doutra fabrica algũa, por quanto acontece faltar quando falta em lugar onde não ha outro recurso, que he no mar onde toda a saluação dos homẽs despoys de Deos estaa em não faltar o nauio, a segurança do qual depende da bondade da madeyra, & dessa he grande parte a boa colheyta. A madeyra colhida verde conuerte o çumo em podridam, porq̃ a humidade he causa de corrupção, em especial se he crua & indigesta então faz pior podridam & mays asinha se a retem mesturada cõ materea /tenra, como he a das aruores no tempo do verão. Entam estão ellas tẽras como a fruyta quando estaa inchada, & os humores estão nellas nesse tempo mays prouocados & em mays quantidade, porque ainda não tem sua parte toda o fruyto que então naçe, ou estaa ainda pera nacer, & se entam as cortão a madeyra seraa tenra, & corruptiuel. Tambem seraa fraca, se as cortarem no estio, em tempo que estam com fruyto, porque então diz Vitruuio sam as aruores como as femeas prenhes, que participam do seu mantimento co a criança, & nam podem ser tam fortes como se gozassem delle todo. No outono despoys que as fruytas sam maduras & quasi colhidas, sam as aruores como paridas, & estam chupadas da virtude que nos dias passados a naturreza produzia nellas / & a madeyra entam cortada seraa fraca & esuaecida, & conuerterseha em poo & carũcho. Acabada esta obra da natureza, porque ella nam pode estar

Vitru.li.2

tar queda nem ociosa, tornã outra vez as aruores a tomar nutrimento da terra, quanto lhe abasta pera recobrar suas forças/ ꝛ se o nutrimento he muyto tornão a reuerdecer logo, ꝛ florecem ꝛ crião fruyta, porem nestas terras ꝛ outras mays frias o inuerno que logo sobreuẽ as aperta, ꝛ nam dam muytas outonadas. Mas como quer que seja, quer dem outonadas quer nã, o mays certo tempo de sua firmeza he o inuerno, quando a natureza nellas estaa çarrada ꝛ os humores como dormindo, entam estam ellas ẽ sua força inteyra ꝛ assentada, ꝛ nesse tempo se forem cortadas, a madeyra seraa sam ꝛ durauel. O tempo do inuerno nestas partes he nos meses do natal ꝛ janeyro ꝛ feuereyro, nos quaes aqui se deue cortar a madeyra pera os nauios, ainda que feuereyro jaa quasi he do veram, ꝛ nam muy auto pera cortar toda madeyra porque algũa arrebenta jaa entam, se nam for em terras mays frias, onde os inuernos sã mayores ꝛ as aruores sorodeas. Isso vejão os que viuem ꝛ tratam nessas terras frias, quando acham suas aruores idoneas pera cortar. Nos que tratamos em terras quẽtes quanto mays no meyo do inuerno as cortaremos acertaremos, conuem a saber, em dezẽbro perto do solsticio, porque da hy por diante em janeyro começa a natureza ꝛ sol prouocar os humores em algũas dellas, por tanto he milhor acodir com cedo, ꝛ antes as cortar paridas que prenhes/ porque mays causa de corrução he a sobegidam dos humores que a mingua delles, quanto mays que não pode ser tanta a diminuyção que lhe nam fique algũa virtude, ꝛ mays que sempre em todo tempo apanham algũ nutrimento ꝛ chamam os humores da terra. Por tanto nas terras mays quentes, ꝛ viçosas, como sam as de perto do equinocio, em Guinee, ꝛ Brasil, ꝛ India, onde as aruores dam dous fruytos, ou alcança hum fruyto o outro como antre nos faz a larangeyra, entam he tempo de cortar a madey-

madeyra, quando o fruyto acaba da madurecer, antes que torne a tomar outra frol, ou folha as que a perdẽ/que seraa duas vezes no anno em algũas dellas, & as que nunca a perdem gouernarsehham pello fruyto quando for maduro, como disse. O que tambem seja dicto pera as que nestas nossas terras não perdem a folha, como sam souereyro, & pinheyro, que fazem a nosso caso, as quaes entam sã de vez pera cortar quando o seu fruyto he de vez & maduro, segũdo diz Marco catão, & o allega & aproua Plinio & assi diz q̃ as aruores que não tem fruito nem semẽte nem perdem a folha, estas em todo tempo tem vez, & a madeyra dellas em qualquer tempo do anno cortada he de sazão. Mays quero que os nossos homẽs notem, que o inuerno nas terras alem da linha equinocial he ao contrayro do nosso, porque o sol principe da natureza, por cuja presença & ausencia a variedade dos tempos se muda, quando vem pera nos se afasta delles, & ao contrayro quando se achega parelles arredasse de nos, & assy faz os nossos tẽpos diuersos dos seus, & as sazões das aruores per conseguinte O que mays se deue euitar na madeyra he humor verde & sobejo, pollo que tambem se mandam respeytar no cortar della os tempos da lũa/a qual como quer que seja humeda & vezinha da terra infunde nas prantas sua humidade, isto mays em hũs tempos que outros. Nas conjunções estando ella debayxo ou quasi debayxo do sol os rayos desse sol caindo sobrella a esprẽmẽ, & fazem lançar mays humidade, & ao contrayro estando defronte nos plenilunios esses rayos contrayros lhe reprimem a humidade, & a nã deyxam cair tanta na terra. Por tanto junto da coniunção da lũa que he quando lhe chamamos noua, não he tempo de cortar madeyra, mas he o no meyo do mes, conuem a saber, quando ella he meyada & chea. De madrugada por causa do orualho não he tempo se tanto resguardo se poder

Marcus cato de re rusti. capi te. 18.
Plin. li. 16

der ter, nẽ tam pouco com vẽto sul ou sudueste, que nestas
partes sã humedos. E pera mayor exugar a madeyra diz
Vitru li. 2
Vitruuio, que se corte a aruore ate o meyo do cerne, & que
a deyxem assi estar em pee algũs dias estillando, porque lã
ce de si qualquer humor sobejo que teuer, & despoys se
acabe de cortar, & ainda cortada em troncos a deyxem jazer outros dias antes que a serrem. Desta maneyra cortada a madeyra, durara sem corruçam muyto tempo.

¶ Breuemente quero tocar o que ouuy os dias passados
praticar a vossa mercee, que se deuiam poupar, & fazer por
acrecẽtar as aruores desta madeyra naupegissima, em especial os souaros, & não consentir que se cortem pera caruam poys se pode escusar, qua temos torgã muyta, & outras aruores de que se faça/ & os souaros sam necessarios
para este mester, & tardam muyto em crecer, por tanto deuiasse fazer prouisam dos que jaa sam criados, ao menos
nas terras vezinhas do mar. E pera criaçam de pinhaes,
deuia elrey nosso senhor dar fauor aos homẽs: que a isso se
quisessem aplicar, para q̃ os semeassẽ pellas charnecas õde
quer q̃ ouuesse terra pera se poderẽ dar, q̃ ha muytas sẽ se a
proueytar ninguem dellas. As quaes deuiam ser soltas, a
quem quisesse nellas semear pinhaes & crialos.

¶ Capitul. decimo. Dos armazẽs & seu prouimẽto.

Nos armazẽs isso mesmo haja prouimento de
todas armas, victualhas, & cousas q̃ abayxo
direy. Em especial serã prouidos das armas
que mays seruem na guerra do mar, como sã
tiros de todo genero, assy de corda como d̃ fogo, porq̃ no mar pelejam de longe, dos nauios como de
muros ou fortalezas, & poucas vezes chegão tam perto a
pelejar q̃ venhã aas mãos. E quãdo vem as mãos não he
de tã perto que possã seruir as espadas mas seruẽ lanças &
piques, porq̃ os nauios não consintem chegar mays perto

Os

Os tiros mays acustumados sam de fogo, inuençam por
certo mays infernal que humana, chea de grãde crueldade
de ꝛ odio, mays pa destruir como imigos, q̃ pera cõtẽder so
bre justiça, nem ambição. A justiça defende ou pede o seu
ꝛ pretende conseruar, ꝛ a ambição posto que desordenada
todauia não pretende destruir, mas tambem conseruar pera aquirir; ꝛ tudo isto cabe na fraqueza humana, mas destruir he diabolico, porque o diabo he pay dos odios ꝛ ho-
micidios/ quaes se fazem desenfreadamente com tiros de
fogo. A inuẽçã da artelharia, segũdo dizẽ algũs, foy achada
ẽ Alemanha do anno de christo de mil ꝛ trezẽtos ꝛ oytẽta
pera qua, mas a mi me parece que he mays antiga: porque
nos lemos que os homẽs de Fenicia se defendiam de Ale
xandre manho com tiros de fogo, ꝛ que as gentes de Ru
sia pelejauam com pelouros de chumbo lançados de canos de metal cõ fogo dẽxofre, ꝛ dalgũs filosofos q̃ fezerão
fogo artificial que voaua, o qual parece q̃ farião cõ os materiaes da poluora que se acostuma nas bombardas ꝛ arcabuzes. Finalmente a fabula de Prometheu, o qual dizẽ
q̃ quis imitar os trouões ꝛ coriscos de Jupiter, disto pare
ce q̃ teue seu fundamẽto, que no principio de Grecia sendo
ella rustica Prometheu trouxe este artificio de tiros de fo
go do exercito d' Jupiter rey de Creta ou da Africa, o ql
artificio os rusticos Gregos imaginarão ser trouões, como tambẽ cuydarão q̃ os homẽs de caualo erão mõstros.
Como quer q̃ seja, a inuẽção da artelharia q̃r velha quer
noua/ ella he mays danosa q̃ proueytosa para a geração hu
mana. Todauia porq̃ he necessario rebater nossos imigos
da feição que nos elles combatẽ, ꝛ não lhe dar armas dauã
tagẽ, nem differẽtes se for possiuel, sejão prouidos os nossos armazẽs de tiros ꝛ munição dartelharia, ꝛ os homẽs
ensayados nella, para q̃ quando nos comprir nos defẽdamos cõ iguaes armas. Os mouros cõ os q̃es temos con

Diodo. li. 17. vel de gestis Alexandri.

tino a ꝛ antiga guerra, vsam bestas ꝛ outras algũas armas como sam lanças ꝛ couraças ꝛ adargas, ꝛ o caualgar da gineta, ꝛ escaramuçar, ꝛ alguas outras manhas darmas temos comũs a nos ꝛ a elles, hũas ꝗ os nossos tomarião delles ꝛ outras elles ꝺ nos, porꝗ adarga jaa he muy ãtiga nessa terra, da ꝗl se faz mẽção nos comẽtayros de Julio cesar ꝑ este nome cetra, ꝗ quer dizer escudo de couro, ꝛ propio de espanhoes/porem a guerra antre espanhoes ꝛ mouros jaa dantes de Cesar começou, porque muyto antes ꝺ Cesar foy chryseu, o qual daquellas partes veyo conquistar a espanha. A fim, segũdo com quem pelejamos hauemos de vsar as armas, ꝛ ser destros nellas come elles, porꝗ per nenhum modo nos furtẽ a porrada. E por esta rezam nam seria mao que os nossos homẽs se deessem ao costume das frechas, poys temos guerra com turcos assy qua como na india, ꝛ esses turcos pelejã com frechas, ꝛ sam ellas hum genero de tiro bem ꝺspachado/com o qual pelejam outras nações de gentes, com que tambem temos contenda. Haja tambem nos armazẽs bestas de que a nossa gẽte tem antigo vso, como disse. Dardos ꝛ varas darremesso seruem nos nauios dalto bordo, pera arremessar nos mays bayxos, haja prouimento delles, ꝛ de bombas de fogo, ꝛ romãs, ꝛ outros artificios de fogo ꝺ que no mar se ajudão. Estem prouidos de poluora noua ꝛ enxuta, ꝛ materiaes parella, ꝛ para os dictos artificios, que sam enxofre, salitre, caruam, cal virgem, ꝛ algũs oleos de que os bos artilheyros tem experiencia, ꝛ darãm enformação. Estem todas estas cousas prestes ꝛ a bo recado, em lugares enxutos, ꝛ guardadas do fogo. As bombardas repayradas ꝺ carretas, os arcabuzes de coronhas ꝛ toda sua munição. Assy estas como as outras armas limpas ꝛ reuistas muytas vezes. Haja armas defensiuas como couraças, arneses, malha, capacetes, ꝛ rodellas, ou paueses, das quaes se

Cæsar. li. i de bello ciuili.

se seruẽ nos nauios como nos muros, porq̃ assy nos nauios como nos muros pelejã a pee q̃do, & não sintẽ tãto o peso das armas muytas nẽ carregadas, q̃ lhe são necessarias.

¶ Capitulo onze. Das victualhas.

Das victualhas necessarias pera a vida & sostimento dos homẽs tenhão muyto cuydado o Almirãte & prouedores dos armazẽs, não soomẽte da abastãça dellas q̃ não faltẽ mas tãbem da bõdade & vtilidade, porq̃ as boas sã mays proueytosas para a despesa & pera o sostẽtamẽto & força dos q̃ trabalhão. Assy como he necessario escolher os homẽs para as armas, fortes & bẽ despostos, assy tãbem cõuẽ sostẽtalos na sua força, & mayor se for possiuel, & he possiuel nos mãcebos q̃ crecẽ & enformão corpos & forças, cõ as quaes quereys q̃ vos siruão, q̃ sẽ ellas não nos haueis mester. Poys se no exercito perderẽ as forças cõ fome & mao comer, pouco aproueytaraa serẽ de principio escolhidos. E perdelas hão, não ha duuida cõ os maos mãtimẽtos. He este hũ bem visto ẽgano dos mezquinhos, o q̃l lhes sua auareza não deyxa ver a elles, nẽ a cobiça aos feytores de fazẽdas alheas, sẽ embargo q̃ estes bẽ o podẽ ver mas dissimulão. O ẽgano he, q̃ cuyda o auarẽto, q̃ aproueyta muyto ẽ sua fazẽda, cõ dar mal d̃ comer a seus seruidores, mas enganasse como digo, & perde mays assy no mao seruiço, como no esperdiçar dos maos mãtimẽtos. Os rũis mãtimentos & corrutos não se comẽ todos nẽ durão tãto como durão os bos. Nẽ duram ẽ sua virtude os maos, porq̃ se corrõpem mays asinha, nem os corrutos & podres durão ẽ prouisão porq̃ se gastão mays, & sẽ proueyto. Days mayor regra do rũy biscouto & nã aproueyta tãto, days mayor regra do vinho vinagre & sem proueyto & muytas vezes lãçays fora estes, & a carne & peyxe podres. ¶ O biscouto, q̃ he a principal victualha, de trigo he o milhor, porq̃ o centeyo & ceuada sam mays hu-

medos ⁊ frios, ⁊ o pão delles toma mays bolor ⁊ corrõpese mays cedo. o milho he muyto seco, ⁊ sẽdo muyto cozido segũdo se reqre pera bizcouto ꝑ tẽpo esboroasse ⁊ desfaz
se ẽ poo. Finalmente o trigo tẽ mays qualidades pera o biz
couto delle ser milhor, ⁊ fũde mays. E quãto mays escolhi
do for o trigo ẽ especia ⁊ ẽ limpeza, tãto dara mays prouey
to, porq̃ a milhor especia ou metal de trigo fũde mays, ⁊ a
sugidade corrõpe o pão, ⁊ não deyxa crecer a massa. A farinha seja meãmente peneyrada, porq̃ o farello he quente ⁊
cria traça no bizcouto, q̃ he hũa das mayores perdas q̃ nelle pode hauer. Nas terras onde não ha trigo, ẽ lugar de biz
couto os nauios q̃ laa vão ter, suprẽ a falta delle cõ quaes
quer mãtimẽtos q̃ nessas terras ha, ⁊ seruẽ por pão, na india cõ arroz, no brasil cõ maiz ⁊ raiz, mas nẽ laa nẽ qua se
acha cousa igual ao trigo, pera mãtimẽto ⁊ força do homẽ
Nem o centeyo q̃ he bẽ vezinho do trigo, não cria tanta for
ço, o q̃ se conhece bẽ nos lauradores da beyra, os quaes por
q̃ comem pão de centeyo não são tã esforçados, ⁊ comẽ mays. porq̃ o rũy mantimento todo se conuerte em fezes, ⁊
vay no esterco. Seja o bizcouto bem cozido, ⁊ enxuto de to
do humor, assy no amassar como no cozer, ⁊ seja duas vezes
cozido, q̃ por isso se chama bizcouto, a qual palaura de latim
em nossa lingoagem quer dizer duas vezes cozido. Seja bẽ
leuado, porq̃ o pão leuado, diz Plinio, he de milhor digis-
tão, ⁊ faz mays proueyto no corpo. Vẽdasse cada anno o biz
couto velho, ⁊ façasse outro nouo, porq̃ o velho comesse da
traça, ⁊ perdesse. O bo vinho quãto mays forte he milhor,
porq̃ se pode acrecentar, ⁊ menor regra delle abasta ⁊ o bo tẽ
se mays no mar, ⁊ no armazẽ. Faley assy chamẽte do vinho
porq̃ jaa o vso delle tãbem assi he chão antre nos, ⁊ mays
dizẽ os homẽs q̃ se não podem mãter sem elle, ⁊ se lhe outra cousa disserẽ espãtarseão muyto, ⁊ zõbarão de quẽ lho
disser, ⁊ dirão q̃ sem vinho não podem os homẽs ter força.

Plinius. li. 18.

Muy.

Muytas vezes ouuy dizer a Frãcescos, q̃ o homẽ q̃ não es
taua meo bebado, ou ao menos esquẽtado do vinho, q̃ nã
poderia ser valente/⁊ não lhes lembraua q̃ sã mays valen
tes que elles os Turcos ⁊ Mouros, os quaes não bebem
vinho, ⁊ os espanhoes tãbẽ q̃ não bebẽ tãto come elles. Nẽ
sabiã o q̃ diz Plinio, q̃ em Roma se acostumou vender o
vinho nas boticas como mezinha, ⁊ entã erã os Romanos
mays valentes ⁊ esforçados q̃ agora quãdo o bebem de sey
gão q̃ hão mester mezinhas por esse respeyto. Sem ẽbargo
disto, o habito ẽ q̃ os homẽs estão postos os obriga a nã po
derẽ deyxar de o beber, he costume darlho, seja tal q̃ se não per
ca nelle a despesa ⁊ o proueyto. As carnes ⁊ pescados pa o
mar sejã bẽ curados, de maneyra q̃ não aprodreção, o q̃ se se
podesse fazer sẽ sal seria muyto milhor, porq̃ o sal faz sede, q̃
no mar affrige muyto os homẽs. Sejão de natureza dura ⁊
não delicada, porq̃ se tenhão mays, como he nas carnes a
da vaca/ ⁊ dos peyxes a pescada, ⁊ outros semelhantes.
Queyjo he hũa das milhores ⁊ mays acostumadas cõpa
nagẽs q̃ se pode recolher pera o mar, ⁊ algũas vezes se po
de dar por inteyro cõducto, ao menos nas ceas, porq̃ delle
diz Marco varrão. Antre todas as cousas liquidas a ma
ys nutritiua he o leyte, ⁊ o q̃yjo q̃ delle se faz he hũ principal
mãtimento. Da manteyga diz Plinio o mesmo q̃ varrão
do queyjo, ⁊ diz mays, q̃ por pouca q̃ comays vos satisfaz
mays q̃ outra vianda, ⁊ q̃ mitiga a fome ⁊ a sede, ⁊ cõserua
as forças. Nos não fazemos della tãta festa, mas as gen
tes do norte, como são Frãceses, Framengos, ⁊ Alemães
⁊ todos os mays, não sabẽ comer sẽ manteyga, ⁊ he parel
les mãtimẽto mays q̃ cõduto. Recolham tãbẽ nos arma
zẽs pa o mar legumes, cõuem a saber fauas/ as quaes sã a
propiadas pa homẽs de trabalho como sã os remadores, q̃
cõ o feruor do grãde trabalho disistẽ muyto, ⁊ as fauas são
sã fartiuas q̃ dẽtro no estamago diz Plinio q̃ crecẽ, porem

Idẽ.li.14.

M.varro. de re rusti. li.2.

Plini.li.11.

Idẽ.li.18.

diz tãbẽ q̃ se não q̃rẽ cozer cõ agoa salgada. Feyiões quasi sã da mesma natureza q̃ as fauas, ⁊ assy crecẽ ⁊ fartã. Grãos, ebicharos ⁊ eruilhas, bẽ sabido he q̃ são grãde ajuda de cõpanagẽ ⁊ por tãto não he necessario lẽbrar q̃ os recolhão. Estas, ⁊ todas as cousas necessarias pa hũa armada como azeyte, vinagre candeas, allẽternas parelas, estẽ prestes, porq̃ não se faça demora em as buscar ao tẽpo do ẽbarcar.

¶ São muytas as meudezas necessarias pa as armadas, as quaes he necessario q̃ se achem todas nos armazẽs prestes ao tẽpo do mester, cõuem a saber, ferramẽtas de carpẽteyros, pedreyros, ⁊ ferreyros para fazer ⁊ desfazer edeficios, ⁊ outras obras, eyxadas, aluiões, lauancas, padiolas, escadas, ⁊ outros engenhos ⁊ machinas, tam cõpridamẽte como ẽ hũ exercito ensina vegecio, porq̃ esses exercitos dos armazẽs se hão de prouer, ⁊ o exercito, diz o dicto autor, assy ha de ser prouido como hũa armada cidade.

Vege. libro. 2.

¶ Capitulo doze Dos homẽs do mar.

TAmbẽ he do officio do almirante do mar, ou de quem seu carrego teuer, ter homẽs buscados, ⁊ obrigados a estar prestes pera os nauios que ha de armar, quero dizer marinheyros pa marinhar os dictos nauios. Os quaes he necessario q̃ sejão habituados ⁊ criados neste exercicio, nam colhidos de nouo doutros officios pareste. porq̃ não abasta q̃ sejão habiles pera aprender, mas releua q̃ sejão destros pera fazer. Os soldados se não sabẽ das armas ⁊ guerra abasta q̃ sejã pera isso dispostos porq̃ em breue aprendẽ o exercicio dellas, o q̃l nã he mays q̃ exercicio sem mays outra meditação artificial, quãto he da parte dos soldados, cujo officio he fazer o que lhe mãda o capitão somẽte. O officio dos marinheyros he d̃ mays arte, ⁊ reqre muyto vso, se for possiuel ser criados d̃ meninos ãtre as cordas ⁊ aparelhos. O marinheyro quando o mestre daa o apito nã ha d̃ esperar pa ver como faz seu parceyro ⁊ fazer como elle, mas todos hão de voar a fazer aquil-

aquillo q̃ jaa entẽdẽ ser necessario. Não vã todos per cõpas so ensinãdo hũs aos outros como soldados no esquadrão, mas saltão cada hũ a seu aparelho segundo sua arte os ensinou. Assi q̃ cõuẽ os marinheyros ser homẽs jaa sabidos neste officio, os quaes eu desejo q̃ fossẽ velhos no saber delle, ꝛ mãcebos nas forças, ꝛ moços na ligeyreza. Todas estas cousas cũprem muyto ao marinheyro. Elle ha de saber per memoria muy pronta todas as partes do nauio, ꝛ per numero distinto os aparelhos delle, ꝛ per claro entendimẽto o q̃ ha de fazer ẽ seus tẽpos. Despoys ha de ser ligeyro em acudir ao q̃ cũpre ꝛ lhe mandão, como aue ou relãpado. E no trabalho ha de ter força ꝛ dureza sẽcansar. E porquãto o almirante nẽ prouedor dos armazẽs não podẽ ver per sy a sufficiencia dos marinheyros, he bẽ q̃ elles os não recebão ao soldo ꝛ nomina, senão per informação dos mestres ꝛ pilotos ẽ cuja cõpanhia hão de seruir, ꝛ q̃ os tẽ vistos ꝛ esprementados pera quãto são, ꝛ mays sabẽ quãto importa hũ marinheyro ser negrigente ou referteyro. Semelhãte autoridade q̃ aqui dou aos mestres ꝛ pilotos, deuẽ ter os capitaẽs na escolha desses mestres ꝛ pilotos, poys tãbẽ hão de padecer seus defeytos, ou gozar de sua industria se a teuerẽ. Bẽ me ajudaraa vossa mercee nesta parte, poys sabe quãto lhe queymou o sãgue o desazo ꝛ negrigẽcias do premeyro patrão q̃ lhe poserão na sua galee, ꝛ como o pos ẽ estremo de se perder a inorãcia ou malicia do segundo, ꝛ lhe fez perder a outra fusta q̃ tambem podera tomar ꝛ a perdeo por não marinharem a vela como era necessario ꝛ lhe fazerẽ pder o vẽto. Por outro tãto se pdeo na guerra de Bolonha o barão de são Brãchart, ꝛ o tomarão os Ingreses cõ sua galee, por os marinheyros virarẽ a vela sobolo masto fora de tẽpo. Deuẽ ser os mestres ou patroẽs ꝛ pilotos, alẽ de bos marinheyros, tãbẽ sabidos nas cousas da guerra, ꝛ entẽder os tẽpos, ꝛ lugares cõpetentes ao q̃ se ha de fazer nella ꝛ fazello quãdo cõprir. Os remeyros a q̃ em especial

cha-

chamão galeotes são quasi marinheyros, & pellos mesmos
respeytos deuē ser escolhidos praticos no marinhar do na
uio, porq̃ tābē tirão pella corda, & acodē aos aperelhos, &
hão mester conheceelos, & entēder o apito. Estes q̃rē os co
mitres ātes forçados q̃ liures, porq̃ os açoutão aa sua vōtade, & os mādā per ōde q̃rem. Sē ēbargo q̃ os dictos comitres, tē raça dalgozes, & mays serā Genoueses, todauia
o trabalho do remar he tā intoleravel q̃ ninguē o faz bē senā
per força, esta he ou daçoute ou de necessidade. Verdade
he q̃ vos pōdes a grāde ventura, leuando a redea & espora
na mão de vosso imigo. O forçado, & mays se he mouro ou
catiuo. q̃ não tē q̃ perder, no tēpo da mayor pressa, se não o-
lhaes por elle, afroxa, ou faz o q̃ não deue, ao menos nam
vos ajuda. Mas o liure, q̃ lhe vay nisso sua saluação como
a vos, ajudauos de vōtade nos taes tēpos, cō mayor esfor
ço & força seruindo de duas mãos co remo, & co a espada.
No escolher & assētar de todo genero de marinheyros, assi
dos officiaes como dos outros atee grometes & proeyros
se respeyte a especia do nauio, & sejā praticos os marinhey
ros q̃ parelle se assētā no estillo de seu marinhar, porq̃ se ma
rinhão per muy deiferētes estillos ou modos o nauio de re
mo & o da vela, & o marinheyro habituado ē hū delles nam
se entēdera no outro se o não vsou. Assi como ha çapateyros q̃ não sabē fazer mays q̃ borzeguis ou chapins, & alfayates somēte calceteyros ou gibeteyros, & tābē carpenteyros hūs de macenaria, outros daluenaria & outros de nauios, mas hūs não sabē o officio dos outros se o não apren
dē, posto q̃ todos laurē cō machado & eyxo, bē assi os marinheyros posto q̃ todos tirē polla corda, & todos saybão ōde
estaa a popa & aproa, & conheçāo o masto & a vela, hūs não
sabē q̃l he o cōues nē os outros a cossia. Digo finalmēte q̃
por mays q̃ elles presumão nē prometam de fazer nam lhe
entregē nauios em q̃ elles não sejão praticos, porq̃ os lāça

raim

rão a perder, ⁊ quãdo pouco mal fezerẽ nam saberão nauegar, ⁊ estoruarão a gẽte darmas, de talmaneyra q̃ sua destre
za não a proueytaraa mays, q̃ ao bo caualeyro no rũy caualo, o q̃l certo se perderaa por destro ⁊ esforçado q̃ seja, se o
cauallo for rũy ⁊ de maas manhas.

Cap. xiij. Dos capitães do mar ⁊ do seu poder.

A Guerra do mar ha mester gente darmas, ⁊ a gente
capitão para a gouernar. Assi como a natureza não
criou corpo algũ sẽ cabeça, ou mẽbro q̃ sirua por el
la, a q̃l todas as outras partes do corpo respeytão ⁊ obedecẽ, tãbem assi cũpre ⁊ he costume q̃ nos corpos mysticos
haja cabeça a q̃ as partes delles obedeção. A cabeça cõsul
ta o q̃ hã d̃ fazer os sẽtidos, ⁊ sẽ ella nẽ ãtre si cõcertariã, nẽ
cada hũ accertaria p̃ sy. Para todos cõcordarẽ ⁊ se ajudarẽ
hũs a outros / ⁊ co isso terẽ cõseruados ordenou a natureza
a gouernãça da cabeça, na q̃l so se ajũta a võtade ⁊ parecer
de todos, q̃ a ella se remetẽ, ⁊ d̃lla todas as opereçções delles depẽdẽ, d̃ seu gouerno ⁊ imperio. Assi q̃ naturalmẽte he
necessaria cabeça, ⁊ essa hũa so, porq̃ se não acha q̃ natureza
ordinariamẽte criasse corpo d̃ muytas cabeças, nẽ a razão
a cõsinte. Digo q̃ sẽdo necessaria como he a cõcordia p̃a cõseruação do corpo, hauendo muytas cabeças não podia ha
uer cõcordia, ⁊ per cõseguinte menos se poderia cõseruar o
corpo q̃ he cõposto de diuersidades. Poys assy como nos
corpos naturaes he necessario q̃ haja cabeça / ⁊ essa hũa soo
assy tãbẽ nos corpos mysticos q̃ são as cõmunidades, ⁊ cõ
panhias dos homẽs he necessaria hũa cabeça q̃ os gouerne, ⁊ cõcorde. Tẽ os corpos mysticos muytos mẽbros, ⁊
algũs muy desuayrados dos outros, ⁊ se não ouuer hũa
cabeça a q̃ respeytem hauera antrelles discordia, ⁊ desbara
tarseão elles assy mesmos, porque a discordia diz Micipsa
rey de Numidia em sallustio, desbarata as grandes cousas.
E Jesu Christo hum soo Deos ⁊ cabeça vniuersal assy o

Salust. in iugurta.

cõn-

Lucç. ca. 11.

confirma, e diz q̃ todo reino diuiso sera destruido. O reyno de Babilonia, q̃ foy o primeyro e milhor do mũdo, segũdo Daniel declarou no sonho diuinamẽte mostrado a Nabuchodonosor, a discordia o diuidio e destruyo. O de Israel a discordia o desbaratou. O d Roma outro tanto, e outros muytos. O exercito dos Gregos/ẽ quanto teue hũa soo cabeça e rey cõquistou e vẽceo o mũdo, mas tanto q̃ o dito rey faleceo/e socederão diuisões/tudo logo se começou desbaratar, indo de mal em pior, atee se acabarẽ hũs a outros destruir. Muytas vezez fazẽ mays os poucos cõcordes q̃ os muytos defferẽtes, e para serẽ concordes he necessario q̃ tenham cabeça a gente da guerra, como fica dicto e essa hũa q̃ mande sobre todos/sẽ embargo q̃ tambẽ hauera algũs outros inferiores q̃ per partes gouernarão reduzidos porẽ todos ao arbitrio vnico do principal, como prudentemente conciuiram os persas q̃ compria pera o regimento e de seu reyno, segundo escreue Justino.

Daniel. ca. 2.

Iusti. li. 2.

¶ A esta cabeça e pessoa pricipal, q̃ ha de reger a gẽte darmas/chamão capitão, de capite palaura latina, q̃ quer dizer cabeça porq̃ elle os ha de gouernar e mãdar/ a elle hão de obedecer, e seguir em tudo, como os membros aa cabeça natural. Porẽ esse que o tal carrego teuer, cõuem que seja antre os outros como a cabeça antre os membros, e assi como em dinidade os precedẽ a todos tambẽ os deue preceder em prudẽcia, esforço e muitas qualidades. Seja tão acabado em toda virtude o capitão que se possam apllicar a elle as palauras do profeta Samuel/que dizem assy. Bem vedes o capitão que vos escolheo o senhor deos, q̃ nam ha outro semelhãte em todo o pouo. Deue ser o capitam esperto no entender, acautelado no fazer, manhanimo em sofrer, animoso pera acometer, destro e cõstante no cõbater. Deue ser bem instruto e habituado no exercicio das armas, e auisado nos ardys e manhas da guerra. Eu queria

ria que ao menos nos capitães ⁊ sua criação, se satisfezesse com os documentos da disciplina militar / os quaes ensinauão a todo soldado des do berço ⁊ collo de sua māy / espertar o animo ⁊ despor o corpo peras armas, premeyro com letras ⁊ bos costumes / despoys com muyto exercicio ⁊ sofrimento d fome ⁊ sede, calma ⁊ frio, vigiar, andar a pee, ⁊ outros exercicios que habilitão os corpos paras armas. Mas como aturarão o trabalho das armas, nem seram autos pareellas, os filhos de suas māys criados ē casa de seus pays? Mimosos, delicados, briosos como damas, lançados pellos estrados ⁊ camilhas. Dizem que nisto consiste sua fidalguia em ser adorados ⁊ lijūjados dos escrauos de seus pays, ⁊ dalgūs panforrões q̃ andão per suas casas calaceando, por que isto quer dizer panforrão, parasito que forra pão aas custas de neyceos, os quaes se algum homē de bem lhe não fal aa vōtade / dizem q̃ he forte ⁊ lançãno fora de casa. Como serão sofficientes defensores da terra estes? Comerão elles ⁊ perderão as nobrezas que seus auoos ganharão, ⁊ não com taes manhas. Milhor he que se queyxão os gallantes por q̃ os não melhorão auantajandoos em renda mays que esses seus auoos, porem por que comē o que não merecem se nam conhecē. Muyto bo seria que se não fezesse doação senão em vida, por que cada hum trabalhasse por merecer, ⁊ ouuesse que dar aos que seruem ⁊ merecem. Item se deuião permitir facilmente moorgados patrimoniaes pollo mesmo respeyto, ⁊ por q̃ se não lancem os homēs aa rōçaria. Os quaes respeitos ⁊ outros iustos ⁊ bem olhados, de que aqui nam ha lugar pera fazer menção, teueram os homēs antigos deste reyno / por onde nam fezerão tantos moorgados das terras q̃ elles ganharam aas lançadas / como agora fazem os q̃ as compram cō dinheyro de onzenas. Mas tornando a nosso proposito, ja que ou por descuydo, ou por escusar despesa, os soldados

nam

não sam criados de peq̃nos nos costumes da sua ordẽ ao
menos nos capitães guardesse esta obseruãcia, po q̃ nã es
queça ó todo/poys he necessaria pareles ꝛ para nos, ꝛ elles
a reformẽ o milhor q̃ poderẽ ẽ seus soldados/fazẽdo os exer
citar, ꝛ tirandoos da ociosidade ꝛ vicios que nelles ouuer.
¶ Em cada frota haja hũ capitão moor, ao qual obedeção
em tudo como ao princepe: todos, assy gente darmas como do mar, ꝛ assy officiaes do mar mestres pilotos ꝛ quaesquer outros, como tãbem escriuães feytores ꝛ despenseyros q̃ aa fazenda pertencem. Isso mesmo lhe obedeção
do propio modo os capitães inferiores, que deue hauer ẽ
cada nauio seu/ou sendo tã pequenos os nauios q̃ se possa
escusar/haja hum sargento ou cabo desquadra, que gouerne a gente darmas que no nauio vay, porque o mestre nem
patram se não estoruẽ da obra do marinhar. Todos digo es
tes como os outros/ꝛ a gente, obedeceram ao capitam
moor. Sobre os quaes todos sem nenhũa eiceyção, elle te
raa comprido poder pera mandar, ꝛ julgar, ꝛ castigar, atee
pena capital. O qual poder executaraa tanto q̃ sair de mar
ẽ fora, ꝛ nas terras fora do reyno, mas no reyno ou terras
õde o princepe resedir/remeteraa as penas capitaes a sua
alteza. E estas acerca dos nobres sẽpre as remeteraa, porq̃
a vida dos taes reseruam os princepes soo pera sy. Porẽ
a esses tambẽ poderaa o capitão prẽder, ꝛ sospender de seus officios, ꝛ priuar, ꝛ d̃shabilitar, ꝛ degradar, ꝛ dar outras
penas das q̃ as leys dão aos da tal qualidade, tirãdo mor
te. He necessario q̃ o capitão tenha todo este poder na sua
cõpanhia, por euitar motins ꝛ reuellias, que no mar são pe
rigosas ꝛ na guerra muy danosas, ꝛ por refrear as ousadias
dalgũs doudos, q̃ por lhe parecer q̃ nam serã punidos ou
seu castigo sera dilatado, mouẽ aluoroços/ꝛ cometẽ desobe
diẽcias, prouocando cõ seu exẽpro a outros fazer o mesmo.
O capitão q̃ nam he pa lhe darem tãto poder, tã pouco he
pe-

pera ser capitão. Respondo aos q̃ me q̃rerão dizer q̃ he esta demasiada autoridade, mayormẽte ꝑa algũs capitães mãcebos, ⁊ outros q̃ nam tẽ muyta capacidade, ou sam impetuosos, supitos, ⁊ crueis, ⁊ os castigos da justiça hão d̃ ser moderados com misericordia, porque a misericordia exalça o juyzo, diz o apostolo Santiago. Eu não lhe dou aqui mays do q̃ lhe dão em terras bẽ gouernadas, onde bẽ entendẽ quanto importa a obediẽcia na gẽte da guerra. Não falemos no summo poder do emperador q̃ de capitão começou, ⁊ agora he princepe, nẽ do seu legado ⁊ assistente q̃ tẽ as suas vezes / mas falemos dos capitães ⁊ presidẽtes das legiões, os quaes erão o mesmo q̃ agora são capitães mores das armadas ou exercitos, dos q̃es diz Vegecio assy. O presidẽte da legião he o propio juyz della, ⁊ participa da dinidade do principal estado, ⁊ na ausencia do principe ou seu legado tẽ elle suas vezes ⁊ sũmo poder. Bẽ claro diz aqui Vegecio o q̃ se vsaua ẽ roma, ⁊ os romanos bẽ sabião o q̃ nesta parte cõpria. Poys Espanhoes ⁊ Franceses, ẽ nossos dias, assy pollo frequente vso, como por seus bos juyzos bẽ lhe podemos dar autoridade nas cousas da guerra, ⁊ elles assi hũs como os outros dão todo este poder a seus capitães, nam somente aos mayores, mas tambẽ a qualq̃r capitão em sua cõpanhia he licito castigar seus soldados, ⁊ sem ordẽ de juizo, como dizẽ, quãdo cumpre. A bo recado estaria a cousa das armas / se o capitão ouuesse d̃ citar o soldado ou marinheyro para ante o corregedor da comarca / quãdo aq̃lle voluer as costas ao imigo, ou estoutro soltar a poja ⁊ a driça ẽ mar q̃brado. Porẽ torno a dizer q̃ quem não he ꝑa tanto carrego menos he pera capitão, ora seja velho ou mãcebo, porq̃ pouco aproueytão os annos ⁊ cabellos brãcos, õde o caico he cascauel. Muyto mays releua a saluação d̃ todo hũ exercito, ⁊ de todo hum reyno que se entrega a hum capitão, que a vida dhum soo homẽ

[Margin: Iacobi. c. 2]

[Margin: Vege. li.]

homem nem sua honrra, & poys fiam do capitam aquillo, mays se deue fiar estoutro. Cõ tudo poderm ão dizer, que a vida dhum soo homem, por ser de menos importancia, faraa o capitã della mays pouca conta, & assy a julgaraa sẽ muito respeyto, & ella releua a seu dono mays que sete reynos. Digo que esse tal capitão seraa homẽ sem consideração, o qual nam merece ser capitão, porque o capitam deue ser homem maduro & considerado, & velho ao menos no siso, qua muytos mancebos ha hy que sam muy maduros mays que algũs velhos. Assi se escreue delles no liuro da sabiduria. A velhice dina de veneração não se respeyta pello numero dos annos, mas os sentidos do homem sam os velhos, & a perfeyçam de sua vida faz a velhice. E se o mancebo não he sesudo, nam deue ser capitão por mays caualeyro que seja, mas exercite sua valentia sometida aa obediencia de quem mays para isso he, para reger digo, que he a principal parte deste carrego. Escreuesse de Scipião chamado africano, que algũas pessoas lhe diziam que não pelejaua bem, & elle lhes respondia, que seu officio era mandar & nam pelejar. Não quer tanto este officio força como siso. Não ha dandar sempre diante o capitam, porque nam veraa os que lhe descobrem as costas. Tambem ha de roldar o exercito/ & ver o que ham mester em cada parte. Os mancebos fortes pelegẽ: atee q̃ aprendã quãta moderação se deue ter no mãdar porq̃ mal saberaa mãdar a outrẽ quẽ não modera a sy mesmo. Este officio q̃r se aprẽdido: porq̃ quem não aprẽde não sabe ensinar, & hasse de aprẽder obedecẽdo premeyro q̃ mãdẽ. Seja o capitão muyto amigo da sua gẽte, & sinta tãto o trabalho de qualquer soldado como o seu propio, & estime muyto as vidas dos homẽs, & assi não vsaraa mal do seu poder, nẽ os escrupulosos porão ostaculos a lhe ser cometido.

Sapientiæ ca. 4.

Capitulo quatorze. De como deuem ser escolhidos, & assentados os soldados.

Do

O officio do capitão he escolher, e assentar a
sua gente. Isto traz rezão, poys elle e nam o ar
mador ha de pelejar ātre ella, e com sua pessoa
supprir ōde o soldado faltar. No costume me pa
rece o de Castella, e de França, e doutras par
tes, onde dam aos capitães o soldo todo pera elles e sua gē
te/ e nauios, e elles os buscam, e pagam, e gouernão, e sā
cada seys meses visitados se o fazem bem de maneyra que
os reys sam bem seruidos, os capitães e gēte satisfeytos,
e nam fica sua alteza deuendo seruiços da Frica, e da In
dia, e doutras partes, que elle jaa tem pagos, e os almoxa
rifes comidos. Os quaes bem creo que nam approuaram
este meu parecer, porque lhes nam vem bem a elles que le
uam o milhor do que se agora faz/ sem olhar q̄ por mais pa
ou menos hũ tostam, se deyxa dassentar no soldo hũ bo
soldado, e elles per seu estillo assentam outro tal q̄ em virar
as costas desordena hũ esquadrão/ e desbarata hũa batalha
Muyto exame se deuia fazer no escolher dos soldados, e
vsar fidelidade no assentar delles. Nunca aproueytou exer
cito no tempo da guerra, diz Vegecio, se no escolher e assen
tar da gente ouue falta ou culpa do official que os assentou/
e assy quanto ao q̄ per vso, e muytas esperiēcias sabemos
isto he verdade, que daqui se causam as muytas mortes, e
perdas que na guerra padecemos. Isto que diz Vegecio,
prouuera a Deos que nos nam acontecera a nos, mas en
demal porque parece mays falar do que vemos que do q̄
ouuimos. Nam ajunta mas espalha, quem por poupar hũ
tostão de soldo perde muytos cruzados. Quanto aqui se
podera dizer se fora tempo, Nam sey se entendem como q̄
brām seu escudo, e derribam seu muro, os que zōbam das
armas, e as entregam a homēs q̄ nam são parellas. Ma
ys para zombar seria, de quem se quisesse defēder do ferro,
cō escudo de vidro Poys, esses sam elles/ q̄ entregão sua

Vege.li.1.

E defen-

defensam a homẽs inhauos, & sem saber, nẽ sẽtido da guerra. Encomẽdão & ẽtregão suas vidas, & fazẽdas a homẽs q̃ não são pera lhe curar os caualos, & q̃ por sua inabilidade lhauorrecẽ em casa. De semelhãte erro comeste se queyxa Vegecio, do qual diz q̃ tambem procediam muytas perdas, & destruições de gente. Diz assy. Fazião os amos assentar seus criados no soldo per fauor, & nam os milhores, mas aquelles de que se elles enfastiauam. He abominado antrelles este nome soldado & nam tem rezam, porque se dizem que ha nos soldados muytos vicios & males, elles o permitem, que metem ẽ boa ordem homẽs corrutos que a peruertẽ. Como quem faz frade ou clerigo o pior filho q̃ tem, & diz mal da religião, & dos eclesiasticos, q̃ elle ajudou a corrõper. Errada cousa he & viciosa, diz Cicero vituperar algũa arte, pollos vicios daq̃lles que della mal vsão. E o ferro, q̃ a nosso proposito faz, tãbẽ pode ser inocẽte, diz Plinio, posto q̃ cõ elle se fação as guerras, & mortes & outras cruezas, porq̃ cõ ferro tãbem se fazẽ muytos bẽs & proueytos. Alẽ de q̃ cõ ferro se laurão as terras, & cultiuão as aruores, & fabricão as casas, tãbẽ coelle se defende a liberdade, conserua a paz, & se castigão os maos. Poys assy mesmo os soldados, sem ẽbargo q̃ antrelles ha algũs dissolutos & peruersos; sua ordẽ he a q̃ nos defende, & cõserua ẽ boa paz, & quietação. Não diuião zõbar della os riquos: poys a elles releua mays, mas deuião procurar, & os q̃ tẽ esse carrego fazer, q̃ se reformasse de bos homẽs, & darlhes de suas fazẽdas cõ q̃ se manteuessem agora na paz, porq̃ na guerra os imigos lhas não leuassem todas, & a seus donos co ellas, sem achar quẽ lho defenda, o q̃ não seras muyto, segundo o descustume. Muyto grande falta he na arte militar o descustume, porq̃ os corpos se dsafazẽ da ligeyreza q̃ as armas requerem, & os animos perdem a ousadia. Posto q̃ jaa fosse algum tẽpo exercitado nas armas algũ homẽ cessan-

Idẽ, in eodem

e. ad herẽnium.

Pli. li. 34.

cessando dellas perde a destreza necessaria, porq̃ se todas as artes consistem no exercicio segũdo o prouerbio q̃ diz, vsa & seraas mestre, esta mays que todas o requere. Por isso se chama exercito particularmente, a companhia da gẽte darmas, porque deue ter cõtino exercicio, diz Vegecio. Se lhe tirardes o exercicio, diz elle, nenhũa defferença hauera antre soldado & rustico aldeão. O costume & exercicio nas armas, aproueyta mays que as forças. Vinta quatro annos soos que os Romanos cessaram das armas, despoys da primeyra guerra punica, perderam tanto da sua destreza, que quando a segunda veyo antes que sobre fico brassem, perderam muytos consules & capitaẽs & gẽte. As gentes de Babylonia & Egypto & Grecia que conquistaram o mundo, agora por falta de exercicio nam sabem tomar armas nem sam conhecidas. Nesta nossa terra, porq̃ nam vamos mays longe, poucos annos ãtes de nos, quãdo hauia guerra nella & se dauam todos aas armas, hũ lavrador da beyra, desses que agora nam prestam, entam era mays destro, que em nossos dias os escudeyros. E os frõteyros da Africa quando corriam o campo, mays destros eram que agora. Nam falta a natureza, mas falta o costume. Ainda temos a mesma terra, & o ceo ainda nella obra como sohya. Ainda temos as mesmas especias, de animaes, prantas, & fruytos, que tinham nossos antigos, quando se dizia pello mundo que a gente desta terra era a mays forte de todo elle, donde consta a natureza não ser mudada, senão o custume, porẽ o costume faz outra natureza, & pode muyto, mas tambem se pode mudar facilmẽte cõ outro costume. O costume da mercancia, segũdo cõta Justino, mudou os homẽs de Celicia de muy bellicosos q̃ erão, & os fez mays mansos q̃ molheres o q̃, praza a Deos a Jndia não tenha feyto nos nossos, por isso digo q̃ não seraa muyto nã achar homẽs quãdo os buscarẽ

Vege. li. i. & .2.

Iustin. li.

Milhor serya dar de comer a caualeyros, que a rôçeyros,
& nas armadas mãdar estes caualeyros & soldados escolhi
dos, & nam vagabũdos, refiães, & homẽs sẽ aprouados,
nem conhecidos. Não he bo conselho desarmar a terra do
homẽs, he conselho de Julianistas, & o mao cõselho seraa
pior pera quem no der, diz Marco varrão, porque ningem
se for sisudo viueraa seguro antre os embates do mũdo/os
quaes nam ha duuida senam q̃ aos mayores dão piores en
cõtros. Assy o diz Seneca nas suas tragedias a Ecuba ra
ynha da Troia, & lho mostra nas aruores mays altas q̃ ma
ys combatidas sam dos ventos que as bayxas, & os mon
tes dos rayos & coriscos mays que os vales.

M: varro de re rusti. li.3.

¶ Porque algũs homẽs viuem nesta parte enganados quero dizer que cousa he soldado, & que estado de
homens he este de que zombam, & desfamam, & assy lhe
quero mostrar quam pouca rezam nisso tem. Saybão esses contrayros dos soldados, que se elles tem honrra & fazenda soldados lhas ganharam. As honras & estados &
nobrezas q̃ tem grandes & pequenos, seus pays ou auos
soldados as ganharam, a elles forã dadas por cousas que
em armas fezeram, & as que per outra via se alcançam nam
sam tam claras como estas. He nouo este nome soldado,
quer dizer homem que recebe soldo de rey, ou princepe,
ou seu capitam por seruir em feyto darmas. Tanto sini-
nifica antre nos soldado como na linguoa latina miles, o q̃l
nome he antre os latinos geral pera todas as especias dos
homẽs da guerra, dos q̃ pelejam digo, não dos seruidores,
hora sejam de pee hora de cauallo, ou de qualq̃r outra deffe
rença, todos cõmũmente se chamam milites, sẽ embargo
que algũas especias tẽ vocabolos proprios/ como eques,
& pedes. Assy antre nos agora neste nome soldado se comprẽdẽ todas as dictas specias de gente darmas, assy de ca
uallo como de pee, & todauia tãbẽ temos nomes especiaes

pe-

pera os de pee piães, ꝛ pera os de cauallo delles ginetes, delles homẽs darmas ou acubertados, porem como digo todos se chamão soldados quantos recebẽ soldo, dado q̃ se jam condes ou duq̃s. Digo isto porq̃ se não corrão os nos sos escudeyros se lhe chamarem soldados, ꝛ mays no mar onde todos pelejam a pee. ¶Prezense muyto de tamboa or dem, a inda q̃ lhe digão q̃ os soldados são hũs esfollacaras ꝛ salteadores de caminhos, porq̃ esses sam da Andaluzia. O soldado he defensor da terra, ꝛ conseruador da paz della chamenlhe como quiserem, ꝛ guardem elles este officio, q̃ eu lhe prometo se o guardarem q̃ nam tenham rezam de se correr delle. Foy sempre ꝛ he honesto, proueytoso ꝛ neces sario no mũdo o estado dos soldados, pollas dissenssões q̃ nelle ha, ꝛ foy sempre estimado dos principes, qua elles sam alicece ꝛ fortaleza do ceptro ꝛ justiça. Mas rees pubri cas, ꝛ reynos bẽ gouernados, teueram sempre mãtimẽtos das rendas do pouo, porq̃ dizião aquellas gentes, q̃ seria cousa muy desarezoada, nam gozarẽ dos bẽs q̃ defendião, ꝛ gozando delles terião mays promptos os animos ꝛ võ tade pera os defender. Soldados ganhão os reynos ꝛ os sostentão, ꝛ guardam as vidas ꝛ fazẽdas de muytos q̃ lhe dão mao grado, ꝛ dizẽ q̃ sejam lançados da terra, mas não tẽ rezão/ porq̃ no euangelho são amitidos per são Johão sem ẽbargo q̃ muytos delles não cũprẽ o q̃ lhe sam Johão aly ẽcomẽda, mas nẽ por isso o estado he mao, porq̃ se assy fosse, q̃ por hauer maos soldados ouuessemos de cõdenar os bos ꝛ seu estado/ todos os estados ꝛ religiões cõdena riamos per semelhãte rezão, porq̃ em todos ha viciosos ꝛ maos homẽs. Quãto mays q̃ o mao não he soldado, assy como não he religioso o hypocrita posto q̃ traga capello. O q̃ furta, he ladrão, ꝛ não soldado. O q̃ mata, he homicida, ꝛ não soldado. O q̃ arrenega, he blasfemador ꝛ não soldado. E assy a cada vicio podeys dar seu nome, como refião/ ta

Luc.ç.ca.3

fur, ꝛ outros, os q̃es não merecẽ ser chamados soldados.
¶ A primeyra cõdição q̃ o capitão ou armador deue exami nar na escolha dos soldados q̃ assenta, he q̃ sejão de boa ge ração honrada de soldados ꝛ caualeyros se os achar, isto por muytas rezões. A premeyra, porque pera estado hon- rado, nam deuẽ ser amitidos homẽs sem hõra, se a premei- ro não merecerem, ou mostrarẽ de sy q̃ a podẽ merecer. A segunda he semelhante a premeyra, ꝛ he q̃ dos soldados se fazem fidalgos, ꝛ condes, ꝛ duques, ꝛ outros homẽs q̃ se- nhoreão ꝛ mãdão, as q̃es cousas parece justo ꝛ onesto q̃ se dẽ aos filhos daq̃lles q̃ as jaa teuerão ou merecerão. A ter ceyra he q̃ os filhos imitão facilmẽte ꝛ ð boa võtade os fey tos ð seus pays, assy porq̃ lhe tẽ amor ꝛ desejão ser seus se melhantes, como pollo vso ꝛ custume de vista ꝛ praticas q̃ tem nas cousas da guerra ꝛ armas mays q̃ o filho do la- urador nẽ mecanico. Sabido he q̃ o filho do caualeyro ou soldado vee em casa de seu pay as armas com q̃ pelejou, ꝛ ouuelhe contar das batalhas em q̃ se achou, ꝛ o do laura- dor vee em casa de seu pay o arado, ꝛ ouuelhe falar das se- menteyras ꝛ criação, porq̃ cada hũ fala do q̃ sabe ꝛ lhe cum pre, o çapateyro do couro ꝛ formas, o ferreyro dos marte- los, ꝛ o pedreyro dos piquões. O soldado conta a seu filho os perigos ꝛ trabalhos q̃ passou ꝛ fazlhe perder o medo ꝛ receo delles, cõtalhe das hõras q̃ no exercito se ganhauão, ꝛ faz q̃ as cobice. Mostralhe como cingem a espada, ꝛ cal- ção a espora, ꝛ atacão o arcabuz, ꝛ apõtão a besta. As qua- es praticas sam como amas q̃ amamẽtão os espritos, ꝛ os affeyçoão as cousas de q̃ falã. Por tãto mãdauão as leys do Egypto, segundo conta Diodoro siculo, que os filhos dos soldados, ꝛ nam outros fossem recebidos ao soldo das armas, porque estes aprendendo des de meninos o vso das armas, ꝛ imitando a seus pays sabyã milhores ca- ualleyros. Disto diz Vegecio. Não cuydeys q̃ he este offi- cio

Dio. li. 2.

Vege. li. 1.

cio tal, q̃ se deua entragar a quaesq̃r pessoas, mas deuẽ ser excelentes, se for possiuel, em geração, ꝛ costumes, os homẽs de q̃ se ha de fiar a defensam da terra, porq̃ a limpeza de seu sangue os faz idoneos, ꝛ a vergonha q̃ com os bos custumes aprenderam os faz alcançar victoria. Verdade he, q̃ a natureza nam estaa obrigada a me dar o animo ꝛ forças de meu pay, mas estou eu obrigado a sostẽtar a sua bõra, ꝛ a vergonha me constrange a seguir sua virtude. E tal por tal, eu escolheria sempre o filho do homẽ hõrado. Porem nam sendo elle pera isso, entam receberia o mays auto posto q̃ fosse de bayxa raça, porq̃ muytas vezes desses nacẽ singulares homẽs. Diz Catão. De lauradores nacem barões fortissimos, ꝛ soldados muy destros diz elle. Poys a nosso proposito, os taes nos conuẽ, ꝛ não os inhauos. E Vegecio diz. Que aproueyta o inhauo no exercito? nada, senã comer o soldo doutro q̃ poderia aproueytar. Inhauo he palaura latina, ꝛ por vẽtura algũs a não entẽderão, q̃ro lha declarar. Quer dizer este nome inhauo, homẽ sem fogo nẽ feruor de vertude ꝛ honra, ao qual não diz a vontade q̃ tome algum trabalho por fazer cousas boas ꝛ proueytosas pera sy nẽ pera outrẽ. E porq̃ nas armas he necessario o homẽ ser ardido, que o inhauo nam he, portãto em especial se aplicou este vocabulo aos que nam sam habiles per qual quer via parellas. Ardido se ha tambem dentender, nam pello desatentado, porque esse se chama doudo ou sandeu, ꝛ nunca faz cousa boa, senam per desastre. O fogo deste feruor, ꝛ ardideza que se requere pera as armas, antes que se acenda deue ser considerado, ꝛ ainda despoys de assy acesso posto q̃ viuo ꝛ esperto ha se de tẽperar, ẽ modo q̃ se possa apagar quãdo cõprir. As quaes cõsideraçam nẽ tẽperãça, nam tẽ os desatentados, assy como os inhauos não tẽ o feruor necessario pa fazer cousas boas. Da maneyra sobredita não soomẽte são inhauos os mimosos ꝛ afanchonados,

M. cato de re rusti ca. I.

Vege. li. I.

mas tambẽ o sam os q̃ per quaes q̃r outros maos costumes
perderão a vergonha ⁊ desejos da hõra virtuosa, como são
refiaẽs, tafuys, gargãtões, ⁊ outros generos dhomẽs per
didos, que ha nas cidades ricas, prosperas, ⁊ viçosas, das
quaes cõformãdonos cõ Vegecio, se não deuẽ colher soldados senão quando se outros não acharẽ, ⁊ então premey
ro q̃ se delles fie nada os acustumẽ ao trabalho das armas,
⁊ os apartẽ das calaçarias cidadãs. São mays autos pe
ra as armas ⁊ guerra os homẽs das aldeas ⁊ cãpo q̃ das
cidades, porq̃ sam acostumados ao trabalho ⁊ maa vida,
como na guerra ẽ especial do mar he necessario soffrer. Aco
stumão andar oo sol, ⁊ chuyua, ⁊ vento, ⁊ dormir no chão, ⁊
não estimão tanto a vida, estes q̃ nam tem nella tanto gosto. A qui me pod alguem dizer, que os das cidades tẽ auãtagem em ter mays vso darmas q̃ os aldeaõs, porẽ essas
armas nam sam boas armas, nem conformes as boa guerra. Muyta defferẽça vay darrancar pera outro rebuçado,
tralos cantos das ruas per onde se determinam acolher,
a pelejar com imigos que nam fogem do alcayde. Bo he
serem os homẽs exercitados em armas, mas nam ẽ rũys
armas, porque estam auezados a rũys leuadas, ⁊ correm
risco quererse lançar per ellas. Nam se confie ninguem em
ser o homem acutiladiço nem brigoso, porque nẽ o brigoso
peleja cõ seus vezinhos por ser animoso, mas porq̃ he fraco ⁊ mal sofrido, nẽ o acutiladiço tẽ por isso o rosto mays de
reyto contra os imigos. De meu conselho as armas ẽ toda
terra bẽ rigida para sua quietação deuião ser tiradas a refiaẽs, patifes, vilãos, ⁊ todos os de pouco respeyto, porq̃ as
armas dos taes nam defendẽ a terra, antes esses sam os q̃
lançam a perder as batalhas, ⁊ na paz fazem aluoraços,
⁊ matam seus vezinhos, ⁊ cometem outros insultos ⁊ demasias ⁊ descortesias contra os bos. Dos officios os de
mays exercicio habilitam mays os corpos, como sam fer-

reyros,

teyros,carpenteyros,almocreues,⁊ outros,que se nam teuerem maos costumes tem os membros habiles pera ma
near as armas,o q̃ não tem os sombrios de officios assenta
dos como çapateyros,alfayates,tecelões,⁊ outros semelhantes de pouco exercicio,por cuja falta tem as forças de
belitadas. Nem tampouco teram estes os sentidos tam es
pertos,como os do campo. Nam he tam habil o çapatey
ro nem alfayate pera correr nem saltar,como o pastor ou al
mocreue/nem o ouriuez teraa tão lõga vista,como o caçador
Tudo he necessario pera o soldado,vista,⁊ ouuido,⁊ todos
sentidos,porque de todos se ajuda na guerra,⁊ todos deue ter espertos. E o estamago assentado ⁊ cerebro seguro
pera o mar,porq̃ mal pelejaraa o enjoado ⁊ mays mal se o
for de natura. As terras donde sam naturaes,tãbẽ fazẽ a
este caso,porq̃ nam ha duuida senão q̃ hũas partes crião os
homẽs mays bellicosos q̃ outras,isto polla mayor parte,q̃
quanto a todos he impossiuel,senam que em todalas nações ha bos ⁊ maos,ardidos ⁊ inhauos. Para isto olhese
o aspeyto,⁊ fissonomia do homẽ,⁊ sua cõtinencia no falar,
no olhar,no andar,se mostra fouteza,se cõstancia,ou virtude que aas armas pertença,ou seu contrayro. Quanto das
ydades pera aprender a do moço he mays habil ⁊ docil,⁊
faz do corpo o que quer,⁊ toma os meuimentos ⁊ geytos
das armas mays asinha que o homẽ duro. Porem pera lo
go pelejar milhor he o homem,que tem mays força ⁊
constancia. De dezoyto annos de ydade atee sesenta/he
tempo pera poder seruir em armas,o mays he muyto,
⁊ o menos he pouco. Da estatura me nam posso eu muyto gabar,porem ella se he grande ⁊ temerosa,faz terror
nos olhos dos contrayros,porque per rezam o grande
corpo deue ter mays força que o pequeno,⁊ essa força
tem muyta parte nas batalhas. Nam soomente de vista mas tambem de ouuida espantam os grandes ho-

mẽs

mẽs. Lemos do pouo de Israel q̃ dizia. Os messageyros nos aterraram o coraçam dizendo, o pouo q̃ las vimos he de grande estatura, parecem monstros da geração dos gygantes. E nam ha duuida senam que a primeyra vista, em quanto nam conhecemos a fraq̃za dos homẽs grandes, temos delles receo. Por este respeyto Mario cõsul Romano procuraua de trazer homẽs grandes no seu exercito, & esses lançaua na diãteyra. E Saul rey de Israel por grãde he louuado na eleyção do reyno. Porẽ este louuor lhe foy dado pera cõ o pouo rustico, q̃ olha ao exterior. Ao contrayro diz Deos a Samuel profeta sobre a eleyção de Dauid. Diz assy. Não olhes a seu vulto nem altura do corpo, porq̃ esse engeytey eu, q̃ nam julgo segundo a vista dos homẽs. Os homẽs olhão o q̃ aparece d' fora, mas Deos vee os corações. Muytas vezes ha peq̃nos corções ẽ grãdes corpos, & ao cõtrayro grãdes ẽ peq̃nos. Reynaua grande virtude ẽ peq̃no corpo, se escreue de Tideu. Esta he rezam dos naturaes q̃ no grãde corpo os spritos espalhados nã tẽ tãto vigor, como no peq̃no, onde estão juntos & vnidos porq̃ a virtude vnida preualece. E mays os corpos grandes são pesados & pejados, & não podẽ ter a desenuoltura q̃ as armas hão mester. Este mesmo inconueniẽte se cura raa em todos, grandes & peq̃nos, que nam sejam pejados nem gordos. Seja o soldado mancebo, tenha os olhos espertos, o prescoço dereyto, o peyto largo, espadoudo, mãos & braços, pernas & pees espedidos, & mays neruudos que carnosos nem polpudos barriga pequena, carne enxuta. Estes sam sinaes de força. Quando o soldado os teuer, posto que nam seja grande, nam deyxem de o receber, porque mays val força que grande estatura pera os soldados, diz Vegecio, & tem rezam, qua muytas vezes vemos pequeno machado derribar grãde carualho, não por al senão por mays forte.

Numeri. ca. 13.

Regũ. li. 1.

Vege. li. 1.

¶ Cap. quinze Do exercicio dos soldados.

TAmbem as manhas & exercicio valem muyto nas armas, pello que he bem q̃ o capitam tenha cuydado de ordenar quando estam em terra, que haja barreyra de besta, & darcabuz, onde todolos dias tirem, & elle os conuide pera isso, & faça ir las os q̃ nam quiserẽ por sua vontade, & aas vezes dee algũa peça ao q̃ o milhor fezer. Tambẽ faça hauer exercicio de esgrima, & de saltar & correr, & os que nam souberem nadar mandeos ensinar, que lhes he necessario, para aas vezes saluarẽ as vidas. Bem me parecia tãbẽ, q̃ acostumasse a nossa gente frechas como jaa disse, assy por responder aos imigos cõ iguaes armas/ pois algũs delles as vsam, como tãbẽ porq̃ o tirar da frecha he facil & ameudado, & daa fadiga ao cõtrayro. Em quanto armays hũa besta, ou atacays hũ arcabuz, tira hũa frecha vinte tiros, & toma o vosso vagar/ de maneyra q̃ vos não deyxa acabar/ ou vos faz viralo rosto/ q̃ he pior. Quãto he da mays força das bestas, sam ellas milhores, onde os imigos vẽ armados de couraças, ou armas outras defensiuas fortes, mas onde não ha mays q̃ sayos & quãdo muyto couras, abastã as frechas, & pera malha tãbem se forẽ tiradas d̃ boa mão Abasta a frecha pera ferir, & pera matar, & penetra os ossos, como hũa besta. Não se deue duuidar no q̃ digo das armas deferentes, por ser cousa muytas vezes esprimẽtada & vista, assy ẽ batalhas de muyta gẽte, como ẽ desafios particulares. Porq̃ se trazeys espada por espada/ ou lança por lança, days & ẽparays ãbos por hũ geyto, & não vos falsa o encõtro deferẽte/ como faz hauẽdo diuersas armas por mays destro q̃ sejays nas vossas. Aprendam os soldados do mar a dar fogo a hũa romã, ou bomba d̃ fogo, ou panella de poluora, & espedila de feyçam q̃ nam perigem elles nem façam danno aos seus, mas que a empreguem nos imi-

gos

gos, porque destas armas se vsa tambem no mar. Ensayẽ se apelejar armados, porque nam estranhem o peso ⁊ pejo das armas como sam couraças, ⁊ quaesquer outras defẽsiuas, as quaes lhe mandem vestir na batalha, pera sua defensam ⁊ cõstancia. Mays seguro ⁊ constante estaa o armado que o nu, assy pera esperar os tiros contrayros, como pera ter tempo de aparelhar os seus. E nam se deuem agrauar do trabalho das muytas nem carregadas armas, porq̃ nos nauios pelejam quedos sem andar nem se mudar dhũ lugar, conuẽ a saber do banco ou estancia que lhe foy assinada. Outras vezes os acupe o capitam/nas cousas que se offerecem ó seruiço do nauio, como fazer lenha/fazer agoa, recolher mantimentos, embarcar ⁊ desembarcar artelharia. Busque occasiões em que os acupe, nam nos deyxe estar ociosos, ⁊ se murmurarem dissimule, porque he cousa propia a estes como a frades. Vaa co elles, ajudeos, ⁊ animalos ha. Os que mandam/ diz Marco varram, nam soomente deuem mandar, mas tambem fazer, para que os subditos os imitem ⁊ trabalhem de boa mente. Nem he contrayro o trabalho aa dinidade do capitam, mas antes se lee que dizia Alexandre manho. O descansar ⁊ darse a deleytações he propio de escrauos, ⁊ homẽs sem cuydado/ manha por certo ó perdiçã nos q̃ gouernã, ⁊ o trabalhar he de principes ⁊ grãdes barões. He cõtrayra a ociosidade aa guerra, ⁊ odiosa na gẽte della, assy pa a disposição dos corpos ⁊ destreza das armas/como pa a cõtinencia dos custumes. Cõ a ociosidade se fazẽ ronceyros, ⁊ da hy vẽ a jugar ⁊ despoys a furtar, ⁊ outros vicios. Escreue Julio frontino, q̃ Publio nasica capitão Romano, hũ inuerno, sẽ necessidade ordenou fazer certos nauios, não pa mays q̃ pa acupar os soldados ẽ seruir, ⁊ acarretar madeyra, ⁊ outras cousas da fabrica delles, assy por não estarẽ ociosos, como por nam offenderem os vezinhos. Que mays nam fosse

M. varro de re. rusti. li. 1.

Iuli. fronti de mili discipli.

que

que por euitar os insultos que cometem contra os morado
res, & contra a honrra de suas molheres & filhas era bem q̃
nunca saissem em terra os soldados do mar. Era tam castigada a gente da guerra dos Romanos, & Gregos, que me
atreueria dizer, que eram mays mesurados & continẽtes
do que agora sam algũs frades. Dizia o capitão Lisandro
que nam queria que os seus soldados mostrassem soomente nem geyto de furtar, nem figura de fazer mal. Nam disse
mays sam Paulo apostolo, quando aos de Thessalia, & a
todos os Christãos diz. Guardayuos de toda specia ou fi
gura de mal. Doutro capitão chamado Antigono se lee, q̃
hum seu filho foy apousẽtado em casa de hũa molher viuua
que tinha certas filhas moças fermosas, & elle lhe mãdou
que logo se mudasse daly, dizẽdo que era estreyta pousada
pera elle onde hauia tantas molheres. E com isso mãdou ge
ralmente que nenhũ do seu exercito pousasse em casa de mo
lheres sem homẽs. Que mays honestidade guardam oje
os nossos clerigos? Por certo que hey vergonha, quãdo
cuydo nas dissoluções dos soldados da gora, que sendo
Christãos tomam excessiua liberdade pera fazer o que nã
deuem, sem temor de Deos, nem acatamento dos homẽs.
Nam somente nos contrayros, mas tambem nos seus ve
zinhos & naturaes, que elles deuiam defender, cometẽ grã
des insultos, & feos. Roubam lhas fazendas, desacatam a
suas pessoas, & offendem suas honras. Nam he isto o mays que fazem. Nos templos ð Deos & seus ministros me
tem mão violenta & sacrilega, & no mesmo Deos sanctissimo põe boca sem temor blasfemando & jurando muytas
mentiras. Isto com tanta deuassidade que o tem por virtu
de soldadesca, & quem nam blasfema & arrenega nam he va
lente, zombam delle & nã no estimam. Sam tam brauos, q̃
nam tem em nada ser soberbos contra os homens, mas
contra Deos se vangloriam, & o desprezam per estes modos.

Prima ad Thessalo. capite. 5.

dos. Poys o milhor d tudo isto he da parte dos capitães, que nam abasta nam castigar os taes, mas dizem que se nã pode fazer aguerra sem elles. Assy que mays queré da sua parte maos homẽs que ajuda de Deos, do qual tiram sua esperança poys o indinam, e a põe na força dhomẽs peruersos, que nam podem fazer nem fazem cousa boa, senam matar a outros tam maos come elles como verdugos, e os outros a elles, permitindoo assy a justiça diuina em castigo de suas maldades.

¶ Marinheyros e remadores tambem se exercitem, hũs remendem nas velas, mudem nas ancoras, enseuem nas betas, e o nauio, ou lhe dem breu e alimpẽno. Os outros recolham agoa e lenha, leuẽno toldo, sacundã sua roupa, estẽ aa lerta, façam toldo, nã adormeçam, nã se descuydem, nem perquam o costume do trabalho, porq o nã estranhem quãdo vier.

Seguesse a parte segunda da arte da guerra do mar,

que trata das frotas armadas, & das batalhas maritimas, & seus ardijs.

Cap. primeyro. Dos nauios pera as armadas.

QUando for necessario fazer armada pa o mar os capitães q̃ disso forẽ encarregados tenhã cuydado de pedir ao Almirante ou seus officiaes das taracenas & armazẽs todalas cousas necessarias pera a tal armada, conuem a saber, nauios, & toda esquipaçam pera elles, de homẽs, exarceas armas, & victualhas. Os nauios cõformes ao mar, & guerra, ẽ especia, quãtidade, & numero. Digo cõformes ao mar porq̃ as grãdes nauegações & viagẽs longas, q̃ se fazẽ per grãde mar & largo, requerem nauios grãdes & fortes, & de vela não de remo, porq̃ o remo não serue nos grandes mares, nẽ os nauios fracos podẽ sofrer o impeto delles. Os peq̃nos não podẽ alojar munições & victualhas q̃ abastem muytos dias, & mays estes cõ qualq̃r tẽpestade os come o mar, como q̃r q̃ no mar largo o vẽto mays solto, & o ceo mays descuberto prouoquẽ mayores & mays altas õdas, & aleuantẽ volumes dagoa muy grossos, os quaes como digo comẽ os nauios peq̃nos & bayxos, pollo q̃ os taes nauios não são soficientes pera grãdes nauegações, mas conuẽ q̃ quãdo ouuerẽ de nauegar pera lõge per mar largo leuẽ nauios grãdes & fortes como disse. Pera nauegações mays de perto abastão nauios menores & de menos gasto, em especial se hão d̃ nauegar ãtre ilhas ou bayxios, como no mar de Leuante, & algũas partes da India, & da costa de Guinee onde por respeyto das calmarias seriam mays ido-

neos

neos nauios de remo. Esta das calmarias he mays vrgen
te causa que requere nauios de remo, quanto he da parte
do mar, porque elles em calma sam senhores do mar, & fazẽ
o que querem, qua entam os de vela sam mancos & mortos
como o vento he morto, sem o qual elles nam tem vida nẽ
mouimento. Estes de remo posto que mays custosos, são
mays autos, assy pera menos fundo, como tambem pera
estreytos & antre ilhas, porque tem menos quilha, & dobram as pontas com todo tempo & sem elle. Mas no mar
inquieto & ventoso, tem a vela auantagem, & o alto bordo
triunfa. Porque no canal de Bretanha sam os ceos frios & ventosos, & o mar he inquieto, por isso, & por as marees serem impetuosas, & desuayradas, posto que antre ilhas
& bayxios, nam se acostumam nelle galees, porque nenhũ
proueyto faz nelle o remo, como vimos per experiencia os
annos passados na guerra de Bollonha, pera a qual el rey
de França mandou laa passar as suas galees que estauam
em Marselha, & nenhũ seruiço lhe fezeram naquellas partes, nem podiam pollas rezões sobredictas. Podiam tam
pouco que escassamente se podiam valer assimesmas/ & cor
rerã muytas vezes perigo de se perder, assy do mar como
da guerra. Eu vy dezoyto dellas antre a rya & tapes não se
atreuer cõ dez nauios Ingreses de vela, os quaes as acossaram dous dias, & lhe tomaram hũa dellas em que andaua o baram de sam Branchart. O qual como valente caualeyro que elle he/ quis fazer mays algũa cousa q̃ os outros
& se perdeo sem lhe poderem valer/ por se adiantar. As galees eram todas inteyras da tres/ & algũas da quatro, & os
nauios contrayros nam eram dos mays escolhidos. Digo isto porque nam diga alguẽ que hauia desproporção, no
tamanho, a qual nam era senam da disposiçam do mar, & for
ma dos nauios, que nam conuem parelle, & mays foy em
ho dia claro sem tempestade, porem cõ vento fresco do nordeste

deste que como digo fauorece a vela mays que o remo. Na
quelle mesmo passo cõta Julio Cesar q̃ se lhe perdeo a sua
frota com inuerno temporão, natural daquella terra por ser
septentrional, ⁊ as galees mays que os outros nauios se
lhe perderam, as quaes soo as marees diz q̃ as alagauão.
o q̃ lhe eu bem creo pollo q̃ vy padecer as francesas de que
faley, q̃ entrar nem sair nam ousauam pello porto de Am
lhiboe sem outro medo mays q̃ das marees, ⁊ dentro em
Ruam se nam podiam valer dellas. Se as achaua o floch/
que elles chamam, descuydadas/ou as tomaua em traues
o menos mal q̃ lhe fazia era lançalas hũas sobroutas ⁊ as
vezes q̃bralas ou as amarras. Muyta causa disto eram os
marinheyros leuantiscos q̃ traziam, os quaes nam ente
diam o curso das marees, como tambem os de Cesar, por
que as nam ha no seu mar. Deuem ser tambem os nauios
conformes aa guerra que ham de fazer, assy em numero co
mo em especia, porque nam sam necessarios tantos pera
acossar ladrões, como pera resistir aos imigos, q̃ de prosi
to vem a combaterse. E esses imigos aas vezes sam mays
⁊ outras vezes menos, por tanto os capitães deuẽ ter aui
so das frotas dos contrayros se sam grãdes ou nam tama
nhas, porque nam faltem do necessario, nem excedam fazẽ
do despesas demasiadas quando se podem escusar. Procu
rem ter auiso os capitães que especia de nauios traz o con
trayro, se de remos se de vela, ⁊ de semelhantes armem su
as frotas, que mays nam seja que por euitar a toruaçam q̃ a
sua gẽte pode tomar do descostume, parecendolhe que os
nauios que nam esprementou tem algũa auantagem. Isto
diz Cesar q̃ moueo tanto os Bretões, que agora sam In
greses, que os fez dar lugar a poder elle desembarcar sua
gente. A desacustumada figura dos nauios, ⁊ mouer dos
remos, diz elle, moueo tanto os Barbaros, q̃ esteuerão q̃
dos, ⁊ se fezerão atras. Por tirar este medo aos seus, elrey

Cæsar in côm. de bello galli libro. 4.

Cæsar, vbi supra.

dessa Ingraterra na guerra de Bolonha que acima dixe, mandou fazer em seu reyno algũas galees, soomente pera que os seus homẽs visem que cousa era, ⁊ nam se espantassem das de França, ca doutra cousa nenhũa lhe seruiam, ⁊ elle bem sabia que lhe nam podião seruir, ⁊ por isso não fez mays que poucas pera mostrar. Com o qual ardil afoutou tãto os seus, que nenhũa estima faziam das galees francesas. O mesmo se enxerga nos nossos, que oje ha dez annos cuydauam que galees eram algũa cousa mõstruosa, ⁊ acalentauam os meninos co ellas, mas agora jaa sabem para quanto sam, ⁊ não arreceão as fustas dos mouros, as quaes todauia sem galees nam nas podiam colher como agora fazem, porque nam hauendo vento naueguam, o que nam podiam fazer as carauellas, ⁊ hauendo tempo sobejo metianse em buracos onde nam podiam entrar co ellas. No tamanho dos nauios pera a guerra se guarde tãbem o q̃ Vegecio ensina, conuem a saber/ que sam necessarios grandes ⁊ pequenos, os grandes pera força, ⁊ os pequenos pera ligeyreza ⁊ desenuoltura assy nas batalhas como nos seruiços ⁊ industrias q̃ aas vezes cũpre vsar, como sam espias ⁊ sobresaltos. Nam se pode sostetar hũa cidade sem grãdes ⁊ peq̃nos, ⁊ hũa casa ou familia outro tanto ha mester hũs q̃ mandẽ outros q̃ trabalhẽ, hũs sam officiaes ⁊ outros seruidores nas tẽdas dos mecanicos. Assy nas frotas armadas he necessario q̃ haja nauios differentes, hũs pera sostẽtar o peso da guerra, ⁊ outros pera seruir ⁊ ajudar aq̃lles. Portanto faça o capitam moor prouecer a sua armada dãbos ou todos modos de nauios, em numero competente dhũs ⁊ dos outros.

Vege.li.4.

¶ Nam quisera dizer isto q̃ agora vou dizer, porq̃ sey q̃ ha muytos de cõtrayro parecer, porẽ todauia porq̃ creo q̃ viuẽ ẽganados, q̃ro mouer a questão, pera q̃ praticãdo se conheça a verdade. A mi me pareceo sẽpre q̃ carauelas darmada

nam

nam eram tão boas como ſão gabadas, por ſerẽ hũ genero de nauios meſturado ⁊ neutro, ⁊ as partes q̃ tomão de cada hũ dos outros generos ſerẽ as piores, como mulato. Os generos de nauios mays diſtĩtos, são redõdo, ⁊ latino. De nauios de vela digo, onde elles mays moſtrão a diſtinção. quero dizer na vela, ſem embargo que tambem nos caſcos ſam differentes. O nauio de remo ſem vela não faz genero nem eſpecia de nauio, conſiderado ſem vela digo, porq̃ aſſy he imperfeyção d' nauio ⁊ não he nauio inteyro, como quer que o maſto ſeja parte integral do nauio ſegundo o dereyto determina. E Claudiano diz que antes de ſaberem os homẽs nauegar remauam junto das prayas. mas deſpois q̃ mays ſouberam acabaram de perfazer os nauios com maſto ⁊ vela. Daquelles dous generos, a carauela toma dos latinos a vela, ⁊ dos redondos o caſco, mas não a milhor forma d' caſco, porque as carauelas ſam mays eſtreytas do que requerẽ as proporções q̃ cõſigo ⁊ ſuas partes deue ter o nauio redondo, o qual deue reſponder a tres por hũ, conuẽ a ſaber, teraa tres larguras na longura, o q̃ nam tẽ as carauelas, q̃ ſam mays lõgas do q̃ demãda ſua largura. Nam he nada ſer longas, porq̃ a longura he boa quando a largura he ſufficiente, mas ellas por nauegarem fazemnas tam eſtreytas q̃ não ſofrẽ vela, ⁊ ſe polla muyta quilha q̃ tẽ podem co a vela, entam tem outro pior que nam carregam nada, nem nauegam a popa poſto que entrem muito no vento. Tambem pera guerra tem hum inconueniente, que por falta do caſtello da proa, que nam tẽ, deſcobrem o conues ⁊ abrẽ a alcaçaua, ⁊ ficão deſemparadas aquantas pedradas lhe quiſerem tirar. A vela que tomam as carauelas dos nauios latinos, tambem he a pior forma de vela porque he triangular, figura que menos comprende que todas, pollo q̃ toma menos vento, ⁊ ſe lhe nam deſſem a pena alta eſcaſſamente leuaria o nauio. A qual pena aſſy

Claudia: de rap a proſer:

esta faz pender o nauio mays do que aas vezes pode payrar. Tira tambem a vela latina suas antenas trocando de hum bordo pero o outro sobolo masto cõ grãde trabalho & perigo, como vemos, & aas vezes padecemos. Nam se fez a vela triangular se não por remedio, pera os nauios estreytos/que por sua angustura não podem recolher em sy a relinga da vela redonda, & por tanto lhe tiram aquelle lanço todo & fazẽ delle cãto. Por estas rezões & outras, que apõtarey a diante falando das galees/me parece que as carauellas nam sam idoneas pera a força & segurança que a guerra ha mester, & se deuiam escusar, & fazer em seu lugar nauios redondos grandes ou pequenos, segundo pedir a necessidade. Isto digo quanto aa parte dos nauios de vela, que as gales onde for necessario remo nam se podem soprir co elles/pollas diuersas oportunidades q̃ elles & ellas tẽ.

¶ Cap. segundo. Do numero da gẽte pera os nauios.

O Numero dos homẽs pa cada nauio he o seguinte. Pera nauio d' vela de porte atee dez toneys abastã dous marinheyros & hũ grumete. Pera nauio atee vinte toneys, tres marinheyros & hum grumete. Pera nauio de trinta toneys quatro marinheyros & dous grumetes. Ate qui nam fiz mençam dos mestres, porque o numero era pouco, & entendesse que seja mestre hum daquelles marinheyros. Daqui por diante contaremos assy. Nauio que passar de trinta toneys de porte leuaraa por cada quatro toneys hum marinheyro, & a cada tres marinheyros hum grumete, & hum mestre em cada nauio. O contramestre & guardiam tomense do numero dos marinheyros, & o piloto seraa fora de todos outro. Polla conta que faço os marinheyros vem a quorenta toneys dez, & a sessenta quinze, a cento vintacinco, & a quatrocentos cento, & hum mestre & hũ piloto. E os grumetes a quinze marinheyros vem cinco, &

a dezoy-

a dezoyto seys, & a vintaquatro oyto/ a trinta dez & a cento trinta, que he numero sufficiente pera o seruiço dos nauios de vela. Nos de remo leuaremos outra ordem, regendonos pollo cõto dos remos, & começaremos nas galees inteyras a que Vegecio chama idoneas/ que sam datres, & daquatro atee cinco ordẽs de remos. As que daqui pera cima crecem a seys ou mays chamaelle disformes, & assy o sam na verdade. Digo que sam mays pera ostentaçam & pompa/ que pera agilidade, nem seruiço de guerra. Nem as dacinco nam sam muyto vsadas, porque jaa vam sendo pesadas. Hũa que os dias passados elrey Francisco de França mandou fazer dacinco parelle passar aa Italia quãdo se foy ver em Luca com o papa Paulo & co Emperador, o capitam Paulino a reduzio a quatro per meu conselho, & ficou assy mays espaçosa & de milhor seruentia com menos despesa & tam boa nauegaçam como dantes. Porem a principal rezam que lhe dey pera a mudar foy que ella era hum pouco estreyta pera cinco ordẽs, & nem os homẽs tinham cossia, nem achurma bancos, & roçauão os cotouellos hũs cos outros. Em todo genero de nauio hum grande defeyto he ser estreyto, assy pera o seruiço & gasalhado, como pera sofrer vella. Pera hũa galee datres sam necessarios hum patram, quinze marinheyros, & cinco proeyros/ sem ẽbargo q̃ em algũas partes lhe dam mays, porẽ estes abastam, porque achurma das portas a dentro ajuda em muytas cousas, portanto os marinheyros que dou abastam As daquatro de França traziam trinta marinheyros, & dez proeyros, com outros dous ou tres moços do esquife, porem eram demasiados polla rezam que dixe, que a churma serue & escusa marinheyros. Verdade he que hauia poucos soldados, & os marinheyros seruiam por elles, o que me a mym nam parece mao conselho, antes queria se fosse possiuel que todos os soldados fossem marinheyros,

Veze. li 4.

 ros,

ros, ou os marinheyros fossem tantos que seruissem de sol
dados, como aquelles. Entre os marinheyros haja algũs
mays sabidos, ⁊ auantajados no soldo, ⁊ escusos dalgũs
seruiços pera conselho, com os quaes juntamente com o
piloto se aconselharaa o capitam ⁊ o patram nas cousas du
uidosas ⁊ difficultosas. Assy nestes nauios como nos de
vela nam he muyta a gẽte que lhe dou pera seu seruiço, por
que posto que aas vezes folguem, hum dia pagam tudo.
Hũa hora de tempestade ha mester estes ⁊ mays, ⁊ por
falta dhum homem se perde aas vezes hum nauio, ⁊ elles
em hũa noyte de maa vida merecem o soldo de todo o mes.
As galeotas da dous ham mester dez marinheyros ⁊ qua
tro ou cinco proeyros ⁊ seu patram ⁊ piloto. Nas fragatas
ou fregatins que quaa chamam bragantins, remeyros ⁊
marinheyros tudo he hum. Digo que o seu nome he fragatins diriuado do fragor dos remos, ⁊ nam bragantins
que parece cousa de bragantaria. Muytos vocabulos tomão os nossos homẽs doutras nações, que o pouo por não
saber seu nacimento corrompe tirando ou pondo ou mudã
do letras. A que eu chamo cossia elles lhe chamam coxia
mas nem elles nem eu acertamos, porque ella se deue chamar corsia de cursar qua per ella cursam ⁊ andem os homẽs
na galle porem coxia he pronunciaçam fea ⁊ mourisca. Comitre he pronunciaçam francesa, a qual os nossos tomarão
de França com outras muytas, ⁊ quer dizer companheyro
do mestre, quasi o que dizem nos nauios da vela contrames
tre, ⁊ he hũ modo de composiçam da lingua latina na qual
esta parte com sinifica companhia ⁊ ajuntamento, porem
nos pollo muyto tempo que ha que deyxamos o uso das
galees esquecenos jaa este ⁊ outros vocabulos dellas, ⁊
porque agora ouuimos algũs genoueses que por desastre
aqui vieram ter nam dos mays primos, como quer que a
sua lingoa seja a pior da Italia tomamos delles assy neste
nome

nome como em outros rũys pronunciações ⁊ imperfeytas como elles acostumam. Elles chamam comito ao que os nossos antigos chamauam comitre, ⁊ quer dizer comito companheyro, tirado de comite palaura latina, ⁊ tem a mesma sinificaçam de comitre, porque como dixe he cõpanheyro do mestre ou patram. Este tem cuydado da churma, que tambem os genoueses conforme a seu mao pronũciar dizem chusma cõ esta letra .s. em lugar de .r. porẽ churma com .r. se deue pronunciar quasi turba, porque sinifica a cõpanhia vulgar ⁊ mays comũ da galee, q̃ em latim se pronũcia turba. Desta como coajutor do patram tem o comitre cuydado, assy pera procurar por ella como pera a mandar, ⁊ gouernar em tudo, em mãtimẽto, vestido, trabalho, limpeza, ⁊ todo o mays. O numero da churma, conuem a saber, dos remadores pera as galees, he limitado segũdo o modo da galee que se limita per sua grandura ou pollo numero das ordẽs ⁊ remos de cada banco, como mays per extenso pratiquey na arte do nauegar ⁊ fabrica das naos: Porẽ sem embargo de jaa o laa ter dicto, a conta he esta.

¶ A galee datres teraa vinta dous bancos por banda, nos quaes montam cento trinta homẽs, porq̃ os vltimos bancos de proa sam da dous nam mays. A galee da quatro teraa vinta quatro bancos, que montam cento ⁊ nouenta homẽs, diminuindo sempre nos vltimos bancos hũ homẽ de cada bãco, porq̃ assy o reqre o angostar da proa. Desta feyçam pellos bãcos ⁊ ordẽs delles, se sabe o numero dos remadores q̃ sam necessarios pera cada galee. E pera mays satisfazer q̃ro dar rezam do numero dos bãcos, ⁊ grãdura da galee, o q̃ eu mostro p duas vias. A hũa he d'Vuruuio, ⁊ toma seu fũdamẽto do ãtrescalmo, mas elle não declara como, porẽ deuesse ẽtẽder desta maneyra. Antrescalmo he o espaço dãtre remo ⁊ remo, q̃ ao menos ha d'ter meyo palmo, porq̃ se nã roce ⁊ estorue hũ remo co outro ⁊ẽ cada bãco

Vitru. li. I

 sam

sam dous antrescalmos na galee datres, ⁊ os tres remos acupão outros tres palmos quasi, que sam quatro palmos em cada bancada, ⁊ de banco a banco o antrevallo que fica sem remos, a que os castelhanos chamam balhesteyra, ⁊ eu o chamo antrordẽ, deue ter de espaço tres palmos quãdo menos, porque he necessario que dee lugar franco a estender os braços dos remadores. O qual antrordem seras igualmente largo em todalas galees, de qualquer tamanho que sejam, porque a causa de sua largura em todas tem hũa mesma rezam ou semelhante. Finalmente na galee datres, a bãcada com sua balhesteyra, tem sete palmos, ⁊ nas outras mays segundo suas crecenças de remos, ou menos nas galeotas. De maneyra que nas datres em vintadous bancos montam cento ⁊ cincoenta pouco mays, ⁊ com popa ⁊ proa ⁊ fogam ⁊ esquife, cento ⁊ oytenta pouco mays ou menos, que he compridam que abaste, porque estes palmos de que falo samos do nosso costume, quasi tamanhos comos os pees da geometria. Digo isto porque pera estas galees datres abastam vintadous bancos, ⁊ os mays são sobejos, ⁊ a galee que for mays longa excedera descompassadamente sua largura. A qual largura per outra via he fũdamento da traça ⁊ medidas da galee, pella arte que fica dicta dos nauios redondos. Dauam os antigos aos nauios de remo cinco larguras em compridam, cõuem asaber, se tinham vinte palmos de largo, dauam lhe cento em longo, agora passam doyto larguras na longura, ⁊ quasi sam dez, ⁊ nam se cõtentã, tanto a poderam alongar que façam della hũa ponte dengonços. O nauio muyto longo se he bo pera hũa cousa he mao pera outra. O nauio demasiadamẽte longo não torna facilmẽte, porq̃ toma grãde volume dagoa ẽ contrayro, ẽ especial onde ha marees ou corrẽtes, as quaes se o tomão ẽ traues fazẽ delle mao pesar. Outro mayor incõuiniẽte cometẽ, os q̃ alõgão as galees, q̃ lhe dã

o masto conforme aa longura, ⁊ não olham q̃ tambẽ ha de
carregar sobre a largura q̃ he muy pouca. Toquey aqui isto, porq̃ sey que ha homẽs tam mal considerados, q̃ cõ soo
hũa rezam que se lhe offerece sem alcançar outras que contradizem, querẽ fazer regra per imaginaçam sem experien
cia. Digo q̃ as galees não são milhores por ser demasiada
mente longas ⁊ estreytas, ⁊ q̃ abasta a datres ter vinta dous bancos, ⁊ a daquatro vintaquatro. ⁊ a galeota vinte, ⁊
assy se saberaa quantos homẽs cadahũa ha mester pera o
remo. Ha mester a galee pera este mester hum comitre ⁊
seu coajutor sotacomito. Ha mester se traz forçados hum
meyrinho ⁊ dous moços de meyrinho q̃ chamamos beleguins, q̃ todolos dias menhã ⁊ noyte olhẽ os ferros dos
forçados/ ⁊ os acõpanhẽ quando forẽ fora. Ha mester hũ
barbeyro cyrurgião pera rapar os remeyros q̃ sempre andẽ limpos, porq̃ assy he necessario segundo trabalhão, ⁊ suam muyto, ⁊ pera curar os feridos ⁊ doentes quãdo os ou
uer, pera o q̃ elle procurara que haja na galee botica de ingo
entos ⁊ mezinhas outras necessarias, porq̃ a guerra assy o
requere. Hauera tãbem carpẽteyro ⁊ carafate, pera repay
rarẽ as q̃braduras ⁊ aberturas q̃ ouuer na galee, porq̃ quẽ
joga as porradas nam escapara descalaurado, ⁊ tal pode
ser a escalauradura da galee q̃ não poderaa esperar a ir em
terra. Este carpenteyro da galee sayba fazer remos, q̃ he a
cousa de q̃ mays necessidade tẽ, porq̃ cadadia q̃brão inda q̃
não pelegẽ/ ⁊ pa isto procure de leuar madeyra algũa, ⁊ remos de sobresalente. Haja na galee tanoeyro pera rebater,
⁊ fazer barrijs q̃ sam necessarios pera agoa, dous por bãco
na datres, ⁊ tres na daquatro, grandes de dous almudes
pollo menos cadahũ. De toda esta gẽte tẽ necessidade a ga
lee pera seu seruiço, que sam per todos cento ⁊ sesenta ⁊ dous com patram ⁊ piloto ⁊ officiaes, na galee datres. E ha
mester alem destes quorenta soldados com seu capitam, ⁊

algũs caualeyros d popa, homẽs pera conselho, & pera soprir as faltas dos outros com o capitam, que per todos fazem mays de dozentos. Abasta em cada bancada hum soldado, & posto que as derradeyras fiquem despejadas nam
relaua, & assy sam vinte por banda que abastam, porque na
proa & rõbadas pelejam os marinheyros. ¶ Posto que pera cada bancada ou balhesteyra abaste hũ soldado, todauia
algũs capitães trazem dobrados, em especial se as galees
sam mayores datres. Assy os trazia çalaraez rey dargel
quãdo nos tomou sobre Belez/na sua daquatro ẽ qelle vinha, & tudo he necessario, porq̃ a guerra gasta, & he milhor q̃
sobeje a gente qua que mingue no tempo do mester. Aos
nauios de vela se dam os soldados segũdo o porte de cada
hum, como fica dicto dos marinheyros. E parece competente numero, o dobro desses marinheyros, cõuen a saber
por dous toneys de porte hũ soldado/& assy vẽ a quorẽta toneys vinte soldados, a sesenta trinta, & a cento vem cincoẽta, & cento a dozentos, assy nos mays per semelhãte rata.
¶ Nam nos esqueçam trombetas & atambor com seu pifaro, que entram na companhia & numero dos soldados/&
sam necessarios, assy pera a ordenança se ouuerem de sair
em terra de imigos, como pera nos nauios mostrar aparato de guerra, com terror dos contrayros, & alegria dos nossos. ¶ Pera isto & pera espertar os animos, diz Aulo gellio,
he necessario na guerra nam soomente o estrondo dos estormentos, mas tambem o barroido & grita de vozes, como
diz q̃ faziam os romanos, & agora fazem os mouros. ¶ Porẽ o barroido nam he muy aprouado, posto que pareça natural dos homẽs brauos & furiosos nam andar calados.
Barroido diz Vegecio que algũs chamam a grita que se
daa no encontro das batalhas, o qual elle ensina que aterra mays dandose de perto quando as armas tambem dam
E se no encontrar derem grita, tornense logo acalar, porque

Aulus gel li. li. i. noctiũ atticarum.

que daby por diante be necessario silencio, segundo ensina Eliano com autoridade d Homero. Em especial no nauio be necessario calar todos τ estar alerta, assy os soldados como os marinbeyros, τ ouuir o que lbe mandam. Nam be cousa noua nẽ inuençam bumana, mas per Deos foy mandado a Moyses fazer trombentas no arrayal, τ dar com ellas sinal do que manda o capitam. Saybam estes atãbor τ trombetas os compassos das mudanças bellicas, porq̃ bum compasso τ melodia tem pera apellidar τ chamar a arma, outro pera caminbar que elles dizem marchar, outro pera batalbar, τ outro pera retirar τ recolber. Os quaes cõpassos segundo parece sentir sam Paulo, τ a intençam deste officio quer, conuem de se declarar a seus tempos cõforme ao regimẽto dos capitães. Quẽ quereys, diz sam Paulo/que se aparelbe para a guerra/se a trombeta nam declara a que toca? He tambem seu officio destes denunciar no arrayal τ fazer ministrar os mandados do capitam, assy como na cidade o porteyro os do juyz, dõde se esse chama ministro τ estoutros ministris. Este vocobolo, sem ẽbargo de ser velbo, podesse aqui vsar, porq̃ ainda se vsa ẽ outras partes, τ be necessario, qua nam temos outro para isto. E não diga ninguẽ ministreys porque se parece muyto cõ canistreys, ministris be milbor pronunciação, τ mays acostumada, ainda que seja bũ pouco delgada. Toquem os ministrijs seus estormentos todollos dias a certas boras, assy pera alegrar τ espertar a gente que se nam amodorreça, como pera lbes habituar as orelbas no tẽpo do repouso/ao q̃ bão douuir τ fazer na batalba.

Aelianus de instru. acieb.

Numeri. ca.10.

Prima ad corinth. capite.14.

¶ Cap. tres. Da esquipação dos mantimentos, munições τ carcerceas.

Despoys de sabido o numero da gente que cada nauio ba de leuar, segundo a conta q̃ a cima fezemos

proue

prouera o capitam que se embarquẽ mantimentos, de todo genero, em abastança pera sua viagem, conforme ao tempo que nella pode andar, & dauantagem, porque milhor he que torne ao armazem os que lhe sobejarem, & nam que lhe faltem em parte ou tempo que se nam possa repayrar. No mar nam ha vendas, nem boas pousadas nas terras dos imigos, por isso cada hum vas prouido de sua casa, & mays se for de lisboa, qua no mar nam se vendem azeitas fritas. Nam sam muytos os homẽs que dey aos nauios, em especial marinheyros, os quaes alem do seruiço da marinhagem seruem tambem nas armas quando cumpre. E mays q̃ os nauios armados, nam deuem ser taxados polla auareza dos mercadores, que mandam seus nauios a ganhar dinheyro cheos de mercadarias & sem gẽte por nam gastar. Os nauios dos reys & suas armadas, vam gastar dinheyro pera ganhar & defender reynos, & pera defender os dos mercadores que lhe rendem o dinheyro, por tanto inda que leuem mays gente nam he muyta, porque conforme a seu trato, esta he a mercadaria de que deuem ir prouidos, gente & armas & mantimentos, & quãta mays tanto milhor, segundo o fim que pretendem. Sabido poys o numero dos homẽs, faram a estimaçam dos mantimentos que se deuem embarcar, segundo a regra ou raçam que cada homem gasta cada dia, & pollos dias assomem os meses / & annos que a viagem demandar. Dam por dia a cada homem dous arrateys de bizcouto, que montam por mes duas arrobas, & por anno seis quintaes. Dam de vinho tres quartilhos por dia, que no mes mõtão dous almudes, & no anno hũa pipa. De maneyra q̃ hũ nauio de cẽ pessoas ha mester ꝑa cada mes dozentas arrobas õ bizcouto, & ꝑa hũ ãno seycẽtos quĩtaes. E õ uinho ha mester por mes oyto pipas, & por ãno cento, porq̃ o q̃ a q̃ vay õ mays se da ꝑa q̃bras. Hũa galee da tres ha mester por

cada

cada mes quatrocentas arrobas de bizcoyto, ꝛ de vinho
oyto toneys, porque paſſa de dozentas peſſoas. Polla rezam deſtas contas que fiz, a ſoldo por liura, como dizem,
entendam os capitães quanto pão ꝛ vinho ꝛ mantimẽtos
ham meſter pera ſeus nauios, mayores ou menores ou y-
guaes a eſtes, ſegundo o tempo que ham de nauegar. De
carne, ꝛ peſcado, ꝛ toda outra campanagem, façam recolher ſegundo ſeu eſtillo, quero dizer, ſegundo coſtume das
terras, que dam mays ou menos cõduto, ꝛ ſegundo os na
uios, porque nos delrey ha hum eſtillo ꝛ nos marchantes
outro. Recolham lenha ꝛ agua em abaſtança/ porque ſam
couſas de que ſe gaſta muyto, ꝛ achegos muy propinquos
aos mantimentos, ſem os quaes eſſes mantimentos ſe nã
podem acomodar ao goſto nem nutrimẽto dos corpos hu
manos. Que aproueytaria a carne ou peyxe nem legumes/
ſe os nam cozeſſem com agua ꝛ fogo? E aſſy o pam que he
principal, ſe nam for amaſſado ꝛ cozido, com agua ꝛ fogo
nam aproueytaraa, nem ſeraa pão. Sam couſas muy neceſ
ſarias, ꝛ de cada hora, eſtas duas, recolhanſe em abaſtan-
ça, nos nauios que as podem alojar, ꝛ nas galees as mays que poderem, porque ſe eſcuſe o muyto ſair em terra ꝛ
eſpecial de imigos, onde ſe nam deue ſair ſem boa guarda.
Nam deyxarey de dizer aqui o defeyto que niſto vy antre
os noſſos, mays por auiſar do que ſe deue fazer que por reprender o errado. Em Ceyta cidade da Frica, ꝛ fortaleza
principal no mundo, ꝛ bem neceſſaria a Chriſtãos, ꝛ muyto mays deſejada de mouros, tanto que nunca deyxa dare
cear ſer combatida ou cercada, nam ha em toda ella duas
carregas de lenha de reſguardo, não mays que quatro cha
miços que vam buſcar oo monte cada dia furtadamente,
ꝛ com armas aas coſtas. Diſto ꝛ doutras couſas neceſſa
rias eſtam aly tam deſpercebidos/ ꝛ deſcuydados, como
ſe eſteueſſẽ na metade da eſpanha muyto ſeguros, ꝛ como

homẽs

homẽs que nunca viram guerra nem os seus sobresaltos.
Encarece Vitruuio tanto a necessidade da lenha, que a faz
mays difficultosa, que a do trigo nem agoa, faltando nas
fortalezas, porque o trigo ⁊ agoa ⁊ qualq̃r outra cousa que
falte tem mays facil repayro q̃ a lenha, a qual se nam pode
escusar. ¶ Portanto, porque os nauios deuem ser como for
talezas bem prouidas, recolhão lenha, como disse, ⁊ agoa,
⁊ sal, ⁊ azeyte, ⁊ vinagre, ⁊ cãdeas, ⁊ todas meudezas seme
lhantes, necessarias pera comer, ⁊ seruiço de casa, como re
quere hũa familia bem prouida.

Vitru. li. 5

¶ Faça o capitam prouer seus nauios tambem de armas,
⁊ enxarceas. As armas seram as que ficam dictas, ẽ quan
tidade competente, segundo o numero dos homẽs que co
ellas ham de pelejar, aos quaes daraa carrego que as alim
pem ⁊ arrumem, em lugar onde estem desembaraçadas, ⁊
a ponto de guerra. Bombardas pera cada nauio competem segundo a especia, ou porte delle. As galees nam
consintem tantas nem tam grandes como os nauios de
porte, assy porque sam pejadas co a muyta gente, como por sua fraqueza. Nam tem lugar pera artelharia senam de proa ⁊ popa, ⁊ na popa nam muy conueniente. Os
bordos sam acupados, ⁊ as obras mortas fracas, de tal
maneyra, q̃ se poserem tiros dartelharia nas balhesteyras
os soldados nam poderam estar nellas, ⁊ estoruaram os
remeyros, ⁊ mays se forem grandes esses tiros nem o escalmo nem a baterola os sofreram, que sam partes fracas.
Quanto mays que nam conuem aa galee pelejar em traues. Na popa trazia o cõde Danguilara geeral das galees
de França, dous tiros meãos como meas esperas, rasteyros nos cantos por bayxo dos assentos. Nos mutilões
das escadas acustumam trazer senhos falcões, ⁊ por cima
do timam algũs esmerijs, que qua chamam berços. ¶ Po
rem todos estes tiros de popa, seruem mays de defender
indo

indo fogindo ou afastãdo de sy os q̃ lhe tomão a traseyra. mays sẽ q̃ o pelejar nẽ acometer, porq̃ a galee acomete ꝛ peleja coa proa principalmẽte. Na qual as galees inteyras da tres ꝛ da quatro acustumão trazer per cossia hũ tiro grosso. de contia ꝛ proporaçam semelhante esspera dobre, ꝛ pollas rõbadas de cada bãda hũa mea espera ꝛ hum falcam. ꝛ por tras as rõbadas cada seu berço. Algũas galees grossas trazẽ na cossia dous tiros grossos: mas assim me parece muyto. As galeotas trazem por cossia hũa espera ꝛ nas rombadas de cada banda dous falcões. Esta he a artelharia q dam cõmumẽte aas galees, ꝛ a mays he sobeja, porque nam tem lugar pera sofrer os couces della. Os nauios de vela de porte de sesenta toneys atee cento leuão hũa espera por proa, ꝛ dous pedreyros o leme, ꝛ no conues por banda dous falcões ꝛ quatro berços, compassados como parececer aos bombardeyros. Aos quaes dou de auiso que o menos que poderem atrauessem a artelharia grossa em nauios pequenos, porque os abrem, ꝛ desbaratam muyto. Aos nauios de cem toneys pera dozentos, se dam mays duas meas esperas hũa por cada banda, ꝛ algũs berços na alcaçaua. De dozentos pera trezentos, acrecentam mays hum falcam ꝛ dous berços por banda. De trezentos pera cima podem leuar duas esperas ao leme, ꝛ os dous pedreyros aa bomba. E nos mayores podem acrecentar, segundo o tamanho ꝛ fortaleza de cadahum. Mas nos menores de sesenta, nam ponham tiro grosso mays que atee falcam, ou quando muyto mea espera, as quaes duas especias de tiros sam tam boas que abastam pera qualquer feyto no mar, onde nam ha muros nem torres de pedra ꝛ cal pera derribar, se nam tauoas que com menos força se podem arrombar, do q̃ he a dos dictos tiros, q̃ para isso ꝛ para mays abastão.

¶ Pera o seruiço da artelharia ha mester outros homẽs,

alem dos sobredictos soldados ⁊ marinheyros, aos quaes
chamão bombardeyros, nomeandoos assy dos estormen
tos de seu officio. Estes sam distinctos dessoutros/porque
nem marinham cos marinheyros, nem pelejam cos solda
dos, ⁊ por isso os apartamos delles per este lugar que he
seu. Tem per sy hum superior de seu officio, a que chamão
condestabre, o qual com seus bõbardeyros nam reconhe-
cem outro superior soo mente o capitam. Seu officio he mi
nistrar as bombardas com toda a muniçam dellas, ⁊ compor todos estormentos de fogo artificial necessarios pera a
guerra. Teram os bombardeyros as bombardas em suas
estancias, a ponto de guerra, atacadas ⁊ prestes, de feyção
que nam façam demora quando for necessario tirar, ⁊ acabando de tirar as alimparam ⁊ tornaram aa tacar. Teram
as bocas dellas ⁊ escoruas tapadas, que lhes nam entre
agoa, nem molhe a poluora que tem dentro, ⁊ se tanta
for a tempestade que todauia se molhe, logo as desataquem ⁊ enxuguem ⁊ tornem aa tacar de nouo. Pera os
tiros de camara tenham muytas camaras atacadas/⁊
guardadas no lugar das munições, o qual deue ser enxuto dagoa ⁊ apartado do fogo, que he hũa cousa sobre q̃ no
mar se deue ter muy grande resguardo. Deuem ser eysami
nados os bombardeyros no atacar da artelharia, conuẽ
a saber, que saybam quanta poluora ha de leuar cada peça.
conforme ao peso de seu pelouro, ⁊ conforme aa fineza da
poluora. A qual elles deuẽ conhecer se he fina ou nam, ⁊ sabella fazer tambem se for necessario. Sejam tambem eysaminados no bornear, que assy chamam elles o apontar dos
tiros no q̃ se ha de ter respeyto aa cõpridão da peça, ⁊ peso
do pelouro, ⁊ furia da poluora, ⁊ distãcia donde tirão. Tenhão tento não dem muyto trabalho aas peças em especi
al de metal, que abrãdão coa força do fogo se tirão muytas
vezes, ⁊ aas vezes arrebentam, ⁊ mays asinha se lhe dão
muy-

muyta poluora ou lhe apertam muyto o pelouro, ⁊ saybão conhecer qual he o milhor metal que mays esperaraa, conuem a saber o que tem mays cobre cõ que o fogo pode menos, ⁊ os tiros sam mays furiosos. Pera ministrar cada peça grossa, ha mester dous bombardeyros, ⁊ hum pode ministrar muytas das pequenas. Sejam bẽ atentados em por fogo, poys sabem quã perigoso he.

¶ Alem das enxarceas q̃ de presente seruem nos nauios, leuem outras de sobresalente pera quando aquellas se gastarem, em especial cordas, que como quer que fazem muyto exercicio, donde se ellas parecẽ chamar exarceas, gastanse ⁊ quebrã, ⁊ ham mester suprimento. Ancoras tambẽ se perdem, ⁊ as velas se rompem, ⁊ aparelhos quebrão, de tudo vam os nauios darmada prouidos em dobro para quãdo lhe for necessario. E madeyra pera mastos, ⁊ pa gouernalhos, ⁊ pera qualquer outra cousa que acõtecer quebrar leuem. Nam somente isto mas ferramẽta pera fabricar machinas, como sam pontes dobradiças, ⁊ vayuẽs, assy pera no mar arrombar os nauios contrayros ou saltar nelles, como pera ẽ terra cõbater fortalezas se comprir. Leuem machados, lauancas, picões, ⁊ semelhantes estormentos, q̃ todos se aas vezes hão mester. Despoys de prouido tudo o capitam mande aos mestres ⁊ officiaes dos nauios arrumar todas estas cousas, ⁊ tudo o mays q̃ leuam, cada cousa em seu lugar, ⁊ da mão do official que della tem carrego, de maneyra que quando for necessario achem tudo prestes ⁊ desembaraçado, pera vsar ⁊ seruir delle sem demora nem toruaçam, porque doutra feyçam pouco aproueytaria o bo prouimento das cousas se nellas nam ouuer concerto, nem forem despostas pera seruirem no tempo do mester. Prouerbio antigo he, diz Columella, ser muy certa pobreza ⁊ mingoa, nam achar as alfayas quando se ham mester. Claro estaa que nam sabendo onde tendes vossa fazenda, nam

Columella.li.12.de re rustica

vos podereys seruir della, e nam vos seruindo della, tanto monta como nam ser vossa, e serdes pobre, poys vos faz mingoa o que tendes por nam saberdes onde jaz, ou por estar embrulhado/de feyçam que faz detença. Poys se ẽ algum mester cumpre hauer desenuoltura, mays he na guerra do mar que em outro algũ, assy por ser guerra como por ser mar, as quaes duas cousas requerem muyta presteza/e nam sofrem vagar nem embaraço, antes parecem castigar os negrigentes com mays damno, e mays cedo, quasi como em castigo de sua negligencia e vagar.

¶ Cap. quarto. Do tempo de nauegar as armadas, e mudança dos tempos.

Despoys de bem esquipados seus nauios, o capitam consultaraa da partida, cõ homẽs q̃ pera isso traraa em sua companhia amigos seus, fieys ao princepe e reyno, discretos, e espirimentados nas cousas do mar e da guerra, nas quaes aproueyta pouco a discriçam sem experiencia, e esta sem aquelloutra nada. No mar e na guerra, cumpre ver e decernir. Com os taes homẽs tomaraa o capitam muytas vezes conselho, para isto, e para tudo o mays que ouuer de fazer/porque diz Salamão. A guerra se estriba no bo concerto, e onde ha muytos conselhos haueraa saude. He de muyta importancia a nauegacão de hũa armada, e nam deue fazer vela sem boa consideração, por tanto praticaraa, como digo/o capitam cos do seu conselho, se he tempo de nauegar. Nem sempre he tempo de nauegar, nem tã pouco deyxaram sempre de sayr nos tempos sospeytos. porque nem estes sam sempre maos, nem em toda parte. Muytas vezes no inuerno faz bo tẽpo, e em muytas partes nam ha inuerno que estorue o nauegar, como he nas regiões equinociaes, dos tropicos a dentro, onde todo o anno o mar he tranquillo, e naueganel. Porem estes nossos mares

Prouerb. ca. 24.

mares mays vezinhos anos, da Espanha ⁊ do norte, ⁊ de
Leuante, sam sogeytos a inuerno, ⁊ mudança de tempo,
portanto cumpre saber quando faz esse tempo suas mudãças ⁊ que mudanças faz nelles, ⁊ se nauegara a todo mar
em qualquer tempo, ou se ha tẽpos limitados pera algũs.
¶ Em geeral hũa deferença de tempos bem notorea a todos, he de veram ⁊ inuerno, sem mays distinçam de estio
nem outono, os quaes o pouo nam destingue dessoutros.
Começa o veram em março, ⁊ o inuerno em setembro segũdo o estillo dos marinheyros ⁊ soldados, com que aqui
tratamos, ⁊ pertence a elles esta pratica. Nestes termos
do ãno faz o tẽpo manifesta mudãça, assy na quãtidade dos
dias, como na qualidade do ar, ⁊ cursos do vẽto. De março
atee setẽbro são os dias mayores, ⁊ de setẽbro atee março sã
mays peq̃nos notoreamente. Tãbẽ o ar manifestamẽte he
mays sereno, q̃ro dizer, claro ⁊ assessegado nesses dias ma
yores do verã, ⁊ nos do inuerno mays brusco ⁊ brauo. As
quaes mudanças dam ⁊ tiram faculdade ao nauegar, porq̃
os dias grandes ⁊ serenos claro esta q̃ são mays comodos
pera isso, que os pequenos ⁊ tempestuosos, falando ẽ geeral, qua em particular algũs dias do inuerno acertão de ser
muy brandos ⁊ assentes, ⁊ outros do veram ao contrayro
muy asperos. As causas destas particularidades sam dificultosas, ⁊ suas rezões ham mester processo longo, ⁊ esca
samente sam cõprendidas, pollo que nam sam paraqui, porem logo abayxo darey algũs sinaes sinificatiuos das mudanças do tempo, dos quaes se compreenderam em algũa
maneyra algũas dessas particularidades, os effeytos nam
as causas dellas. Os dous tempos principaes veram ⁊ in
uerno, cadahum delles dentro nos seus limites, tem diuersidade ordinaria de partes inteyras, quero dizer, dias continoados, ⁊ sempre hũs, ou ao menos em hũs mesmos termos. O q̃ digo he assy, q̃ no verão o começo ordinariamẽte

he defferente do Meyo & do cabo, conuem a saber, março & abril, & parte de mayo nam sam tam serenos como junho & julho & agosto, que por isso fazẽ as nauegações seguras estes, & aqueloutros duuidosas, & assy no inuerno setẽbro, oytubro, & parte de nouembro as fazem incertas, & os outros perigosas. As causas destas mudanças de tempo algũs as querem atrebuir ao vigor de certas estrellas que naquelles dias cursam, mas porque aquellas nam sam tão conhecidas, o mays certo he dizer, que o sol como princepe da natureza com sua presença ou ausencia muda o tempo de feyçam que quando vem para nos o concerta vindo, & he duuidoso atee que acaba de chegar & assegurar, & tornandose apartar ficasse o ar & tempo aluoraçando, atee que de todo se damna estando o sol no mays afastado termo de seu curso. Isto faz porque de longe seus rayos nam tem tanta força/ & por essa rezam quanto mays afastadas estam as terras do sol pera os polos/ tanto os inuernos sam mayores, & as nauegações piores, & ao contrayro perto do sol ha veram & serenidade perpetua. Porem nam he assy em toda parte/ porque no mar da India posto q̃ debayxo do sol ha inuerno quatro meses contínos, quando elle mays perto esta. Digo o sol estar mays perto ou longe dalgũas regiões falando conforme ao parecer do vulgo. E porque de particularidades se não podem dar regras geraes, he necessario os mareantes sabelas per experiencia ou particular enformaçam, dos tempos, & moções de ventos, & agoagens, & cousas semelhãtes, que acõtecem em algũas paragẽs mays que outras.

Naquella parte do inuerno que chamamos perigosa, cõuem a saber dezembro janeyro & feuereyro a natureza veda nauegar nestas partes todo nauio, assy alto como bayxos, em especial nas costas do Algarue & Portugal, sobre as quaes os ventos do mar batem per trauessa sem

emparo

emparo nenhũ, & como quer q̃ trazem grande curso & humedo per muyto espaço d' mar, vẽ muy carregados & furiosos, tanto que a terra querem sorver & alagar, & quebrão ante sy as rochas. Nenhum nauio tem entam emparo neste mar, por grande que seja/nem he bem que nauegue, nem aqui, nem para Frandes nem Leuante. Para Guinee & partes meridionaes, permitesse partir daqui com tempo que os leue atee passar das Canareas, porque dahy por diãte achã outras moções, que assy chamão os mouimentos do ar & ventos, que naquellas paragẽs sam deferentes das de quaa. E nam lhe chame ninguem mouções q̃ parece mouço de galinha. Moçam q̃r dizer mouimento/& he palaura latina que os latinos pronunciam motio, & nos a deuemos pronunciar moçam. Correm aly quasi todo o anno ventos da terra, lestes & nordestes, os quaes entram pello mar cincoenta legoas & sesenta & mays. Desda paragem das Canareas atee o Cabo verde se achão estas moções todo ãno. Nestas regiões & paragẽs da Espanha, Leuante, & norte sam os moções conformes aos tempos de verão ou inuerno, & polla mayor parte cursam aqui ẽ veram nortes, & nordestes, & de inuerno vendaual, quero dizer, ventos de bayxo, conuem a saber, sul, & sudueste, & oeste, os quaes parece que os rayos do sol empuxam de las, mays naquelle tempo que elle anda da quella banda. Andoo sol da bãda do sul de setembro atee março, & naquelle emisPherio, q̃ro dizer naquella ametade do mũdo que jaz da outra parte da equinocial sobre que entam anda ou se achega parecella, he nesse tempo veram ao contrayro do nosso, & o seu inuerno tambẽ he contrayro ao nosso, no tempo que quaa temos veram. Alem de o requerir asy o sitio ou assento do mundo & curso do sol, tamabem per experiencia o achou ser assy verdade Fernam de magalhães, no anno de quinhentos & vinte, nauegando daquella parte, de quorenta pera cincoenta graos, naqual paragem tomou terra da banda do loeste, e in uernou no ryo de sam Giam, com grandes frios, e tempestades de leste, nos meses de abril, mayo, junho, julho, e agosto. Apontey isto, por avisar os que pera las nauegarem, que saybam quando acharam inuerno ou veram.

Nos tempos incertos, que sam principio de veram, e dinuerno, podem nauegar nauios dalto bordo, e nam galees ainda entam, porque ainda o ceo he frio, e o vento algũas vezes refresca tanto e abala o mar como no inuerno. O propio tempo de galles he o que se chama estio, quando polla vezinhença do sol, os dias sam grandes, as noytes pequenas, os ventos brandos, as agoas mansas, e o ar claro, e quẽte, como conuẽ, assy pera a seguráça de nauios bayxos, como pera gasalhado de gente descuberta e nua, que ha nas galees.

Cap. cinquo. Dos finaes das tempestades, e variçăo dos temporaes.

Sem embargo do que aqui escreuo não cuyde ninguem que sabe muyto, nem faça mostras do que não he seu. Para q̃ he fazer misterios? Que q̃r dizer, o rustico e alcatroado marinheyro mostrarse prenhe de sciencia? Nam digo isto porque me pareça que o elles fazem/ mas como amigo lhes amoesto que o nam façam, posto que lhes eu aqui escreua algũas cousas e finaes dos ceos, donde podem tomar presũçam e cuydar que sabem. Eu queria que soubessem elles/ e nam presumissem. Filosofos e astrologos deuiam ser os marinheyros. Mas poys o nam sam, porque nam careçam totalmente da noticia disto que deuiam saber, querolhes dar conta do que dizem os sabedores, e que indicios dam pera conhecermos em particular as mudanças do tempo, que faz dhum dia pera outro, as quaes he necessario conhecer.

cer, porque as tempestades nam venham supitas ꝛ façam damno, nem o bo tépo passe sem aproueytar. Nam sam supersticiosos estes sinaes, dos quaes no Euãgelho se faz mẽçam, dalgũs delles, ꝛ todos sam aprouados per homẽs graues. Em especial de Plinio he o mays que aqui se diraa, ꝛ polla ordem que elle põe, começando dos sinaes que aparecem no sol, que nesta parte como em o mays que toca ao mouimento do ar ꝛ prouocaçam das nuuẽs he elle o principal.

Matth. ca 16. et marc. 8. & lu. 12. Plin. li. 18.

¶ Se o sol pella menhã nace limpo ꝛ brãdo, sem vapores nem feruor de sobeja quentura, denuncia que o dia seraa sereno, ꝛ muyto mays certo se o dia dantes se pos da mesma feyçam, claro ꝛ bem coorado. Isto mesmo sinifica, se aa noyte quando se põe, faz as nuuẽs rosadas, ꝛ bem cooradas. Se nace amarello choueraa pedra, se concauo ꝛ vão agoa. Se diante delle nacem nuuẽs vermelhas, haueraa vento, mas se sam ruyuas essas nuuẽs mesturadas de negro chouera a/ se em nacendo o sol as nuuẽs se espalham, sinifica vento. Os rayos que per antre as nuuẽs sãe empoados como as restes dentro em casa, assy em nacendo como em se pondo/ sinificam chuyua. Se em se pondo aa noyte o sol apanha nuuẽs negras ꝛ humedas, em especial se logo chouisca, sinifica aspera tempestade pera o dia seguinte. E se antes que naça o sol vem diante delle nuuẽs grossas ꝛ humedas, haueraa tempestade. Porem se as nuuẽs nesse tempo vem fogindo do sol, ꝛ correm pera ponente, sinificam serenidade. Em qualquer tempo do dia, se as nuuẽs cercam o sol dhũa parte ꝛ da outra, como que as apanham os rayos chupando, haueraa chuyueyro, ꝛ tanto mays turbulento quanto mays escuridam aparecer, ꝛ se o cercam com dous cercos tanto mays aspero, ꝛ se isto se faz ao nacer do sol, haueraa grande tempestade. Quando ao nacer do sol elle tem cerco de neuoa, per onde se abrir o cerco dessa parte viraa o vento, ⁊ se todo se gastar junto, seraa serenidade. E se ao por do sol teuer cerco branco, haueraa de noyte tempestade branda: mas se teuer neuoa seraa a tempestade mays rija, com vento. E se a esse tẽpo do por do sol elle teuer cerco negro, sinifica vento: o qual viraa da parte donde se o cerco abrir.

¶ Despoys do sol tem logo lugar a lũa nos sinaes do ceo ⁊ ar, na qual como em espelho: diz Vegecio, se vee as mudanças dos tempos. Estes dous planetas criou Deos em especial, para nos sinificarem que tempos ⁊ dias ⁊ annos teremos. Assy se lee na sagrada escritura. Fez Deos duas lumeeyras grandes no ceo, para que alomeem ⁊ diuidam o dia da noyte, ⁊ mostrẽ os sinaes, ⁊ tempos ⁊ dias ⁊ annos. E como quer que a lũa seja mays chegada aa terra em lugar, ⁊ em qualidade ao ar ⁊ a agoa, faz muyta operação no mar ⁊ nas nuuẽs, pollo que releua muyto contemplar ⁊ escoldrinhar as operações ⁊ vigor de seu curso, ⁊ q̃ sinificão os sinaes que de sy mostra. Quãdo nace a lũa, quero dizer: quãdo he noua ⁊ sae debayxo do sol, se traz a ponta de cima contra o nosso polo negra ou escura, choueraa no minguante della, ⁊ se traz a escuridam na ponta de bayxo contra o outro polo, choueraa antes da lũa chea, ⁊ se a traz no meyo, seraa a chuyua no plenilunio. Sendo noua se traz as pontas grossas, sinifica tempestade. E se nam aparece antes dos quatro dias, ventando ponente, toda a lũa seraa inuernosa. Se logo em nacendo noua resplandece limpa ⁊ clara, sinifica serenidade, se ruyua ventos, se negra chuyuas. A ponta do norte aguda ⁊ afitada, sinifica q̃ vẽtaraa daquella parte: ⁊ se a ponta do sul tronxer daquella feyção, sinifica o vento de laa, ⁊ se ambas as pontas assy vierem, toda a noyte seraa ventosa. Se aos quatro dias aparece a lũa com cerco resplandecente, amoesta que haueraa ventos ⁊ chuyuas, ⁊ se aparece dereyta grande tempestade no mar, se nam se

Vege.li 4.

Gene.ca.1

tem

se tem coroa limpa, porque então nam chouerás antes della chea. Sendo chea se no meyo he limpa & clara, sinifica dias serenos, se he resplandecente ventos, se negra chuyuas. Tendo cerco, donde elle mays resplandecer ou se romper, dahy viras o vento & se o cerco he verdescuro hauerás chuyua, & se sam dous cercos hauerás tenpestade, grande se forem negros, ou mays de dous. Se aos dezasseys dias aparecer muyto inflamada ou afogueada, denuncia tempestade aspera. Finalmente os antrelunhos, diz Vegecio, sam cheos de tempestade, & muyto pera ser temidos dos homẽs que nauegam. Vege. li 4.

¶ Doutras algũas estrellas podera fazer mençam, que tambem mostram sinaes do tempo, como sam as erraticas com cercos se os teuerem, que sinificam inuerno & chuyua, & os asnos do cangrejo com sua manjadoura, se no claro se escondem tempestade. Porem sam dificultosas de conhecer aos vulgares, quanto mays que eu darey aos marinheyros sinaes antras mãos/nas cousas quelles tratão & conhecem, porónde escusem as dificilidades do ceo. O mar se estando em calma antre sy murmurar, sinifica vento, & se continoar nisso chuyua. Assy mesmo se a costa do mar em calma soa, sinifica tempestade. Dentro no mar se as agoas fazem escuma, & vagas sem vento, inverno per algũs dias. Poys os golfinhos nadando oo lume dagoa, quem nam sabe que sinificam vento, daquella parte donde vem? Os ouriços tomam lastro, & os caramujos & lapas se apegam/& cangrejos se escondem, quando sintem a tempestade que ha de vir. As gayuotas juntas na praya murmuram, & a garça se põe triste no areal, as aues marinhas fogem pera a terra, & toda a natureza se apercebe guardandose das tenpestades em especial do mar, assy façam os nauegantes, & nam tenham em pouco a noticia dos tempos & suas mudanças.

¶ Tam-

¶Tambem nas nuuẽs & ar aparecem sinaes que amoestão os nauegantes quando ham de fogir do mar ou nam entrar nelle. Se estando o dia sereno, as nuuẽs começarem abalar dalgũa parte, he sinal que daly teremos o vento, & se se amõtoarem aa parte do norte & aly se esteuerem desfazendo, haueraa vento de laa/mas da parte do sul lançaram chuyua, nestas terras onde elle he chuyuoso porque vem do mar, o que nam faz em Africa tanto. Se da parte do oriente nacẽ nuuẽs grossas & negras haueraa chuyua a noyte seguinte, & se da parte de ponente ao outro dia. Nuuẽs quebradas a maneyra douelhas brãcas sinificam chuyua, & se forem mayores & pardas a maneyra de papos daçores tempestade/& mayor com borborinho se forem negras inchadas com bordas brancas resprandecentes, & se forem brãcacentas lançaram pedra. Se as nuuẽs que andam pello ar, deyxam as serras & outeyros claros sem pegar nelles, haueraa serenidade, mas se ao cõtrayro assentam na terra choueraa. Neuoa que dece dos montes, & se desfaz nos bayxos sinifica serenidade, & se polla menham vem neuoa delgada sinifica o mesmo, & donde corre daly haueraa vento. O arco de Noe mostra hauer nas nuuẽs humidade, o qual Seneca com Vegecio diz/que sinifica inuerno/porem nam ygualmente de todalas partes, mas se aparece da parte do meyo dia traraa muyta chuyua, & se da parte do ponente nam tanta, & do leuante orualho nam mays. Se no estio trouoa com poucos relampados haueraa vento daquella parte, mas se fuzilla mays do que trouoa choueraa. Quando fuzilla estando o ceo sereno, haueraa chuyua, & com grande inuernada se os relampados vem de todalas partes do horizonte. Os trouões da madrugada trarão vẽto, & os do meyo dia chuyua. Se todo o estio for claro, o outono seraa frio, & se chouer no estio, no outono haueraa ventos & o ar seraa grosso, a serenidade do outono faz o inuerno ventoso, & ao contrayro

Seneca de naturalib quæstio.

as chuyuas do inuerno causam ventos no veram.

¶ Cap. seis. Dos ventos & suas regiões, & nomes.

Nam pareça longa digressam esta, que o nam he, digressam digo/ porque toda esta materia pertence aa guerra do mar. E nam me detiue muyto no que fica dicto dos temporaes, & sinaes de suas variedades/ porque mays podera dizer/ mas abasta o q̃ disse pera auiso dos sesudos & prudentes/ ca diz Salamam Daa ocasiam ao sabedor & acrecentaraa sabedoria. Do q̃ fica dicto se aproueytaram, & tiraram mays per sy, os que nam desprezam as boas amoestações. Alem dos temporaes, he tambem necessaria pera nauegarem as frotas noticia dos vẽtos, & tambem das marees pera o sair & entrar dos portos em especial. Das quaes cousas agora tratarey, o mays breue que poder, porque nam direy mays que soomente o necessario. Por muytas rezões, diz Seneca, ordenou a prouidencia diuina, q̃ ouuesse ventos/ antre as quaes a principal & de que as mays dependem, he pera acomodar o elemẽte do ar ao seruiço & proueyto da vida humana. Poys se o elles pera algũa cousa fazem aproueytar, em especial he pera o nauegar, o qual exercicio aos homẽs q̃ negociam suas vidas dhũas terras pera outras, & nam podẽ sempre andar per terra por muytos empedimẽtos que ha nella de maos caminhos, ou de imigos, ou polla mays presteza & facilidade das nauegações. E o nauegar não se pode bem exercitar sem vento, porque como a tras disse, a perfeyçam da arte da nauegaçam tem seu remate no velificar, como quer q̃ o remo nam abasta pera domar grandes mares, nem se pode desenuoluer antre suas vagas. Pera abrir caminho ao q̃ hey de dizer, q̃ro declarar q̃ cousa he vẽto. Deyxadas as difinções de filosofos, q̃ eu nesta parte nam tenho por muy certas, & fũdẽ porfias mays q̃ doutrina portanto de meu parecer digo assy. Vento he ar impetuoso, mouido per

Prouerb. ca. 6.

Seneca. vbi supra.

per algũa influencia do ceo, sem certa ordem nem limite de quando, nem quanto, nem onde. Quer seja exhalaçam ou bafo da terra como hũs dizem, ou seja ar reuerberado em montes ou nuuẽs como outros querem, tudo he ar impetuoso & mouido com mays esperto espirito do que tem geeralmente per todalas partes. Tem este mouimẽto sem certa ordem que nos possamos cõprender, porque lhe nam entẽdemos a causa que o moue. No meyo dhum campo ou no mar, sem nuuẽs, onde nam ha montes nem terra estando em muy quieta serenidade, supitamente se aleuanta vento sem poderemos entender quem o moue: hora de dia hora de noyte, hora com frio hora com calma, hora vem manso hora brauo, agora persegue as nuuẽs, & logo vay diante dellas, & juntamente as reuolue mesturado co ellas, cobre o ceo & tornoo a descobrir, & no mar faz de suas yradas tornações. E poys assy he que elle vem desatẽtado, cumpre aos mareantes entregarlhe suas vidas com muyto tento, & saber per experiencia ou certa informaçam, se tem algũas acostumadas moções proprias das paragẽs & tempos em q̃ ham de nauegar. Das quaes aqui nam falarey porque hão mester particular relação, mays largamente tratada do q̃ pede esta obra. Aqui abastaraa mostrar de que regiões pode vir o vento, & como se chama vindo de cadahũa dellas, & pera ond : se nauegaraa com qualquer dos ventos dessas regiões. E tudo isto cumpre saber porque as armadas não trabalhem em balde com perigo, & nam partam contra vento ou sem elle, qua pior nauegaçam faz o vento contrayro q̃ a tempestade braua, & a calmaria pera a vela he morte.

¶ As regiões do mundo pera assentaremos nellas os ventos, hauemolas de cõsiderar em respeyto de cada emisphe-rio onde estamos, ou podemos estar, & ordenalas no circulo horizonte ou diuisor desse emispherio, quero dizer, na redondeza que o ceo faz derredor de nos, onde acaba a nossa

vista

vista & nos parece que o ceo se ajunta com a terra ou mar.
A qui notemos que os emispherios segundo esta consideraçam podem ser tantos com seus horizontes, como são
as nossas estancias, de maneyra que quantas vezes muda
mos o lugar tambem se mudão elles com nosco. E porque
nos podemos estar ẽ diuersos lugares mudandonos dhũ
pera outro, assy tambem deuemos imaginar muytos me-
os mundos com seus diuisores & aplicar a cada hum delles
o que agora direy das regiões & vẽtos, em respeyto de nos
sa presença, como se esteuessemos nelles. Imaginando poys que derredor de nos, õde quer que esteueremos, temos
hum cerco redondo & nos no meyo delle, ordenaremos nel
le as regiões do mundo, & nellas assentaremos os nacimẽ
tos do vento, da feyçam que logo direy, mas conuem dizer premeyro quantas regiões tem o meyo mundo, & como concordam com o numero dos ventos que os marinheyros vsam. As regiões do mundo que a natureza ordenou sam quatro, conuem a saber, oriente & ponente & os du
us polos, as quaes o mouimento natural do ceo demostra
& as mesmas tem cada meyo mundo. E sobre este numero
de qautro dobrando quãtas vezes comprir, se podem multiplicar outras regiões, de modo que abastem pera os ven
tos que os dictos marinheyros fazem oyto & dezasseys &
trinta & dous, & o dobro destes quando cumpre. Ordenare
mos assy as ditas regiões. Pello meyo do cerco, q̃ disse,
lançaremos hũa linha q̃ corra dereyta doriente a ponente.
& sobre esta atrauessaremos outra em cruz dereyta, a qual
assinaraa os dous polos, & teremos desta maneyra na circunferencia do dito cerco quatro pontos em distancias y-
guaes, os quaes finificam as sobreditas quatro regiões
do mundo, & nelles assentaremos os nacimentos de quatro ventos principaes, que sam leste no oriente, & oeste no
ponẽte, & nos outros dous norte aa mão dereyta vindo do
oriente.

oriente, ⁊ da ezquerda o sul de fronte do norte. Despoys pe
ra outros quatro, q̃ com os sobredictos sam tambem prin
cipaes, ⁊ fazem oyto desta qualidade ou dinidade, lançare
mos outras duas linhas per antre as sobredictas, postas
no meyo dellas ygualmente distantes de cada parte, õ fey
çam que os pontos que ellas assinam sobolo circulo façam
yguaes ãtreuallos dhũa parte ⁊ da outra. Nos quaes assẽ
taremos estes vẽtos. Antre norte ⁊ leste estara a nordeste.
⁊ ãtre leste ⁊ sul, sueste, ãtre sul ⁊ oeste, sudueste. ⁊ antre o-
este ⁊ norte, noroeste. De maneyra que temos jaa partida
a circunferẽcia doemisperio ẽ oyto regiões, ⁊ postos nel
las oyto ventos/pella ordem seguiate, começando do nor
te pera o leste, porque assy o acostumão, ⁊ parece ordem na
tural como logo direy. Os ventos sam estes. Norte, nordeste, leste, sueste, sul, sudueste, oeste, noroeste. Assy os ordenam os marinheyros, ⁊ quanto he da sua parte elles tẽ
rezam em começar do norte, ao menos nestas partes, por
q̃ se gouernão per elle, ⁊ mays he elle certo ⁊ cõstãte, ⁊ ido
neo termo pera fundaremos nelle qualquer cõsideraçam q̃
no ceo fezeremos, em que elle entre. Plinio a este proposi

Plini. li. 2.

to diz, que os ventos pera guardarẽ boa ordẽ hão de sobir
da banda ezquerda pera a dereyta, ⁊ rodear assy como o sol
conuẽ a saber, sobir da bãda do norte que a nos quãdo olha
mos pera o leuante fica ezquerda/⁊ rodear pella banda do
sul per onde a nos corre o sol Isto tẽ tambẽ os marinheyros, q̃ he sinal de assegurallo tempo ⁊ afirmar na terra, sobir
per aquella banda, per onde a roda do curso natural do ceo
sobe que he pella do norte. Alem daquelles oyto ventos
principaes ha hy outros oyto compostos delles, ⁊ entre
postos a elles, polla mesma ordem, desta maneyra. Antre
norte ⁊ nordeste no meyo hum chamado nornordeste, ⁊ no
interuallo seguinte outro chamado lesnordeste, ⁊ no outro
lessueste, ⁊ despoys susueste, ⁊ susudueste, oessudueste/oes
noroeste.

noroeste/ ⁊ nornoroeste, cadahũ ẽ seu antreuallo ygualmẽte no meyo dantre os dous de que toma o nome. A formação dos quaes nomes sempre começa dos quatro premeyros, de norte, ⁊ leste, ⁊ sul, ⁊ oeste. E assy temos jaa dezasseys ventos collocados ẽ dezasseys reziões do nosso circulo, q̃ sam estes. Norte, nornordeste, nordeste, lesnordeste, leste, lessueste, sueste, susueste, sul, susudueste/ sudueste, oessudueste, oeste, oesnoroeste, noroeste/ nornoroeste. Nos ãtreuallos destes se poẽ outros dezasseys, ⁊ fazẽ trinta ⁊ dous, mas estes não tem nomes, senam q̃ cõmũmente lhe chamão a todos quartas ẽ respeyto dos oyto ventos principays. Desta feyção podẽ dobrar este numero ⁊ fazer sesẽta ⁊ quatro, porem he demasiado, porque aquelles abastão pera encher as regiões de toda a redondeza/ ⁊ pera distinctamente nauegaremos dhũas pa outras. Estes nomes dos vẽtos seruẽ nas terras do ponente, mas porq̃ tratamos ẽ Leuãte, q̃ro tambẽ fazer mẽção dos nomes, q̃ os leuantiscos dão aos ventos. Aos oyto principaes, começando tãbem do polo dão elles estes nomes. Tramõtana/ greco, leuante, syroco, medyjorno, lebeche, ponẽte, ⁊ mestral. E destes formão os nomes dos outros oyto compostos, da maneyra q̃ nos fazemos, ⁊ os mays nomeão como nos, meas partidas, ⁊ quartas. Onde se deue notar, q̃ meya partida he o meyo dãtre vento ⁊ vẽto/ como sam os vẽtos cõpostos antre os primitiuos, mas quarta he a q̃ entra hũ pouco pollo vẽto, ⁊ nomeasse quarta de tal vento cõtra tal, quarta de norte cõtra nordeste, ou cõtra noroeste se he da outra bãda. E porq̃ os propios são oyto não mays, ⁊ os cõpostos são suas meyas partidas, os mays se chamão quartas, ⁊ não fazemos oytauas por ser demasiada partição como disse, ⁊ por isso cada quadrante tem oyto quartas, porque em cadahũ cabe hum vento inteyro ⁊ dous meyos colateraes.

¶ Cap. sete. Dalgũs auisos necessarios pa nauegar.

Segunda parte.

PEra ſe aproueytarem do que fica dicto dos ventos, he neceſſario que ſaybão as terras pera onde ham de nauegar como demorão co as donde partem, ⁊ aſſy entenderam que ventos lhe podem ſer proſperos ou contrayros. Demorar quer dizer ficar ou eſtar, ⁊ he propio de marinheyros neſta ſinificaçam eſte vocabolo. Poys digo que he neceſſario ſaber como eſtam ſituadas as terras, ⁊ em que rumos ficam, ſe de norte ⁊ ſul, ſe de leſte, ⁊ oeſte, ou em qual outro pera ſaberem q̃ rota hão de leuar dhũa pera outra. Tudo iſto vay cheo de vocabolos marinheyros, ⁊ ha meſter declarallos. Rumos ſam as linhas que na carta de marear moſtrão os caminhos do mar, ⁊ chamão ſe rumos quaſi rimos porque moſtram como rimão hũas terras cõ outras. Rota que tambẽ ſe diz derrota, chamão os caminhos que pello mar ſe fazem, ⁊ parece eſte nome diriuado por rezam da redondeza do mundo que os nauegantes rodeam. Hora poys digo que na carta vejamos onde nos ficam as terras que buſcamos, ⁊ donde vem o vento que temos, ſe nos leuaraa ou eſtoruaraa, ⁊ aſſy determinemos da partida. Os vẽtos que ſeruem pera qualquer derrota, ſam os que vam com noſco, quero dizer, os que vão donde nos eſtamos pera laa onde imos. E vão com noſco todos os que ficão da ametade da roda ou circolo pera tras, conuẽ aſaber ſe imos pera o ſul, ſeruem largos todos os ventos que ficão da bãda do norte de leſte atee loeſte, q̃ ſam leſte ⁊ nordeſte ⁊ norte ⁊ noroeſte ⁊ oeſte, ⁊ os antrepoſtos ãtreſtes. Qualquer deſtes leuaraa qualquer nauio do norte pera o ſul ſem trabalho. Tambẽ tomão as vezes os nauios do outro meyo circolo, por qualquer dos quadrantes, hũa quarta, ⁊ meya partida, ẽ eſpecial os latinos que apertão mays o caro/ porẽ he cõ trabalho, ⁊ ſe entrão mays he cõ perigo, ⁊ deſcaẽ muyto do rumo ſem aproueytar no caminho, antes as ve-

zes perdem a rota, ⁊ vam parar onde nam cuydam. Para
isto cumpre ter boa estimatiua, ⁊ considerar a força do vē-
to aptado/ ⁊ o payro do nauio. ⁊ se achays corrētes ou agoa
gēs/ por vos que vos tenham, ou contra vos que vos derri
bem. ⁊ segundo estas considerações, julgar bem ⁊ estimar/
quanto poderieys descair da rota dereyta q̄ ordenastes de
leuar. Isso mesmo cumpre estimar, o que poderieys descair
nas voltas se volteastes, ⁊ quanto perderieys nellas de ca
minho, ⁊ em cadahūa dellas quando tornaes a endereitar.
haueys dapontar o caminho que andaes, onde nauegardes
per estimatiua sem altura. ⁊ estes pōtos assomalos cada
dia, ⁊ lançar conta quāto podeys ter andado. Este he o modo de cartear sem altura, que se vsa em nauegaçam d leste e
oeste, ou em mar estreyto, ⁊ caminho pequeno, q̄ nam deyxa de ver terra muytos dias.

¶ No mar largo onde nam ha vista de terra pella qual gouernemos, he necessario contemplar no ceo, ⁊ pollos sinaes
delle saber pera ondimos, ⁊ quanto ādamos. Os sinaes do
ceo per que hauemos de saber isto, sáo o sol, ⁊ os polos, que
quer dizer eyxos do ceo/ sobre que se elle reuolue, os quaes
sam dous, hum do norte outro do sul, ⁊ sam muy certos por
que se nam mouem jamays de seus lugares. Cadahū destes nos mostra o que andamos pello mar, per esta arte. Se
estamos da parte do norte contemplamos o polo do norte/
⁊ se da outra parte o do sul, ⁊ olhamos quanto estaa aleuāta
do do horizonte, q̄ he aquelle circolo diuisor que diuide ame
tade do mundo que vemos peraly onde nos parece q̄ se ajū
ta o ceo co a terra ou co mar, ⁊ vemos que em Lisboa estaa
o norte aleuantado sobolo horizōte trinta ⁊ noue graos. Is
to vemos per instrumentos, que pera este mester tomamos
dos astrólogos ⁊ geometras, como sam, astralobio/ quadrā
te, ⁊ balhestilha. E despoys que partimos de Lisboa caminho do norte, se andamos tanto que se nos aleuanta o dicto

polo mays hum grao, ⁊ vem a ter quorenta graos daltura
sobelo horizonte, sabemos entam que amdamos dezasete legoas de caminho, porque tanto dam a hũ grao per essa derrota, ⁊ se ãdamos mays per essa mesma derrota cõtra o nor
te, atee se nos elle aleuantar mays tres graos, sabemos q̃
estamos na altura do cabo de fins terra, o qual tem quorenta ⁊ tres graos daltura. ¶ Aqui podeys notar q̃ altura na
arte do nauegar, he aquelle espaço do ceo que se nos aleuan
ta o nosso pollo sobre o horizonte, o nosso digo, conuem saber, o de cuja parte estamos, hora seja do norte, hora do sul.
E porque de dia nam vemos as estrellas dos pollos, toma
mos a sua altura delles pello sol, da arte q̃ agora direy. Sabemos que a linha equinocial se aparta de nos, tanto como
o pollo se aleuanta sobre o horizonte, ⁊ por quanto nam podemos ver essa linha que nam he visiuel, respeytamos o sol
que anda junto della pouco mays ou menos, ⁊ tomando o
sol no astrolabio vemos quanto selle aparta de nos, ⁊ aisso
acrecentamos ou demenuimos o que tãbem elle estaa apar
tado da linha, ⁊ assy sabemos quanto essa linha estaa d̃ nos,
⁊ per conseguinte quanto o polo se aleuãta do horizonte.
¶ O espaço que o sol se aparta da linha equinocial/se chama
declinaçam do sol, a qual quando he mayor de todo o anno,
he de vintatres graos ⁊ meyo, segundo o sentido vulgar, ⁊
acontece ser tamanha ẽ doze dias de junho, da bãda do norte, ⁊ em doze disso mesmo d̃ dezẽbro da banda do sul, ⁊ quando he dalem da linha a demenuimos, mas quando daquẽ
acrecentamola, ⁊ assy resulta iustamente o q̃ a linha estaa de
nos, ⁊ a altura do polo. Nam declina sempre o sol todos vinta
tres graos ⁊ meyo, porque nam estaa sempre em hum lugar
mas continuadamente cursa atee se ajuntar co a equinocial,
que he em onze de março hũa vez ⁊ outra em quatorze de se
tembro, nos quaes termos nam tem declinaçam algũa, ⁊
da hy torna afastarse atee os termos da mayor declinaçã,

⁊ per

⁊ per esta via nos dias antremeyos de março pa junho vay
ella crecendo pouco ⁊ pouco, ⁊ outro tanto de setembro pera dezembro, mas de dezẽbro pera março mingoa, ⁊ o mesmo faz de junho atee setembro. Porem não crece ⁊ mingoa
esta declinaçam todolos dias ygualmente, mas em hũs cre
ce mays ⁊ noutros menos, pollo que he necessario ter parti
culares tauoadas desta crecença ⁊ descrecẽça/ a que chamão
vulgarmente regimento da declinaçam do sol. O mesmo de
uẽ ter das estrellas dos polos, as quaes tãbem pellas horas
do dia declinam ⁊ estão afastadas delles, as do sul quasi trin
ta graos, ⁊ as do norte quasi quatro, a derradeyra. Do que
tudo na arte da nauegaçam fiz comprida relaçam/ ⁊ da com
putaçam dos caminhos, quanto responde na terra de legoas ou milhas por hum grao do ceo per cada quarta dos vẽtos. A qual computaçam se considera em respeyto dos rumos ď norte ⁊ sul per certa medida/ mas nos de leste ⁊ oeste
per estimatiua soomente em comparaçam dessoutros.

Cap. oyto. Das marees, correntes ⁊ aguagẽs do mar.

Ambem cumpre saber os tempos das marees, quando enchem ou vazam, pera sair ⁊ ẽtrar
nos portos, dos quaes muytos delles tem bar
ras, ⁊ canaes antre bayxios ou penedos, ⁊ assy
nesses como em todos he mays seguro passar
com agoa chea que seca, ⁊ he grande ajuda passar com maree onde a ha, quando sairdes co escabeçar da agoa, ⁊ quãdo entrardes despoys de meya agoa chea, porque ella vos
vay aleuantando, mas onde ha correntes ryjas como nos
portos de Bretanha ⁊ Normandia, milhor he passar no remanso de prea mar, porque o impeto da corrente vos arremessa nos bancos com tanta força que vos nam podeys va
ler. Os tempos das marees commũmente concordam co
a lũa, do curso da qual dependem, ⁊ da influencia della o en

cher ꝛ vazar do mar. No mar Oceano que propiamente se chama mar, porque os mediterraneos são como esteyros, ha este mouimento que chamamos maree reuezado ao modo que respiram os corpos viuos. Parece o mar que sorue suas agoas ꝛ as torna a lançar, como hum corpo sorue ꝛ lança o folego quando ofega, isto tam a ponto co a lũa, q̃ faz entender que della depende este mouimento. A rezam que isto nos faz entender da lũa/he sua natureza ser humifica ꝛ laxatiua, de modo que acrecenta os humores nos corpos inferiores: E alem disto ha tambem nella, como Plinio bem conjeytura, espirito de encher ꝛ vazar os ditos corpos segũdo se a elles chega, ou afasta delles. Donde vemos que segundo os tempos da lũa em muytas cousas crecem ou minguão os humores, ꝛ carnes, ẽespecial no marisco, ꝛ cõchas do mar, que hora sam cheas hora vazias conforme ao curso dessa lũa. E assy põe ꝛ tira o vigor natural, mays em hũs tempos que outros, como se vee nos estamagos fracos q̃ nam tem nos antrelunhos tanta força pera digerir, ꝛ padecem torturas ꝛ dores grandes, segundo eu expremento no meu muytos annos ha quasi todos os antrelunhos, ꝛ muy poucas vezes em outro tempo, nos quaes assy no estamago como em todo o corpo sinto deminuiçam de espiritos, ꝛ aumento de humores indigestos.

Plini. li. 2.

¶ Os tempos em que enche ꝛ vaza o mar, são estãdo a lũa nas quartas do ceo, conuem a saber/no horizonte ꝛ meridiano/as quaes quartas ella em vintaquatro horas toca todas, ꝛ as marees nesses tempos fazem quatro mouimẽtos enchendo duas vezes ꝛ vazando outras duas. Em nacendo a lũa sobre o horizonte he bayxa mar, ꝛ daly vay crecẽdo a maree como a lũa vay sobindo atee o meridiano, onde estando a lũa he prea mar, ꝛ dahy decendo mingoa o mar atee outra vez estar no horizonte da parte do ponente, onde tambem he bayxa mar, ꝛ no contrayro do nosso meridiano, de

bayxo

bayxo da terra outra vez prea mar/de modo que parece que
os rayos da lũa assy como vão sobindo ⁊ afitando sua força
nas agoas, as fazem ir inchando ⁊ aleuantando como o fo
go faz inchar ⁊ aleuãtar a agoa na panella quando ferue, ⁊ o
mesmo fazem per reflexam de bayxo estando no oposito do
meridiano. Nam soomente desta maneyra que fica dita, faz
a lũa crecer as agoas, mas parece que as traz pera si como o
azougue traz o ouro, ⁊ o parece comer ⁊ conuerter em si
mesmo, donde Plinio diz que a lũa se apascenta destes humores inferiores, ⁊ que todauia os nam gasta, mas que os
derrete ⁊ acrecenta ⁊ traz depos sy, como a pedra d̃ ceuar traz
o ferro. Onde he de notar que as marees nam sam a hum
mesmo tempo em toda parte da redondeza, mas que vão se
guindo a lũa, ⁊ sam premeyro cheas nas partes orientaes
onde sella aleuãta premeyro. De maneyra que premeyro se
raa prea mar na costa de portugal que nas ilhas dos açores,
⁊ premeyro nessas ilhas que na terra dos corterreaes, ⁊ assy
tambem premeyro em Guinee q̃ no Brasil nẽ nas Antilhas
porq̃ sam estas terras mays orientaes quaq̃llas em distancia q̃ faz deferenca de tempo sensiuel. As horas q̃ dura cada
maree, onde ellas cursam ordinariamente pello modo q̃ fica
dicto, sam seys em crecer ⁊ seys em mingoar. Porem haue
mos dentender que estas horas sejam referidas aos arcos
que a lũa faz com o horizonte/os quaes poucas vezes sam
conformes com os do sol, nẽ antre sy sam yguaes, mas as
vezes sam os de cima mays grandes ⁊ outras vezes mays
pequenos que os de bayxo, donde vem que hũas marees
durão mays tẽpo q̃ outras, hora d̃ dia hora d̃ noyte. E tãbẽ
porque o curso da lũa não anda certo cõ o do sol, não vẽ sem
pre as marees a hũ tẽpo do dia, mas hoje vẽ ao meyo dia ⁊
amenhã aq̃lla mesma vẽ a hũa hora ⁊ no outro dia aas duas
tardãdo cada dia hũa hora pouco mays tãto como a lũa tar
da ẽ nacer hũ dia mays q̃ outro, a qual sendo noua nace cõ o

Plini. vbi supra.

sol ⁊ o outro dia mays tarde ⁊ assy cadadia mays atee se
tornar a juntar co elle. Pollo que fica dicto, se escusam as cõ
putações das marees que se fazem pellos rumos, as quaes
nisto se fundam, ⁊ daqui se tiram, ellas ⁊ quaes quer outras
que desta materea se ouuerem de formar. Hũa cousa quero
todauia lembrar, ⁊ he esta que nota Plinio, que nam sam
precisamente as marees nos mõmẽtos q̃ a lũa toca as quar
tas do ceo, mas sam despoys hũa hora pouco mays ou menos, porque como elle diz, as influencias do ceo nam obrão
nas cousas inferiores logo no estante quando se las mouẽ,
qua tẽ meyos pellos quaes ham de proceder, ⁊ obrar. Don
de vem que as cabeças dagoa nam acertão vir nas propias
horas dos antrelunhos ⁊ plenilunios, mas vẽ despoys duas ou tres marees. Tambem nota o mesmo Plinio que são
mayores estos os da lũa chea q̃ da noua, ⁊ os do verão may
ores que do inuerno, porem mayores que todos os do outo
no, donde vem que o de sam Bertolameu he nomeado antros nossos pescadores. Podemos nos tambem notar, q̃
nos ryos ⁊ esteyros, as marees não chegão a cima nos pro
pios momentos que a lũa as moue no mar, a rezam disso he
que se detem no caminho. Claro estaa que nam pode che
gar a porto đ Muja a maree tam asinha como a Lisboa/ nẽ
a Lisboa como a Cascaes, porq̃ nam nace essa maree nos
ryos, mas vem do mar como tras bordadura đ seu crecimẽ
to, ⁊ se os ryos dagoa doce trazem muyta corrente, detem
as marees, ⁊ nam nas deyxam sobir tam tesas, nem tanto a
riba, ⁊ dura mays a decente que o jusante. Por semelhãte
causa no estreyto de Gibaltar entra a maree quatro horas
⁊ say oyto, porque as agoas de Leuante ⁊ do mar mayor,
correm todas pera o mar Oceano, ⁊ trazem mayor peso q̃ o
da maree, em especial se venta leuante/ qua entam quasi se
nam enxergam as marees. Que as agoas daquelles mares corram pera ponente, se mostra bem claro no estreyto de
Constan-

Plini. vbi supra.

Plini. vbi supra.

Constantinopla, e no faro de Mecina, onde continoamente se vem decer pera bayxo, e aas vezes cõ tanto impeto q̃ os nauios nam podem romper per ellas. Donde Plinio allega ser opiniam de muytos, que o mar mayor, q̃ elle chama ponto, he fonte dõde nace todo essoutro mediterraneo, porquanto de laa corre sempre o esto e nũca torna pera laa. Sem embargo de ser Plinio, elle chama aqui esto o que o nam he/como logo quero declarar.

Plin. li. 4.

Idem, li. 2.

¶ Esto quer dizer o feruor do mar q̃ nelle causam os rayos da lũa, como a tras fica dicto, e esse feruor faz aleuantar as agoas e nam correr, e assy he que as correntes do mar sam muy deferẽtes do esto e marees delle, porque as correntes vão caminho, e nam aleuantam as agoas, nem nas fazem inchar e crecer. como faz o esto. Sam as correntes como os ryos que sempre vão pera hũa parte, e nam crecem nẽ mingoam, senam per accidente de chea ou represa, que lhe doutra algũa causa sobreuem. Assy he esta do mar de Leuante o qual sempre corre pera ponẽte, e nam mostra nas prayas crecente algũa nem mingoante, senam despoys que as marees do Oceano a fazem represar atee Barcelona, pouco mays. E assy he no canal de Bahama, nas antilhas, antra terra florida e a ilha de porto riquo, onde o mar de contino corre pera Leuante sem crecer nem descrecer, quanto he da parte da corrente. As causas destas correntes algũs as q̃rẽ escoldrinhar, e dizem que no mar mayor sam as agoas dos muytos ryos e muy grandes que nelle entram, e nas antilhas as do mar do Equinocio que todo cay naquella bahia de nombre de Dios e yucatan, e daly sáe pello dicto canal, porem nesta obra nam ha lugar pera nos deteremos em ver se he assy ou nam, abasta que sam correntes aquellas, das causas dellas nam disputaremos agora. Outras ha hy q̃ nẽ são estos nẽ corrẽtes, porq̃ não crecẽ como os estos/ e posto que corram nam sam cõtinoas, mas correm a tempos ⁊ a tẽpos nam, ou correm as vezes pera hũa banda ⁊ aas ve zes pa outra, todauia nam acrecentão as agoas como o esto nem cursam horas ordenadas. A estas chamam agoagẽs, ⁊ sam mouidas pello vento, ⁊ d laa abalam como as nuuẽs. Destas ha em muytas partes do mar/ em especial nos ma res largos, como sam estes que temos diante de nos, daqui pera o sudueste muytos milhares de legoas estẽdidos, nos quaes ha muytas agoagẽs que muytas vezes enganam os pilotos descuydados, ⁊ os fazem cuydar que estam em ter ra ⁊ nam na acham. Aqui quero apontar hũ desengano pa muytos que eu sey que viuem enganados nesta parte das agoagẽs as quaes cuydam que sam marees que cursam no golfam do mar, porem como digo estam enganados, porq̃ as agoagẽs cursam muytos dias para hũa mesma parte, ⁊ correm o que nam fazem as marees. Digo que as marees nam correm dentro no mar, senam soomente crece a agua ⁊ aleuãtasse, o q̃ dentro no golfam nam podemos enxergar se saleuãta ou abayxa, mas ẽxergasse nas prayas pellas quaes sobe, ⁊ trasborda nos esteyros que ficam mays bayxos, ⁊ nelles posto que corra aquelle enxurro da abundancia do es to, nam correm porisso dentro no mar as marees, por que ao tempo que ellas crecem todo o mar juntamente na quella parte se aleuanta, ⁊ nam ficam nelle valles para onde as agoas possam cair como nos esteyros. Nem a lũa rode ando o mundo acarreta as agoas dhũa região pera a outra/ porque fazendo o assy leualas hya todas consigo, ⁊ nam tor naria a encher o mar em sua ausencia, como faz per reflexa virtude segundo fica dicto, mas em cada regiam que toca indo, faz inchar as agoas que nella acha, sem fazer correr outras para laa, nem de laa pera outra parte quãdo vazam a bayxando. A conclusam he que a maree aleuanta ⁊ abayxa, ⁊ nam corre senam per acidente da disposiçam do lugar tras

bordau.

bordando fora de seus limites, ⁊ as agoagẽs corrẽm ⁊ nam
aleuantam nem abayxam, ⁊ mays nam guardam ordem nẽ
tempos certos.

¶ Porque nas marees tambem ha desordẽs/ direy como
procedem dalgũas segundarias causas, as quaes polla ma
yor parte sam sitios de lugares, ou moções de ventos, ⁊ ou
tras ha que por serem muyto particulares sam ocultas, ⁊
nam se comprẽde dellas mays que a experiencia. Das que
mays releua ser notadas, sam as que se fazem no canal de
Bretanha antre Ingraterra ⁊ Normandia, por ser mar nos
so vezinho per onde os nossos nauegam muytas vezes, aos
quaes auiso que tenham recado em sy antre tantos desuay
ros. Sam aly desuayradas as marees, ⁊ grãdes. Digo grã
des em agoa, que naquellas partes crece mays que nestas/
tanto que diz Plinio de autoridade de Pytheas, que sobre
Bretanha se aleuantam os estos oytenta couados. Eu vya
os ilheos q̃ estam per aq̃lle canal muytos, de prea mar estar
arasados cõ agoa, ⁊ de bayxa mar tam altos como Almada. Vedes prayas ⁊ bahias de duas tres legoas de bayxa
mar secas, ⁊ os portos sem agoa nenhũa, que passays a pee
seco, ⁊ de preya mar entram nelles nauios grandes de dozẽ
tos toneys ⁊ mays, ⁊ vedelos ficar em seco tam longe do
mar q̃ vos espãtays de como laa sobiram. Causa esta grãde
za de marees a dobrada agua q̃ entra naq̃lle canal p̃ duas bo-
cas/ a qual assy por ser muyta, como porq̃ represa vindo ẽ cõ
tra hũa da outra, quasi em hum mesmo tempo/ aleuanta as
marees aly tanto como dissemos. Da parte do norte perantre Escocia ⁊ Alemanha, entra hũa enxurrada do mar de
Islanda ⁊ Noruega, ⁊ outra vay do mar Despanha/ perantre Sorlinga ⁊ Oxente, ⁊ se encontram no dicto canal. Digo q̃ vem estas agoas d' fora, porque he aquelle canal como
esteyro mediterraneo, ⁊ nam nace nelle esto, ⁊ se nelle feruẽ
as aguas, ⁊ nace esto, isso ajuda mays o q̃ fica dicto do muy
to

Plini.li.2.

to crecer das mares nelle porq̃ se ajũta hũa cousa ⁊ outra, as agoas ð fora q̃ trasbordã dos mares sobre dictos/ ⁊ a q̃nelle serue e crece, ⁊ tudo a hũ mesmo tẽpo quasi/ porq̃ os meridianos ð todos elles differẽ pouco, ⁊ a lũa aleuãta nelle os estos q̃si a hũ tẽpo. E por assy ser pelejão aq̃llas agoas no dito canal/ ⁊ acontece que nem ao vir nem ao tornar declaram de que banda vem cada hũa dellas nem pera onde torna pella muyta confusam que trazem corrẽdo hora pera bayxo hora para cima, ⁊ aas vezes preualecendo hũa das partes, por que traz da sua banda o fauor do uento, ⁊ por isso he preamar mays cedo ⁊ com mays agoa em hũa parte q̃ na outra, quãdo assy hũa das partes preualece Semelhãtes variedades acontecerão em qualquer parte que ouuer as mesmas causas, conuem a saber, semelhantes canaes ⁊ antrylhas. Derrador da ilha de Euboea, que agora chamão Negroponte/ diz Plinio, que sete vezes no dia vay ⁊ vem o mar. O qual mouimento eu creo ser reuessados correntes do estreyto seu vezinho, que como fica dicto sempre corre pera fora, ⁊ nam he esto aquillo, nem no são os mouimentos do euripo, porq̃ nam ha esto no mar mediterraneo. Nem os das syrtes ou bayxios da Africa acerca dos gelues não são marees. Nos quaes bayxios me diziam algũs pilotos gregos, que andauam nas galees delrey de França, que acontecia tempo no qual apareciam todos secos per espaço de dias, ⁊ outras vezes estauão cubertos muyto tẽpo, ⁊ algũs sempre, posto q̃ muy bayxos, ãtre os quaes todauia dizem q̃ ha algũs canaes fundos, mas nam sabidos de muytas pessoas, porq̃ per aquellas partes nauegam muy poucas. Diodoro siculo diz que na costa Darabia onde viuiam os Icthyophagos, que agora he do cabo de Gardafũ atee o mar de Persia, crece o mar muyto, ⁊ sempre acerca da hora da terça atee noa/ o q̃ agora nam vemos ser assy, ⁊ sendo como elle diz era necessario que antreuiesse outra causa particular, que nam fosse mouimẽto

Plini. li. 2.

Diod. lib.

uimento da lũa, nem sitio de lugar, nem moções de ventos,
o que seria cousa bem marauilhosa, ꝛ mays por ser no mar
Oceano, onde os proprios ꝛ verdadeyros estos dependem
da lũa como disse. As cousas sobredictas, alem de hauer
homẽs nos nauios ꝛ armadas que as entendam, cõ os qua
es os capitães deuem tomar conselho acerca dellas quãdo
comprir, tambem esses mesmos capitães as deuem entender, estas ꝛ todas as pertencentes aa nauegaçam tam compridamente como as da guerra, porque o capitam he o que
ha de julgar ꝛ dar remate sobre os conselhos dos outros, o
que nam podera bem fazer nam entendendo o de que consulta, qua diz o prouerbio vulgar. Mal julga o cego acerca
das cores. Porem tenha estauiso com marinheyros o capi
tam/ que se nam antremeta em seus officios porque os estor
uaraa. Entenda o que fazẽ, ꝛ olhe se o fazẽ bẽ ꝛ deyxe os fazer, nam lhe diga nada nem lhes tome a mão, porque todo
official quer o louuor do seu officio, ꝛ muyto mays sendo pre
nhe de mysterios, como sam os que tocam grandes faculdades, que quãto mays pouco dellas participão tãto mays
as desejam ostentar, como o vilão criado no paço, ou neycio no estudo, que desejam este parecer sabedor ꝛ aquelle fi
dalgo. A arte da nauegaçam voa muy alto, ꝛ consigo enleua os homẽs que nella tratam/ de feyçam que lhes faz parecer q̃ sabem muyto/ por isso não querẽ ser emendados, ꝛ por
que temos necessidade de tirarem pollas cordas, deyxemolos fazer em quanto nam errarem em cousa de perigo. Todauia quando o erro importar muyto, nam nos deyxe o capitam proceder per elle, porque elles tem esta condiçam, q̃
nam confessam jamays seu erro, ꝛ deyxam antes perder tudo que conhecerse delle. Em taes tẽpos o capitão ponhos
a elles de parte, ꝛ mãde o q̃ cũpre, porẽ cõ tal cõdição q̃ entenda o q̃ mãda, por tanto disse q̃ lhe cõpria entẽder a nauegação como a guerra, porq̃ ẽ tudo ha de soprir a seus tẽpos.

Cap.

¶ Cap. noue. De como as armadas faram vela.

DEspoys de ter bem consultado sobre sua partida o capitam mor da armada, parecendo bẽ a elle ⁊ aos do seu conselho, ⁊ sendo necessario, mandaraa fazer vella per esta ordem. Premeyro os mestres ou patrões ⁊ marinheyros estaram em seus nauios desdo tempo q̃ se a frota começou fazer prestes, por q̃ elles hão de ẽxarcear os nauios, ⁊ tomar a bordo a fardagẽ, ⁊ arrumalla cada cousa em seu lugar, qua elles entendem a conueniencia dos lugares do nauio pera as cousas, ⁊ quaes cũpre ficar despejados pera seu exercicio. Embarcado o fato, ⁊ chegada a oportanidade do partir, mandaraa o capitam recolher a gente darmas, ⁊ officiaes, hũ dia antes da partida, cõ pregam pubrico a som de trombeta ou da tãbor. Este espaço d' hũ dia se daraa soomente a premeyra vez que embarcam na terra onde se faz a armada, ⁊ dahy por diante se nam daraa mays q̃ soos duas horas finaladas com tiro dartelharia, como logo direy, porq̃ despoys q̃ hũa vez embarcarẽ ate tornarem a desarmar, sempre os nauios deuem estar a ponto de guerra, ⁊ a gente pera isso prestes ⁊ presente, como no exercito da terra se faz. No qual despoys que recebẽ soldo os soldados sam obrigados ser continoos, mays q̃ os frades no seu mosteyro, sob pena de ladrões ou traidores, porq̃ ausentandosse cõ rezam se pode sospeytar delles hũa destas duas, ou q̃ se querem passar aos imigos ⁊ ser traydores, ou quando menos querẽ fogir, ⁊ furtar o soldo. E posto q̃ nam tenhão recebido soldo, despoys q̃ se assẽtam na matricola, que assy lhe chama Vegecio, nam podẽ mays ir pera nenhũa parte nem fazer de sy nada sem licença de seu capitam, ou dos armadores que fazem a matricola, sob pena de falsarios ⁊ enganadores do principe ⁊ reepubrica, que cuydando ter homẽs certos os nam acham quando os ham mester. Era costume darlhe juramento

Vege. li. 2.

aos soldados no tempo que os assentauão, que era nam menos que a profissam dos religiosos, qua jurauão por Deos Christo, & Espirito santo, & polla magestade do principe, q̃ despoys de Deos deue ser hõrada & amada & obedecida como Deos terreal, poys per Deos he posto, & em seu lugar preside o principe, & quem lhe resiste, a Deos & aa sua ordenança resiste, diz sam Paulo. Jurauam digo, fazer quanto lhe seu capitam mandasse com diligencia, & destreza, & nam se apartar das armas & exercicio dellas, nẽ recusar a morte polla defensam da republica. Tambem jurauam, segundo traz Aulo Gellio de autoridade de Cincio autor antigo, de nam furtar, nem se ausẽtar do arrayal ou donde os mãdassẽ estar. Era entam esta ordem santa, como ainda agora seria se os capitães quisessem. Posto q̃ nam jurem, todauia não lhe cõsintam ausẽtarse da armada, mays que atee onde possam ouuir a trombeta ou tambor, nem andar soos per lugares escusos, sob pena de fogitiuos ou ladrões. E despoys d' embarcados nam sayão dos nauios sem licença, a qual nam passaras dhum dia, nem seras pera dormir fora do seu nauio, assy como na terra nam dormiram fora dos muros do pouo ou vallo do arrayal, onde esteuerem apousentados.

Ad roma. ca. 13.

Aulus gellius. lib. 16

Antes q̃ me esqça & passe o tẽpo de lho lẽbrar, digo ao capitam que da sua frota escolha pera sy o milhor nauio q̃ nella ouuer, forte & veleyro, ou leue se for de remo, tal q̃ se for necessario descorra per toda a frota, alcance os que vam muyto diante & os faça deter, & torne aos traseyros, & os faça ajuntar todos, detẽdo hũs & apressando os outros, & ẽparãdo os fracos, porq̃ espalhados todos vão bẽ perigosos & offerecidos aos ẽcõtros dos contrayros. Quãdo não poder o capitão alcançar todos, pera os ajũtar mãdaraa tirar hũ tiro dartelharia, ao qual acudirão todos a saber o q̃ lhe mandão. O mesmo faraa cada hũ, quãdo se achar ẽ pressa, & chamaraa a socorro com hum tiro como disse, ao qual acudiraa o capitam, ⁊ se elle vir que he necessario entam chamaraa os outros, ou quaes elle quiser/capeando em particular a cada hum, ou tirandolhe a elle soo. Tornando ao partir, recolhida a gente/⁊ postos os nauios a pique, antes duas horas q̄ parta, mande o capitam tirar dous tiros para que se acabe de recolher algum vagaroso se fica em terra. Neste comenos, em quanto se acaba de recolher a gente, mandem os capitães ou patrões aruorar as bandeyras per todos os nauios, as quaes se acostumam no exercito pera que na reuolta da guerra cadahum conheça o seu bando, ⁊ guarde sua ordē tornandosse a seu esquadram/ segundo dizem Vegecio ⁊ Modesto, ⁊ mays tambem para que onde a voz do homē nem som destromento nam abasta, co ellas se possa acenar, ⁊ sinificar o que manda o capitam, segundo parece entēder Eliano. Disto seruem aas vezes no mar, ⁊ tambem do que diz Julio Cesar, conuem a saber, de sinal de guerra, o qual mostram segundo o lugar ⁊ modo, que leuam/ qua na proa enrastada hũa bandeyra ameaça encontro ⁊ batalha, mas ao contrayro aleuantada de pano branco pede paz. As muytas fazem o mesmo que o estrondo dos estromentos, que alegram os nossos ⁊ aterrã os contrayros. As ensinhias seram delrey, ou do princepe da terra, ⁊ se o capitam for nobre tambem pode trazer as da sua nobreza. He costume o capitam mor soomente trazer a bādeyra do princepe na gauea, ou masto mayor, se o nauio he de vella, ⁊ se he d̄ remo na parte dereyta da popa, porque elle representa a pessoa do princi pe/⁊ conuem que per algũa maneyra seja destinto dos outros porque o conheçam ⁊ o siguam. Despoys d̄ aruoradas as bandeyras, ⁊ chegada a hora do partir, mande o capitão tirar hum tiro dartelharia a leuar ancora, ao som do qual todos leuem as suas, ⁊ façam vela encomendandosse aa graça de Deos, ⁊ pedindolhe boa viagem. Em fazendo vela tanjam os ministrijs atee sayrem dante o pouo, ou irem largos da terra, porque aos que ficam deyxem saudade/ d̄ fey-

Cæsar de bello galli. li. 2.

gam

çam que roguem a Deos por sua boa tornada, ⁊ elles ao cõ
trayro nam leuem tristeza do apartamẽto, nem lhes pareça que vam desacompanhados. ¶ Com tal aparato ⁊ pompa
deuem sempre sair ⁊ entrar as armadas, assy nos seus portos, como em quaesquer outros, hora sejam de amigos ho
ra de imigos, porque seu propio he das armas fazer estrondo, ⁊ sem elle entristecem ⁊ morteficanse os espiritos dos ho
mẽs. Algũas vezes porem se deyxaraa esta solemnidade, se
comprir fazer algum salto, ou recolhimento secreto, como fa
zia Marco catam os praya dos imigos, quando mãdou en
forcar hum soldado porque chamou de terra que o tomassẽ,
segundo cõta Julio Frontino falando da disciplina militar.
¶ Nauegando de mar em fora, todolos dias polla menhã
os ministrijs saudaram seu capitam, ⁊ companhia, cõ se me
lhante ¶ Celeuma como antes aa partida fezeram, rogando
boa viagem, ⁊ vitoria. De noyte faraa a capitayna, q̃ assy se
chama a nao ẽ q̃ vay o capitam, a qual faraa como digo, todas as noytes farol, pa q̃ todas as outras sigam sua derro
ta. Nenhũ outro nauio da frota acenderaa o farol, se nam a ca
pitayna, porẽ quando se acharẽ em pressa faram almenaras
ou fogos para q̃ lhe acudam. ¶ Em terra ou tẽpo de sospeyta,
nẽ farol nẽ fogo outro algũ, se deue acender de noyte nos na
uios, por nam serẽ descubertos nẽ saberẽ os imigos parte dl
les. Aqui poys me lẽbra amoesto pa em todo tẽpo o muyto
resguardo q̃ se deue ter no fogo ⁊ cãdeas q̃ se accendẽ nos na
uios q̃ nam cayão nẽ fiquem esquecidas ẽ parte donde naça
perigo algũ, qua sem duuida este he dos mays lastimosos ⁊
desesperados desastres q̃ no mar podẽ acontecer.
¶ Neste lugar cõuẽ auisar os capitães do segredo q̃ lhes cũ
pre guardar, ⁊ ser fieys assi mesmos, ca se o nã forem no seu
menos o seram no alheo, nem teram rezam de confiar que
outrẽ lho seja a elles. Pequa seria a confiança daquelle que
desse mays credito a outrem que assy mesmo, ⁊ nam guar
dando elle seu segredo esperasse que outrem lho hauia de

guar-

guardar. Poys nas cousas da guerra hũa principal cautella & muy segura he nam se saber o que se ha de fazer. Assy o ensina Vegecio, & assy o entendia Metellopio capitam romano quando respondeo aos que lhe preguntaram que determinaua fazer, & disse que se a camisa que trazia vestida o soubesse falar elle a queymaria. Posto que o capitam tome, como deue tomar, conselho de muytos, não saybão esses muytos, nẽ pessoa algũa, o q̃ elle determina ẽ seu peyto, no qual o tenha guardado se quer que venha a effeyto, porque antre bos ha hy maos, & se os contrayros forem auisados, porão cobro em sy & suas cousas, de feyçam q̃ nam possa elle fazer o q̃ determinaua. Muytas partes de saber ha mester o capitam pera decernir antre vinho & vinagre, porque ãbos tem boa cor, & aas vezes o vinagre milhor, qua esta he sua manha do engano pintarse aprazivel, & quem trata verdade he mays yséto & desapraz aos mimosos & fracos, amigos de seu querer, os quaes nam lhe he possiuel conhecer os falsos, antes aquelles q̃ o sam tẽ elles por mays seus amigos, & dão lhe mays credito, a elles se entreguam & co elles cõmunicão porque lhe falam aa vontade. Quem isto teuer nam he pera capitam, porque tem muy certa a perdiçam sua & dos q̃ lhe forem encomendados, qua nam pode escapar de enganado ou vendido. Hum desta condiçam por amor della se perdeo poucos dias ha em Africa cõ muyta gente honrada q̃ a seu carrego tinha, o qual nam quero nomear por não dar que dizer ao pouo que o conhecia, porem os que o conuersaram, & sabem como se gouernaua, se me entendem me ajudaram. Notam se os taes exẽplos/não pa praguejar dos mortos, mas pa euitar q̃ não mouram outros como aquelles temerariamente, & porque se lẽbrẽ os principes q̃ pera os taes carregos cumpre escolher homẽs considerados, & somitidos a bo conselho, nam isentos, nẽ presuntuosos de seu saber. Alẽ de ser o capitão sagaz, & esperto pera conhecer o q̃ tẽ nos homẽs

Vege. li. 4.

mẽs, seja tambẽ capaz/ ⁊ nam arrebente cõ qualquer picadu
ra, mas guardandosse dos sospeytos, espere tempo, cõ tanta fineza de saber, q̃ entramẽtes se aproueyte ⁊ sirua dos ma
os, dandolhe a entender q̃ os tẽ por bos, porq̃ retenham sua
peçonha em sy, o q̃ faram esperando interesse que elles pretẽ
dẽ, ou aguardãdo disposição pera seus feytos. As quaes
duas cousas os deue armar o capitam, vsando co elles de liberalidade, porq̃ pode ser q̃ assy os faraa fieys, se nelle acha
rem o q̃ esperauam dos contrayros/ ou mostrãdolhe q̃ se fia
delles, ⁊ per esta via os deteraa ⁊ enganaraa. Faz pera esta
doutrina o exemplo de Ventidio capitam romano, q̃ na guer
ra dos parthos trazia consigo hũ espia chamado Pharneu,
o qual elle sabia q̃ era traydor, ⁊ q̃ daua auisos aos contrayros, ⁊ dissimulaua co elle tão manhosamente, que cõuertia
a maldade daquelle contra seu dono, ⁊ proueyto pera sy. Is
to fazia. Agasalhaua o, amitia o a sua familiaridade, praticaua co elle, pedialhe conselho, cõmunicaualhe segredos, dizialhe o q̃ não tinha na võtade, para q̃ assy o mãdasse Phar
neu dizer aos imigos ⁊ os ẽganasse, ⁊ perdesse co elles o cre
dito. E elle fingindo de suios procedia per outra via, ⁊ fazia
o q̃ lhe compria aa sua vontade/ ou tomando os contrayros
desapercebidos, ou sem delles ter estoruo. Estas ⁊ outras
partes de saber como estas cumpre aos capitães ter,
ou naturaes, ou per tal industria aquiridas/ que vsem dellas
como proprias, sem ser entendidos como personagem dau
to mal representada. E saybam q̃ os traidores sam agudos,
⁊ tem muytas astucias ⁊ cautellas, ⁊ assy como viuẽ dobra
dos tambem lhe parece q̃ os outros o fazem, ⁊ viuẽdo nesta desconfiança procuram de entẽder os intrinsecos alheos
por tanto quem co elles ouuer de dissimular cũpre que seja
fino ⁊ o sayba fazer.

¶ Aqui quero escreuer hũ ardil/ de que vsarão algũs singulares capitães pera gardar segredo na guerra do mar, ⁊ es-

conder a intençam de sua viagem, o que he necessario pera
dar de sobre salto, ⁊ pera segurar seu caminho, pera o que diz
Vegecio que aproueyta muyto segredo. Aquelle caminho
diz elle/ se faz mays seguro, que os contrayros nam sospeytã
se se ha de fazer. Poys co este ardil se podem ocultar os caminhos em especial no mar, onde nẽ ha limitadas estradas,
pellas quaes os exercitos forçada mente hajam de passar,
nem nelle emprimem pegadas peronde os possão rastejar.
O ardil he o que vsou Hamilcar capitam dos de Carthago
querendo dar de supito sobre Cezilia. Nam manifestou o di
to capitam a ninguem pera onde ia, mas deu a cada capitão
ou patrão de cada nauio hũa carta çarrada em que lhes declaraua o que hauiam de fazer/ ⁊ lhes mandou que nam abri
sem aquellas cartas, senam quando se delle apartassem per
tempestade tal que o perdessem, ⁊ senam podessem tornar a
ajuntar co elle, porem porem tanto seguissem sua derrota e
farol, sem nenhũ delles saber pera onde nauegauam. Qua
si o mesmo fez elrey dom Joam de Portugal indo sobre
Ceyta per mar/ senam quãto vsou de mays astucia, que por
que se nam pudia fazer prestes ocultamente, pera assegurar
os mouros/ pubricou que armaua cõtra elrey Dingraterra
seu sogro, por lhe nam ter pago o dote que lhe prometera cõ
sua molher, ⁊ com assy ocultar sua tençam effeytuou facilmẽ
te o que desejaua, como fica dicto. Mays fez o sobredicto
Hamilcar sobre conseruar seu segredo ⁊ obediencia, porq̃
outra vez lha guardassem, que saindo em terra sem hauer corrido tempestade pedio suas cartas aos capitães,
os quaes lhas tornaram çarradas como lhas elle dera,
todos soomente hum que de mays spiritose abrio a sua,
pollo que Hamilcar o castigou como sospeyto ⁊ pouco fiel. Isto contey porque sobre taes exemplos, ⁊ de taes homẽs, deuem contrapontear as pratticas ⁊ pensamentos
dos capitães, trazendoos sempre antos olhos.

Vege.li.3.

¶ Andan-

¶ Andando pello mar o capitam procure ter auiso donde & como nauegam os contrayros. Digo como nauegam. conuem a saber, que força & tençam trazem. E assy pera hauer noticia dos imigos como pera se ocultar delles, alem de ter sua espias, haueraa fala de todolos nauios que aa sua vista vierem, & enquereraa delles donde sam, donde vem, em que tratam, pera onde vam, que nouas sabem. & que nauios encontraram, isto se for necessario, com diligente exame apertando co elles quanto comprir, & vsando tambem de força contra os que resistirem, ou castigando os que refusarem como sospeytos. Porem aos pacificos, & de boa fee nam offenderaa, mas antes os defenderaa, com tanto que nam tome bando por ninguem. Defendelos ha dentro nos seus portos, onde elles estam sob a guarda & emparo do rey ou principe da terra, cujo capitão elle he em cujos portos & ancoragẽs os defenderaa de todos offensores, posto que co elles tenham guerra, por que na terra onde estam confiam da paz della, & por isso lhe pagam seus dereytos, para que em quanto nella esteuerem lhes mantenham paz & justiça, como aos propios vassallos. Mas no mar os defenderaa soomente dos ladrões, ainda que nam sejam seus naturaes nem vassallos, soo por bem fazer, porque isso se espera das boas armas, defender os atribulados. E tambem por castigar os maos, & porq̃ os ladrões são imigos commũs/ como jaa disse, por tanto os persiguiraa, & nam consentiraa offender a ninguem que seja. Antre os que tem guerra se nam antremeta, em especial se he amigo dambos, posto que o seja mays dhum que do outro, porque o mar he frãco & commũ a todos, & as armas licitas, como sam as dos principes, podem nelle demandar sua justiça, & executar seus retos, por tanto o amigo dambalas partes lancesse de fora, & nam perca a

Prouerb. ca.26.

hum por outro. Porque diz Salamão, que he como quem
toma o cão pollas orelhas, o que se antremete em contẽdas
alheas. E nam soomente assy, mas he como ho cão que ladra ao Lião ꝛ lhe faz deyxar a presa/ꝛ padece elle por ella,
sem socorro de quem se acolhe ꝛ o deyxa nas ploos/como di
zem. Assy acõtece aos nossos, q̃ cobrão imigos por acudir
a seus vezinhos, os quaes se vão rindo, ꝛ lhes daa pouco
das miserias q̃ os nossos marinheyros, ꝛ perdas que mer
cadores padecem. Tem os nossos muyto a q̃ acudir, ꝛ cou
sas aparelhadas pera receber offensa, não sejam argulhosos
nẽ prouoquẽ contrayros, não se diga d̃ nos, tu es lebre, ꝛ bus
ca los cães. Quando vir que he necessario poderaa o capitã
deter per algũs dias os nauios q̃ passam posto q̃ sejam pacificos, porque nam dem delle nouas aos contrayros, se ce elles forem encontrar, qua nam poderão al fazer, se lho pregũ
tarem, senam dizer o que souberem. Tendo nouas de imigos os mandaraa espiar per seus fragatins ligeyros, ꝛ se for
possiuel tomar dantrelles quem lhe dee cõta do que laa vay.
Os que assy forem espiar se tambem poderem dãnar, assy o
façam, se ouuer de ser a seu saluo, o que poderaa ser fazendoo
com astucia ꝛ tento, ca nas forças nam deuem confiar poylas nam leuam. Podem fazer danno estes aos imigos ocul
tamente cortando amarras/arrombando nauios, ꝛ lançãdo
fogo nells, ꝛ aas vezes trazendo aa toa qualquer barco se o
acharem de bo lanço. E por quanto assy como nos tambem
os contrayros vsam manhas, ꝛ armam celadas contra nos
fazendo saltos ꝛ entradas, em especial de noyte que he tempo pera isso mays desposto, cumpre aos capitães do mar, ou
patrões ꝛ mestres que mandem velar de noyte seus nauios
nam soomente dos sobresaltos dos imigos, mas tambem
dos perigos do mar, assy nos portos como de mar em fora
que nam encalhem nem dem em seco, nem se atreuessem nẽ
tomem por dauante, nem abalroem com outros, nem que
brem

brem amarras, nem se acenda fogo que como jaa disse, no mar he hum grande desastre ꝛ sem remedio: nem fujam forçados, nem cheguem a bordo barcos, ꝛ doutros muytos inconuenientes que podem acontecer se deuem velar os nauios de noyte, ꝛ guardar de dia. Velaram de noyte marinheyros ꝛ soldados juntamente, porque se ajudem ꝛ ensinem hũs a outros. Os soldados ajudem aos marinheyros, ca nam he justo que carregue todo o trabalho a hũa parte, ꝛ mays que seu he dos soldados velar de noyte ꝛ assy o fazem nas fortalezas ꝛ arrayes da terra, porem nam velem sem companhia de marinheyros, que sabem do que se hão de guardar no mar, ꝛ a que deuem acudir. O repartir da gente per suas camaradas ou esquadras, ꝛ do tempo per seus quartos he dos mestres ꝛ patrões antros marinheyros, ꝛ dos sargentos ou meyrinhos antros soldados. Estes nisso seguiram o costume da terra escusando as pessoas que o merecerem por officio ou dinidade, exceyto em tempo de necessidade ꝛ perigo, ca então os milhores deuem suprir ꝛ ter recado. Lançarão mays ou menos homẽs por quarto, segundo for a copia da gente, ꝛ partiram o tempo dos quartos mayor ou menor, segundo as noytes forem grandes ou pequenas, ygualandoos porem que nam sejam mayor hum quarto que outro, como he costume. Alem disto o capitam ꝛ seus officiaes nam durmam descanssados, mas roldem de noyte, ꝛ visitem os que velam se vegiam se dormem, ꝛ castiguem os descuydados, ꝛ aas vezes ryjo, porque assy o merece o tal descuydo, ca emporta muyto.

¶ Antes q̃ me esqueça q̃ro tirar hũa duuida q̃ algũs escrupulosos buscão nesta materea, da qual não fora muyto rirme se o teuera de cõdição, mas não macostumo rir de nada, porq̃ vejo muytos risos ꝛ esses preualecẽ. Manha he de fracos ꝛ preguiçosos, buscar achaques pera nam fazer o que deuẽ

⁊ lhes cumpre / conforme ao prouerbio vulgar que diz.
Prouerbi. ca.26.
Achaques aa coreſma por nam gejuar. E Salamam diz.
O preguiçoſo por nam ſair de caſa, adeuinha que na rua eſ-
taa hum liam. Preguntam eſtes ſe he licito vſar de manhas na guerra, ⁊ armar celadas. As quaes aſſy ſe deuem
pronunciar ⁊ nam ciladas, porque celada quer dizer couſa
encuberta ⁊ eſcondida diriuandoſſe de celare verbo latino que quer dizer encubrir, ⁊ cilada nam tem donde venha ſenam do coſtume vulgar ⁊ corruto. A meſma rezam
tem pera ſe nomear a celada arma que cobre a cabeça qua
ſi como gualteyra. Se he licito ou nam vſar na guerra de
Thomas. 22. q. 40. ar. 3.
manhas, aſtucias, ⁊ diſſimulações, ⁊ celadas, ſam Thomas o diſputa, ⁊ conclue que ſy, ⁊ tem rezam, porque ſam
eſtes documentos deſta arte militar neceſſarios pera conſe
guir o fim della, collegidos da experiẽcia que os homẽs en
tendidos nella fazem como ſe faz nas outras artes / os do
cumentos das quaes foram tirados, ⁊ ſe tiram hoje em dia
do que os homẽs nellas eſpirementam ⁊ entendem compe
tir a ſeu fim ⁊ tençam, ſem os quaes documentos ⁊ imitaçam delles nam ſe pode conſeguir fruto das dictas artes,
⁊ ſendo ellas licitas a doutrina ⁊ adminiculos dellas ſam
licitos. Na arte do diſputar todos os preceytos que enſinam arguir ſam licitos, poſto que pareçam ſer impurtu-
nos ⁊ que enſinam enganar, porque ſem elles ſeraa eſſa arte manca ⁊ imperfeyta ⁊ nam ſaberemos deſfazer os empe
cilhos daquelles que co ella nos querem conuencer. Na a-
gricultura ſenam romperem a terra, ſe nam cortarem os ramos ſobejos ⁊ arrancaremnas eruas brauias, ſenam arma
rem aos beſtigos ⁊ os matarem, nam haueraa criaçam nem
ſe colheraa fruyto, ⁊ para ſe colher he neceſſario fazer algũas couſas que parecem ſer mal feytas mas nam no ſam,
porque ſam neceſſarias pera conſeguir o fim da boa arte de
que vſamos. Eſta arte da guerra he licita ⁊ neceſſaria, como
fica

fica dicto na premeyra parte/ pera conseruação da paz, ⁊ quietaçam ⁊ emparo da reepubrica, ⁊ a sua tençam he hauer vitoria. porque sem vitoria nam poderemos conseruar a justiça ⁊ paz que pretendemos; ⁊ sendo assy cumpre vsar de todolos aminiculos que para isso conduzem ⁊ a proueytão. Hora poys per experiencia sabemos, nossa ⁊ doutros muytos, que as cautellas, ⁊ dissimulações/ ⁊ astuciosas manhas ⁊ celadas conduzem na guerra pera alcançar vitoria, ⁊ cumpre vsar dellas, ⁊ sem ellas he riso fazer guerra, porque na mão estaa nam vsando nos dellas, leuarem os imigos o milhor, ⁊ vencerem, ⁊ estragarem nossa quietaçam. Senam quanto seria milhor nam fazer guerra os que nam determinam vsar das manhas della, porque nam prouoquem seus contrayros a sanha, nem lhe dem causa a lhe fazerem os damnos acostumados nella. Milhor seraa aos taes soltar em paz sua justiça, poys lhe nam parece bem fazer tudo o q̄ cumpre pera a defender, ⁊ querella defender sem o fazer/ he o de que me quisera rir se fora de minha condiçam ⁊ mays porque me lembrou a deuaçam desaçazoada dos que hauẽdo descaramuçar se deciam dos cauallos a dizer em giolhos senhas auemarias. Mas perdoemoslhe porque era em Aluallade, qua se fora na enxouuia não lhe perdoara o Xarife, uem lhesperara que se tornaram aa sella. Nam estaua tam de vagar o bo caualeyro Christam dom Afonso Anriquez quando no campo Dourique disse a jesu Christo, que nam era entam tempo de rezar, porque tambem o seruia em pelejar. Todas as cousas tẽ seu tẽpo/ ⁊ pessoas applicadas pa se acupararẽ nellas, ⁊ os caualleyros não são applicados as oraçam, ẽ especial no tẽpo do pelejar. Então he tẽpo d̄ se defender, ⁊ cõbater, ⁊ desbaratar os imigos per todalas vias/ per industria ⁊ astucia, cuydando ⁊ fazẽdo tudo o q̄ pera isso cumprir. ¶ Sẽ embargo do q̄ acima fica dicto deuesse poré guardar a justiça ⁊ dereyto da guerra, como são tregoas com suas condições, ꝛ as equidades de humanidade ou vezinhença, acostumadas guardar de hũa parte a outra, como he nam matar os vencidos, nem desarmados, velhos molheres, ꝛ meninos, nem trabalhadores do campo, nem destruir o mesmo campo ꝛ fruytos delle, dar a resgate os catiuos pollo preço acostumado/ꝛ nam nos trasmontar a outras nações estranhas, assegurar os embayxadores ꝛ farautes, ꝛ tratallos sem odio nem engano. As quaes duas cousas sam muy fora da nobreza que nos caualeyros deue hauer. Lembrame que ouui a homẽs Dafrica, algũas boas cousas que se laa fezeram em armas os dias passados, ꝛ sobre tudo me parece bem a boa humanidade com que se tratauam os dous animosos capitães Darzilla ꝛ Tetuão dom Joam coutinho conde do Redondo ꝛ Mulee abrahem, que acabauam de jugar as lançadas/ hum polla liberdade da sua terra ꝛ outro por louuor ꝛ gloria de Deos, ꝛ retirandosse saudauãose como amigos, ꝛ mandaua o conde cayxas de marmelada ꝛ fruyta ao mouro pera se recrear do trabalho das armas/ ꝛ elle mandaua outros presentes ao conde, ꝛ estauam a falla como se nunca pelejaram, tẽdo feyto cadahum delles contra o outro quanto podiam fazer valentissimos caualeyros que elles eram. Os animosos ꝛ nobres nam pelejam com odio. Assy o lemos de muytos principes ꝛ capitães, que nam queriam mays de seus contrayros que soo a victoria, ꝛ lhe soltauam as vidas, ꝛ fazendas francamente, sem lhe tratar engano nem deshumanidade, que he cousa de vilãos. Finalmente na guerra, posto que com imigos, deuemos fazer o que queriamos que nos fezessem, ꝛ guardar justiça ꝛ verdade, ꝛ despoys disso toda manha ꝛ ardil podemos vsar. Da qual materea escreueo Julio Frontino os liuros dos strategemas, q̃ allega sam Thomas, ainda que por culpa da maa correyçam se lem na sua escritura outras palauras.

Thomas. 22. q. 40. ar. 3.

Cap.

¶ Capi. dez. Das batalhas do mar/ & algũs ardis necessarios nellas.

Erribel cousa he a batalha do mar ante os olhos humanos, & os sentidos a refusam & auorrecem, porque nella se lhe offerece a morte sem nenhum refugio antre muytas confusões & angustias. Qualquer destas duas cousas abasta para aterrar a humanidade, quanto mays ambas juntas, guerra & mar. As carnes se arrepiam, os sentidos arreceam, o entendimento se confunde, & os espiritos do homem se affrigem, vendo que nam soomente ha de pelejar com seus imigos, mas tambem lhe cumpre resguardar o mar & vento, elementos caducos & de pouca constancia/ mal dinos pera nelles confiar. Nam aproueytam animos, nem força, nem destreza quando estes faltam ou enganam, por tanto he terribel a guerra do mar aos homẽs nam fracos mas considerados, porque nam he nelles fazello bem aas vezes/ ainda que nisso ponham toda industria.

¶ Esta he a parte que os homẽs nesta faculdade mays desejam ouuir & leer, a que ensina pelejar, diz Vegecio, porem a publica peleja ou batalha se deue muyto euitar, na qual se auentura toda a fortuna das partes, & se co ta em duas ou tres horas toda a esperança dos vencidos. Os bos capitães fazem a guerra per manha mays que per força, fazendo saltos ocultos, ou dando combates particulares/ nos quaes afadigam/ cansam, & desfazem os contrayros, & lhe dam em que cuydar, & fazem que nam tenham lugar pera fulminar contra nos o mesmo, porque em se guardar nam fazem pouco quando sabem que tem contra sy auersayro solicito. Bem claro estaa, que as manhas de Ulisses acabaram, o que a força de Achiles nam pode, entrar & destruir a

Vege. li. 3.

forte

forte ⁊ famosa cidade da Troya. E sertorio amoestãdo aos
Espanhoes, que se nam combatessem publicamente com
os Romanos, no exemplo dos dous mancebos ⁊ dous ca
ualos lhe mostrou a facilidade que nas batalhas particulares ha pera alcançar victoria ainda que seja de grandes
exercitos, porque as muytas forças diuididas perdem seu
vigor assy como hum grande ryo que junto nam podiamos
passar, se o diuidimos em muytos regatos passamolo a pee
enxuto, ⁊ hum forte muro pouco ⁊ pouco o derribaraa hum
fraco homem, o que nam faram muytos a todo junto. Bem
assy o capitam que teuer menos gente ⁊ força, se acometer
seus contrayros per partes poderaa alcançar vitoria, ⁊
quando a nam alcançasse, ao menos nam pareceraa que to
dos sam vencidos posto que algũs sejam desbaratados,
mas facilmente poderaa aleuantar os animos dos outros
a cobrar o que aquelles perderem. Os recontros particula
res se bem socedem aproueytam muyto/ ⁊ se mal, nam trazem tanto danno. Todauia estes recontros façãose a bo re
cado, porque o que nos cuydamos cuydam tambem os
contrayros, ⁊ aguardam apercebidos. Façãose a tempo
que elles estem mays descuydados, ou mays necessitados. Digo necessitados, como he caminhando com tempo
a elles contrayro, ou em lugares onde nam podem ajudar
hũs a outros, como sam estreytos ⁊ bayxios. Ou tambem
andando espalhados, pera o que vsem os nossos de tal ma
nha que os façam espalhar, acometendoos per diuersas
partes, ou dandolhe vista de longe ⁊ dissimulando fogida
algũs poucos, pera que tambem poucos delles os persigam, ⁊ vam cair nas mãos dos mays. Assy o fezeram
Memnon capitam de Rhodes, ⁊ Alcibiades de Athenas, ⁊ Timotheu, ⁊ outros que pera prouocarem os contrayros ⁊ os tirarem dantre os seus lhe fezeram mostra de poucos nauios, tralos quaes selançauam ⁊ perdiam.

diam. Hum quasi semelhante ardil se pode armar em nauios de cuberta, quando hum soo se encontrar com os imigos & nam quiser pelejar, atreuendosse na sua gente, a esconda, para que entrando elles confiados os tomem aas mãos, como fez hum nosso capitam a hũs Normandos vindo da India, & assy os tomou sem trabalho nem perigo dos seus. Porem para que nos nam enganem a nos com semelhante anegaça, tenhamos tal cautella, que premeyro que entremos nos nauios dos imigos, os mandemos sair a elles fora.

¶ Antes de trauar peleja quero apontar algũs ardijs que bos capitães teueram, pera alcançar vitoria, & fazer grandes feytos, sem estrago nem perigo dos seus, para que a seus tempos os nossos lendo tenham donde tomar exemplo. E nam se desprezem de ler estes & outros muytos, porque o tal desdem nam faz homẽs prudentes, como este negocio requere. Mays releua a prudencia nas armas que na judicatura, nem gouernança das cidades & pouos. Diz Vegecio, que o capitam seja prudente, & sayba julgar & determinar as cousas da guerra como o bo juyz as da cidade com moderaçam & diligencia, porem muyto mays cumpre vsar de prudencia & siso nas guerras, porque os erros feytos na guerra montam mays, & nam se emendam tam asinha como os da paz, a qual paz como he mansa dobrasse para onde queremos facilmente, o que nam faz a guerra que he dura & ferrenha. Despoys de mortos os homẽs, & as fazendas postas em mãos de nossos imigos, nam nos podemos tam asinha restaurar, como se pode emendar a maa gouernança ou sentença do juyz que para isso tem superiores & recebe appellações, que os imigos nam fazem. Disse a cima que deuem os capitães determinar as cousas da guerra com grãde moderaçam & diligencia, porque se deuem muyto moderar de seus impetos

Vege. li. [illegible]

petos as armas, ⁊ os bos conselhos porse per obra, ⁊ nam deyxar passar o boa ocasiam que se offerece. Isto querem dizer as palauras que trazia em seu mote o Emperador Octauiano. Apressate de vagar. Digo que se o capitam ou gente sam belicosos ⁊ desejam pelejar que o nam deuẽ fazer sem muyta consideraçam, mas deuem esperar tempo ⁊ lugar oportuno. Assy o fez Tamiris raynha de Scythia, ⁊ venceo o muy poderoso Ciro rey de Persia, ⁊ os reys da India assy desbarataram Semiramis raynha de Babilonia, ⁊ algũs Romanos esperando tempo vencerão ⁊ os Gregos posta desposiçam do lugar destroçaram os Persas ⁊ os lançaram de sua terra, deyxandoos entrar atee onde se podessem senhorear delles. Chabrias capitam de Athenas querendo entrar no porto de Samo, no qual estaua afrota dos imigos, por nam dar batalha mandou diante certos nauios dos seus, aos quaes sayram os contrayros, ⁊ ficando o porto soo entrou elle sem trabalho ⁊ tomou a terra. Os Thebanos nam podendo cobrar o porto dos Sycinios fingiram trato de mercancia, ⁊ metendo homẽs darmas nos nauios ocultamente o tomaram. Quasi pello mesmo ardil se tomou a cidade de çafy em tempo delrey dõ Manoel, ⁊ a entrada na India assy começou. As quaes cousas se per força se ouueram de fazer nam abastauam as de Portugal, ⁊ onde faltam as forças he necessario que supra o saber, o qual vemos cada dia fazer milhores cousas com pouca gente do que faz muyta força sem elle. Per saber ⁊ astucia senhoreão os nossos poucos muytas terras ⁊ reynos de nações barbaras, na India, guinee, ⁊ brasil. Per astucia Iudith fez aleuantar o cerco de sobre Betbulia, ⁊ per astucia he necessario quebrar o impeto dos imigos da nossa sancta fee, cuja soberba vay em muyto crecimento, ⁊ senam per Deos ⁊ bo saber, nam parece que nossas forças lhe podem resistir. Verdade he quelles cõfião em suas armas ⁊ nauios:⁊ nos chamamos o nome ⁊ ajuda do nosso Deos, como diz o Salmista. O qual sem duuida nos ajudaraa ⁊ aleuantaraa, mas todauia he necessario que façamos nos tambem o que podemos, qua nam he tempo de rezar quando o imigo estaa sobre nos, dizia Marco catão em salustio

Psalm. 19.

Sallusti. in cati.

¶ Offerecendosse desposiçam, de que com rezam possamos confiar, nam se deyxe de dar batalha, nem se perca o bo ense jo quãdo vier, porque muytas vezes acõtece aos que o dey xam passar arrependerse, como fez Hanibal capitão de Car tago que podendo ser senhor de Roma perdeo isso, ⁊ se perdeo assy mesmo, soomente por dillatar hum dia, ⁊ não seguir em continente a victoria que tinha ganhada. Assy como as temeridades ⁊ desatinos sam perigosos naguerra, tãbẽ ao contrayro o vagar he perdidoso, porque daa lugar aos contrayros que se ponham em cobro, ⁊ tanto que aas vezes cobram sobre nos, o que Deos nam mande que aconteça em Africa, õde pollos teremos em pouco crecem muytos nossos imigos, os da terra ⁊ os turcos que co elles se ajuntam. A rüy pranta em pequena se deue arrãcar, porque despoys de grande nam derranque o campo ⁊ creça sobolas boas, ⁊ nam se fazendo assy he culpa dos lauradores nam do senhorio que quer que lhe paguem bo trigo/⁊ adoobem sua vinha ⁊ se nam, dalaha a outros foreyros, que trabalhem ⁊ paguẽ os fruytos a seu tempo. He tempo pera dar batalha, quando temos oportonidade pera isso, ou de auantagem nossa, ou de falta dos imigos. Se sam mays os nossos, ⁊ milhor armados, ⁊ mays praticos na guerra, se temos nauios mays competentes pera o mar ⁊ tempo em que nauegamos, se temos lugar mays desposto assy pera os nauios como pera o combate delles. Pera os nauios se sam de vela, he lugar mays desposto, mar largo ⁊ fundo, ⁊ de barlauento, ⁊ o tempo fresco. Mas pera nauios de remo mays oportuna

despo-

desposição he vento calma, ⁊ lugares mays breues lhe abas tam. Tendo os contrayros falta das sobredictas cousas, ou sentindo delles algũa fraqueza, ou inorancia dos lugares ⁊ tempos por serem estrãgeyros, ⁊ desacostumados, não tarde o capitam dar batalha. Premeyro todauia olhe ⁊ escoldrinhe bem a vontade com que a sua gente determina pelejar, ⁊ se nelles sentir algũa desconfiança ou frieza, mande ficar os taes ⁊ nam nos leue consigo, como Deos o mãdou fazer a Moyses ⁊ a Gedeon capitães de Israel, ⁊ o fez Judas Machabeu, porque nam façam acouardar os outros, ou lhe faça hũa fala em q̃ os amoeste do que lhe cumpre fazer por sua saluaçam ⁊ da terra, por seruiço de Deos ⁊ del rey, por sua honra ⁊ por seu proueyto, mostrelhe as oportunidades que se offerecem pera pelejar, ⁊ a facilidade para vencer, contelhes a justiça que tem por sua parte, ⁊ a semrezam dos imigos, ⁊ digalhes quanto deuem confiar no fauor diuino que he a principal ancora em que deuem escorar. Tragalhes aa memoria a fama da sua naçam, ⁊ a gloria que seus passados ganharam, as vitorias que ouueram em especial contra essa gente com que ham de pelejar, notando a fraqueza della, ⁊ couardia, ⁊ desordem, põdolhe diante quã vergonhosa afronta seraa sua, faltar da virtude ⁊ valentia de seus auoos demmuindo sua honra ⁊ gloria. Se os dias precedentes fez ou mandou fazer algum salto prospero tem mays ocasiam dabater nos contrayros ⁊ aleuantar os animos dos seus. Mas se atee entam lhe nam socedeo bem a guerra, digalhe que nam estaa sempre o demo a hũa porta, ⁊ os casos da fortuna sam mudaueys, porque este he o bem que tem o mal, ⁊ o mal que tem o bem. Do mal esperamos emenda, ⁊ do bem arreceamos perda. Caimos na aduersidade passada por erros ou negligencias que nam tinhamos visto, mas depoys que jaa nisso he prouido emendarse ha a perda. Al ponte aqui o porque verisimilmẽte ou segun

Deute.20
Iudicũ.7.
i. Macha.
ca.3.

do

do opiniam se perdeo o passado, ⁊ declare como jaa esta milhor prouido. Se porque eram poucos os q̃ foram desbaratados, ou nam foram a tempo, ou foram descuydados. Ou pera os engodar com hũa yguaria de que muyto gosta a gente darmas, segundo nas comedias se representa, digalhes que os desbaratados nam eram tam valentes como elles, ⁊ que delles por serem bos caualeyros ⁊ esforçados se espera emenda ⁊ recuperaçam daquella perda, ⁊ que portanto os manda ou leua a isso, pollo muyto que delles confia, ⁊ que da tal emenda ganharam mays assinada gloria.

¶ Quando o sitio das estancias o permitir, mostrelhes os nauios dos contrayros quam poucos sam, ⁊ mal armados, ⁊ menos idoneos. Mostrelhos muytas vezes, porque a vista acostumada tira o receo das cousas que improuisas poderiam dar terror. Ao contrayro se poder encubra sua frota, ⁊ nam saybam seus imigos que força nem ordem tem porque nam possam ser auisados do que lhe cumpre / nem fulminar o que nos perjudica. E se nam teuer desposiçam pera se encobrir, mostre o mayor aparato que poder, ainda que seja de nauios desarmados, com tanto que o nõ entendam os contrayros. Isto tambem despoys de trauada a batalha pode aproueytar, conuem a saber, se aparecerem da nossa parte algũs nauios que venham de refresco ⁊ atemorizem os imigos. Assy o fez Alcibiades capitão de Athenas / o qual hauendo de dar hũa batalha no mar junto da sua terra, ordenou que despoys de começado o combate, fezessem vela os nauios que ficauam no porto como que sayão em socorro, por onde fez que os imigos vendo as velas que sobreuinham deyxaram o combate ⁊ se foram, ⁊ elle ficou como victorioso que nam esperaua ser decerto. O mesmo fezeram os Ingreses / os dias passados / na guerra de Bolonha de q̃ fica feyta mẽçã o Querẽdo

estes

estes leuar mantimentos as dicta cidade, fezeram vela do porto de doure dez nauios/aos quaes sayram do forte Dardelot dezoyto galees francesas, & jugãdo a artelharia dhũa parte & da outra, sayrão do dicto porto de douure outros vinta cinco ou trinta nauios ingreses, os quaes vendoos as galees se retiraram pera sua estancia, parecẽdolhe que eram todos darmada, mas despoys soubemos, q̃ soomente os dez premeyros eram armados, & os mays nam, senão passageyros que leuauam os dictos mantimentos. E passarão desta maneyra todos seguros, o que por ventura nam fezeram, se nam polla cacha & aparencia que mostraram, a qual tinha rezam de fazer recear os que della nam sabiam.

¶ Cap. onze. Do lugar pera pelejar.

Vego. li. 3.

CHegandose o tempo do combate, tome o capitam se poder o milhor lugar, & conheça, diz Vegecio, que o lugar nos combates he senhor de grande parte da victoria, porque os que ficam em lugar importuno padecem dous trabalhos hum do lugar & outro dos contrayros, ca pelejam co estes & daquelle recebem desfauor. Poys no mar assy como na terra tambem ha boa & maa desposiçam de lugares. Assy como na terra ha lugares hũs ygaes outros fragosos, campos & mõtes, costa a bayxo costa acima, assy no mar ha mar cham & mar de leuadio/golfãos limpos & prayas aparceladas/balrauento & sotauento, & correntes, & marees/que dã & tiram oportunidade & fauor aos nauios no tempo do cõbater. E assy como hũs lugares na terra conuẽ mays pera gente de cauallo & outros pera de pee, tãbẽ assy no mar hũa desposiçam he mays cõmoda pera nauios de vela, outra pera de remo, como jaa fica dicto no principio desta parte, & pera todos he milhor ficar de balrauento, ou da parte das

agoas

agoas ou marees/que he como de cima na terra, ⁊ quem te
uer esse lugar/poderas com auantagem enuestir/abalroar/ ⁊
açaborđar seu contrayro. Tambẽ das ou tira fauor o sol nos
combates do mar, o qual ficando de fronte tolhe a vista,
⁊ ficando detras faz quasi o mesmo, porque resplãdece nas
armas dos cõtrayros, por tãto milhor fica partido por hũ-
⁊ outros a a ilharga, podendo ficar daly. Quando todas es
tas cousas nam poderẽ ser em nosso fauor, procuraremos q̃
ao menos o sejam aq̃llas q̃ mays importam ⁊ tem mays vi
gor, ou sam de mays dura, porque algũas se mudam, como
he o sol que curse com o ceo, ⁊ as marees isso mesmo, ⁊ o
vento se vem contra agoas tomaremos qual teuer mays
força, porque dessa banda ficamos de cima. E nam tẽdo as
que nos mays cũprem destas cousas, hauẽdo se de mudar
dilatemos o cõbate atee se mudarem, porem se as temos
por nos, nam permitamos a tal dilação se he em nossa mão.
Se o combate se ha de dar perto de terra, nam fiq̃mos ãtre
la ⁊ os imigos, porque o seco tambem he contrayro dos na
uios, ⁊ peleja contrelles ou os empede. Assy os estrõca co
mo a guerra, ⁊ mays lhe estorua poder nauegar, ⁊ ficarião
no tal lugar como cercados antre dous aduersayros com
necessidade de se guardar dhum ⁊ pelejar co outro/por tan
to ou fiq̃mos da parte do mar, ou dõde tenhamos saida frã
ca, de feyção q̃ os contrayros nos nam possam cercar, ẽ es
pecial se a terra for de imigos dõde tambẽ nos possa vir dã
no. Este inconueniente aconteceo aos nauios que elrey nos
so senhor mandou cõ elrey de Belez tornando pera seu rey
no, os quaes se meteram na baia dalcalaa abayxo de Belez
mea legoa, sem ẽbargo q̃ eu disse a Ynacio nunez q̃ nam era
aq̃lla segura estancia para a quẽ cõpria andar co a barba so
bolo ombro, como a nos q̃ andauamos ẽ terra de imigos
cõ sospeyta de galees de turcos, mas o meu dizer nam pres
tou nẽ o mandar do dito Ynacio nunez, q̃ disso leuaua carre

go, valeo cousa algũa, porq̃ nam hauia obediẽcia, principalmente nũs barbarrões fantasticos q̃ laa hyão: de que os tur
cos barbirrapados nenhũ medo ouueram. Tanto que nos
deeram vista os cabrões sobacados logo nos tomaram o
mar, ⁊ como cossayros cadimos que elles sam, praticos
nesta guerra, nos cercaram, ⁊ talharão o caminho per onde lhe podiamos escapar. Mas dado que o assy não fezerã
nos não tinhamos saluaçam, porque nem hauia vento pera os nossos nauios nauegarem, q̃ eram de vela, nẽ abastaua pa resistir a força da nossa gẽte, a qual nenhũa proporção
tinha co a dos contrayros, nem os dictos barbarrões mostrauão laa tantos desejos de morrer, como qua a espirrão fe
rocidades com q̃ espantão, bem sey eu a quem.

¶ Capi. doze. De como se perderão os nauios que foram com el rey de Belez.

Por quanto disse que da força da nossa gente a
dos turcos nossos cõtrayros não hauia naq̃lle
encontro proporção, quero, ainda q̃ alõgue hũ
pouco, cõtar breuemente o que aly passou, por
que não he muyto fora da materea, ⁊ algũs fol
garão de saber a verdade disto, a qual eu podere y contar q̃
a vy, ⁊ contalaey porq̃ assy he bem q̃ se cõte nos taes casos.

¶ Em hũa terça feyra trinta dias do mes dagosto do anno
de mil ⁊ quinhentos ⁊ cincoenta ⁊ dous partimos de Ceyta cidade da Frica cõ quatro carauellas darmada ⁊ hũ cara
uelão descuberto que leuaua certos cauallos del rey de Be
lez, ⁊ hum fragatim de Ceyta d̃ quinze ou dezasseys remos
por banda. Fezemonos aa vela quasi ao meo dia cõ ponente
fresco, o qual dhoras de vespera por diãte acalmou não d̃ to
do. Co a bafugẽ q̃ de quãdo ẽ quãdo acodia ãdamos tam
pouco, q̃ aa quarta feyra amanhecemos de frõte de Targa
⁊ anoyteceonos passãdo castello de pescadores, ⁊ aa quinta feyra amanhecemos a riba de Belez hũa ou duas legoas
de

de feyção q̃ ẽ tres dias ⁊ duas noytes caminhamos trinta legoas. Na quinta feyra a horas de vespera lãçamos ãcora aquẽ de Bosema hũa legoa/ ⁊ a riba de Belez seys legoas, ẽ hũa praya deserta, õde determinauão desẽbarcar o fato dl rey de Belez, como de feyto desembarcarão os cauallos, ⁊ se aly desembarcarão tudo tornaramonos ẽ paz, ⁊ não nos perderamos. Aly se ajũtarão quatrocentos ou quinhentos mouros aldeãos, amigos do dicto seu rey/ q̃ vinhão a recebello porq̃ jaa esperauão por elle, sem ẽbargo q̃ o não podiã crer. Deceo ẽ terra elle cõ os nossos capitães, ⁊ saudandose hũs a outros pacificamente, disserão os mouros, q̃ a cidade de Belez estaua por elle, ao menos na võtade, ⁊ q̃ tanto q̃ o vissẽ os cidadãos se lhe darião, pollo q̃ determinou ir laa desembarcar, por menos trabalho seu, ⁊ por mostrar o fauor q̃ de quaa leuaua. Rogãdo poys o dicto rey aos nossos capitães q̃ o posessem ẽ Belez, ouue algũs q̃ cõtradisserão, mas por Inacio nunez dizer q̃ el rey nosso sñor lhe mãdara/ q̃ lhe fezesse todolos fauores possiueys pa seguridade sua, ⁊ forteza de seus amigos, acordarão de o leuar laa. Demos vela sesta feyra ante menhã, ⁊ naq̃llas seys legoas q̃ tornamos a andar gastamos todo aq̃lle dia, ⁊ ao sabado polla menhã tomamos terra abayxo de Belez mea legoa na baia q̃ jaa nomeey jũto do castello Dalcala. He aq̃lle castelo hũa casa terrea quadrada cõ hũ patio tamanho como hũa peq̃na crasta de frades pobres, tẽ em cada canto hũ cubello redõdo, pouco mays ãcho q̃ hũa cuba de cẽ almudes, qua si como aq̃lles q̃ estão no castello de porto de moos. Chamão elles aquillo castello, porq̃ naq̃lla terra não ha muytos milhores qua aq̃lle ⁊ porq̃ estaa situado ẽ hũ outeyro. A cidade de Belez seraa quãdo mũto como Cezimbra/ sẽ cerca nẽ fortaleza outra mays q̃ o penhão/ o qual estaa dẽtro no mar sobola cidade, ⁊ sobre seu porto, por isso não aportamos na cidade porque o penhão estaua pollo Xarife cõtrayro do dito rey/ ⁊ aportamos abayxo õde disse jũto daq̃lle sũtuoso castello, o qual estaua despouoado, ⁊ não nos õfẽdeo ninguẽ a desẽbarcação. Aly esteuemos desembarcãdo de vagar o sabado ⁊ domingo, comendo vuas de balsa ⁊ figos escalados, que nos aquelle rey mandou de presente, ⁊ não cuydou q̃ fazia pouco, por que aquella sua comarca nem he milhor nem mayor que a de Mira em portugal.

¶ Estando nos aly aa segunda feyra acabado o gẽtar, cuydando se nos tornariamos pera nossa terra, começou descobrir de leuante, de tras hũa põta, duas legoas de nos, hũa frota de vintacinco galees, em que vinha çala raez rey dargel, ⁊ Ali amate seu capitão moor, ⁊ outros capitães ⁊ arraez turcos todos, elles ⁊ sua gente, ⁊ cossayros cadimos, os quaes vinham bem aponto de guerra, como aquelles que a tem por vida, ⁊ vsam continuadamente, ⁊ a isso vinhão então, a saltear as terras dos Christãos ⁊ fazerlhe guerra onde os achassem. Tinhão feyto salto daquella viagem, nas ilhas de Mayorca ⁊ Menorca, ⁊ em Cathalunha, mas õ nenhũa parte destas leuauão mays do que tomauão, porq̃ hematauam muyta gẽte ⁊ elles não achauão que roubar, ca estauam os moradores daquellas terras apercibidos por terem sabido delles. Trazião todauia certos portugeses õ Matosinhos, que tomarão hauia vinte dias, em quatro nauios merchantes, atraues de Tarragona. E ao tempo que souberam de nos estauão em Laguna, tres legoas de Melilha, ⁊ vinta tantas de nos espalmãdo suas galees pera dar em estipona villa da Andaluzia, donde hauia poucos dias que aly Amate fora afrontado, ⁊ desejaua vingarse. Foylhe dar auiso de nos hum mouro aldeão, tão desmazelado que se contentou, õ tomar por seu aluitre quatro couados de pãno pera se vestir. A esquipaçam da dita frota era deste modo. Hauia doze galees grossas datres por banco, ⁊ hũa bastarda daquatro/ as outras eram galeotas da dous, muy tas dellas esforçadas que vogão datres atee o masto.

Sua

Sua artelharia ordinaria, tam boa coma nossa. Gente darmas ẽ tanta copia, q̃ algũas dellas trazião dous soldados
por bancada. Pelejauam cõ frechas, ⁊ arcabuzes tam grãdes como berços/pouco menos. Nas nossas carauellas nã
hauia quatro homẽs q̃ soubessẽ atacar hũ arcabuz, ⁊ dos q̃
hauia nam era comprido o numero q̃ elrey manda nẽ as qualidades. Os marinheyros lauradores boçaes dãtre douro ⁊
minho, os soldados vagabundos de Lisboa que se contem
tam coa primeyra paga/⁊ entram na conta o criado do capi
tam ⁊ o seu negro/porq̃ he elle pobre ⁊ quer forrar, que para
isso pedio esse carrego a sua alteza. Desta feyção esquipadas as nossas carauellas, coa vista dos turcos desatinou a
gente dellas de tal maneyra q̃ seruiam dhũa parte pera outra sem ordem, como formigeyro esgrauatado. Hũs fazião
vela sem hauer vento, q̃ o nam hauia tal que vẽto se podesse
chamar, outros cortauam as amarras sem olhar pera onde
virauam as proas, outros deyxauam os nauios ⁊ metião
se nos bateys perá se lançarem ẽ terra, ⁊ logo se tornauam
os nauios como homẽs q̃ nam cuydaram o q̃ faziam. Assy
parecia q̃ arreceauam aq̃lle trance, como q̃ nam fora seu offi
cio pelejar. Ouue tanto desacordo, q̃ dizendo Jnacio nunez
que se ajuntassem todos, ⁊ não se fossem hũs sem os outros
da parte del rey, responderanlhe, q̃ nam conheciam elrey. E
por ventura nam mentio quẽ isto disse, porq̃ pode ser q̃ o nã
conhecia, nẽ hya laa pollo seruir. A graça toda foy, a q̃lles
tomaram do auoengo de Adão, quererẽ despoys de perdidos dar a culpa hũs a outros tendoa todos, ⁊ altercauam
sobrisso como fracas molheres. Muytas cousas d̃stas dey
xo porq̃ me enfado de as trazer aa memoria, ⁊ nẽ estas digo
senão por respõder aos q̃ me q̃rião estoruar quãdo vim buscar o resgate, aos quaes porq̃ então não era tẽpo, agora respõdo, q̃ algũs delles mereciam ficar laa polos innocẽtes q̃
laa estauão, porq̃ elles são os q̃ pedẽ a elrey officios pa ho-

mẽs q̃ vão as taes perdas. Porq̃ não gostão do amorgoz do trabalho o tẽ em pouco, ⁊ nas suas camaras pelejam co as gardaportas pintadas. Não ha torre nẽ muro q̃ não derribẽ dhũa focinhada. A sua cana de bẽgalla he mays ryja q̃ a lança de Goltas. Engollẽ elles boofee o mar, ⁊ os vẽtos/⁊ cõ duas carauellas desbaratão as armadas do grão turco. E mays nam querẽ quelho digão, ca sam senhores.

¶ Capi. treze Das ordenanças da guerra do mar.

A Ordenãça nas batalhas val mays q̃ a multidão ⁊ mediante ella vemos cadadia q̃ os poucos ordenados fazẽ mays q̃ os mũtos dsarrãjados. São neruos do exercito as ordenãças, são ẽparo dos homẽs dlle, ⁊ descanso pa o capitão/o qual como q̃r q̃ he hũ soo, não poderia gouernar tantos ẽ tẽpo de tãta reuolta, se não fosse polla disciplina q̃ guardam as ordenãças/⁊ pollos concertados ⁊ adunados mouimentos cõ q̃ abalão os esquadrões. Esta he hũa principal ley ⁊ disciplina das batalhas, nam sair ninguẽ da ordem ⁊ lugar em q̃ o põe, nẽ fazer per sy soo abalo, se nam cõ todo o esquadrão, o qual se moue como hũ corpo leuando consigo todos seus mẽbros, ⁊ partes, gouernadas per hũa cabeça. Per tal modo gouernadas as ordenanças das batalhas releuão o capitão do trabalho q̃ leuaria na gouernãça dos muytos desordenados. Assy torna hũ esquadrão de seys mil homẽs, ⁊ dz mil pera hũa parte ou pera outra, ⁊ assy marcha ou retira, ⁊ faz outros moumentos quãdo cũpre, todo jũto, ao mandado dhũ soo homẽ, como se daquelle procedessẽ neruos q̃ acarretassem todos os outros tras elle, ou como se dhũa boca saissem canos q̃ leuassem a voz aas orelhas de todos jũtamente. Assy se mouẽ todos vendo mouer hũ, como se todos ouuissem o q̃ se diz aaq̃lle soo. Isto fazem pollo estillo das ordenãças em q̃ sam instrutos. Poys no ajuntamento assy ordenado estam os homẽs emparados, ⁊ sabẽ certo q̃ não tẽ necessidade de se guardar

se

senam de pelejar cõ quẽ lhe diante resiste, porq̃ das outras partes seus cõpanheyros os ẽparão. Per esta via, as cõpanhias assy ordenadas ꝛ cõformes acrecẽtam suas forças/ꝛ tolhẽ aos contrayros faculdade de as rõper/porq̃ mays defficultoso he de entrar hũ corpo maciço ꝛ bẽ liado, q̃ o froxo ꝛ dsatado. He tão acõmodado isto aa segurãça do pelejar/ q̃ naturalmente o vemos guardar ẽ algũas especias de animaes, quãdo pelejam, como sam touros ꝛ varrões, q̃ a esse tẽpo se ajũtão ꝛ dessa maneyra se dfendẽ. E o touro assy rolda o seu fato, como hũ bo capitão, ꝛ faz recolher os q̃ se dsordenão, porq̃ se não percão fora do bãdo. Muy certo he perderse o q̃ se say da ordenãça da cõpanhia. Assy o vemos nos tordos ꝛ estorninhos, q̃ sendo passaros peq̃nos ꝛ fracos cõbatidos do açor grãde ꝛ forte, em quãto ãdão jũtos andão seguros, ꝛ elle os nam ousa ẽtrar, mas soomẽte caça aq̃lles q̃ per desordẽ se apartam dos outros. O mesmo ꝛ pello mesmo respeyto, diz Plinio, q̃ a cõtece aos margulhões co a aguea, aqual nam entra co elles ẽquanto ãdam jũtos, porq̃ arreçea diz elle, de se toruar ꝛ cegar antr os mũtos. A gẽte q̃ peleja espalhada, por mays ligeyra q̃ seja, nam pode fazer tanto dãno que mays nam receba, porque dado que elles acometam os esquadrões per muytas partes, nam tem força pera os rõper, nem lhes prejudicar, mas antes se sam alcançados nam podem escapar, porque pelejam como soos sem ajuda dos seus, que andam lõge ou estam poucos juntos. E que mays não seja, este soo damno lhe abasta, o qual per sy mesmos recebem que nam tem assento em nenhũa parte, nem possuem lugar certo que possam chamar seu, como quer que a guerra nam pretenda outra cousa senam ou defender ou ganhar terra, o que estes nam fazem, hum nem outro, nem cobram nem guardam lugar andando de quaa pera laa Elles nem fazem tornar a tras, nem empedem os esquadrões de ir por diãte, porq̃ não tẽ resistẽcia nẽ impeto.

¶ Os q̃ assy pelejam, parece q̃ pretendẽ mays guardarse q̃ offender. Verdade he que onde ha frechas ou tiros outros quaes quer, os muyto embastecidos recebem detrimento, porque andam aparelhados pera se empregarẽ nelles os tiros dos contrayros, pollo que a esse tẽpo cũpre andar ralos como direy que façam os nauios ao tẽpo da bataria. Toda uia nam se apartem tanto que pareçam deyxar a cõpanhia, assy estes como essoutros, assy na terra como no mar, quero dizer. No qual mar ⁊ batalhas delle, he bẽ perigosa a desordẽ, porque se nam pode restaurar facilmẽte, nẽ asinha.

¶ O numero dos esquadrões nas armadas do mar nam seja muyto repartido nem apartado, assy porq̃ poucas frotas ha tam copiosas que possam repartir muytos esquadrões formados, como tãbem porque no mar os que ficam apartados, se lhe nam serue tempo nam se podem ajũtar, nẽ para acodirem elles aos outros, nem pera elles serem socorridos, portanto he milhor hũ soo esquadrão jũto porque ainda q̃ seja grande, o cãpo he largo, ⁊ bẽ poderaa caber nelle. Porẽ hauendo copia para tanto, alem da az principal se ponha algũ sobsidio dõde socorram aos q̃ virem passar mal. O qual sobsidio, se vier de improuiso de parte dõde o nam tenham visto os contrayros, como fica dicto, faraa nelles mays abalo, ⁊ tanto algũas vezes que os faraa deyxar o cãpo sem mays trabalho. Sem ẽbargo da adunação q̃ disse ser milhor nos esquadrões do mar, todauia os nauios d̃ diuerso genero pelejẽ apartados, cõuem a saber, os de remo dos de vela, mayormente ẽ tẽpo fresco andãdo a vela, porque se podem embaraçar, ⁊ mũto mays se embaraçaram andãdo hũs aa vela ⁊ outros ao remo. Porem em calma, quando os dalto bordo sam mancos, as galees, ou quaes q̃r outros de remo os nam desẽparẽ, mas pelegẽ antrelles, o que tãbẽ para elles mesmos seraa emparo ⁊ ajuda.

¶ A forma dos esquadrões do mar abasta ser singella, ⁊ de

reyta,

reyta, ou quãdo muyto curua, ſendo os imigos tão poucos que os poſſamos tomar no meyo. As outras formas/ como ſam rõbos, cunbos, circulares, nẽ quadradas, nẽ de qualquer modo dobradas, nam aproueytão no mar, ſe não quãdo pera rõper, ⁊ eſcapar, ou ſayr alargo ſe ajuntaſſem os nauios, porẽ iſſo quando mays nam poderẽ o façam ⁊ nam doutra maneyra porque per nenhũa via he ſeguro no mar deyxar os contrayros aa ilharga, ſenam trazellos ſempre diante em quanto pelejam, ca tomãdonos a traues nos farão mays mal q̃ de nenhũa outra feyçam, aſſy polla barreyra q̃ deſcobrimos aos ſeus tiros, como porq̃ nos lhe nam podemos por de tras fazer tãto dãno, ⁊ o pelejar dos nauios, mayormẽte de remo, he por diãte, as ilhargas dos quaes ſam pejadas cõ os remos, nos quaes padecẽ dtrimento recebẽdo nelles os encõtros dos cõtrayros, ⁊ finalmente a ilharga de qualq̃r nauio he mays fraca ⁊ aparelhada p̃a receber dãno q̃ a proa, ⁊ eſſa proa pera o fazer, porq̃ ella he como roſto ⁊ diãteyra pera ver, ⁊ põta pera encõtrar, ⁊ gume p̃a cortar, della ſaẽ os tiros groſſos, ⁊ os alheos nella fazẽ menos impreſſão, porq̃ he mays eſpedida, ⁊ a força do liame do nauio he aly mays jũta, ⁊ liada ⁊ fala ſer forte, as formas dos eſquadrões dobrados ſão deſneceſſarias no mar, porq̃ os nauios q̃ ficão de tras dos outros não podẽ pelejar, mas ãtes ẽbaraçam os diãteyros ſe eſtão perto delles, ⁊ não nos deyxão virar, nẽ reuogar q̃ elles chamão ciar, ⁊ mays ſe algũs tiros dos cõtrayros paſſão p̃ alto recebẽ nos elles cõ ſeu dãno. E por eſte reſpeyto dos tiros dos cõtrayros/ ẽ quãto jugalla artelharia andẽ ralos os noſſos nauios, ⁊ emproados nos cõtrayros que os não tomẽ a traues, porque mays a ſinha acertão, ⁊ mays dãno fazẽ os tiros nos nauios que tomão atraueſſados, como diſſe. Deſpoys ajũtenſe, mas não tãto q̃ ſe eſtoruẽ. Não ſayão da az, nẽ paſſẽ diãte da capitãyna mas olhẽ todos ao q̃ ella faz, ⁊ façião como ella fezer, ou o

que

que mandar. Se vir tempo de enuestir, ou abalroar, assy o faça, e os outros isso mesmo façam. E se nam, vaa se cada hum co que teuer, como gallos, que despoys de bem arranhados, se lhe ninguem não acode, elles per sy se apartão. Porẽ, não mostre o bo capitão medo, não lhe sinta ninguẽ fraqueza, nem os contrayros, nem os seus, porq̃ aaquelles daraa ousadia, e aos seus desafiuzaraa. Faça pareçer que mudou o conselho por respeyto do lugar ou tempo que lhe não sam fauoraueys, ou porque espera algũa ajuda d' refresco/ou quer vsar dalgum ardil para mays facilmente vẽcer, e assy per qualquer modo dilate o tempo atee noyte sem afferrar, jugando da artelharia, e não mostre que quer fogir. De noyte apartese per derrota q̃ os cõtrayros ao outro dia não saybã seguir, não tome vẽto a popa, nẽ caminho de sua viagẽ porq̃, per hy o hão d' buscar, mas desuiese pa õde não haja sospeyta q̃ elle possa ir, o q̃ no mar pode muy bẽ fazer, que tem anchura que farte e não lhe podem achar o rasto/ nem preg̃utar por elle nas pousadas onde albergou. Fique se poder em parte donde possa dar na reçaga de seus imigos, e tomar algũs delles desencaminhados, do que tambem se deue atalayar, que lhe não façam outro tanto.

¶ Se for possiuel rendellos contrayros sem abalroar, he mays seguro/porque estam aas vezes as tauoas dos nauios estroncadas, mas os animos não se perdẽ, ãtes vendosse ẽ aperto lhe crece a indinação/e trabalhão então mays por se cobrar, e acõtece ser assy, q̃ a desesperação os faz trabalhar mays, e recuperarse/conforme ao que diz o poeta, quasi nesta forma. Hũa saluação fica aos vencidos, que he, nam esperar saluação. E furio anciato, segundo traz Aulogelio/ disse ao mesmo proposito. Aumentãsse os animos e a força offendida crece. Quando se vem em aperto os homẽs, prouam todalas auenturas, acendem os espritos, e espertão as forças, por ver se podem escapar, e mays quando de nouo

Gelli. l. 18

uo se offerece ocasiam defferente da passada em que perderã. Entã trabalhã por se restaurar esforçandose, & dizem. A peleja passada foy da artelharia, nam esprementamos nella a valentia das pessoas que em nos ha mays que em nossos contrayros, agora se nos offerece caso pera mostraremos quanto milhores somos que elles, sus façamos o que de nos se espera, & nos cumpre. Desta maneyra, & com magoa do passado, & porque se nam acabem de perder, esforçanse, & prouocanse a cobrar por suas mãos a victoria que tinham perdida/ & acontece que os vencidos vem a ser vencedores, & tomão o nauio aos soberbos que sobejamente os assofregauão em pessoa, dos quaes diz Abner a Joab capitães ambos de Israel. Não embraueça a tua espada tanto, que chegue cos homẽs atee o cabo / porque a desesperação he perigosa. Dize ao teu pouo que nam persiga os vencidos. Não somente se deue ter esta moderação em respeyto de cada nauio em particular, mas tambem pera com toda a frota, que a não ençarrem em lugar desafiuzado donde perca a esperança de poder sair, porque aos ençarrados crece o atreuimento, diz Vegecio, & entam o medo pelleja. Não arrecea morrer/ quem sabe que ha de morrer. Pelejam sem medo, aquelles que estam no derradeyro medo. E se lhes days lugar/ desparam como desatinados, & fogindo desbaratanse, & podeislhe fazer mal sem vosso perjuizo. Dizia Pirrho rey dos Epirotas, que deuiamos deyxar fogir a seu saluo nossos imigos não soomente por nos nam resistirem, mas tãbẽ porq̃ outra vez folguem de fogir. Os Romanos aos Frãceses q̃ Camillo desbaratou, mãdarão lhe dar barcos pa passar o tybre, & mãtimẽtos pellos caminhos per onde passauão. O duque de Bragãça dõ Gemes quãdo foy sobre Azamor & a tomou, assẽtou seu arrayal da hũa parte da cidade & da outra deyxou saida frãca aos moradores q̃ se fossẽ se quisessẽ, os quaes assy o fezerão & lhe deyxarão ẽ poucos

2. regũ. e. 2

Veget. l. 3.

cos dias a cidade sẽ trabalho nẽ enfadamẽto ð cerco perlongado, no qual por derradeyro se nam ouuera de ganhar mays do q̃ se ganhou naq̃lles poucos dias por seu bo cõselho.

¶ Alẽ do sobredito he perigoso abalroar, porq̃ muytas vezes acontece perderse ãbos, o vencido ⁊ o vencedor afferrados, ou allagandose, ou q̃brandose, ou ardendo juntamẽte sense poder apartar. Mas poys a furia das batalhas nam tẽ tanto sofrimento que se escuse de vir aas mãos, o q̃ cadahũ deue fazer nesse trance he isto. O mays forte procure de enuistir o mays fraco ⁊ metello no fundo/ ou atormentallo tanto no premeyro encõtro, q̃ o faça logo desatinar. O fraco ⁊ bayxo defendasse q̃ nam chegue a elle o forte ⁊ alto, ⁊ procure de o arrõbar cõ trados, ou machados, ou vayuẽs, ⁊ q̃brelhe o leme. Os altos laucem fogo ⁊ armas darremesso. Hũs ⁊ outros joguẽ darcabuz, besta/ ⁊ frecha, dẽ aa mão tente nos que chegarẽ. Estẽ os homẽs firmes ẽ suas estãcias, nam se mouam, pelejẽ da ly em quãto nam he tẽpo pera mays. E quando o capitam mãdar, entrẽ, cortẽ, destrocem ⁊ escalem o nauio dos imigos, apellidando victoria. A qual Deos dee a vossa merce, ⁊ ao nosso bando. Amen.

¶ Capi. Dalgũas regras geraes da guerra.

Para q̃ vossa mercee, ⁊ quem se deste meu trabalho quiser aproueytar, tenham recolhidas algũas regras, de que se emprõto possam lẽbrar, saybã q̃ na guerra do mar se reqre saber ⁊ fiel industria nos officiaes, vso ⁊ ðstreza na gẽte, copia no prouimẽto, cautella ⁊ diligẽcia no fazer, ⁊ mays saybão q̃.

¶ O erro cometido no assentar da gente põe em perigo as batalhas.

¶ He grãde perigo fazer guerra cõ gẽte noua ⁊ sẽ exercicio.

¶ Mays valentes faz o exercicio que a natureza.

¶ O trabalho faz boa gente darmas, ⁊ a ociosidade os faz ronceyros.

¶ Vigiar de noyte, trabalhar de dia, sofrer fome & sede, calma & frio, sam exercicios da gente darmas.
¶ Nas pousadas castigo & pena, na guerra liberalidade & beninidade fazem boa gente darmas.
¶ Quando a nossa gente desconfiar, nam acometamos batalha, & se poucos desconfiarem esses nam vão cõ nosco porq̃ os taes ou amotinarão ou desordenarão os outros.
¶ Poucas vezes vemos batalhas pubricas, nas quaes tẽ mays parte a ocasiam que a valentia nem saber.
¶ Os sobresaltos supitos aterrão os imigos, & os encontros prouidos não abalão.
¶ Constrangellos imigos per fome ou necessidade, he de menos perigo & perda que pelejar com armas.
¶ Quẽ senão prouee de mantimentos, & cousas necessarias, seraa vencido sem ferro.
¶ Mays val a ordenança, q̃ a multidam.
¶ O lugar muytas vezes val mays que a força.
¶ O capitão prudẽte sempre estaa apercebido, o destro nã deyxa perder a boa ocasiam quando se lhe offerece.
¶ O conselho sem segredo de ventura vem a effeyto.
¶ Quanto encobrimos nossas cousas, tanto façamos por saber as dos contrayros.
¶ Quem entende o seu & o dos contrayros, estaa perto da victoria.
¶ O que aproueyta a nos dãna aos contrayros, & o q̃ aproueyta parecelles perjudica a nos.
¶ Nam façamos o q̃ fazem nossos contrayros, nẽ vamos per onde elles vão, porque não sabemos o q̃ cuydam, & todos os seus caminhos nos são sospeytos.
¶ Se entendemos seus conselhos/ dessaçamoslhos/ ao menos euitandoos.
¶ Nem em tempo nẽ em lugar, nem noutra algũa cousa cõsintamos co elles.

¶ Quan-

Segunda parte.

¶ Quando quiſerem nam queyꝛamos, ⁊ quando nam quiſerem entam façamos.

¶ Se entenderem noſſas tenções nam façamos o q̃ determinauamos.

¶ Tanto diſſimulemos, que nos tenham poꝛ mentiroſos.

¶ Quando confiarem da noſſa mentira, então façamos della verdade.

¶ Quem diz verdade a ſeu imigo, dalhe auiſo contra ſy meſmo.

¶ Quem poupa ſeu imigo, acrecẽta em ſeu trabalho.

¶ Seguir o alcance deſoꝛdenadamente he caminho de perder a victoꝛia.

¶ Mays quebꝛantam fogitiuos que moꝛtos.

¶ Façamos honrra a quem nos vẽ buſcar.

¶ Eſperemos pollo mar, ⁊ nam elle poꝛ nos.

¶ Achenos o tempo pꝛeſtes, poꝛque ſe nam vaa ſem nos apꝛoueytar.

¶ Achenos o tempo apercebidos, poꝛque nam damne quãdo vier.

¶ No mar nam continoemos hum ſoo caminho, nem paſſe ninguem ſem nos falar.

¶ Do mar ⁊ do tẽpo nos deuemos vigiar, como dos imigos.

¶ No vagar tomemos o vento, poꝛque na pꝛeſſa nam fiq̃mos deſcaidos

¶ Milhoꝛ he deſcoꝛrer que viralas antẽnas ſotauento dos imigos. Nem junto delles.

¶ Receoſos deuem ſer os homẽs ⁊ nam medroſos, deuem eſtimar as couſas do mar ⁊ nam eſpantar dellas.

¶ Parecem admitir couſas cõtrayꝛas ⁊ perplexas, aſſy o mar como a guerra, poꝛ tãto req̃rẽ cuydado diſcreto. O mar q̃r eſpera ⁊ diligencia, ſofrimẽto ⁊ ardideza, q̃r q̃ lhe não hajão medo, ⁊ q̃ fujão delle. A guerra pꝛetende juſtiça ⁊ engano, verdade ⁊ mẽtira, crueza ⁊ piedade, cõſeruar ⁊ deſtruir.

Capi. quinze. Da conclusam da obra.

SAm de muyta importancia, ꝛ quem quiser emendar esta obra, deue os screuer cõ grande diligencia, ou fazer cõ mayor, os documẽtos da guerra do mar, ẽ especial nesta terra, onde as viuendas de muytos homẽs dependem desse mar. E mays hão ainda de importar estas cousas daqui por diante, segundo vejo aparelhar o tẽpo. Vejo que se vem chegãdo a nos os turcos/ q̃ nestes tempos sam grandes cossayros do mar, ꝛ he medonha cousa velos como vem brauos coa soberba de suas vitorias. Parecem ser aq̃lla besta infernal, de q̃ fala são Johão, ꝛ diz q̃ ha de sair do mar, ꝛ q̃ o drago do inferno lhe daraa seu poder, cõ que faraa guerra aos sanctos ꝛ os vencera, conuem a saber, aos Christãos, que sam sanctos, ao menos na eleyçam, ꝛ o deuião ser nas obras. Mas porq̃ as obras são peruersas permite Deos que aq̃lles preualeção, pera castigo dellas. Nam querẽ ver isto os q̃ tem paz cõ suas riquezas, ꝛ sob titolo de pacificos fazem guerra contra Deos ꝛ suas virtudes per soberba não se conhecẽdo ꝛ per outros vicios que a ociosidade ꝛ paz mũdana trazẽ. Tenho medo q̃ o ham de ver a tẽpo q̃ se não possam valer. Eu não adeuinho maos agouros, nem tãbem so Hieremias a que Deos disse q̃ amoestasse a vinda dos imigos, porẽ arreceo, que esses cõ quẽ eu falo, sejão os q̃ ouuẽ ꝛ não entendem, ꝛ olhão ꝛ não conhecẽ, nem se conhecem assy mesmos como aq̃lles a quẽ fala Hieremias. E se os q̃ per sua vontade sam surdos ꝛ cegos, estes que cuydam dissimular com Deos, me disserem q̃ nam entendo eu o apocalipse de sam Johão, porq̃ aq̃lla besta de q̃ elle fala se ha de interpretar figuratiuamente, posso lhes responder, que tanto pior/ porque essa temos jaa em casa. E por final, que veyo pello mar do sul donde por serem humedas aquellas partes, acarreta desda.

Apoca. 13.

dalem da India grandes volumes ⁊ tempeſtades, ao cheyro das quaes me a mym parece, que vem eſtoutras tormentas. Por tanto cũpre aperceber parcellas/ ⁊ prouer noſſas taracenas ⁊ armazẽs, ⁊ exercitar os homẽs nas armas q̃ pera as taes batalhas conuem, ter frotas preſtes, ⁊ conhecer os tempos da nauegaçam, andar aa lerta, ⁊ pelejar animoſa ⁊ legitimamente, porque os defenſores da terra que o aſſy fazẽ merecem muyto ante Deos, ⁊ as filhas do grão lutador com prazer lhe cantarão as palauras de Abigail, q̃ dizia a Dauid deſta maneyra. Faça te Deos no ceo caſa, ⁊ dee te coroa de gloria, a ty que fielmente fazes as ſuas batalhas, ⁊ do ſeu pouo. Amen.

1. Regum. ca. 25.

Acabouſe de emprimir
ESTA ARTE DA GVERRA DO
mar aos quatro dias do mes de Iulho de
mil & quinhentos & cincoẽta & cin
co ános, em Coimbra per Iohão
Aluerez Emprimidor
del Rey noſſo
ſenhor.